関西大学東西学術研究所資料集刊 40-2
（文化交渉と言語接触研究・資料叢刊 9）

北京官話全編の研究

付影印・語彙索引

中 巻

内田慶市 編

関西大学出版部

目次

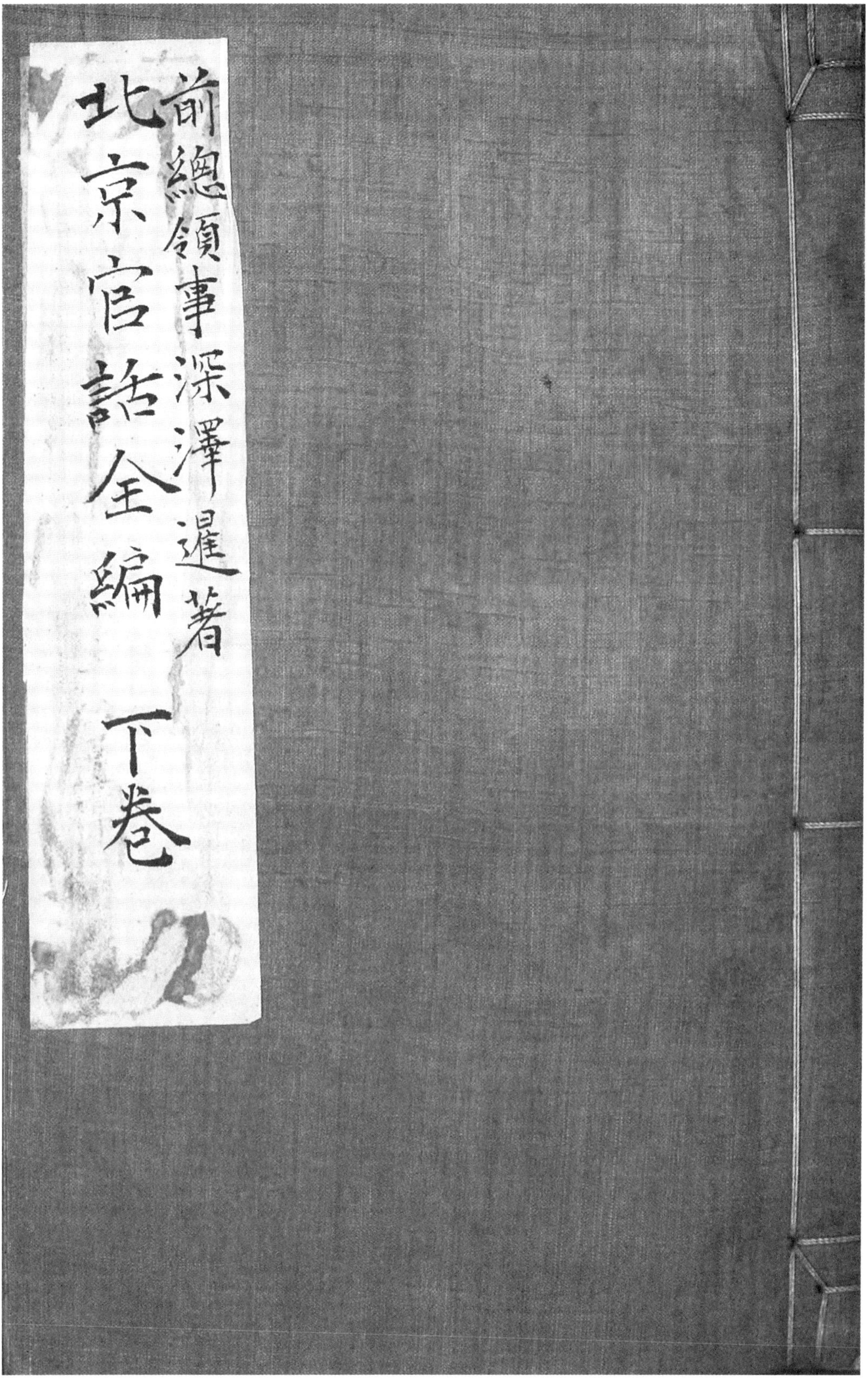
前總領事深澤暹著
北京官話全編 下卷

已經驚蟄
北京
清明
驚訝
驚駭

第二百一章

已經　驚蟄　北京　清明　驚訝　驚駭　今古　親眼見
京師　京菓　小經紀　經不得　精爽　驚嚇　經心　驚慌
驚險　驚恐　精細　經營　克勤　經商　清靜　景緻

今年天時、不正的利害、現在已經過了驚蟄了、還這麼冷、真是歷年沒有的、這就算冷了、你還不知道哪那年我在北京那纔冷呢、那個時候兒、已經過了清明節氣好幾天了、忽然下了一場大雪、冷的異乎尋常、人人兒驚訝、復反又都穿上皮襖了、連上了歲數兒的老人都很驚駭的了不得、全說是今古未有之奇、這是我

下 1-1a

今古
親眼見
京師
京菓
小經紀
經不得
精爽
驚嚇

親眼見的、還聽見人説老年間有一年六月裏下雪、也是冷的了
不得、京師向來到了六月、滿街都是賣瓜果的、因這一場雪、這麽
忽然一冷、那些京菓都賣不出去了、把那小經紀小買賣人兒給
賠苦了、若論現在雖然是冷、還不至於穿皮袄不過是人經不得
這個冷所以現在人人兒都帶着三分病、不大精爽、您這是打那
兒来 三 我是打我們相好的那兒来、四 啊、您上令友那兒有甚麽
事麽 五 倒没甚麽別的事、就是給他們小孩兒看了一回病、五
是了、您看令友的小孩兒是甚麽病、七 是驚嚇、又着了點兒凉、還
不大要緊、捌 這個時候兒人真得小心、稍微的不留神、就是病、九

宏泰字號

下 1-1b

經心　驚慌　驚險　驚恐

精細　經營　克勤　經商

可不是麽、我們這位相好的、他們家就素常很不經心、趕鬧的孩子病了、可又驚慌的了不得、十 那麽您看他得幾天好、十一 我看他倒沒甚麽驚險、只要吃了藥、把夜裏的驚恐止了、就可以好了、十二 令友跟前幾個孩子、十三 跟前兩個孩子大的十二歲、小的兒纔兩歲、就是這個病的、十四 這也是個有造化的人、十五 造化雖然是有、不過就是家裏的日月不大寬綽、還仗着澈友這個人很精細、現在開着個小買賣兒、真是極意經營、克勤克儉、一點兒也不敢怠惰、饒這麽着、還不容易過日子呢、十六 據我說也不單是令友目下的景象、就是大官大官、大經商大買賣、也都是不好過、十七 是的、十八 您

下 1-2a

清静
景緻

回頭還打算工那兒去、十九我打算同你出城散一散去、你有工夫
兒沒有、二十工夫兒却有、不過是這樣兒涼天出城去、也沒甚麼可
看的景緻、我想莫若偺們找個清静的酒鋪兒飲一飲去、怎麼麼
樣廿一好好、那麼偺們就走罷廿二就是您請廿三請請

第二百二章

請教　驚天動地　驚懼　請您　京都　敬拜　天津　一經
路徑　經不起　精壯　輕狂　輕薄　輕俏　竟不知　埀
警　儆戒　儆省　經了　不輕　衾枕　敬父母　敬重尊長
敬老　敬神　敬奉　輕看　敬謹　敬畏

宏泰字號

下 1-2b

請教
驚天動地
驚懼
請您
京都
敬拜
天津
一徑
路徑
經不起
精壯

大哥、您這兩天聽見甚麼新聞了沒有、二我倒沒聽見甚麼新聞、却是在報上看見新聞了、三報上有甚麼新聞倒要請教、四噯說起來真是驚天動地、五到了兒是甚麼事、您這麼驚懼、請您快說一說、六報上說的是這麼件事情、京都的妙峰山今年四月山季兒北京裡敬拜神佛的人大半都上妙峰山燒香、連天津通州的人也多有去的、正在極熱鬧的時候兒忽然天下起大雪來了、那些上山的人、不過帶着些個單夾衣裳、一經這場大雪可就冷起來了、於是山上的路徑也都上了大凍了、不必說身子骨兒軟弱的人經不起這個冷、就是素來精壯的也了不了、還有那一種輕

下 1-3a

輕狂
輕薄
輕俏

竟不知
垂警。
儆戒。儆省
經了

狂少年藉着上山燒香為名、故意兒做幾件虛子衣裳、打扮個輕薄的樣兒、到了這個時候兒、也顧不得輕俏了、一個個凍的渾身打戰兒、上牙打下牙、後來有到茶棚裡避冷的、誰知那些茶棚都不叫人進去、要是打算進去避一避、或是喝一碗熱茶、非給他二十四兩銀子不可、那有銀子的還可以、那沒錢苦上山的、可就苦極了、所以凍死的人不少、七 啊、敢則有這麼件事嗎、我竟不知道、據我想這是上天垂警、人從此就得儆戒、要是不知儆省、還不定有甚麼禍事呢、八 是的、據我說這些人既經了這個劫數、必可以省悟、怎麼說呢、那沒錢的不必說了、是一定都凍死了、就是那有

下 1-3b

不輕
衾枕
敬父母
敬重尊長
敬老。敬神
敬奉
輕看
敬謹　敬畏

錢的、受的罪也不輕、雖然是仗着銀子暫時買一個地方兒避寒
但是身上沒有暖和衣裳睡覺沒有衾枕也就苦到家了、九我想
這些人也該這麼着、尋常一點兒好事不作、在家呢不敬父母在
外呢、不知道敬重尊長至於甚麼一切敬老慈幼的話不但他不
能、而且還沒聽見說過呢、一味的就知道敬神拜佛、他心裏想着、
只要敬奉神佛就可以得好處、所以把人所應重的庸常倫理反
倒輕看了、聰明正直之謂神、神若是因他燒香上供、不論他的心
地就輕輕兒的降給他福、那神就是有私心了、既有私心還能算
得聰明正直嗎、況且那燒香的也不是真心、一點兒敬謹敬畏的

下 1-4a

意思沒有、不過藉此逛一盪、他怎麽得好呢 十 您這話實在不錯

第二百三章

精神　經板庫　敬惜字紙　靜坐　清談　青草　踏青　清
涼　景緻　井臺兒　青綠　清心　竟會　進了　酒樓　燒
酒　黃酒　酒入歡腸　那麽些酒　酒錢　酒鋪　定更　雅
境　請安　請大哥　敬意　請示　酒館　親戚　念經　敬
候

一 您昨兒上那兒去了、我昨兒找您來、您的管家說您沒在家、所以
我也沒進來 二 啊、昨兒是老弟來了、失迎失迎、我昨兒是吃了早

下 1-4b

精神
經板庫
敬惜字紙
靜坐
清談。靑草
踏青
清涼。景緻
井臺兒
青綠
清心

飯兒困的了不得、所打不起精神来打算睡一會兒又怕停食、這麽着、我就到了西城經板庫、我們親戚那兒一進門兒瞧見他正拿着個敬惜字紙的簍子在那兒焚字紙呢他瞧我去了、赶緊把字紙焚完了、我們倆人就進書房裡説話兒他説偺們這麽在家裡静坐清談、實在没趣兒莫若出城到那青草野地上踏踏青豈不有趣、我聽了這話也肯願意這麽着我們就慢慢兒的趟達着出了平則門、那個天氣是很清涼一邊兒看那野外的景緻兒一邊兒説着話兒又瞧見遠遠兒的井臺兒上有人在那兒打水望西一看、一帶高山、青綠滿眼、真是清心爽目、誰知道不知不覺的、

下 1-5a

竟會
進了。酒樓
燒酒。黄酒
酒入歡腸
那麼些酒
酒醉。酒錢
酒鋪。定更
雅境
請安
請大哥
敬意

我們倆人竟會走到八里莊兒了、進了莊兒就找了個酒樓我們
倆就這麼燒酒黄酒的一路大唱、俗語說的酒入歡腸、我們倆又
素来情投意合、所以唱了那麼些酒、心裡却都一點兒酒醉的意
思没有、赶唱完了、給了酒錢出了酒鋪兒天也就有平西了、我們
就僱了倆驢騎着進城了、赶我到了家差不多要定更了、後来聽
說老弟来了、實在謊駕的很、三大哥、您這是甚麼話呢、您就知道
我来嗎、不過是有一樣兒有這樣兒的雅境我不得一塊兒去領
畧實在是一宗憾事、我昨兒找您来一則是許久没来請安特来
望看、二則也打算是請大哥出去一飲雖然不成敬意但也不過

下 1-5b

請示。酒館
親戚
念經
敬候

藉此多說會子話兒沒想到您不在家今兒我來還是打算約您、
特來請示您那一天沒事偺們找一個酒館兒一覓醉鄉不知道
您肯不肯、四這却很好今兒是後半天有差使明兒是我們親戚
那兒素事念經我得去也沒工夫我想偺們後兒罷五那麽後兒
我來找您罷六就是我後兒在家敬候

第二百四章

眼鏡兒 景泰藍 京樣 京腔 水晶 精巧 酒盅子 酒
杯 酒罇 酒甑 酒罈子 酒缸 酒瓶 酒壺 竟自 矜
張 矜誇 京西 子靜 頃 驚異 千頃田 萬頃地 七

下 1-6a

眼鏡兒
景泰藍
京樣
京腔。水晶
精巧
乾淨

八百頌　坐井觀天　請問　十幾頌地　酒舖　唱酒
一我和您打聽一個人您認得不認得、二您打聽誰、三我昨兒出前
門上琉璃廠買眼鏡兒順便在一個古玩舖裏閒看瞧見一個景
泰藍的烟壺兒我正和舖子的人講價兒忽然進來一個鄉財主、
穿着一身羣本緞自己以為是京樣得意萬分進了門兒就大氣
盤旋的坐下了、嘴裏撇着京腔問說、你們有水晶盤子沒有、舖子
人說有、這麼着就拿出來一瞧他嫌小又嫌做的不精巧、要比這
個大兩號的舖子的人說像這樣乾淨的水晶這就是頂大的尺
寸了、再沒有比這個大的了、他說你是不知道你瞧我家裡的酒

下 1-6b

酒盅子。酒杯
酒罇。酒甑
酒罈子
酒缸
酒瓶。酒壺
竟自
矜張。矜誇
至親。京西
子靜。頃
驚異

盅子、酒杯、酒罇、酒甑都是水晶的、怎麼會沒有大尺寸的東西呢、你還沒瞧見呢、我家那個酒罇、有紹興酒罈子那麼大、除了是沒有水晶酒缸、至於甚麼酒瓶咯、酒壺咯、以及別的物件、我家裏都有、不過就短一個大菓盤、所以纔上你們這兒來找、誰知道竟自沒有、後來又說了些矜張的話、舖子的人見他說話太是矜誇、隨後也不大答理他了、他見舖子不理他、他就奔過來和我說話、我不得不和他虛意周旋、彼此通了姓名之後、他知道我和您是至親、他說他也認得您、這個人他在京西住、姓吳、號叫子靜、他還說他們家裡有三千多頃地、我聽他這話、心裡很驚異、他就那麼恬

千頃田
萬頃地
七八百頃
清白。敬服
坐井觀天
請問
十幾頃地

不為怪的說您認的這個人麼 四 這個人我却認得他家却也是
個財主、至於千頃田萬頃地、却沒那麼些個大概有七八百頃地、
但是他這個人、沒念過書、心裡不大清白、在鄉村兒也沒人敬服
他、並且沒見過市面、雖然、是這麼着、他却這也瞧不起那也看不
上、彷彿眼大的了不得、其實是坐井觀天、至於他說他家裡、有這
個古玩有那個器皿、那也不過是些假話 五 啊、是了、可是請問您
怎麼會認得他呢、而且您還知道的這麼詳細是怎麼個緣故呢、
六 是因為我家有十幾頃地在京西、離他們莊兒不遠兒我們莊
頭每年交租子來、這都是他說、至於我認得他的那一層是因為

下 1-7b

酒舖唱酒

有一年、我下屯雇租子去、在他們那兒鎮店上一個酒舖兒唱酒、見過一回、所以認得〻是了、

第二百五章

荆棘　境界　青黃　竟自　受的驚　經的事　事情　出京　就帶着　野景　就從　就回來了　就下了驢　井上　就手兒　輕省　也就　頃刻　就赶緊　驚怕　青苗　逢路　清清楚楚　就見　輕輕兒的　僻靜　早就　青紅皂白　就這麼　罄淨　情急　就大聲　救命　乾乾淨淨　請到　酒飯　請他們吃　就在那兒

下 1-8a

荊棘
境界
青黄
竟自
受的驚
經的事
事情
出京
就帶着
野景
就從

哎呀、現在的時勢、真是到處荊棘、沒有好走的地方兒、新近我們相好的下天津收租子去被刼了、二 怎麼直隸境界之內會有打搶的事呢、並且論時候兒已是西成之後了、又不是甚麼青黄不接的時候兒、況且今年的年成頗是豐收、竟自會有盜賊、真是怪事、令友是在甚麼地方兒受的驚、三 就在馬頭安平的中間兒經的事、四 有甚麼時候兒、五 聽說是太陽壓山兒的時候兒是這麼件事情、我們相好的他一出京的時候兒就帶着一個跟人坐火輪車到的天津、赶把租子收齊了、他心裡想要逛一逛野景、所以也沒坐火車、就從天津僱了兩驢、他們主僕騎着就回來了、正走

下 1-8b

就回來了
就下了驢
井上
就手兒
輕省
也就
頃刻
就趕緊
驚怕
遝路
清清楚楚
就見
輕輕兒的
僻靜

着、忽然、他的跟人渴了、就下了驢在村莊兒的井上去喝水我們
相好的就手兒也下驢找一個地方兒解解手兒把行李從驢上
拿下來叫驢也輕省輕省、趕他歇了會子、頃刻之間天也就黑、上
來了、他們見天不早了、那個地方兒又沒有店、就趕緊的上了驢
這麽一趕路、越走越黑、所沒有個住宿的地方、他們驚怕的了不
得、然而勢處其間、也沒法子、只好是往前走還算好那個時候兒、
青苗是一點兒沒有了、遝路倒還辨得清清楚楚正走中間就見
解樹林子裡來了六七個人他們嚇了一跳也不敢出聲兒輕輕
兒的走着、打算找個僻靜所在躲避躲避誰想那群早就瞧見他

早就
青紅皂白
就這麽
罄淨
情急
就大聲
救命
乾淨〻
請到酒飯
請他們吃
就在那兒

們了、於是乎不分青紅皂白、上前来就這麽一搶把他們的銀子
衣服搶了個罄淨、他們情急了、就大聲一嚷救命嚷了好大半天
好容易纔把那邊兒村莊兒的人嚷出来了、赶村人到跟前兒那
些個賊已經跑了個乾乾淨淨無影無踪多虧這個村人把他們
主僕請到家裡、又拿出酒飯来請他們吃、他們就在那兒住了一
夜 六 那個赶驢的和驢呢 七 赶驢的被賊打了、驢是叫賊搶了去
了、八 這麽說起来這個赶驢的賠大發了、九 可不是麽

第二百六章

青年　兢懼　青春　勤苦　清俊　武備院卿　就知道　請

下 1-9b

青年
兢懼
青春
勤苦
清俊
武備院卿
就知道

先生　睛　輕慢　就改念　清文　正經　輕薄　酒肉朋友
情投意合　擎受　賣淨了　更夫　舊日　情誼　更房
就因為　年輕　舊交　救濟　救他　就是　慶陽府　九歲
請一位　究竟　就去　敬候

人生如白駒過隙古人這句話真不錯、別看那青年子弟轉瞬之間就成了白髮老翁想起来真叫人兢懼若不趁着青春年少的時候兒勤苦用功、以圖上進將来鬧個老大無成豈不後悔、二大哥、您這話實在不錯、當初我有個同窗的朋友面貌頗是清俊心地也極聰明、但是有一樣兒他們太翁是武備院卿、就知道當差、

下 1-10a

請先生
睛
輕慢
就改念
清文。正經
輕薄
情投意合
擎受
賣淨了、

家裡的事情、是一概不管、雖然也請先生、教我們這個同窗的念書、然而那也不過是個名兒也搭着這個先生也是個混飯吃的、並沒有真實學問、所以我們這個同窗的、眼睛裡也沒有老師心裡更是輕慢極了、先生是該教訓的不教訓該指示的不指示學生是三天打魚兩天晒網、後來鬧的連個秀才都中不出來沒法子、就改念滿洲書學清文誰想他也不正經幹、後來他們太翁過去了、他就更壞了、所交往的人沒有一個不是輕薄浪蕩的凡那些酒肉朋友都是他情投意合的知己他們太翁遺下的家產他是一點兒也擎受不住不到三年的工夫全都賣淨了、現在是窮

下 1-10b

吏夫　舊日　情誼　吏房　就因為　年輕　舊交　救濟

極了、新近我還在街上遇見他哪、問他一向作何生理、他說現在某宅當吏夫每月不過六七吊錢的工錢和我尋錢我看舊日同窗的情誼幫了他二兩銀子、我見他腦門子上拿藍布包着問他是怎麼了、他說是那天夜裡下大雨吏房兒塌了、被掉下來的一根房椽子打的、您說這個人從先享的都是甚麼樣兒的福、就因為不長進鬧的如今受的都是甚麼樣兒的罪、真是又可恨又可憐、三這位現在有多大歲數兒了、四他今年三十四歲五這麼說起來還算是年輕、要是從此以後安分守己、還可以有轉機、你既和他是多年的舊交、為甚麼不想個法子、救濟救濟他呢六我也

救他
就是
慶陽府
九歲
請一位
請您
究竟
就去
敬候
就是

想要救他但是我一人獨力難成、七他念書念通了沒通八要論
他念書、當初是極聰明、不過就是沒甚麼功夫、大概還不至於不
通九既是這麼着、我有了法子了、我們親戚放下慶陽府知府来
了、他跟前一個孩子、今年九歲了、昨兒託我給請一位教讀的先
生、我想把你們這位貴同窗薦了去、怎麼樣十那敢自好極了、就
請您給推薦推薦罷、他雖然沒有大學問、究竟訓蒙還可以的、十一
那麼我今兒就去說去、你明兒来聽信罷十二是我明兒来敬候回
信十三就是十四明兒見

第二百七章

下 1-11b

請安　就出去了　靜息　就都到了　就操演

請安　就出去了　靜息　就都到了　就操演　旌旗　肅靜
輕言亂語　逕庭　請說　酒席　請客　請了　情面　慶
壽　慶賀・就得　就便　竟是　將就　就来　就知道了
請坐　請便　就用　就此　請回　請了請了
一大哥、您今兒早起上那兒去了、我特来給您請安、二失迎失迎、我
今兒一黑早起来、就出去了、三有甚麽要緊的事情、那麽早出去、
四事倒甚麽事、我是出城瞧操演的去了、五操演的好不好、六很
好、我一出城的時候兒天太早、我找了個地方兒靜息了一會兒、
趕到太陽冒嘴兒那些個兵就都到了、待了一會兒就操演起来

下 1-12a

肅静
軽言亂語
逕庭
請説
酒席
請客
請了情面
慶壽慶賀
就得

了、真是旌旗招展、槍砲隆隆、實在好看、頂好是一排隊的時候兒、肅静極了、一點兒聲息没有、雖然那麼些兵、連一個輕言亂語的都没有、七 比綠營怎麼樣、八 比綠營實在是大相逕庭、九 您甚麼時候兒回來的、十 我回家有十一鐘了、老弟今兒来是有甚麼事麼、十一 是我是和您借點兒東西、可不知道有没有、十二 你要借甚麼、請説一説、十三 是因為我們衙門掌印的他們老太太明兒七十整壽、他大張酒席請客、前幾天就下了請帖了、我本不愛走這些生日滿月的事情、無奈他既請了、關係同寅的情面、又不好不去慶壽、既去慶賀、自然就得穿補服、我打算和您借一付平金補子用

下 1-12b

就使
竟是
將就
就知道了
請坐
請使
就用
就此

一用、可以不可以、十三 這有甚不可以的呢、十四 回頭我出幾付來你
挑着用罷、十五 好極了、我先本要買一付來着、後來一想您這兒必
有、所以也沒買去、十六 不買很好、就使買了來也斷不能好、如今荷
色卷子的東西、竟是壞的、將就着用都不行、我這補子全是打南
邊帶來的、回來你瞧見、就知道了、你先請坐、我到裏頭給你拿去、
一會兒就來、十七 是是大哥請使、十八 老弟、您瞧、這兩付補子、你挑一
付用罷、十九 是我就用這付罷、用完了、我給送來、廿 老弟不必送來
了、我補子很多、把這付贈你罷、廿一 那兒有這麼着的呢、我就此謝
謝、廿二 老弟別多禮了、廿三 那麼我要告假了、改天再給您請安、廿四 怎

下 1-13a

請回

請了請了

就是

九月九

麽你走麽、共是您請回、別送、共是請了請了、

第二百八章

就是　九月九　那就是了　蜻蜓　就算　清風細雨　清淨

晴和　就出城　清雅　晴　酒量　酒上不行　三慶班

青衫子　悶酒　清賬了　九和興　酒菜　酒肆　九城　酒

飯　精緻　清潔　酒醉飯飽　就得了　蘇麻　酒店　就是

就瞧見　酒帘　就請　請請

一　老兄等急了罷實在來遲了　二　不遲不遲天還早哪、老弟怎麽不

帶令郎來一年就是這麽一個九月九為甚麽不叫他出來散一

下 1-13b

那就是了

蜻蜓

就算

清風細雨

清浄

晴和

散 三我本要帶他来来着、因為他們老師帶他登高去、所以我纔沒帶他来 四那就是了、令郎現在開了筆了沒有、五今年春天開的筆、六好好、聽說他天分很高有一天我在令親那兒提起他来了、令親說他夏天的時候兒對對字、對的很工、說是出的是蜻蜓點水、他對的是蝴蝶尋花、很好、七他這對的也不大好、而且是套的成詩、原詩上是蛺蝶穿花、八你這也太苛求了、論說也就算不錯了、說還有一面出的是清風細雨、他對流水高山這個對的莫成也不好麼、九這個還可以的、可是今兒偺們打算上那兒去逛、十我想、偺們先找一個清淨的飯舖兒吃了飯看天氣、如果是天

下 1-14a

就出城
清雅
晴。酒量
酒上不行
三慶班
青衫子
悶酒
清賬了
九和興

氣晴和、偺們就出城逛一逛野景倒還清雅、要是天氣不晴偺們
就唱二天你想好不好、十一好却好、但是有一樣兒您的酒量兒大、
固然可以唱一天我酒上不行、如何能整天的唱呢、依我想莫若
吃完了飯偺們聽戲去、我昨兒聽說三慶班新来了一個青衫子、
唱的極好、何不聽一聽去、豈不比唱一天的悶酒強麼十二瞧罷現
在定法不是法、等吃了飯再說十三您說的也是偺們回来上那個
飯舖兒、十四我想偺們常去的地方兒不好、怎麼說呢、好容易八月
節清賬了、剛過幾天兒又賒我不大愿意莫若找一個給現錢的
地方兒倒好、十五不錯、是的、我想偺們回来上九和興好不好、十六那

下 1-14b

酒菜
酒肆
九城
清淨
清雅
精緻。清潔
酒醉飯飽
就得了
檾蔴
酒店。就是

塊兒的酒菜固然、都是很好、但是未免太熱鬧些兒莫若上四牌樓頭條衚衕北邊一點兒兩個鋪夾間兒那儘裡頭有一個酒肆、他那兒的酒菜全好、雖然是個小鋪子兒烹飪極好、據我說可九城的大小飯館子、還都不如他呢、並且地方兒很清淨、裡頭也有幾間雅座兒拾掇很清雅、我夏天同着朋友在那兒吃過一次無論要甚麼酒飯作的極精緻極清潔、那一天我吃了個酒醉飯飽俗們今兒吃他去就得了、不用再猶豫了我怎麼不知道這個鋪子呢你是不留神、頭條衚衕北邊兒不是有一個檾蔴的鋪子麼白墻上寫着檾蔴倆大字、再北邊兒一點兒有一個酒店、就是

就瞧見
酒帘
就請
請請

這倆舖子的中間兒那個夾道子裡頭、一進去就瞧見酒帘了、極
容易我先既是這麼着、偺們別説話兒了、慢慢的走着、好不好乎
好、那麼就請、主是請請

第二百九章

靜閒　靜坐　清心寡欲　究其實　情趣　情願意　就打着
終久　青蚨　輕容易　就有　請香　情形　輕易　舅父
舅母　舅舅　請告　久遠　淨了　懸罄　救急　救火
情願　九江　八九歲　請先生　給請　俯就　就去　請帖
慶會堂　就便　就得了　九死一生　就是了　久後　就

下 1-15b

靜閒
靜坐
清心寡欲
究其實
情趣
情願意
就打着
終久
青蚨。就有
輕容易
就有。請香

知道了
一 您這一向作甚麼消遣 二 我這程子是靜閒 三 噯您老這麼閒着、也不是事、總還是找點兒事情做一做雖然、是在家裡靜坐着、清心寡欲究其實到了兒是不相宜、四 我也是這麼想呢並且整天家游手好閒的、也沒甚麼情趣、我這個時候兒情願意找一個事、就打着不弄錢、也賠不了我甚麼、即或賠點兒也不能老賠、終久總有回來的時候兒、鋪子裡錢櫃上貼的對字、說的好、青蚨飛去復飛來那兒能沒個來回呢但是找事輕容易就有、總得慢慢兒的託人我昨兒個到香蠟鋪去請香、還託他們那兒的掌櫃的來

下 1-16a

輕易
舅舅。舅父舅母
請告
久遠
淨了。懸罄
救急。救火
情願
九江

着呢、攛他說、今年的情形又不同往年了、輕易沒甚麽事情出來
這麽着、我就極力的託他、他說您別忙、等我慢慢兒給您物色、前
幾天在我舅舅那兒也託過了、我們舅父舅母都很替我着急、無
奈一時找不着事、您說可有甚麽法子呢、五 您要是不嫌苦、現在
倒有一件事、我可以給您謀一謀、不過就是苦的利害、六 是個甚
麽事情、請告訴我、若一點兒怕甚麽呢、現在我是閒的太久遠了、
所有家裡的東西、都當賣淨了、室如懸罄、朝不謀夕、您若肯為力、
救急如救火、求您趕緊給謀謀、無論怎麽苦、我都情願 七 這個事、
是這麽件事情、我們有一個老姨親、他作九江道、新近解外頭回

下 1-16b

八九歲
請先生
給請。俯就
就去。請帖
慶會堂
就使
就得了
九死一生
就是了
久後
就知道了

来了、他跟前兩個少爺、一個姑娘、大的十五小的十二、姑娘纔八九歲、我不甚知道、現在都打算念書、要請先生、新近託我給請、既是您肯俯就、我明兒就去說說、八 那好極了、您打算幾兒去、九 前幾天接着他的請帖、請我後兒在慶會堂吃飯、就便和他一說就得了、十 那麽就求您分心了、十一 您放心罷、我管保準成、十二 如果這件事情、要是成了、我可真是九死一生了、十三 叫您說得咯、何至於這麽着呢、也不過是吃閒着强點兒就是了、十四 我這是實話、並非言過其實、久後您就知道了、

第二百十章

下 1-17a

清和月
清冷

清和月　清冷　青樓　輕視　情由　青春　酒徒　情慾
情理　清早　情弊　情狀　情性　酒色財氣　久已　情人
情郎　輕佻　究情問事　慶弔　清晨　酒色　忌酒　情
節　清白　大舅　久已　舅媽　清官　靈柩　念經　可就
行人情　就便　情意　就完了　青白　情義　就算是
酒飯　酒囊飯袋　酒肉　酒量　唱酒　酒氣　酒瘋　揪頭
採髮　酒醒
一這兩天天時可實在不正、現在已經是清和月了、還這麼涼、今兒
早起、我起城外頭回來、清冷的了不得、二怎麼你昨兒又住在城

下 1-17b

青樓　輕視　情由　青春　情慾　情理　清早　情弊　情狀　情性　久已　情人情郎

外頭了、我勸你可要謹慎點兒、現在的時候兒不可常往青樓裡去、倘或染上一點兒病症、可不是輕視的、三 您這可是多疑了、您也不問情由、就說我出城胡鬧去了、真叫我有冤無處訴了、要是在青春年少的人、情慾正盛、或者許有這個事、我現在已經是四旬多的人了、焉有作這些個的情理、四 得了你不用遮飾了、你要不是住在那個不好地方兒了、怎麼會一清早打城外頭來呢、情弊顯然、你當我不知道你的情狀呢、要得人不知、除非己莫為、況且你的情性我久已盡知、憑你怎麼隱飾、怎麼說我也是不信、就拿你常愛唱的曲兒說罷、甚麼送情人兒咯、甚麼情郎哥咯、這都

下 1-18a

輕佻
究情問事
慶弔
清晨
情節
清白

不是不好曲兒嗎、你如果沒上過那個地方兒、一定不會這樣的曲兒、五 您說的雖然有理、但是我實在是沒上那個地方兒、這都因為我前些年、舉止輕佻、不走正路、所以您老疑惑我、六 不然、究情問事、設法拿賊、城外頭你又沒親戚、又沒朋友、又沒甚麼紅白慶弔的事、平白的住在城外頭作甚麼、要說是昨兒關在城外頭了、那總可以進夜門、何必等二天清晨纔進城呢、這不是明擺着的理嗎、七 您這說的何嘗無理呢、無奈我實在是沒荒唐去、八 那麼是因為甚麼住在城外頭呢、九 這却有個緣故、您聽我把這一番情節告訴您、您就知道我是個清白一點兒劣跡沒有的人了、

下 1-18b

大舅
久已
舅媽
清官
靈柩
念經
行人情
情意
就完了

是這麽回事情、我大舅不是在四川作官麽、十那我是久已知道的、十一我舅媽隨任、您知道不知道、十二那也知道、十三我舅媽原是個病身子、在外頭不到一年、就故在四川了、我大舅本是個清官、那時候兒是一個錢也没有、所以靈柩也没送回京來、今年我大舅進京引見就便把靈柩帶回來了、停在沙窩門兒外頭寶覺寺、昨兒是開弔念經、我昨兒去行人情、就便帮着張羅張羅、稍盡一點兒至親的情意、因為天晚了、所以我就住在寶覺寺了、這也是常有的事、何足為奇呢、十四這就是了、你該當早把這個緣故告訴我就完了、叫我猜了半天的悶兒、實在可罰、十五您還要罰人嗎、您聽

下 1-19a

青白
情義
就算是
酒飯
酒囊飯袋
酒肉。酒量
唱酒。酒氣
揪頭採髮
酒瘋。酒醒
酒徒
酒色財氣
酒色

了一句出城的話、不分青白、立刻把人數落了半天、一點兒情義不留、我不罰您就算是便宜、論理應該罰您請我一頓酒飯纔是、

共 你真是酒囊飯袋、除了酒肉、你還知道甚麼、又沒有酒量兒、每逢唱酒還沒唱甚麼呢、立刻就面紅過耳、酒氣噴人、再要多唱一點兒就由着興兒的撒酒瘋、再不然、就和人揪頭採髮的打架、挺到酒醒了、又後悔圖甚麼呢、即或有那海量、能唱幾斤、也不過落一個酒徒的名兒、有甚麼好處、依我勸你、以後別唱了、

夫 那可真是不行、您瞧我酒色財氣四個字裡頭、不過就有頭一個字、底下那三個字、是全沒有、從前雖然是個酒色之徒、現在是都改了、若

下 1-19b

請坐
請茶

是再要忌酒那可就真過不得了、十八 真真的你可叫我說你甚麼、

第二百十一章

請坐 請茶 十九 清秀 卿相 清濁 九流 傾家 輕

褻舊友 情厚 輕饒 揪瓣子 九輩子 謹守 舊病

酒醋局 清大人 久慣 九品 以酒為命 酒缸 酒鬼

九門提督 清酒 青梅 青菓 就怕 酒撤子 酒溜子

撤酒 酒漏子 酒提 酒坊

一 辛苦掌櫃的、二 您來了、請坐、您怎麼老沒到這兒來呀、三 可不是

麼、這程子差使忙的很、所以老沒來 四 是是您請茶、五 是您請、六

下 1-20a

十九。清秀
卿相
清濁
九流
傾家
輕裘
舊友
情厚
輕饒
揪辮子

今兒天氣還好、您今兒出来怎麽不帶少爺来逛逛 七 他在家裡念書哪、我怕躭悞他的功夫所以没帶他来 八 是了、少爺今年十幾了、 九 他十九了、 十 您真是有造化的、我看少爺的相貌很清秀、將来雖然、不作王侯、定是卿相、 十一 咳別提了、那孩子雖然、是外貌清秀、心裡糊塗極了、要是脾氣一上来是清濁不分、他所好的也真别緻甚麽三教九流没有不愛的、並且好花錢我瞧將来一定是個傾家蕩產的、去年不是有一程子、竟同着些個肥馬輕裘的紈袴、整天家在前門外頭胡鬧、後来還是承我們一位舊友的情厚、把他這荒唐的事、都告訴我了、我却没輕饒他、上前就揪辮子、

下 1-20b

九輩子
謹守
舊病
酒醋局
清大人
久慣
九品
以酒為命
酒缸。酒鬼
九門提督

挨在地下好打、這算是從那一天纔安分了、賞櫝的、你是知道的、我家祖上自從從龍過來到如今已經九輩子了、都是念書作官、謹守本分、那一輩兒有胡作非為的、獨有這個孩子、很沒出息兒、主 據我說少爺也就算頂好的了、從先雖然有一點兒荒唐、現在既然改了、自然將來也不至於舊病復發了、我提一位您必知道、那酒醋局住的清大人他原先不是久慣跑堂名兒的麼、他本來是個九品的小官兒、既不正經當差、又好胡攪、並且以酒為命、整天家在大酒缸喝、直成了酒鬼了、那兒想到他現在作九門提督呢、將來少爺一定也是這麼樣、主 這你可實在過獎了、客 我並非

清酒
青梅
青菓

就怕
酒撒子
酒溜子
撒酒
酒漏子
酒提
酒坊

過獎、你瞧着管保應我的話、可是您今兒打算用點兒甚麼、（十五）我要兩罈清酒、兩罈紹興、你們好青梅到了沒有、（十六）你問的是新鮮的是蜜餞的、（十七）我要新鮮的、（十八）那可沒有、（十九）青菓有沒有、（二十）有你瞧瞧這個好不好、（廿一）好、就要這個、（廿二）還要甚麼您納、（廿三）沒別的了、可是我和你打聽一樣東西、（廿四）您打聽甚麼、（廿五）我弄了兩這整罈子的酒、原為的是天天兒零碎喝、要是天天兒拿起來往外倒、就怕壞了、打算買一個酒撒子、或是酒溜子、天天兒撒酒用、還有酒漏子、酒提、也要買、都不知道那兒賣、（廿六）這些個都是他們酒坊裡用的東西、我想總是銅錫鋪裏賣、您等我給您別處打聽打聽、

下 1-21b

久違
請上坐

就是了、要是打聽来我就一樣兒買一個来好不好、廿七那敢則好、
那麽我就託你了、廿八可以可以、

第二百十二章

久違　請上坐　六九　九九　就以　久長　秋分　逕庭
九卿　長親　九十　舊好　酒力　酒意　酒狂　酒興　闌
闌兒　第九名　鯨　傾國　傾城　慶新年　九天　久留
請安問好
久違久違、二彼此彼此、三大哥請上坐、四噎請坐請坐、這程子天
氣還算好、現在正是六九倒不大十分冷、五可不是麽、暖和得很、

六九。九九
就以
久長
秋分
逕庭
九卿
長親
九十

據我想從現在到九九大概也沒甚麼大冷了、六這也不敢預定
近來的天時雖然是北方、頗有南邊的光景、就以今年夏天論罷、
熱的很久長並且忽熱忽涼趕到秋分的時候兒還有穿夏布衫
兒的哪、要比起早年秋後的天氣來、真是大相逕庭七是的、大哥
這一向差使忙不忙、八現在正在封印裡頭不但我們衙門沒甚
麼事、連六部九卿衙門也都沒事、九您現在既沒甚麼官差大概
總逛了幾回罷、十不錯、是逛了幾回十一昨兒琉璃廠很熱鬧您去
了沒有、十二沒去十三怎麼那麼好天倒不去呢、十四昨兒是我們一個
長親九十整壽我去祝壽來着、所以沒去、十五昨兒必痛飲罷十六可

下 1-22b

舊好
酒力 酒意
酒狂 酒興
鬮
鬮兒

不是麼、我大醉、因爲同席的、多半和我是舊好、彼此對勁、他們這麼一路大灌我、我屢屢的告訴他們說我不勝酒力了、他們也都有些酒意、這麼一撒酒狂、一定叫我唱、我是斷不行了、他們是酒興未闌後来有一位出了個主意寫了三個帖兒、一個寫說笑話兒、一個寫唱曲兒一個寫唱酒寫完了、把他摶成鬮兒大家振振着甚麼就幹甚麼我心裡想酒令倒公道誰想我一振出鬮兒来就是唱酒、老振不着說笑話兒唱曲兒那兩個所以大醉 十七 是了、十八 老弟近来功夫必好罷 十九 也沒甚麼好、就從頭年封印之前作了一回課、到如今還沒動筆呢、 二十 啊、頭年作甚麼題目来着、 廿一 作

鯨
第九名
傾國
傾城
慶新年
九九

的詩課不是文課、題目是鯨魚跋浪滄溟開、得開字、廿二取第幾、廿三
第九名、廿四還不算矮、可是昨兒我們同寅的、他說了一個對字、老
没人對上、老弟對一對、廿五出的是甚麽、廿六是婦女以德為先何必
重傾國傾城之貌、廿七哎呀、這個很難對、您等我没事的時候兒慢
慢兒的想一個對上、廿八可以可以、本是這兩天正是慶新年的時
候兒人來客去、那兒有工夫兒幹這個呢、廿九是的、大哥您怎麽把
馬褂兒脫了呢、照護涼着、卅你這屋暖的很也搭着今年天氣不
大冷、卅一不錯、我瞧、今年大概九九完不了、就可以撤火、卅二那倒別
太早了、要是撤火太早、也不是玩兒的、卅三是是卅四哎呀、了不得了、

下 1-23b

九天　久留　請安問好

天有兩下兒鐘了、我得走了、卅五何必這麼忙、還上那兒去、卅六我是和我們親戚約下的今兒逛東嶽廟、卅七東嶽廟有甚麼逛頭兒、況且何必一定今兒去呢、卅八是因為他們的小孩子要瞧九天宮現在正是放節學、可以去、要是往後他一上學、就沒工夫了、我這就去罷、卅九您一定要走、那我不敢久留您了、四十咱們三兩天見、四一嗐您見了令親替我說請安問好罷、四二是是回來都替您說

第二百十三章

舊衙門　舊夥計　酒簍　咎戾　唱酒　酒保　就打起來

揪　揪這個　酒壺　酒危　韭黃　救　救星　酒舖兒　久

舊衙門　舊夥計　酒簍　答戾　唱酒

反之地　舊年　久而久之　九州　青龍　久住　九泉　九
合　九族　情分　清單　就手兒　求你
大哥、今兒没出去、二 没出去、你這是打那兒来、三 我是打舊衙門
来 四 上那兒去作甚麽 五 有我們舖子裡的一個舊夥計、他在那
兒住、新近他和海岱門外頭的酒簍舖謳氣来着、我纔剛去給他
們說合去了、現在已經完了、順便到您這兒 六 是了、你們這個舊
夥計、他為甚麽和酒簍舖謳氣 七 說起来也真無理、實在是自取
答戾、他和酒簍舖的掌櫃的、原是相好、昨兒後半天兒他們倆人
在碎葫蘆兒唱酒、倆人都大發了、三句話不投機、彼此就打起来

下 1-24b

就打起来
揪揪這個
酒壺。酒卮
韭黃。酒保
救。救星
酒舖兒
久反之地
舊年

了、這個揪着那個的辮子、那個揪這個的脖領兒把甚麽酒壺酒卮唎、全摔了、飯菜洒了一地剛要来的炒韭黃兒也没吃、全潑了、酒保兒看見也没有主意不敢上前去救正在打的難解難分、可巧来了個救星兒您猜是甚麽救星、就是酒簍舖的掌櫃的、他這麽一来這纔給勸開了、誰想我們舊夥計、立刻就上了廳兒了、要不是我給他們說合、到這個時候兒也完不了、八　本来酒舖兒就是久反之地、再一醉、斷没有不鬧事的、九　我們這個夥計、脾氣很不好、舊年也鬧了這麽一回幾乎弄出人命来就因為這個、打我們舖子散的、今年好容易纔找着事、聽說他在這個新地方兒已

下 1-25a

久而久之
九卅
青龍
久住
九泉
九合
九族
情分

經和本舖子的掌櫃的過一回氣了、我想久而久之人家一定
不要他、十 那是自然的、像這宗樣兒的人、就是走徧四海九卅也
沒人敢用他、土 可惜他父親是個很好的人、他們家原在青龍橋
兒住、就皆因他好惹事、把他父親氣死了、他這纔搬進城來、把多
年久住的老房子、也賣了、這如今困苦萬狀、自己還不忍耐、真是
叫他父親在九泉之下、也不得瞑目、土 不錯、那麼你今兒給他們
都說合完了嗎 主 是都完了、西 回來還上那兒去 丟 打算出城買
九合香去、卉 買這個幹甚麼、主 這倒不是我的、是我們一家兒託
買的、您想他既托我、看着一本九族的情分、怎麼能不給他買去

下 1-25b

清單
就手兒
求你

呢、您今兒出去不出去、我本應該出城買東西、無奈今兒得上衙門、不能去、您既沒工夫兒、要買甚麼東西、您開一個清單兒、我就手兒給您帶了來、好不好、那麼我就開一個單子、求你替買買罷

第二百十四章

邱　久仰　周　行九　九月　九個　就有一位　久聞　究

屬　京師　京裡　舊衣　救火　秋後　救火的　救人　救

難　救不了　舊物　韭菜　炒韭菜　臭韭菜　鞦韆　就此

請回

下 1-26a

邱。久仰
周。行九
九月
九個
就有一位
久聞
究屬
京師
京裡

一您貴姓　二我姓邱、三久仰久仰　四您怎麽稱呼、五我姓周、六尊行、七我行九　八府上、九舍下在西四牌樓住、您處是甚麽地方兒、十敝處廣東廣州府、十一您到這兒有甚麽貴幹　十二我是到這兒訪一位朋友　十三啊是了、您由多喒從廣東起身、十四我從九月二十起的身、十五您是和人搭幫來的麽、十六是和人搭幫來的　十七同來的幾位、十八我們九個人一塊兒來的、十九同來的都是貴同鄉嗎　二十就有一位是同鄉、別位都不是　廿一久聞貴府繁華熱鬧、寔在羨慕無奈是沒有甚麽事情、不能一往領畧　廿二敝處雖然、是繁華究屬不如京師、廿三京裡雖然好、然而還不如上海、廿四是的您到過上海嗎、廿五到

下 1-26b

舊衣
救火
秋後
救火的
救難
救人
救不了

過 廿六 要論上海、可實在是繁華到極處了、不用說別的、就以服色論罷、穿舊衣裳的很少、無論甚麽人都是簇新的綢緞的衣裳 廿七 可是上海有一様兒最危險的事、廿八 甚麽事、廿九 火災太多、不差甚麽天天兒総有着火的、雖有各西人去救火、然而総是免不了這個災、那一年我在上海住着、正是秋後風乾物燥的時候、有一天夜裡、四五處着火、救火的西人所赶不過来了、剛這兒嚷救人就是那兒嚷救難、到了兒還是有救不了的、您說可怕不可怕、卅 這纔他們不小心的緣故 卅一 好在那兒有保險行、凡保過險的、即或遇見火災、還不至於大受累、卅二 據我想、保險雖然、好也不過是賠

下 1-27a

舊物
韭菜
炒韭菜
臭韭菜
鞦韆
就此

銀子、所有的舊物兒、可是一點兒也回不來了、我說莫若多加小心總是不受這個災的好、卅三那是自然的、卅四您在上海、住在那兒、卅五我住棧房、卅六哎呀、那棧房可難受極了、第一飯菜很不好、卅七可不是麼、卅八我那一年在上海、正是有韭菜的時候、早晚兩頓飯老是炒韭菜、寔在我是吃膩了、卅九這還算好呢、要是趕上[illegible]當兒恐怕連臭韭菜還吃不着呢、卌是您在京裡、還得住多少日子、卌一也不一定、卌二您多咱要回去的時候兒、千萬給兄弟一個信、兄弟好過去送行、卌三那寔在不敢當、卌四您今兒還上那兒、卌五我打算從這兒上四牌樓、到鞍韂鋪買一付鞦韆、偺們改日見罷、我就此失陪

下 1-27b

請回
久別
就起了身了

了、四六怎麼您要走嗎、四七是是您別送了、四八可以可以四九客不送客、
請回罷 五十 失送失送

第二百十五章

久別　就起了身了　舊時　驚險　救生船　救上來了　登
舟　秋禾　救生局　救拔　救苦　救世　救護　救濟會
四　秋圍　八九天　就在這兒　九十　久而自明

您幾兒到的、二 我昨兒到的 三 這可真是久別了、實在是想念的
了不得、您是由幾兒起的身、四 我由上月初四就起了身了、五 怎
麼走了這麼些日子呢 六 別提了、這一回真是苦極了、七 道兒工

下 1-28a

舊時
驚險
救生船
救上来了
登舟
秋禾
救生局
救拯

還平安不平安、八 不平安、險的利害、和舊時差的天地懸隔了、九
半道兒遇見甚麽驚險了嗎、十 可不是麽、十一 我從京裡是初四起
的身、在旱路上到還平安、自從過了王家營子、一上船是節節驚
險有一天船遇風暴水手簡直的没法子、竟自翻了、所有船上的
人都掉在水裡了、幸爾遇見一隻救生船、把這些人都救上来了、
這纔得了活命了、真是俗語説的、有路莫登舟、這句話是萬不錯
的、十二 是的、您在道兒上瞧見莊稼怎麽樣、十三 今年的秋禾我看着
還算罷了、不過是沿路上逃難的不少、都是因為北省不平静、所
以直省一帶的人民全逃出来了、現在各處都設立救生局救拯

下 1-28b

救苦
救世
救護
救濟會
臼
秋圍
八九天
就在這兒
九十

出来的人真是盈千累萬、十四 咳、今年北省這個刼寔在是自古少有、幸爾仗着衆善士、以救苦救世存心、不然這些百姓、還不知道得死多少呢、十五 總是這些大官不好、前年大年初一日食、那就不是好兆頭、他們只知道臨時救護、並不修省、所以釀出大禍来了、我有個至好的朋友、新近隨着救濟會的船来了、我們倆原是杵臼之交、非同泛泛、也不知道他住在那兒了、我還打算瞧瞧去呢、十六 令友姓甚麼、您告訴我、我給您打聽打聽、十七 姓李號叫秋圍 十八 這位我知道、他是前八九天到的、他住的地方兒、就在這兒、十九 啊、就在這兒嗎、是那個棧房、二十 就是隔壁兒泰昌棧、他住的是九十

下 1-29a

久而自明

蘇州

磽房、廿一這好極了、我回頭就瞧他去、廿二您先不必忙、吃了飯去也不遲、廿三就是罷、可是這麽着、您可別費事、廿四不弄甚麽、就是隨菜隨飯、我的為人您是不大知道、往後相處、久而自明、我是絕不會套虛的、廿五要是這麽着、那就真對我心了、

第二百十六章

蘇州　秋審　瓊州　去秋　姓邱　窘迫　求全責備　拙荊

窮困　求親告友　窮之　求人　窮極了、窮日子　綽綽有餘　求情　拙嘴笨腮　求您　就可以

一您府上　二舍下蘇州胡同　三貴衙門　四刑部　五貴司　六兵　四川司兼

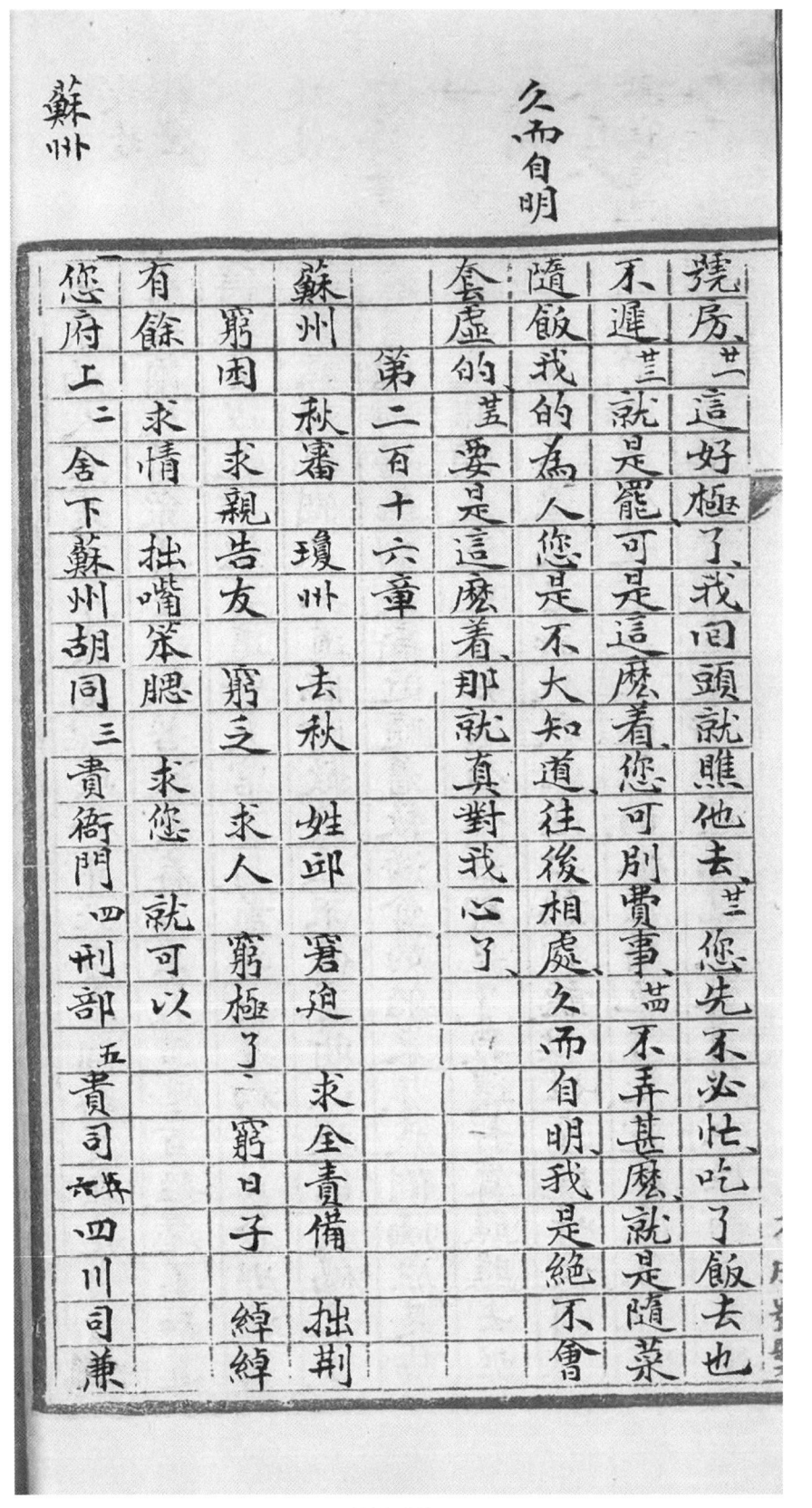

下 1-29b

秋審
瓊州
去秋
姓邱
窘廹
求全責備

秋審處您府上 七 兄弟現住廣東會館 八 那麼貴籍是廣東麼、九
是潮籍是廣東瓊州府、十 恭喜那衙門當差 十一 沒差使兄弟是去
秋来京鄉試後来場完了沒回去、打算在京用功等候下科 十二 寔
在佩服得很下次一定高中的 十三 那兒敢那麼指望呢您貴衙門
差使忙不忙 十四 現在倒不甚忙、我和您打聽一個人 十五 您打聽那
位、十六 我有一個相好的也是貴處的人從先在禮部當差、自從那
年告病回去至今沒有音信、我是在惦念得很 十七 此公貴姓 十八 他
姓邱、十九 此公和我是至親他現在窘廹的了不得那個人頗有學
問、辦事求全責備、不過就是脾氣左一點兒 二十 他和您是怎麼個

下 1-30a

拙荊
窮困
求親告友
窮乏
求人
窮極了
窮日子
綽綽有餘
求情
拙嘴笨腮

親戚(廿一)兄弟的拙荊是他的胞妹(廿二)是了、他那個人寔在是篤厚拘謹、在京當差的時候兒雖然是景況窮困、可永遠不求親告友、他常說我無論怎麽窮乏斷不求人帮助、後来因為窮極了、斷不能再往下處、所以纔告了、(廿三)現在他在家有甚麽事業(廿四)也沒有甚麽正經好事、不過是教書過窮日子、(廿五)咳要論他的才幹在六部當差、真是綽綽有餘無奈是運氣不好他又不肯求情請託以致差使老没起色、(廿六)可不是麽、但是有一節、他的本事雖好、但是拙嘴笨腮的不會說話、有時候兒說話就惹人惱知道的不計較他、不知道的、從此就記上他了、(廿七)是的我現在要給他帶一封信打

下 1-30b

求您
就可以

算求您、給寄了去、可以不可以、可以的、我也打算給他帶信、如
若您有信、就可以交給我、一塊兒就寄了去了、那麼就勞您駕
罷、

第二百十七章

鞦韆　拙作　捉刀　求籤　求功名　求名　求利　求的籤
有求必應　窮苦　九口　求救無門　拙笨　求告　窮不
過他　求子　一籤　求財　求福　週轉不開　求借　拙見識
求子　求婚　求神　強求　求恩　就拿　窮究　九轉丹
成

下 1-31a

鞦韆
拙作
捉刀
求籤
求功名。求名求利
求的籤

一老弟近来作詩課沒有、二作来着、三甚麼題目、四是鞦韆院落夜沉沉得沉字、五這個題目、不大容易、作的得意罷、可以給我們捧讀捧讀、六我的拙作、如何敢給人看呢、七那兒的話呢、你是太謙了、八真是看不得、不必說這個了、僭們說點兒別的罷、九可是我聽見說令兄這次考軍機章京来着、得了罷、十是得了、十一那麼他的繙譯、必是好的了、十二也不算好、他這次考、是託人替他捉刀、所以纔得了、他本不願意考、是大家極力勸他、他又在前門老爺廟裡求籤、得了很好的一籤、故此纔考的、十三不錯、那兒的籤是很靈、常見人家求功名、求名、求利、所求的籤都是很準、絲毫不爽、真是

下 1-31b

有求必應
窮苦
九口。求救
無門。拙笨
窮不過他
求了一籤
求財求福
週轉不開
求借呢
求子

有求必應、我們親戚那一年窮苦的了不得、一家子九口兒、整天
家挨餓、求救無門、他那個人又極拙笨、是一點兒落兒也沒有、誰
也窮不過他、他又不肯屈節求告人、後來有人要借給他錢、叫他
開一個買賣好糊口、他恐怕買賣不好、還不了錢、所以他不肯借、
還是我叫他在前門求了一籤、得的是上上、他這纔敢借這筆錢
真是運氣來了、求財得財、求福得福、從那麽就開了一個雜糧店、
不到三年、就大發財源、到如今、居然是個財主、我常常兒的有週
轉不開的時候兒、還和他求借呢、你說這個籤彀多麽靈、雖然、
是這麽說、據我的拙見識想、還是他自己的命運、我常見有求子

下 1-32a

求神
求婚
强求
求恩
就拿
窮究
九轉丹成

的、求婚的終日裡求神問卜、毫無應驗、到了兒是得有那個命、十五
那是那麽着。十六還有一層人總是自己立志不必强求要是不立
志、你就是整天家跪在神佛面前求恩、也是不行、您說是不是。十七
是的。十八就拿下場論罷、要是不下上苦功夫、斷不能中、若果功夫
下到下、理也窮究透了、到場裡作出文章来没有不好的文章既
好了、焉有不中的理呢、所以兄弟於念書的功夫、一天也不敢閒
斷、見了詩課文課没有不作的。十九你這麽着很好、將来九轉丹成、
一定高發。二十借您吉言罷

第二百十八章

下 1-32b

通州　州官　求雨　求誰　窮家富路

通州　州官　求雨　求誰　窮家富路　登舟　邱着　邱子

就手兒　求他　邱陵　舟山　舟車　情形　經歷　就是

了

一這兩天熱極了、也老不下雨、要是這麼着人可要受病、二可不是嗎、昨兒我打通州過因為那兒的州官求雨斷屠了、三您作甚麼上通州去了、四我們舍親新從廣東回來到了上海、盤費不彀了、給我一封信叫我到上海去接他、您說在那叫他求誰去呢所以我就上上海接他去了、五啊、是了、俗語說的、窮家富路、這句話是萬不錯的、所以走遠道兒的人盤費是最要緊的、六這是不錯的、

下 1-33a

登舟

卬着

卬子

就手兒

求他

七您是起早去的、是坐船去的、八我起家裡起身、是走旱路、一直到天津紫竹林、由紫竹林工的火輪車、九您從京到天津、為甚麼不走水路呢、十我告訴您、我是最怕坐船、怎麼說呢、是這麼着、一則是有路莫登舟、二則水路太慢、三則是由旱路走、為的是給我們先伯先伯母工上墳、十一貴塋地在甚麼地方兒、十二敝塋地本在西直門外頭、我們先伯先伯母是在張家灣的一個廟裡卬着哪、所以順便去看一看、十三您看了怎麼樣、十四我看了那兩座卬子、因為今年雨水過大、都壞了、就手兒我給了廟裡的和尚二十兩銀子、求他僱人給從砌一砌、十五那好極了、我和您打聽打聽從京

下 1-33b

邱陵
舟山
舟車
情形
經歷
就是了

到天津道兒上有山沒有、這一路都是平坦大道那兒有山呢、連個邱陵也沒有、您怎麼連這個道兒也沒走過嗎、實告訴您說罷我那兒也沒去過那一年有朋友約我逛舟山、我實在怕舟車行李費事、並且又沒甚麼事、不過閒逛所以我沒去、這麼說起来您是於外頭的情形、一概不知道、可不是嗎、多喒等您再要上那兒去的時候兒我跟您出去逛一逛也經歷經歷、可以的、等多喒我要出外、我来約您来就是了、

第二百十九章

囚犯　捉獲　捉拿、捉住了　囚禁　捉窮人　周身　着實

囚犯
捉獲

捉拿
捉住了
囚禁り捉

粥廠　粥　捉賊　周折　着落　州府　州縣官、桌帷
桌椅　桌面　罰人　輕裘　桌圍　綽號　桌裙　涿　囚車
求死　拙計

昨兒我上北城瞧見好些個兵押解着五六個囚犯、從北往南來、也不知道是犯甚麼罪的、瞧那個樣子、彷彿是新捉獲的似的、二那個大概是往刑部解罷、我想必是西街劉宅明火那一案破了、三你怎麼知道是那一案、四我新近聽見人說那一案、順天府五城、和提督衙門、都派人到各處去捉拿、大概是捉住了、五據我瞧那幾個犯人都是頭髮很長像是囚禁久了的、不像新捉的、而且

下 1-34b

窮人
周身
着實
粥廠。粥
捉賊
周折
着落。州府
州縣官
桌圍
桌椅

臉上不是那宄賊的樣兒彷彿窮人周身的衣履都那麼很襤褸的了不得、我瞧見他那個樣兒着實的替他難受你瞧見過那粥廠上打粥的人哪、就是那個樣兒怎麼像賊呢、大那你可別那麼說、那一個賊能帶出賊的樣兒來呢要是帶出賊的樣兒來那捉賊的兵弁、就不費周折了、何至於成年成月的老無着落呢你瞧、那外州府縣常有竊盜明火的案子、經年的拿不着、州縣官往往兒的受三參四參的處分、都不是因為拿不着正賊嗎你別瞧他外貌不像就以為他不是賊了、就以那年論罷我家鬧賊把空屋子擱着的桌圍椅披偷了好些去、並且還把硬木的桌椅偷了七

下 1-35a

桌面
窮人
輕裘
綽號
桌圍　桌裙
涿
囚車

八件、還有一個圓桌面兒也稍帶了去了、後来過了好幾個月、纔把賊拿住了、赶我去一瞧那個賊那兒像賊呢、打扮兒面貌兒居然、不是窮人的樣兒有人説瞧見過他整天家在南城外頭、肥馬輕裘的攪鬧、綽號兒叫賽覇王、你那兒想道他是賊呢、七據我説、他是個笨賊若論甚麼桌圍桌裙、椅披椅墊兒這些東西、還可以偷、至於桌椅桌面兒那是舉動東西、偷他作甚麼、在那兒拿着的、八在涿州拿着的、九辦了個甚麼罪、十因為這個賊在堂供出好些個案子来、並且還有刀傷事主、明火的案子、定了個斬立決、出去的那天我還瞧鬧兒来着、瞧見他坐着囚車、從刑堂出来直唱

下 1-35b

求死。拙計

了一道兒你說這個人彀多麽大胆子、土這麽看起来、我昨兒瞧見的那幾個犯人多半兒是賊了、為人在世、甚麽幹不得、單要作賊、真是自己求死、這個拙計、拙到甚麽分兒上了、土你可說罷、

第二百二十章

拙笨　戳子　周正　拙巧　濁氣　拙筆　着意　求全責備

戳記　戳印　周到　求饒　觸犯　犯濁　着人　周全

擉了手　擉碰　酬謝　窘君　周濟　酬報　晝夜　愁眉不展

抽冷子　酌量　可就箒　着人去　觸怒　着急　咒罵

皺眉　抽烟

下 1-36a

拙笨　戳子
周正　拙巧
濁氣
拙筆
着意
求全責備
戳記　戳印。
周到　求饒

一你怎麽這麽拙笨、叫你把信上印上戳子、怎麽都給印歪了、一點兒也不周正、二噯人的拙巧、那可是天生的、我實在不會做這些事、要嫌印的不好、你就另找別人、三你瞧我一說你、你就動濁氣、本這封信、叫我這拙筆一寫、就寫壞了、再加上這個歪戳子、你瞧彀多麽難看、我勸你以後總要留心、要這麽事事不着意、那可就太難了、四我知道你這封信是給你們親戚的、你是怕他說你草率不恭敬、所以你纔這麽求全責備、挑五挑六的、要是給別人的、就是把戳記倒給你戳印上、你也不管得了、別說了、這總是我幹事不周到、不留神、求饒這次罷、五你別和我說嫌話、我不過說了

下 1-36b

觸犯。犯濁
着人周全
擉了手
擉碰
酬謝。窘
周濟。酬報
晝夜
愁眉不展
抽冷子
酌量
可就

這麽句話、就觸犯了你了、你就和我這麽犯濁、是在着人難受我那一様兒待錯了、那一件事不周全、就拿去年說罷、你擉了手、我變着方法兒給你找人来治、赶到把擉碰的傷治好了、我又拿出錢来酬謝大夫、就是我先前受窘的時候兒、承過你的周濟、後来我那一時也沒忘了酬報你、況且那一年、你病了倆多月、我真是殷殷勤勤的給你煎湯熬藥、晝夜的不睡、整天的愁眉不展、好容易盼到你病好了、我這纔放了心了、我這樣兒的待你、就是抽冷子有一點兒錯處、你也該細細兒的想想、也該酌量酌量、怎麽動不動兒的就這麽拿話堵塞我、要是這麽着、偺們以後可就難一

下 1-37a

着人去
箒帯
觸怒
着急
咒罵
皺眉
抽烟

塊兒往下混了、回来我就着人去把大哥請来、叫他評一評這個
理、横竪我纔説的全是正話、並不是條箒歪了簸箕斜了的混挑
斥、六哎呀、你真生了氣了嗎、我纔剛是和你是鬧着玩兒的話、你
想、偺們倆的交情、如同親弟兄一様、就是偶然、誰有觸怒誰的地
方兒也都恕得過去、你怎麼真生了氣了呢、別着急、我底下再不
這麼和你説玩兒話了、如果後来我再要如此、你就咒罵我、七你
瞧、你這個人打一巴掌揉一揉、可叫我怎麼好得了、幹你的事情
去罷、八就是你也別生氣了、也別皺眉了、抽烟罷、我給你裝一袋
謝謝罷、九快去罷、別胡鬧了、十那麼明兒見

下 1-37b

好逑
毬球

第二百二十一章

好逑　毬　球　週年　縐綢　皺紋　綢子　綢緞　綢紗

洋縐　湖縐　縐紗　線縐　亮花兒線縐　扣縐　琢磨　擱

紗　窮家　講究　世胄

一大哥、您這程子竟做甚麼哪、二看閑書哪、三您看甚麼書哪、四好逑傳、你今兒怎麼這麼閑在沒上館嗎、五我吃了飯到了館上、說是學生上毬兒場打毬兒去了、所以我就回來了、今兒天氣又好、又沒事、打算找您一塊兒出去散一散您今兒有事沒事、六今兒本是我們親戚那兒辦週年、我得去、因為道兒太遠所以打發你

下 1-38a

週年　縐綢　皺紋　綢子　綢緞　綢紗　洋縐　湖縐　縐紗

姪兒去了、我今兒倒得閒在了、你既要同我出去、很好、我正要想出城買縐綢去呢、偺們待會兒就走 七 您要買甚麽縐綢 八 我要買頂好的有皺紋兒的縐綢、九 哎呀、如今這個綢子很少、要買總得上前門外頭大綢緞店裡纔有、您到過上海怎麽也沒多帶點兒綢緞來 十 別題了、南邊那兒買不但貴而且沒有好的、十一 怎麽呢、那兒離蘇杭很近怎麽倒貴呢 十二 這就是俗語説的、出處不如聚處、凡這些綢紗等項往京裡來的都是好的、到了本地了、不過要其有就是了、還有一層、偺們買去、叫的名色都是兩樣兒就拿縐綢説罷、偺們京裡叫洋縐、他們南邊就叫湖縐、又叫縐紗、至於

下 1-38b

線緶
亮花兒線緶
扣緶
琢磨
獨紗
窮家
講究

甚麼線緶咯、亮花兒線緶咯扣緶咯、這些個村料兒你要在他們那兒鋪子裡買、一説名兒他們就不懂所以我雖到了一盪南邊是任甚麼也沒買 十三 您在南邊瞧見過好玉器沒有、十四 玉器翡翠都有、琢磨的手工也還好、不過就是不得樣兒、我簡直告訴你罷、無論甚麼、一到外省都不如京裡、有一回我的眼鏡套壞了、打算買一個到了一個京貨店裡一瞧、就是有平金的甚麼獨紗的堆花兒的一概都沒有、十五 莫成南邊的人家都是窮家嗎、怎麼會鋪子裡不預備好東西呢、十六 這個我也不知道是甚麼緣故大概是這麼着、一則外省的風俗兩樣兒所尚不同、而且不大講究不能

下 1-39a

世胄

周流
請教
濁氣

像京裡、名閥世胄那麼多、所以他們不敢預備好的、去是的

第二百二十二章

周流　請教　請問　濁氣為地　地球　九州　五州　桌兒

酌酒　咒語　週天　週圍　著準可據　抽空兒　濁　周

公　掃當　觸目　驚心　抽身　周　厥疾不瘳　瘳字　瘳

愈　抽瘋　妯娌　抽他一鞭　抽一陣瘋　愁煩　請一個

請他　周張　酬勞　酬答　請一請

一　您這麼周流各處、多見多聞、我和您請教一件事、二　您問甚麼事、

三　請問您、人都說清氣為天濁氣為地、書上也這麼說、外國人獨

下 1-39b

為地
地球
九州。五州
桌兒
酌酒
咒語
週天
週圍
著準可據

不這麽說、他們只說地球、還有普天之下、偺們中國說五湖四海、又說九州、外國說五洲、到了兒是那個說的對、四 哎呀、這可把我難住了、我寔在不敢說誰是誰非、您怎麽忽然想起這個来呢 五 是昨兒在茶館兒喝茶、在我對面兒的桌兒有倆人在那兒酌酒閒談、我在這邊兒聽着、實在有趣兒、一個說我原先學過道術、驅神遣將的咒語都會、一個說我上知天文下知地理、這個就說你既知道天文地理、週天有多少度、地的週圍有多大、那個就說這很難不住我、我有書、那上頭寫的實在是著準可據、等我那天拿来你看、那麽你既會咒語、何妨驅一回神、遣一回將、給我也見識

下 1-40a

抽空兒　濁　周公　掃箒　觸目驚心　抽身　周　厥疾不瘳

見識、這個又說、我今兒是有事、沒工夫兒、等過兩天我抽空兒作一回法、叫你瞧瞧、那個又說使得、這倆人越說越高興、我聽了、不由的心裡暗笑、後來他們又講究甚麼清咯濁咯、又是甚麼周公作指南車咯、又是甚麼天上的掃箒星、是上天垂象、叫人觸目驚心咯、說的那些個話也有真的也有假的、後來我聽的賦煩了、就抽身出來了、今兒我忽然想起來了、所以纔問您、六 這些個我實在沒學過、不知道、不敢亂說、七 是了、還有一件事、和您打聽、您的令親周先生、他不是行醫嗎、八 不錯、他行醫、九 他的脉理怎麼樣、十 他的醫學很好、無論甚麼病、一經他治、沒有厥疾不瘳的、十一 您

下 1-40b

瘳字
瘳愈
抽瘋
妯娌
抽他一鞭
抽一陣瘋
愁煩
請一個
周張
酬勞

又轉文這個瘳字兒是瘳愈就是病好了、您打聽周先生作甚麼、
主我們有個表弟、他們夫人兒有個抽瘋的病、經過好幾個大夫
給治、老沒治除根兒聽說前兒他們妯娌們謳氣、我們表弟也不
好、見他們謳氣他就拿馬鞭子、抽他一鞭子、誰想到晚上、他就抽
一陣瘋、我們表弟這纔後悔了、愁煩的了不得、昨兒到我家託我
給請一個好大夫、我聽人說過、周先生是個名醫、故此和您打聽
如果真好、打算請他給我們表弟婦治一治、主這容易不費周張
要是打我這麼請、他斷不要馬錢、病好了、給他送點兒禮物酬勞、
就得了、回頭我就請他去、叫他明兒早起到你們令表弟家就是

下 1-41a

酬答
請一請
抽觔
肘。抽了

了、吉那敢則好極了、如果治好了、我叫我們表弟好好兒的酬答、
就求您給替請一請罷、圭您放心交給我了、

第二百二十三章

抽觔　肘　抽了　睡着子　丑時　臭虫　愁死　抽出　將
就　愁悶　愁苦　愁腸　愁不來　發愁　愁容　居然　拘
束　居易俟命　酬應　周備　仇家　紬子衣裳　鐲子　這
麼着　抽籤　抽屜　仇恨　仇敵　可愁
您瞧、昨兒夜裡纔冷哪、凍的我腿抽觔兒、並且連左膀子和胳臂
肘兒都疼的難受、後來我起來了、坐在炕上、抽了會子烟、又唱了

下 1-41b

睡着了
丑時。臭虫
愁死
抽出
將就
愁悶
愁苦
愁腸
愁不來
發愁
愁容

椀熱茶、這纔略好些兒、趕到睡着了、已經有丑時的光景了、還算好、冬天天冷、没有臭虫、打那麼一睡、直睡到大天亮。二 據我說您這兒比我們那兒强多了、我們那兒一則是涼炕二則房子大火烟兒小、一到了冬天冷的利害、說起來叫人愁死、您說拾掇罷、我現在的進項、本就不彀過日子的、那兒還能抽出錢來幹這個呢、要說是不拾掇又將就不下去、真是叫我愁悶的了不得、三 您何必這麼愁苦呢、依我說您把心放寬了、不必這麼終日愁腸、凡事都有個一定、愁是愁不來的、我瞧您常常兒為這些小事發愁、没有一天不愁容滿面的、我勸您千萬不要這麼着、况且這些個事

居然
拘束　居易俟命
酬應
周備
仇家
紬子衣裳
鐲子

情、都是小節、您既是讀書明理、怎麼會看不破、居然竟被境遇拘束住了呢、難道說居易俟命的話、您都忘了嗎 四 我也不知道、我怎麼這麼心窄 五 我想您這個境遇比我強多了、我雖然是進項大、然而酬應浩繁、不但是這個、而且還得顧贍一家兒、稍有待的不周備的地方兒、他就給你個不自在、六 怎麼您的貴本家這麼個行為嗎 七 別提了、甚麼是本家、簡直是仇家、俗語說的、一家飽煖千家怨、這話是萬不錯的、還有一件事、更是可恨、今年春天、我們一個族姪、到家裡來說、他母親要上親戚那兒出分子去、借紬子衣裳和鐲子首飾甚麼的、說是用完了、就送回來、這麼着、我就

下 1-42b

抽籤
抽屜
仇恨
仇敵
可愁

借給他了、誰知道他把這個東西拿了去、就一去不回頭、後来我找他們家裡一問、敢則是他母親那天也没出分子、也没打發他到我家借東西、他把這些東西都給當了、當的錢都輸給大街上一個抽籤兒的了、我好容易纔把當票兒要出来也搭着我今年的進項没進齊、所以到今兒那當票兒還在櫃子抽屜裡擱着哪、您說我的事情比您的事情難不難、八這麼看起来我比您強我雖然是景況不好、然而親戚本家倒還和我好好兒的、没有一家兒仇恨我的、也没有拿我當仇敵待的、九這就很好、既是這麼着、您還有甚麼可愁的、

下 1-43a

仇人　讐怨　拘執

第二百二十四章

仇人　讐怨　拘執　周密　居心　掣肘　聽我　肘腋　癱瘓　懸見　仇深似海　抽刀　咒詛　抽氣　濁清　周旋　宇宙　拘板　拘謹　拘泥　籌算　設局　俱都　俱已

你們倆有甚麼勢不兩立事情、怎麼一見面兒就這麼仇人似的

二　您不提我也不說、今兒您既問到這個、我也不能不告訴您納、是這麼件事情、我們倆雖然、沒甚麼大讐怨、然而也不算沒嫌隙、我的為人本是個庸愚拘執不化的、自然是不合時宜、論理他就應該原諒、即或我有辦事不周密的地方兒、也不妨指教我、誰知

下 1-43b

居心　掣肘　瞅我　肘腋　癰疽　瞅見　抽刀　咒詛　抽氣　濁清　周旋

道他那個人居心過於險詐、不但不指教我、不幫助我、反到遇事給我掣肘、瞅我的錯縫子、就給我小鞋兒穿、您說我們又是一塊當差、躲罷是躲不了他真是肘腋之患腹上癰疽這可怎麼好、如今更難了、他這麼一瞅見我、就仇深似海我一見他那個霸道不說理的樣兒也不由的心裡冒火恨不能抽刀把他宰了、不是我咒詛他他將來不定怎麼死呢我現在想起他待我的意思來不由的倒抽氣

三 咳、你這個人也太好生氣、凡事是這麼着、事從兩來、莫怪一人、他那個為人、自然是不分濁清、一例相待、與朋友們周旋永遠是以小人之心待君子、然而你也有不合的地方兒

四

下 1-44a

宇宙　拘板　讐怨　拘謹　拘泥　籌算　設局　俱都　俱已　為仇

我怎麼不合、五你想人生宇宙之間、總貴於通權達變、不可遇事
拘板甚麼樣兒的人、甚麼樣兒的待他、待他那個人不可拿他當
拘謹人看待、說話行事、別得罪他、免得好些讐怨、近君子、遠小人、
不妨稍假以辭色、然而又不可拘泥、這層以為必得親近他、總要
看勢作事纔好、怎麼說呢、是這麼着、凡這宗人、他心裡是老籌算
人、他見你和他好、他就要設局騙你、一個不小心、就俱都被他騙
了去了、六是了、您所說的話、我俱已明白了、後來斷不與他為仇
了、好歹憑他就是了、橫豎我不和他一般見識、七對了、你這麼辦、
就好了、

下 1-44b

第二百二十五章

濁痰　着了點兒涼　據我説　俱兒婦　一軸　不拘　局面
俱已齊備　抽查　周　醜陋　醜陋不堪　這句話　娶妻
娶妾　娶媳婦　醜俊　醜是家中寶　娶着了　不醜　出
醜　貌醜　俱多　醜夫人　醜惡　甚麼時候兒去　去的早
娶親　早點兒去　去不去　去年　不去　得去　去不成
找您去　一塊兒去　坐着

老弟這程子我總沒見你你竟做甚麼哪、二這程子我不舒服了、
所以老沒出門兒三怎麼不舒服了、四我這兩天咳嗽的利害一

下 1-45a

濁痰
着了點兒涼
倶是
娶兒婦
一軸
不拘
局面
倶已齊備

天到晚的竟鬧濁痰五沒吃點兒葯兒嗎、六我想也沒甚麽大病、不過是着了點兒涼、在家裡悶兩天就好了、七據我說還是吃點兒葯好、八不碍的、我年年兒到這時候兒倶是如此、您今兒怎麽這麽閒在呀、九我今兒倒不是閒在、是来和你打聽一件事、十您問甚麽事、十一偺們掌印的快娶兒婦了、你打算怎麽行這個人情、十二我打算送一軸喜帳十斤茶葉十斤蠟再出四兩銀的分子、在他雖不拘這些個、然而非這麽着不成局面、十三你都備辦齊了嗎、十四是倶已齊備了、十五你既是這麽辦、我也只好是照様兒罷、你沒聽見說女家作甚麽官、是誰給為的媒、十六聽說他們這個新親是

下 1-45b

抽查。周
醜陋
醜陋不堪
這句話
娶妻。娶妾
娶媳婦
醜俊
醜是家中實
娶着了
不醜。醜事
出醜貌醜
俱多
醜夫人
醜惡

當御史今年得了抽查漕糧的差是咱們周大哥給作的伐、十七這
真是門戶相當十八可有一層聽説姑娘稍醜陋一點兒然、而也不
至於醜陋不堪、十九你這句話説的不對了、娶妻不同娶妾娶妾論
貌娶媳婦嘗他醜俊呢俗語説的好、醜是家中實只要有德、就算
娶着了、您瞧我們街坊、那年娶的媳婦兒模樣兒雖然、長的不醜、
但是一點兒條教没有、後來鬧出那一件醜事來寔在是出醜 二十
您説的對、論德不論貌大凡夫人太太大半是貌醜的俱多那可
是那句話了、醜夫人造化大誰敢因他相貌醜惡、就不敬他呢廿一
可是你到那天打算甚麽時候兒去呢廿二我去的早、因為他們請

下 1-46a

甚麼時候兒去。去的早。娶親。早點兒去。去不去。去年。不去找您去一塊兒去得去。去不成坐着

我娶親所以我得早點兒去、您去不去廿三去年我們舍姪完婚他在我家張羅了一天如今他家喜事我怎麼能不去呢、不過是偺們衙門的事情沒準兒叫我不敢預定如果那天沒差使自然、是得去、要是有要緊公事、那可就去不成了、定法不是法、看罷廿四如果那天您沒差使我到您家找您去、偺們一塊兒去好不好、廿五好、就這麼辦罷、我也不坐着了、那天我有差使沒差使先期給你送信来廿六好極了、您再談一會兒忙甚麼呢廿七改日見罷、外頭風大、別送別送廿八不要緊、您請罷廿九磕頭磕頭、三十請了請了、

第二百二十六章

下 1-46b

俱是
俱全
拘拿
通州
就地正法

俱是　俱全　通州　拘拿　就地正法　懼怕　刑罰輕　紂
王　周武王　去年　躊躇　躊躇不定　局騙　設局　局外
弄局　居官　知州　一籌莫展　籌畫　局家　抽頭　久
了　晝夜　局收了　拒絶　聚集　具呈　俱各　屈枉　擄
此看來　拘謹　舉止
一你們貴衙門近來事情很忙、都辦了些個甚麼案子啊、二俱是外
省的案子、盜案命案搶刼的案、還有別的案、樣樣兒俱全、三我聽
說、通州新近拘拿會匪、已經拿住了、這些個犯人都解進京來嗎、
四大概不解進京來了、聽說這些個匪徒罪很重、奉上諭就地正

下 1-47a

懼怕
刑罰輕
紂王
周武王
去年
躊躇不定
躊躇

法免得解到半道兒跑了、五是了、我瞧近來的人心所壞了、一點兒懼怕沒有、這麼殺還是照舊、六可不是麼、這些個人胆子是大極了、一來本朝的刑罰輕、二來不肯輕易殺人要在古來的時候兒如何能這麼着呢、七是的、就以古時的紂王說罷、製的俱是些個非刑那時候兒的人犯法的很少、可惜他所殺戮的、全是無辜的良民實在叫人不平、八所以後來他被周武王誅滅了、是這麼着、上而為君、斷不可用非刑、也不可妄殺無辜、下而為民也不可目無王法、我們衙門、去年辦了一案實在難以定斷、我們大家躊躇不定的好幾天、好容易纔定的案、九甚麼案這麼大費躊躇十

下 1-47b

局騙
設局
局外
弄局
居官
知州
一籌莫展
籌畫
局家。抽頭
久了。晝夜
局收了
拒絶
聚絶

是一個局騙的案子、十一 這樣兒的案、有甚麽難定的、就把那個設局的人辦了就得了。十二 咳你這真是局外之談。十三 怎麽。十四 要就是局騙自然容易辦這件事、還有别的情弊哪。十五 有甚麽情弊。十六 這個弄局的是個居官的、他原先作過知州、後来告病回家窮的動不得、真是一籌莫展他有個朋友給他籌畫主意、叫他當局家約人賭錢、他抽頭兒於是他這個朋友就約了些個人来在他家裡這麽一耍、先前還好、赶到後来他這個朋友晝夜不斷的来日子久了、就和他的耍通了姦了、赶他知道了、可就把局收了、把他這個朋友、也拒絶了、誰料他這個朋友竟自聚集了好些人到他家

下 1-48a

具呈　俱各　屈枉　據此看來　拘謹　舉止

裡、把他的妾硬搶了去了、因此他就具呈把他這個朋友告下來了、就是這麼個案子、你說怎麼斷、兩造俱各有罪、要是不辦他的朋友是斷乎不可、若是辦他這個朋友罪、連他也得辦、但是這個局家不過是借此弄幾個錢糊口、並沒有大不法的地方兒、要是一辦、就是軍台的罪過兒、豈不屈枉他嗎、所以我們纔為了難了、十七 後來怎麼定的案呢 十八 後來把他這個朋友銷出旗檔發黑龍江、他不過革職、就這麼完的 十九 這辦的很公、據此看來為人總要拘謹、若是稍有舉止不端的地方兒就難免咎戾這個案子、就是榜樣 二十 可不是麼

下 1-48b

居官的
居然

第二百二十七章

居官的　居然　娶媳婦　娶過了門　醜女　醜美　娶德不娶貌　下不去　醜事　居住　據我想　醜聲　醜美　據你説　舉動　局勢　聚會　聚在一塊兒　據實　究追　聚齊　句句　迂拘　具帖　具帖請客

一我聽説你們令友打了官司了嗎　二不錯　三是因為甚麼和誰打官司　四和他們親戚　五他們親戚不是也是居官的嗎怎麼會居然打了官司了呢為甚麼事情　六因為媳婦兒案　七因為媳婦兒有甚麼説不開的　八是這麼回事我們這個敝友他不是新近娶

娶媳婦
娶過了門
醜女　醜美
娶德不娶
貌　下不去
醜事
居住
攄我想
醜聲

媳婦兒嗎、當初相的時候兒、姑娘長的很體面、誰知道娶過了門、一瞧、是一個醜女、難看極了、並不是相看的那個姑娘、論理呢、醜美原不要緊、娶德不娶貌、無奈不是當初的人、於理太下不去、所以我們敝友、把他們新親和媒人都告下來了、九官怎麽斷的、十過了兩堂、官還沒斷哪、您怎麽知道的、十一你瞧、好事不出門、醜事行千里、怎麽能瞞得住人呢、況且我們親戚在你們令友那個胡同兒居住、相隔不遠兒、令友打官司、他焉能不知道呢、不過是不知道爲甚麽事就是了、今兒聽你說、這纔知道了、攄我說這個事情、不必打官司、鬧的醜聲四揚、倒不好看、十二雖然、是這麽說、然而

醜美
據你說
舉動
局勢
聚會
聚在一塊兒
據實
究追

媒人和女家這麼寃他也太窩心了、新人的醜美擱在一邊兒這個理總得講一講、主據你說是必得打官司了、客也不是必得打官司、不過是把這個理講明白了、然後叫女家把姑娘接回去就完了、主你這話說的不對、無論男家女家辦一件事、是容易嗎、就是你們令友這件事、辦的很大、那個舉動兒頗有局勢、大概也不是費了一半個錢了、要按你這意思、不是一定要人財兩空嗎、依我說莫若你出頭聚會幾位至近的朋友、把你們令友和女家連媒人、都聚在一塊兒給他們把這個理兒當面據寔一講、叫女家和媒人認個錯兒陪個不是、勸令友也不必十分究追、把呈詞撤

下 1-50a

聚齊
句句
迂拘
具帖

回、一天雲霧散好不好、如果你肯出頭等你把親友聚齊了、給我
個信、我也去帮着調處調處你想怎麽樣我這話是不是 十六 您這
話句句都是就怕我這位敵友迂拘、不肯答應、十七 定法不是法、如
果他是個明白人我想一定答應偺們辦一辦瞧、倘或他要答應、
豈不省了打官司嗎 十八 也使得、我今兒就約會人去、好不好、十九 你
這個人太性急、約人也不是草率的、總得先具帖纔是 二十 怎麽事
情沒辦、先叫我具帖請客 廿一 那是自然的、總得具帖 廿二 那麽就這
麽辦罷、一半天我來請您 廿三 就是就是

第二百二十八章

下 1-50b

丑月

丑月　聚着相談　聚散　求着您了　看着　句句清楚　規矩　遽然　兩句話　具文　着重　聚豐堂　菊花　去年　菊酒　舉手　舉人　丁丑　求着　聚衆　肘子　瞅他一眼　瞅他　臭罵　無仇　臭燒酒　臭轟轟的　臭嘴　臭打　儔類　聚集　具呈詞　具結

一我請教您一件事、二甚麼事、三昨兒我們相好的從外頭給我帶了一封信來後頭寫着丑月中旬哥這個丑月是幾月四那是十二月、你怎麼連這個都不知道呢、五您想我又不會算命打卦、怎麼能知道這個呢信裡頭還有不明白的哪、六還有甚麼、七那裡

聚首相談
聚散
求着您了
看着
句句清楚
規矩遽然
兩句話
具文。着重

頭説、甚麼回思聚首相談咯、又是甚麼聚散不定咯、這都是些個
甚麼話、八我説你俗、你不信、你真是白念了好幾年的書、這都是
粗淺文話、沒甚麼難懂的、等過兩天有空兒慢慢兒的告訴你、今
兒個我還有事呢、九您瞧、我這是求着您了、十不是我不肯給你
講、因為這個信裡的事情、必得把信拿來看着講、纔能講得句句
清楚哪、並且那裏頭有一定的規矩若是不看信、遽然就這麼一
講、你還是不能明白、就是你纔説的這兩句話、也不過是具文信
裏的俗套子、沒甚麼要緊、別處必還有着重的話、非看信不能講、
別處的話你都明白嗎十一也有明白的、也有不大明白的、十二却原

下 1-51b

聚豐堂
去年
菊花
菊酒
擧手
擧人
丁丑
来着。聚衆

来、還是那一天你把信拿来我細細兒給你講一講、（十三）就是罷可是您纔說有事、是甚麼事、（十四）我是給人說合一件事情、定規今兒在聚豐堂見（十五）給誰說合事情、（十六）給我們相好的說合事情、（十七）那一位、（十八）說起這個人来大概您也認得、就是去年九月九偺們在一塊兒看菊花、喝菊酒醉了的那位還記得不記得、（十九）記得、不、是喝醉了擧手要打人的那位嗎、（二十）不錯、是他（廿一）他不是個擧人嗎、（廿二）他不是擧人、已經中進士多年了、（廿三）那一科中的（廿四）丁丑科中的、（廿五）給他說合甚麼事情、（廿六）他和人嘔氣来着被人聚衆打了、後来他把人告下来了、（廿七）他因為甚麼叫人打了、（廿八）因為那一天

肘子
瞅他一眼
瞅他。臭罵
無仇
臭燒酒
臭轟轟轟轟的
臭嘴
臭打
儔類。聚集
具呈詞

他上街買東西、碰見一個醉鬼正在醬肘子鋪那兒醉鬧、他觧那
兒過瞅他一眼那個醉鬼嗔他瞅他了、就破口對着他一路臭罵、
這麽着他就有氣了、可就對那個醉鬼說、我和你往日無寃近日
無仇、我又不認得你、你是在那兒喝了臭燒酒、喝的這麽臭轟轟
的、張着臭嘴罵人、真是可惡、我要不看你是醉漢、立刻就把你臭
打一頓那個醉鬼聽了這話、立刻就把他們的儔類聚集了二三
十人把他給打了、所以他就具呈詞把那個醉鬼告了、過了一堂
前兒有朋友出来約我給他們說合、好容易纔說合好了、定規今
兒擺和席見面兒廿九那麽衙們裏怎麽辦呢卅衙們裏我都給他

下 1-52b

具結

憂愁

們說好了、就等他們今兒一見面兒明兒就可以具結完案了、卅一
那麼您今兒既是給他們辦這個事、我也不敢躭悞您的工夫我
一兩天再拿信來請教就是了、卅二 我也不留您了偺們改日見 卅三
是改日見、

第二百二十九章

憂愁 惆悵 舉家 舉目 舉止 舉薦 拘羣 家眷 舉
哀 舉步 據我說 愁悶 愁出大病 取樂 聚精會神
句句鎮紙 曲折 布局 局式 抄去 出去

一 您近來臉上氣色不大開展是有甚麼憂愁的事情 二 也沒甚麼

惆悵
舉家
舉目
舉止
舉薦
拘牽
家眷
舉哀

事情、不過心裏不高興、彷彿有好些個惆悵似的、也搭着我有一位至契的朋友他新近過去了、我前兒到他們那兒行人情、瞧見他們舉家的光景、實在不好受、因此這兩天有點兒不舒服、令友是京裡的人麽不是、他本是四川人因為那年進京鄉試沒中、沒有盤費回家在這兒又舉目無親、幾乎困死、後來我見他舉止端方、學問又好、所以把他舉薦到我們親戚那教讀雖然遇事拘牽些個終不失為好人、一來二去的、手底下積蓄幾個錢於是把家眷也接來了、誰知道老天不佑、今年忽然得了個要命的症候、死了、前兒我去的時候兒不能不舉哀、不料痛大發了、回來就不

下 1-53b

舉步
據我說
愁悶
愁出大病
取樂
聚精會神
句句鎮紙
曲折
布局
局式

舒服了、今兒我的腿很疼、舉步維艱、故此我臉上不開展 五 據我說你也不可過於愁悶、倘乎愁出大病來、倒不好、莫若自己想法子取樂兒、落得身子不受病、豈不是好、六 你說的也對、可是你今兒來是找我閒談呀、還是有事情呢 七 是有一點兒不要緊的小事、求您指教指教 八 甚麼小事、九 是因為我們大家立了個文會、昨兒是頭一課、我昨兒晚上、聚精會神的作了半夜、好容易纔作得了、今兒早起一瞧、不大妥當、故此拿來請您看看、十 哎呀、好極了、處處精到、句句鎮紙、把題中的曲折都說盡了、十一 您看這麼布局合法麼 十二 很合局式、你不用疑惑了、就這麼謄真罷、千萬別改

下 1-54a

杪去
出去

了、十三您可別賺我、十四我那兒能寬你呢、十五那麼我就不改了、十六別
改了、十七我回家杪去、赶到雨下兒鐘、我来找您偺們一塊兒出去、
散一散心、好不好、十八好、我也正要出去解解悶兒、哪、我在家老等、
十九那麼回頭見

第二百三十章

橘　大舅子　直隸州　臭爛　臭味　来着　巨冦　惠州府
潮州府　巨盜　舉監生員　具稟　巨萬　懼怕　巨室
去的　荊天棘地　舉動　懼王法　怕懼　拒抗　拒捕　巨
富　久了　聚成黨　巨案　擄這麼　循規蹈矩　趨迎　據

下 1-54b

橘
大舅子
直隸州
臭爛
臭味
来着
巨寇
惠州府
潮州府
巨盗

守　出去　奉求　取来

一您這橘子是那兒買的、二不是買的是我們親戚打廣東回来帶来送我的、三這個橘子個兒可真不小、城裏頭沒有這麼好的、那位令親送的、四是我的大舅子、他在廣東作直隸州新近回来的、五是了、他就送了這個麼、六還送了些個臘肉臘腸兒板鴨甚麼的、無奈這些個東西都臭爛了、吃不得了、臭味兒難聞、我都扔了、就是這橘子還好、七您令親沒提廣東賊匪的事情麼、八提来着、九現在鬧的怎麼樣了、十聽說是巨寇很多、鬧的很利害、我們親戚起身之前、甚麼惠州府潮州府、各地方都有巨盗那兒的紳士、

下 1-55a

舉監生員
具稟
巨萬。拒捕
巨富。懼怕
巨室。去的
荊天棘地
舉動
懼王法
怕懼。拒抗
久了
聚成黨
巨案
據這麼

以及舉監生員屢屢的具稟大憲、請派兵彈壓、有一個大紳士家
家資巨萬、前倆月忽被搶刼、赶到官兵去拿、那些個賊竟敢拒捕
因此凡巨富的人家、没有一家不提心弔胆、懼怕的了不得的、還
有幾個巨室大家搬到别處去的、真是荊天棘地、叫人舉動為難
主難道說官這麼拿辦、他們還不懼王法麼、主他們要是有怕懼兒
也不敢拒抗官兵了、這些個人大半都是無業游民、始而偷貓盜
狗、漸漸兒的胆子大了、就敢明火搶人、慢慢兒日子久了、就聚成
黨羽、打家刼舍、不至釀出巨案而不止、主據這麼看起來、這廣東
的官、難作極了、客誰說不是呢、所以我們親戚現在告病回來了、

下 1-55b

循規蹈矩
趨迎據守
出去
奉求
取来

就怕的是這個、（十五）他的宦囊怎麼樣、（十六）因為他循規蹈矩、不肯鑽謀、且又不屑趨迎、所以補缺的時候兒、總沒得過優差、後来雖然、補了缺、却是極力的據守本分、不敢貪婪、如今回来、還是兩袖清風、（十七）那麼他還打算出去不打算出去、（十八）他不打算出去了、（十九）這却好、我有一件事情奉求、令親必帶了九葯来了、求您給尋點兒蘇合九、（二十）可以的、等我到他那兒、給您尋幾包来、您一半天打發人取来就是了、（二十一）好極了、勞您駕罷、

第二百三十一章

取錢
去了
上那兒去
逛去
去的
有趣兒
沒趣兒

取錢去了
上那兒去
逛去。去的

趣得很　逛青兒去　去處　往西去　取燈　趣味　曲曲彎
彎　往山上去　崎嶇　去不得　去過　去來着　蛐蛐　取
末菜　臭爛　蛆　臭氣　蛆虫　屈尊　去一盪　趣處　區
區　臭水　去頭　取其　涓涓　雅趣　忙着去　屈枉好人
屈心　取笑　多咱去
一昨兒在街上遇見你和你説話、你也没聽見忙忙的跑了、有甚麼
忙事、二昨兒我是上街取錢去了、我忙着走也没看見您失照、失
照、三取錢作甚麼那麼忙、四是等着帶了走哪、五上那兒去、六出
城逛去、七同着誰去的、八同着我們同窗的、九到了甚麼地方兒、

下 1-56b

有趣兒
没趣兒
有趣得很
逛青兒去
去處
往西去
取燈。趣味
曲曲彎彎
往山上去
崎嶇
去不得
去過
去來着

逛的有趣兒没趣兒、十有趣得很十一我們起初原打算出齊化門、逛青兒去、後來一想、齊化門外頭没有甚麽幽雅的去處兒這麽着、我們就出了平則門了、漫漫兒溜達着往西去、赶到了西山根兒底下、在一塊大石頭上坐着、拿出取燈兒來、劃着了火吃着烟兒、説着話兒、那個趣味説不出來的好、坐了一會兒、我們就順那曲曲彎彎的小道兒往山上去、十二那山上的道都是崎嶇難行的、而且有狼虫虎豹、聽人説是往上去不得、十三這是那兒的話呢、您是没去過、所以不知道這個西山、不同那窮山悪嶺、没有傷人的野獸、昨兒我們還上到儘頂兒上去來着、到了上頭、掏了半天的

下 1-57a

蛐蛐
取末菜
臭爛。蛆
臭氣
蛆虫
屈尊
去一遢
趣處
區區。臭水
去頭。取其。
涓涓。雅趣。
忙着去

蛐蛐兒、又拔了點子野取末菜纔下来也沒遇見狼虫、也沒遇見
虎豹、不過就是瞧見山後頭有一條死長虫、全臭爛了、身上有好
些個蛆、臭氣打鼻子、除了這個、沒別的、十三真聽說那兒蛆虫螞蟻很
多、十四真那倒有、也不至很多、多偺您沒事的時候兒屈尊您同我去
一遢您就知道了、十五真那敢則好、我正想要領教領教山水的趣處
哪、比二閘的景緻兒怎麽樣呢、十六真咳、二閘不過區區一個小地方
兒、一溝臭水、兩岸淤泥、有甚麽大去頭兒、那兒比得上西山呢、我
不愛別的、就取其崇山峻嶺、翠柏蒼松、又有涓涓的泉聲兒、實在
雅趣、十七真你說得這麽有来有去兒的、怨得昨兒那麽忙着去呢、忙

下 1-57b

屈枉好人
屈心
取笑
多咱去

的在街上、連人都瞧不見了、也不是真沒瞧見我、也不是怕招呼我、説話躭悮你逛、十八 您這話説的真屈枉好人、叫我屈心、我無論怎麽忙也不敢瞧見您、粧瞧不見、真是沒瞧見、十九 你別着急我這是取笑兒的話、廿 您只顧這麽取笑兒、我就信以為真了、廿一 別惱別惱、廿二 那麽偺們多咱去好、廿三 一半天再説罷、廿四 就是就是、

第二百三十二章

取信　圈　取利　曲阜　取去　曲彎　去歲　取出　曲直

屈打成招　冤屈　屈死　捐納　私曲　屈情　取名　屈

乙　趨奉　屈身　權貴　取來　信局子　去了　賤軀　麯

取信
圈。取利
曲阜
取去
曲彎
去歲
取出
曲直
屈打成招

蘖

一您昨兒個那早晚兒是工那兒去、二我到後門取信去、就手兒到羅圈兒胡同取利錢、三取甚麽信、四是因為我們敝友在山東曲阜縣作知縣新近給我帶了封信來我託後門我們親戚給寫了封回信、定規昨兒取去、五令友在山東作知縣、那兒的官事、好辦不好辦、六聽說那兒的民情、却很直爽沒有曲彎、倒還容易辦、七這就很好、聽說去歲湖南出了一個盜案雖然把真賍實犯拿住了、業已都取出口供來了、不料這個賊、又翻供了、說知縣不問曲直、屈打成招竟自託他的本家到京上控了、經提督衙門把這個

下 1-58b

冤屈、
屈死
捐納
私曲
屈情
取名取利
屈己
趨奉

案奏交刑部問了好些日子、纔定斷了、您說這個民情、彀多麼狡猾、八這個賊固是可惡、然而也不能沒有冤屈的案子、九那是自然的、審案本是至難的事情、而且命盜案件、更得細心、一個荒疏、就免不了有屈死的、十不錯、好在敝友他是甲班的、並不是由捐納出身、心地光明正大、一點兒私曲沒有、至於審案一層、更是細心、斷不肯叫小民有一點兒屈情、他這個作官、既不取名、又不取利、真是好的、可是這麼着、要是遇見狡猾的犯人、他是嚴刑熬審、也不肯輕易放他、十一這纔是作官的道理、要是有枉有縱、如何使得呢、十二可惜他有一樣兒太耿直、不會屈己從人、至於趨奉上司、

下 1-59a

屈身。權貴

取来

信局子

去了。取送

賤軀

麯糵

以及屈身下氣的奉承權貴、他更不肯了、所以未免的不合時、十三

這却是他的好處、可是他是榜下縣麽、十四 是、十五 他的手筆一定是

好的了、怎麽會沒點翰林呢、十六 他不能寫字、所以沒點、十七 是了、那

麽您給他的信、昨兒取来了沒有、十八 取来了、赶緊的就送到信局

子去了、十九 那麽您昨兒這個信、取送都是一天、可實在受了累了

二十 仗着賤軀粗壯、還倒不覺累、廿一 怎麽這封信您不自己寫呢、廿二

近来我的手常打顫兒、所以不大愛寫字、廿三 據我想您這都因為

麯糵的緣故、廿四 光是喜歡麯糵、倒也不至於、實在是因為常喝涼

酒所致、廿五 是的、

下 1-59b

趣兒
取吉利
舉鼎　牧羊圈
曲子

第二百三十三章

趣兒　取吉利　舉鼎　牧羊圈　曲子　曲詞　句子　去世

屈指一算　去的　全　去了　全公　去官　加捐　權變

家眷　全家　捐班　躉捐局

一您昨兒聽戲來着嗎、二聽來着、三在那兒聽的、四在廣興園、五頭一齣唱的是甚麽、六賜福、七這個戲没趣兒、八開場戲罷咧、大年初一的戲、也不過是唱這個取吉利兒罷了、九後來還唱甚麽、十後來有舉鼎觀畫、牧羊圈、十一這幾個戲還好、可是您愛聽昆戲不愛、十二昆戲我不大懂、那都是昆曲子、南邊人多半兒愛聽、僧們北

下 1-60a

曲詞。句子
去世
屈指一算
去的
全
去了。全公
去官。加捐
權變

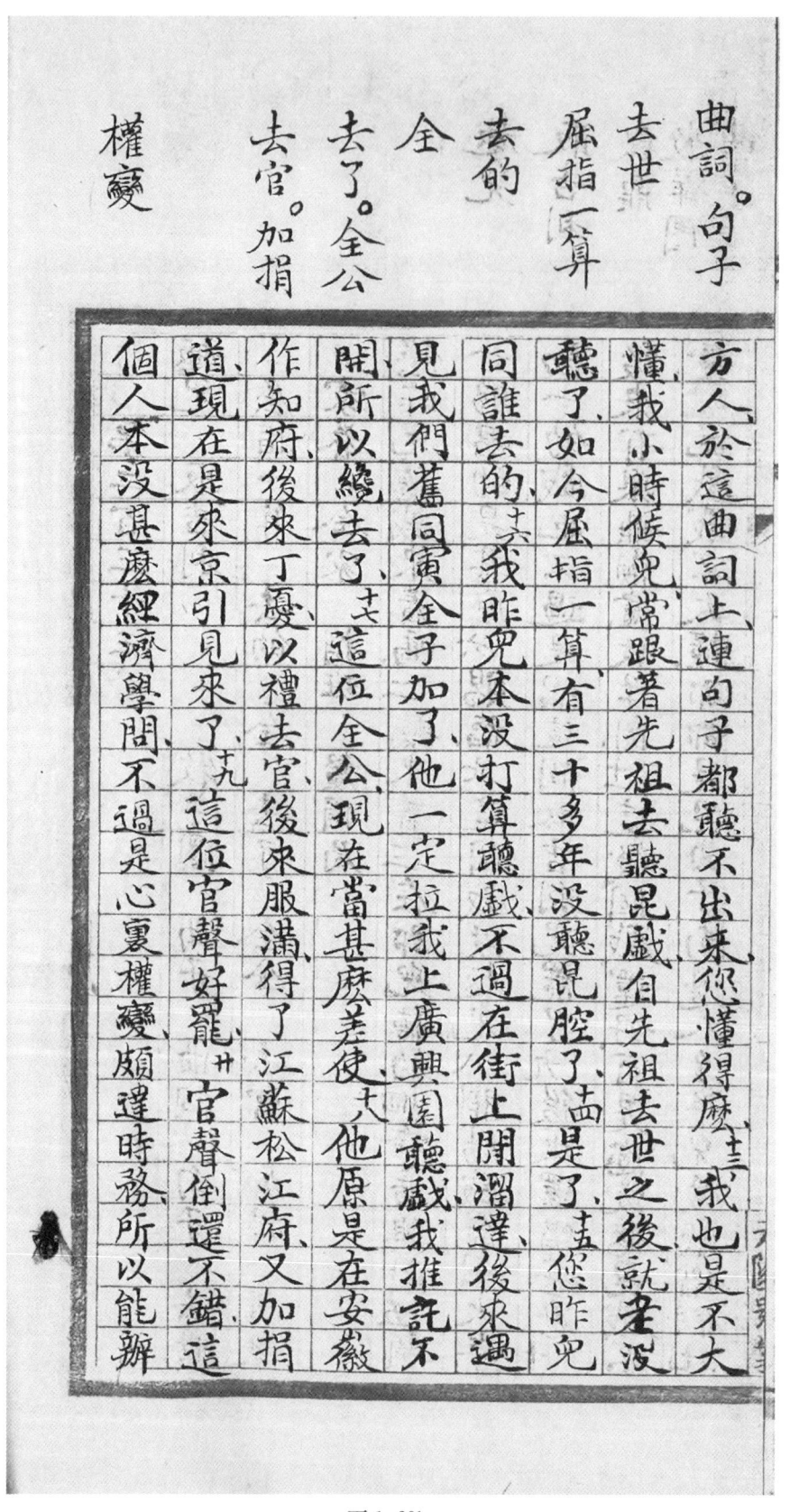

方人、於這曲詞上、連句子都聽不出來您懂得麼、十三我也是不大
懂、我小時候兒常跟着先祖去聽昆戲自先祖去世之後就老沒
聽了、如今屈指一算有三十多年沒聽昆腔了、十四是了、十五您昨兒
同誰去的、十六我昨兒本沒打算聽戲、不過在街上閒溜達、後來遇
見我們舊同寅全子加了、他一定拉我上廣興園聽戲、我推託不
開、所以纔去了、十七這位全公、現在當甚麼差使、十八他原是在安徽
作知府、後來丁憂以禮去官、後來服滿得了江蘇松江府、又加捐
道、現在是來京引見來了、十九這位官聲好罷、廿官聲倒還不錯、這
個人本沒甚麼經濟學問、不過是心裏權變頗達時務、所以能辦

下 1-60b

家眷 全家

捐班

釐捐局

去了

官事、廿一現在引見過了没有、廿二他年底到的京、大概得開印引見、廿三是這位的家眷也回來了麽、廿四他全家都没回來就是他一個人兒帶着幾個家人回來的、廿五那麽他要是引見完了自然就得起身了罷、廿六是就得起身了、廿七我有一件事求您、廿八甚麽事、廿九我有一個親戚、他是個捐班出身現在是江蘇候補同知有二年多没來信了、聽説他得了釐捐局的差使我打算給他寄一封信求您令友順便帶了去可以不可以、卅可以、您這一半天把信交給我、我就托敝友給帶了去了、這倒没甚麽難的、三一那好極了、就求您分心罷、我一半天送來就是了、三二就是就是、

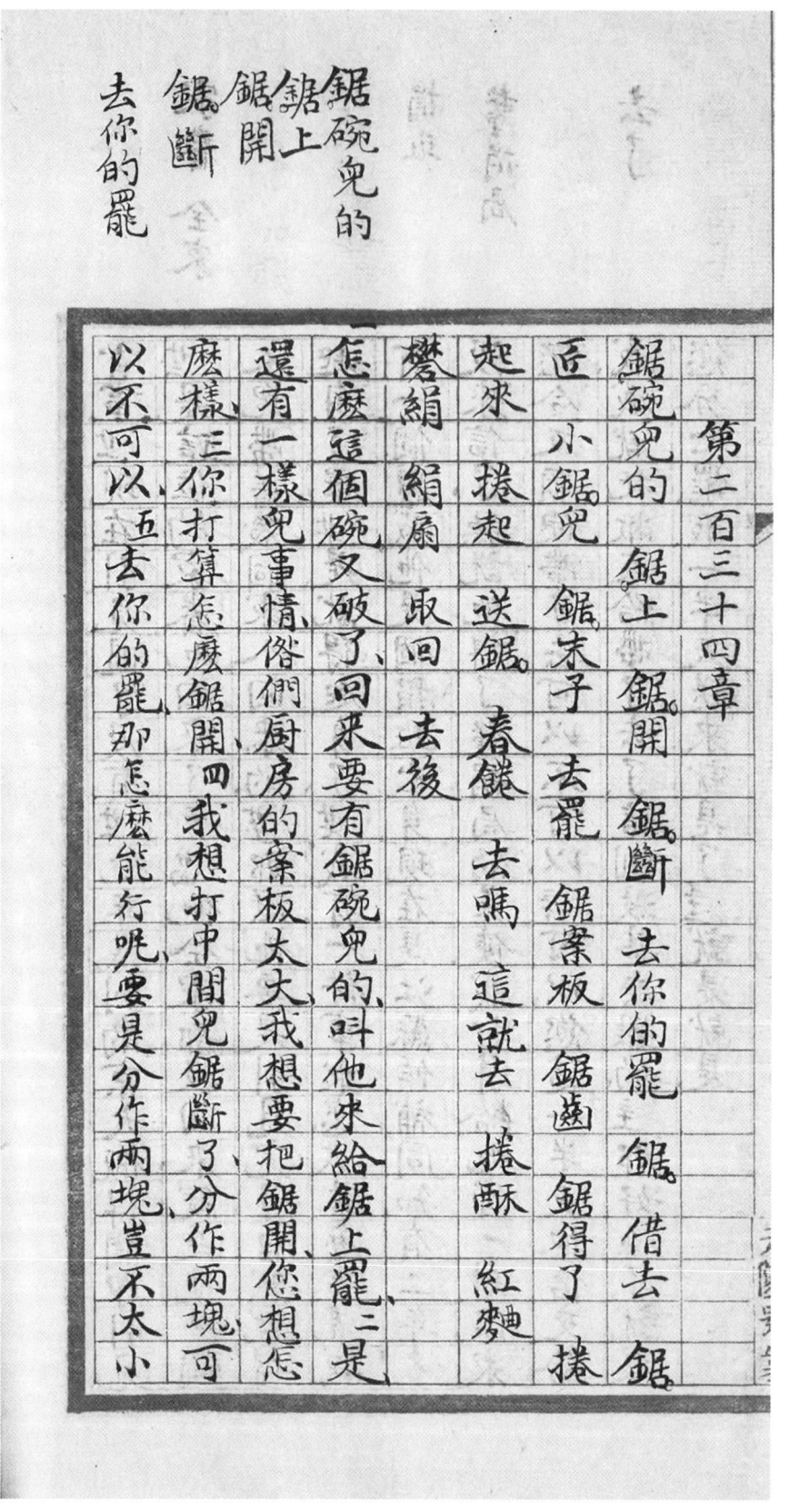

下 1-61a

鋸碗兒的
鋸上
鋸開
鋸斷
去你的罷

第二百三十四章

鋸碗兒的　鋸上　鋸開　鋸斷　去你的罷　鋸　借去　鋸匠　小鋸兒　鋸末子　去罷　鋸案板　鋸齒　鋸得了　捲起來　捲起　送鋸　春餅　去嗎　這就去　捲酥　紅麪　礬絹　絹扇　取回　去後

一怎麼這個碗又破了、回來要有鋸碗兒的、叫他來給鋸上罷、二是、還有一樣兒事情、僭們廚房的案板太大、我想要把鋸開、您想怎麼樣、三你打算怎麼鋸開、四我想打中間兒鋸斷了、分作兩塊、可以不可以、五去你的罷、那怎麼能行呢、要是分作兩塊、豈不太小

下 1-61b

鋸
借去　鋸匠
小鋸兒
鋸末子
去罷
鋸案板
鋸齒　鋸得了
捲起來

了麽、再者、那兒我鋸去、六小却不小、鋸也有地方兒借去、七上那
兒借去、八我到口兒外頭木廠子裡找他們鋸匠借一把小鋸兒
來就得了、九那也使得、可是你要上木廠子的時候兒、千萬跟他
們尋點鋸末子來、十您要鋸末子作甚麽用、十一留着給你們掃地
用、好不好、十二是、好、那麽您現在要没甚麽事、我就去罷、十三没事、你
去罷、十四您瞧鋸借來了、鋸末子也尋來了、十五好、你把那鋸末子、我
個像伙兒承起來罷、十六是、那麽我就鋸案板去了、十七你可小心點
兒、別把鋸齒兒崩了、十八是、您瞧鋸得了、小不小、十九可以、不小、擱到
廚房去罷、廿是、廿一嘿、你先別走、這屋裡太熱、把簾子捲起來、廿二簾

下 1-62a

捲起
送鋸
春餅
去嗎　這就去
捲酥　紅麯
磬絹　絹扇
取回

子捲起來了、您還有事沒事、廿三沒事了、你把案板擱下去罷回來吃了早飯兒、你要給木廠子送鋸的時候兒、可言語一聲兒、我還叫你順便買東西哪、廿四是、廿五你去告訴廚子、快弄飯罷、就手兒把昨兒得的春餅兒、給拿一盤兒來、廿六是、廿七回老爺、我上木廠子送鋸去、您不是要買東西嗎、廿八啊、你這就去嗎、廿九是、這就去、三十給你這是二十吊錢的票子、給我買二十塊捲酥、買一百錢的紅麯、到南紙鋪買八尺磬絹、再到扇子鋪買一把絹扇兒、就手兒到鐘表鋪把前兒擦油泥的那個表取回來就得了、三十一還有別的沒有、三十二沒別的了、去罷、可快回來、三十三是、那麼我就去了、回來要有鋸碗兒

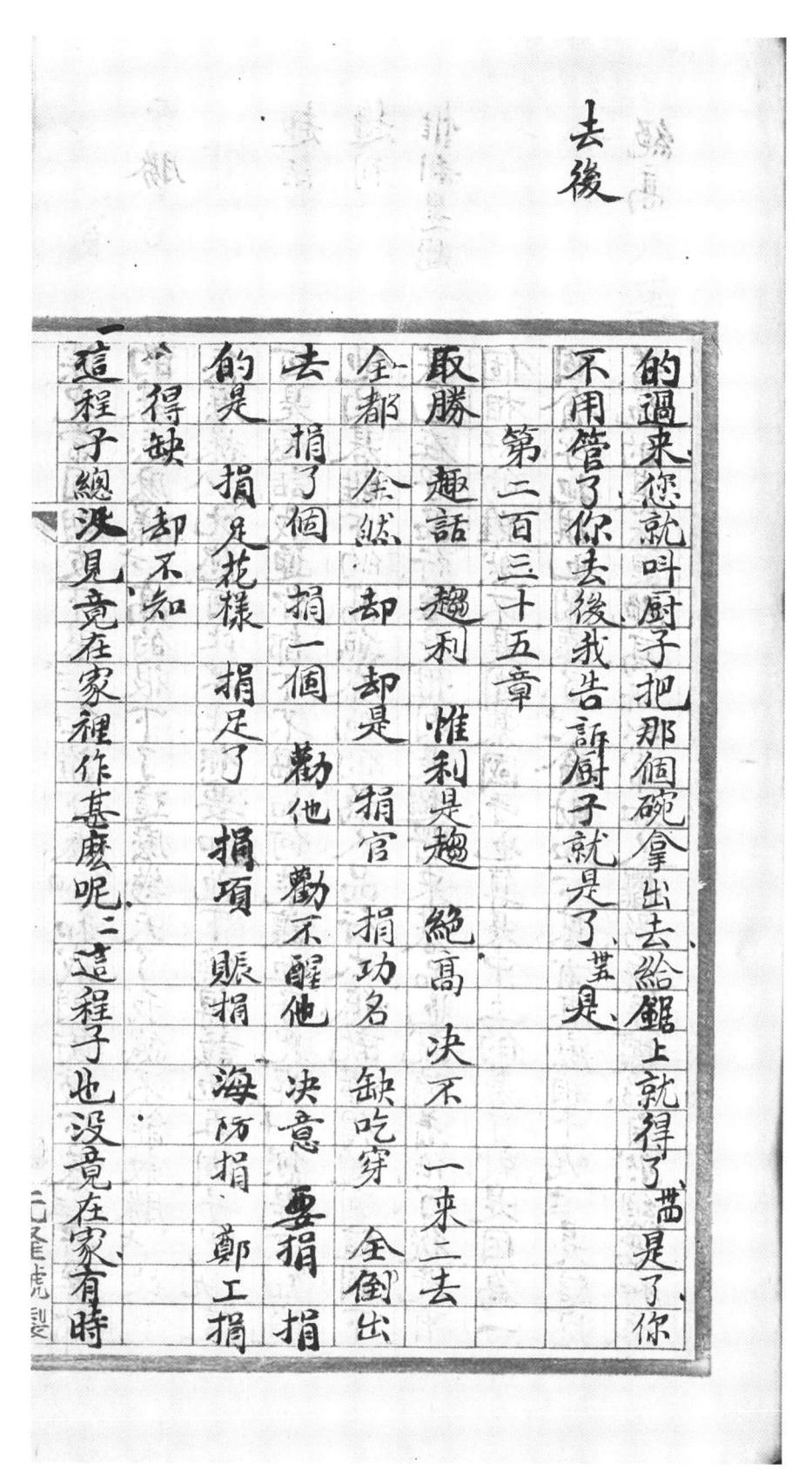

下 1-62b

去後

的過来、您就叫厨子把那個碗拿出去給舘上就得了、喒是了、你
不用管了、你去後我告訴厨子就是了、喒是、

第二百三十五章

取勝　趣話　趣利　惟利是趨　絶高　决不　一来二去
全都　全然　却　却是　捐官　捐功名　缺吃穿　全倒出
去　捐了個　捐一個　勸他　勸不醒他　决意　要捐　捐
的是　捐足花樣　捐足了　捐項　賑捐　海防捐、鄭工捐
得缺　却不知
一這程子總沒見竟在家裡作甚麼呢、二這程子也没竟在家、有時

取勝
趣話
趨利
惟利是趨
絕高

候兒常同朋友下棊、三和誰下棊、四和我們街坊下棊、五貴芳鄰的棊怎麽樣、六高的很、下了這麽幾天了我總不能取勝、七比我怎麽樣、八比您可比不上、您要和他下總得讓他五個子兒、九這可是趣話、我連你都下不過如何能讓他子兒呢、十您是不知道、他的棊雖下的高無奈他的為人品行太低、就懂得趨利、這個下棊也在乎品行、要是惟利是趨、將来棊品也就隨着低了、從先有個相好的、雖然不是圍棊國手也算是中上的棊了、就是因為一個貪字、把棋也鬧壞了、十一貪財和下棊有甚麽相干呢、十二是這麽着、他的棊本是絕高、所以常和人擺彩、既是擺彩、自然總要和低

下 1-63b

決不　一來二去

全都

全然

却

却是

捐官

捐功名

缺吃穿

碁下、好可以贏決不願意和高碁下、一來二去的自己的碁也就低了、十三你這一說我明白了、怨的人全都說碁有品呢、你瞧我雖然下了這麼些年的棋、一切下碁的話全然不知今兒算是纔明白了、那一天有工夫兒我和貴芳鄰擺一盤十四可以的、您這程子差使忙不忙、十五我近來差使却不大忙、不過是俗兒太多、十六您有甚麼俗兒、十七不是我的事情却是替人忙、十八您竟替誰忙呢、十九我們親戚放着買賣不作、忽然想要捐官實是有倆錢兒不知道要怎麼着纔好、廿捐功名原是好事您怎麼這麼說呢、廿一是這麼着、他們家原是作買賣開着幾個鋪子豐衣足食不缺吃穿、不知

下 1-64a

全倒出去
捐一個勸他
勸不醒他
決意 要捐
捐了個
捐的是
捐足花樣
捐足了
捐項 賑捐
海防捐 鄭工捐
得缺 捐輸
却不知

道甚麼緣故、忽然把鋪子全倒出去了、拿這個錢來、我替他捐一個功名、我勸他半天、叫他還是謀求生意的事情、不必作官、到了兒勸不醒他、決意是要捐、所以我纔帮着他忙了幾天廿二捐了個甚麼功名、廿三捐的是同知、廿四捐足花樣了嗎、廿五捐足了、廿六這却也好、廿七據我想、不如作買賣還好、怎麼說呢、是這麼着、這二年的捐項很多、甚麼賑捐咧、海防捐咧、鄭工捐咧、捐輸的樣數太多了、他捐這個同知、多咱是個得缺、所以不如作買賣、廿八您說的也是、可是、您纔要打算要和我們街坊下碁、定規幾兒去呢、廿九現在却不知道那天沒事、不敢定、看罷、那一天有工夫兒、我我你去就是

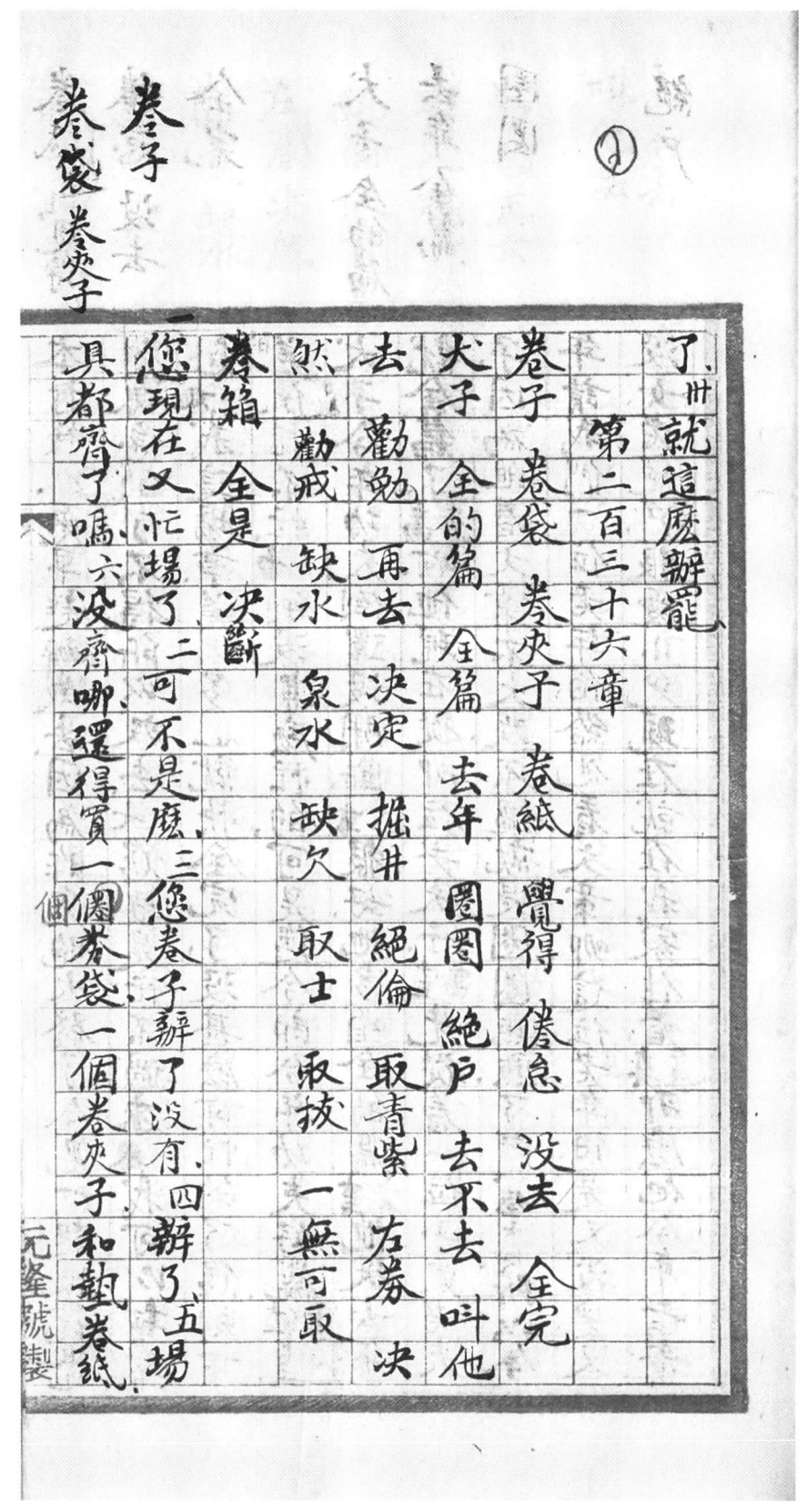

下 1-64b

②

卷子
卷袋 卷夾子

了、卅就這麽辦罷

第二百三十六章

卷子 卷袋 卷夾子 卷紙 覺得 倦怠 没去 全完

犬子 全的篇 全篇 去年 圈圈 絶戶 去不去 叫他

去 勸勉 再去 决定 掘井 絶倫 取青紫 左券 决

然 勸戒 缺水 泉水 缺欠 取士 取拔 一無可取

卷箱 全是 决斷

一您現在又忙場了、二可不是麽、三您卷子辦了没有、四辦了、五場

具都齊了嗎、六没齊咧、還得買一個卷袋一個卷夾子和墊卷紙、

個

下 1-65a

卷紙 覺得
倦怠 沒去
全完
犬子 全的篇
去年全篇
圈圈
絕戶

本打算今兒早起辦截去、因為昨兒跑大發了、今兒一起來就覺得倦怠的了不得、所以沒去、七您要是忙不過來、我可以幫幫您、九我這場事、差不多也就快全完了、沒甚麼可忙的了、您剩下的差使忙不忙、十倒沒甚麼忙的、可是您令郎今年功夫好罷、十五嗐犬子今年功夫、倒還沒間斷、十三很好、他多咱全的篇、十三他從去年就全篇了、十四啊、他現在從那位老夫子、十五先從着一位山東老夫子、因為他看文章不大改、不過就是圈圈點點了草塞責、所以今年請我們一位老年伯、給他看文章、哪這位老年伯、是又沒兒又沒女、老絕戶、狠愛小兒、現在就在我家住着、十六那麼他今年耆壹

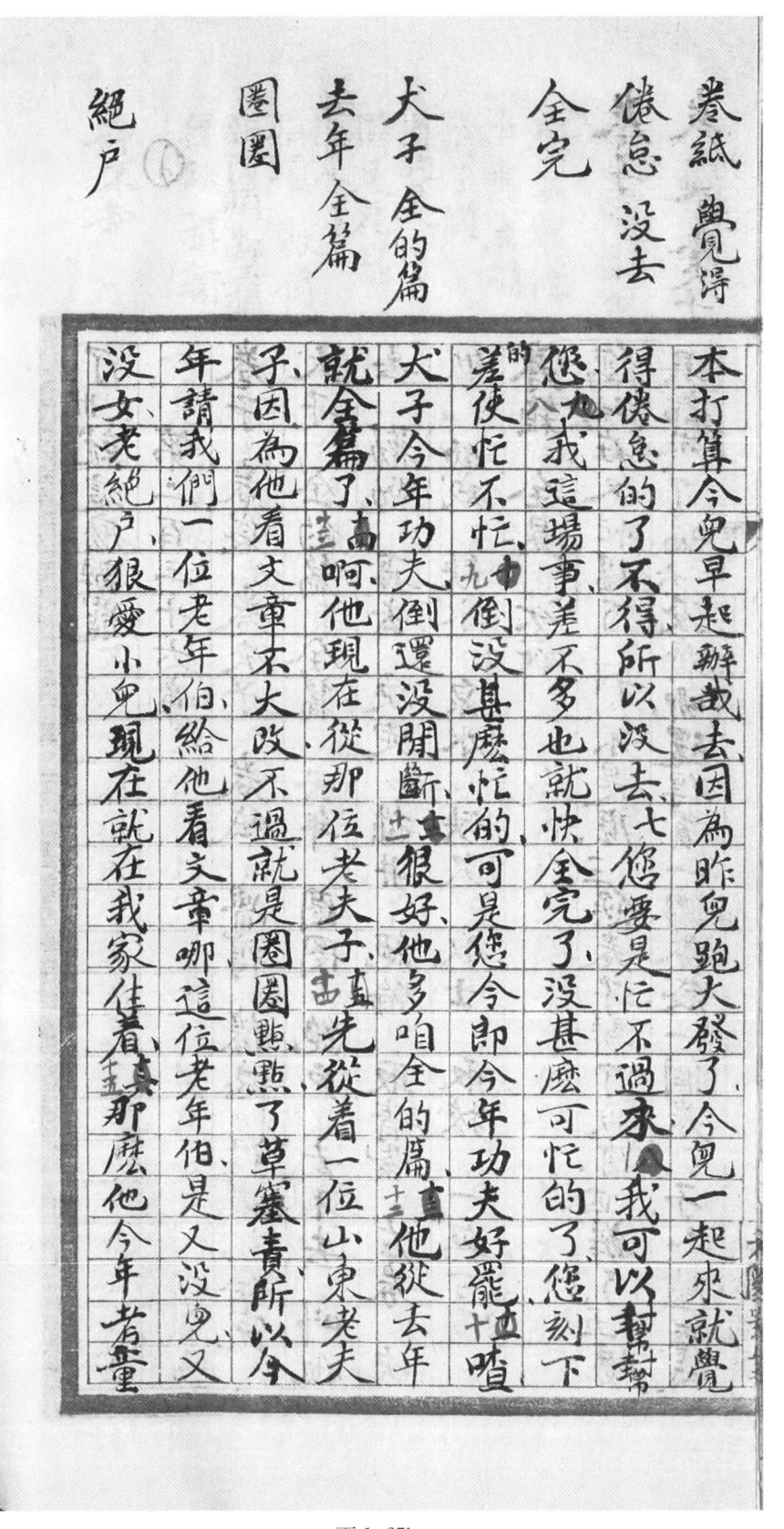

下 1-65b

去不去
叫他去
勸勉 再去
决定 掘井
絕倫 取青紫
左券 决然
勸戒 缺水
泉水 缺欠
取士 取拔

来着没有、他今年進的學、鄉試去不去、打算叫他去看一
看光景、您這程子也作了作没有、没作、為甚麼不熟一熟、
呢、我這回下場、不過因為衆親友勸勉、所以再去、要這一回
罷、我决定是不能中的、並且我素来没功夫、何必臨渴掘井、您
這可是太謙了、據我想您的手筆、實在是超衆絕倫、取青紫可操
左券、不是我當面奉承、今年决然高中、您這話未免譽揚太過
了、有人給我算過命、他勸戒我、不叫我下場了、他說我五行缺水、
印星不明、雖然是井泉水命、也補不了四柱裏缺欠、我想他說的
也不錯、况且國家開科取士、原是取拔真才、像我這樣兒的人、實

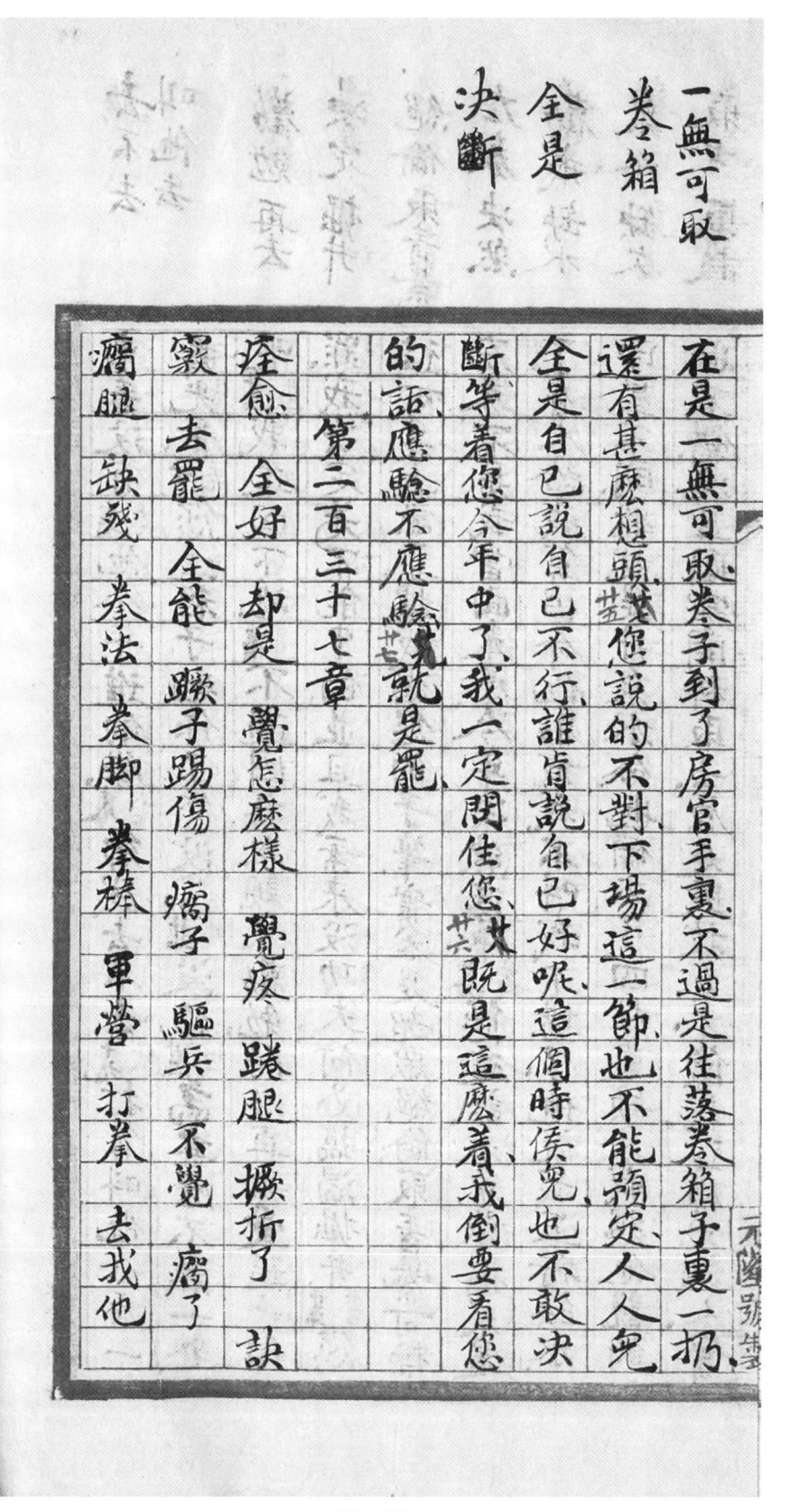

下 1-66a

一無可取
巻箱
全是
決斷

在是一無可取、巻子到了房官手裏、不過是往落巻箱子裏一扔、還有甚麼想頭、廿五 您說的不對、下場這一節、也不能預定、人人兒全是自己說自己不行、誰肯說自己好呢、這個時候兒也不敢決斷、等着您今年中了、我一定問住您、廿六 既是這麼着、我倒要看您的話應驗不應驗、廿七 就是罷、

第二百三十七章

痊愈　全好　却是　不覺怎麼樣　覺疼　踡腿　撅折了　訣竅　去罷　全能　蹶子踢傷　瘸子　驅兵　不覺　瘸了　瘸腿　缺殘　拳法　拳脚　拳棒　軍營　打拳　去找他　一

下 1-66b

痊愈 全好
却是
覺怎麽樣
覺疼 踡腿
撅折了
訣竅
去罷
全能
蹶子踢傷

一我聽說您欠安了、現在痊愈了嗎、二雖沒全好、比那幾天好多了、三您大概是着了涼了、四不是我却是有個陳病根兒時常的犯新近是又犯了、五這個病犯了覺怎麽樣、六別處倒不怎麽樣就是兩條腿覺疼、有時候兒或坐着或躺着所不能踡腿要是犯的利害、就彷彿是撅折了似的、疼的要命、七沒叫人給治治麽、八經的大夫多了、全治的不得訣竅兒、白花錢、所治不好、後來我也不管他了、愛好不好由他去罷、這一回犯的還算輕哪、甚麽走道兒踡腿兒全能頂是舊年纔利害哪、正在犯的時候兒被馬一蹶子踢傷了、整整兒的病了倆多月、好容易纔好了、九您這個病是怎

瘸了　驅兵
不覺
瘸子
瘸腿
缺殘
拳法

麽得的、十 就由那年西路出兵、正在三九的時候兒我們驅兵大
進、晝夜在冰雪地裏、彼時不覺怎麽樣、後來雖然常腿疼、也不大
理會、誰知一年不如一年、現在所成了病了、遇見犯了的時候兒
要是在街上走、不知道的、必說我是個瘸子、十一 依我說您還是趁
早兒覓人治一治、倘或躭悞大發了、那可就真成了瘸腿了、豈不
是一輩子的缺殘嗎、十二 我也想找個大夫治一治、無奈沒有好大
夫、十三 我倒知道有一人、能治這個病、十四 這個人姓甚麽、在那兒住
十五 這個人是個賣膏藥的、他狠好的拳法、十六 啊、是這麽個人嗎、我想、
這宗人不過是江湖生意、如何能治病呢、十七 您可別小看了他他

下 1-67b

拳脚
拳棒
軍營
打拳
去找他

雖然是個耍拳脚賣膏葯的、却是很好的醫術、我原先也是狠瞧不起他、以為他整天家在街上、捋胳臂捲袖的、借着拳棒賣膏葯、必没有真能耐、後来眼見他給人治好了病了、這纔信服了、赶又一打聽知道他不是那江湖賣藝的、他當初本是個軍營的醫生、因為他好喜武技、所以纔學的打拳、這幾年運氣不好、一貧如洗、故此在街上賣膏葯、您如果肯叫他治一兩天我把他找来、十八 既是這麼着、我就叫他治一治、您現在有工夫去找他嗎、十九 有工夫兒 廿 那麼就求您給我找罷、廿一 就是就是、

第二百三十八章

下 1-68a

噘　噘嘴
倦惰
勸諫
勸善規過
勸化

噘　噘嘴　倦惰　勸善規過　勸諫　勸化　絶文　勸善
勸敎　勸戒雅片　勸我　權埶　全都　全桌酒席　權柄
全無　送去了　全不收　絶情絶義　泉　絶人太甚　覺羅
軍機處　權能　絶糧　絶命　全備　確實　權在手　却
有一件　缺少　絶嗣　絶子斷孫
一您是怎麽了、噘着嘴、和誰生氣哪、二、我沒噘嘴、呀多咱生氣來着、
三、得了、別遮飾了、我早知道了、你是嗔我説你倦惰、你心裏不喜
歡、你要知道、我是勸諫你、並不是説你、我想交朋友、應該勸善規
過、若是朋友有過、不能勸化、那成了甚麽人呢、我瞧你今兒的神

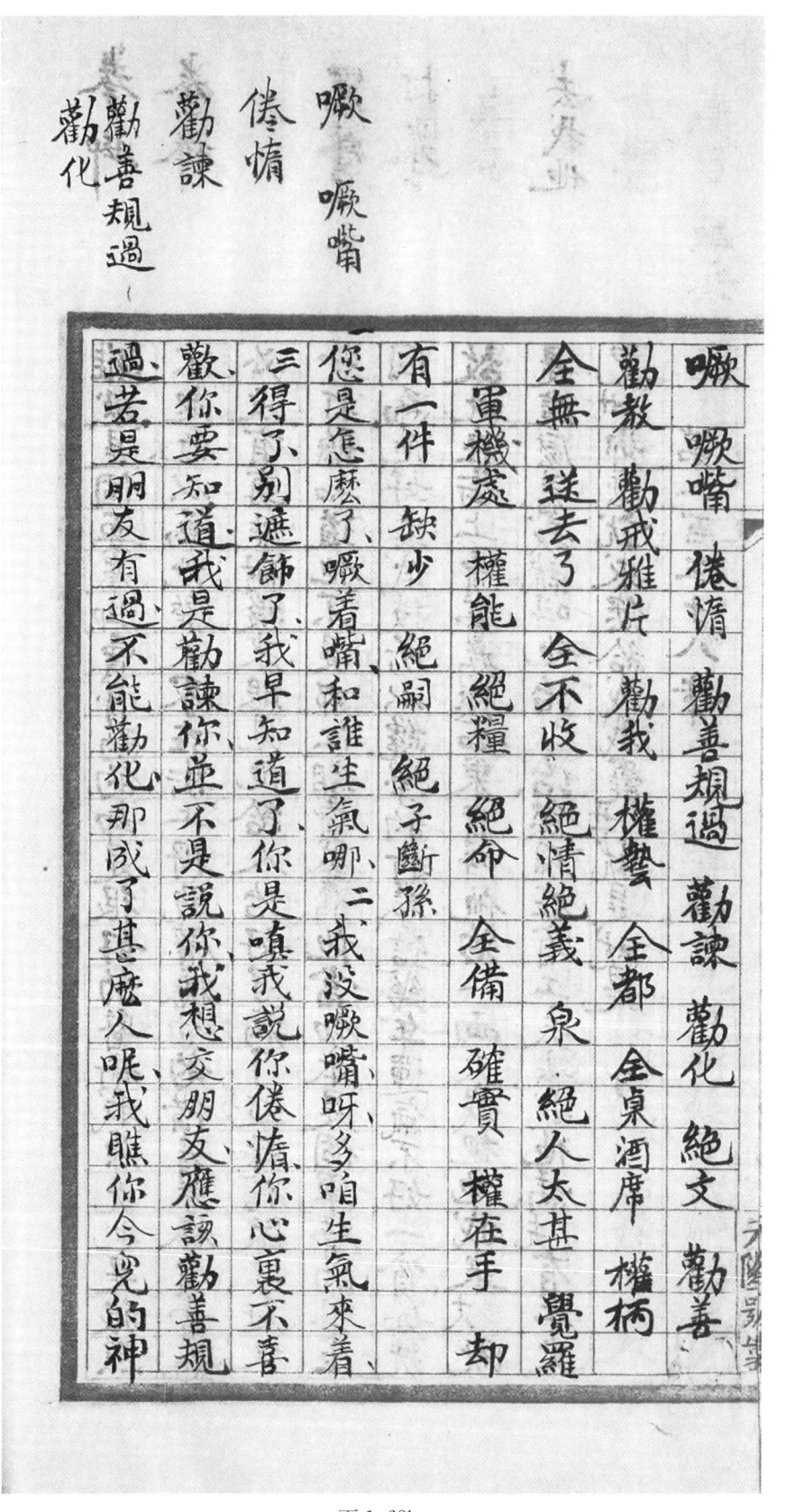

下 1-68b

絕交、勸善
勸教
勸戒鴉片
勸我
權勢
全都
全桌酒席

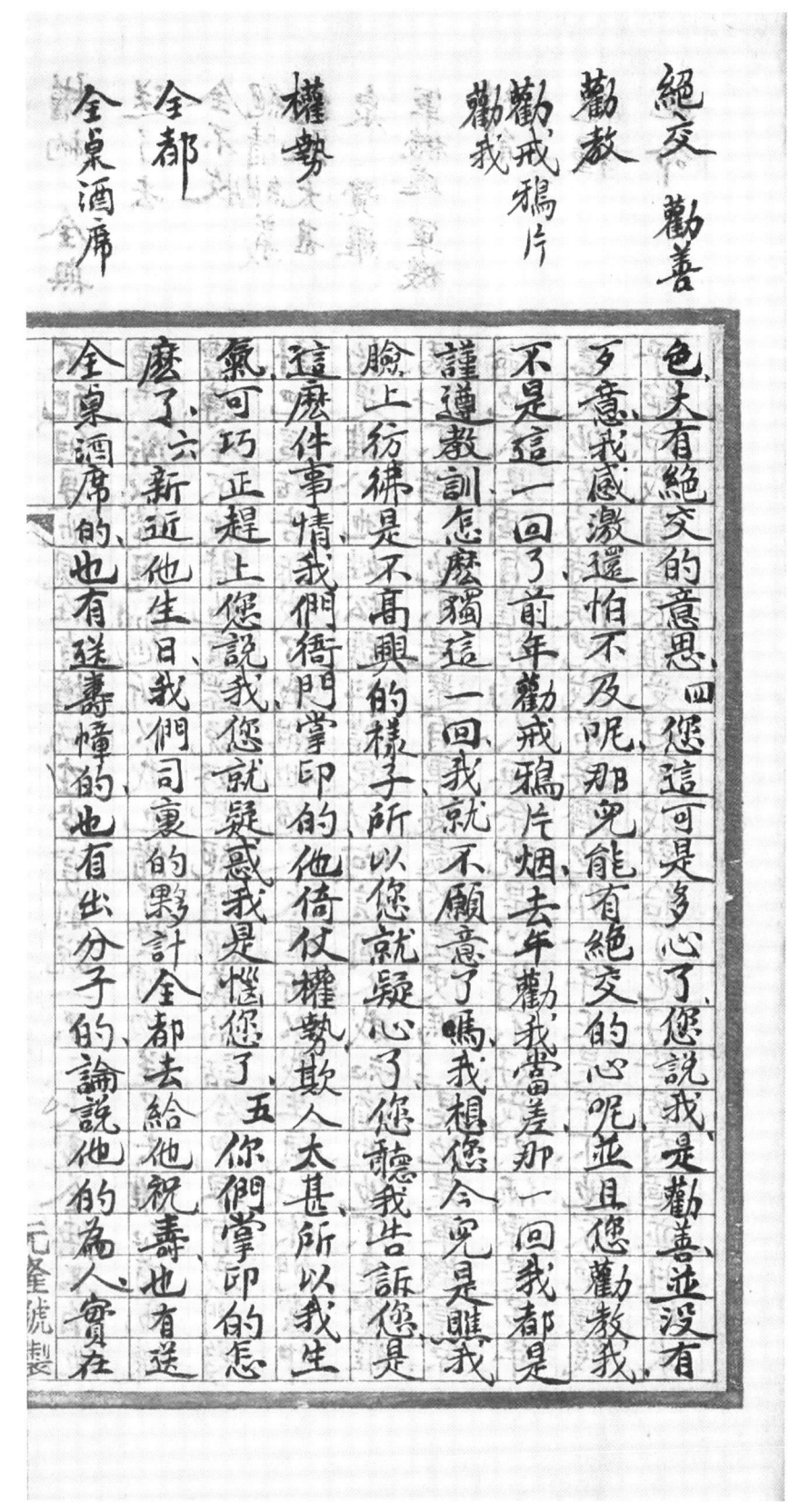

色、大有絕交的意思、四 您這可是多心了、您說我是勸善、並沒有歹意、我感激還怕不及呢、那兒能有絕交的心呢、並且您勸教我、不是這一回了、前年勸戒鴉片烟、去年勸我當差、那一回我都是謹遵教訓、怎麼獨這一回、我就不願意了嗎、我想您今兒是瞧我臉上彷彿是不高興的樣子、所以您就疑心了、您聽我告訴您、是這麼件事情、我們衙門掌印的他倚仗權勢欺人太甚、所以我生氣、可巧正趕上您說我、您就疑惑我是惱您了、五 你們掌印的怎麼了、六 新近他生日、我們司裏的夥計、全都去給他祝壽、也有送全桌酒席的、也有送壽幛的、也有出分子的、論說他的爲人、實在

下 1-69a

權柄　全無
送了去
全不收
絕情絕義
絕人太甚
泉　覺羅
軍機處　軍機
權能
絕糧
絕命

不配、但是他現在有權柄、在堂官前說一不二、大家全無不怕他
壞事、所以纔應酬他、所以我也備了些禮物送了去、誰知道他嫌
禮薄全不收、背地裏還說好些絕情絕義的話、今兒早有我們夥
計、把這話告訴我了、我想他絕人太甚、所以我生氣　七　你們掌印
的是誰、　八　他姓松、號叫醋泉、　九　啊、這個人我知道他不是覺羅
嗎、　十　不錯、　十一　他不是還有軍機處的差使嗎、　十二　是他是軍機章京、
論他本是個有權能的人、無奈就是心術不好、我們倆原是多年
舊交、他苦的時候兒我常接濟他、那一年正是年下、他家絕糧幾
乎絕命、我看着很難受、趕緊我就給了他好些個肉麵、並且煤米

下 1-69b

全備

確實

權在手

却有一件　缺少

絶嗣

絶子斷孫

紫炭都買了個全備給他送了去、餘外還帮了他六兩銀子、他這纔把年過去、我這都是確實的話、一字虛言沒有、誰想他一朝權在手就變了心了、〔主〕這個人可真是忘恩負義、將來必沒有好報、〔畄〕還等將來作甚麽、現在就算遭了報了、今年他四十九歲了、雖然有錢、却有一件可惜、就是缺少兒子、他這個歲數兒還能生嗎、況且他們夫人又是個病包兒、斷乎不能生産了、我想他必要絶嗣、〔主〕這個理是不錯的、你瞧那作惡的、那個不是絶子斷孫呢、〔夫〕是的、

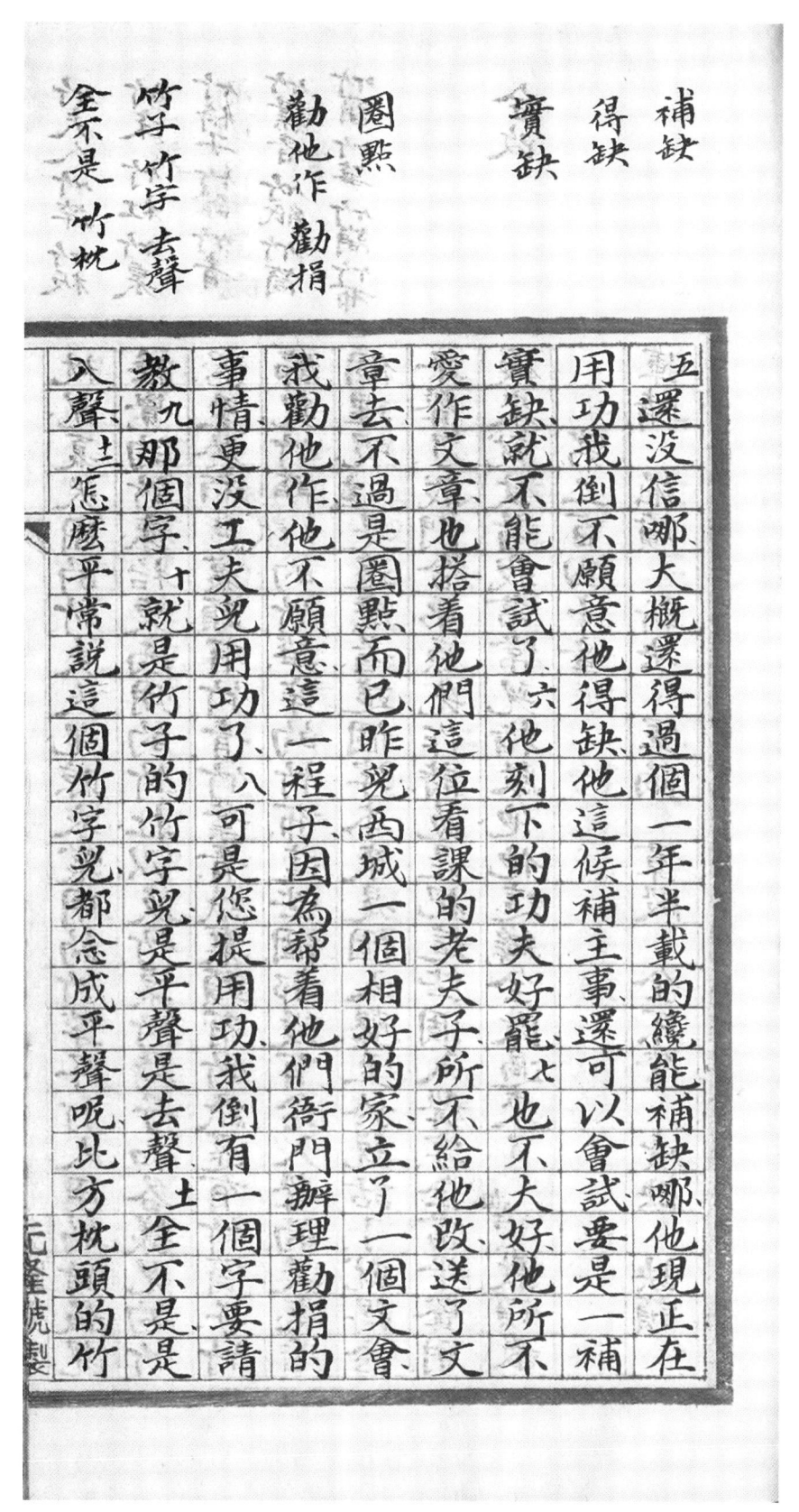

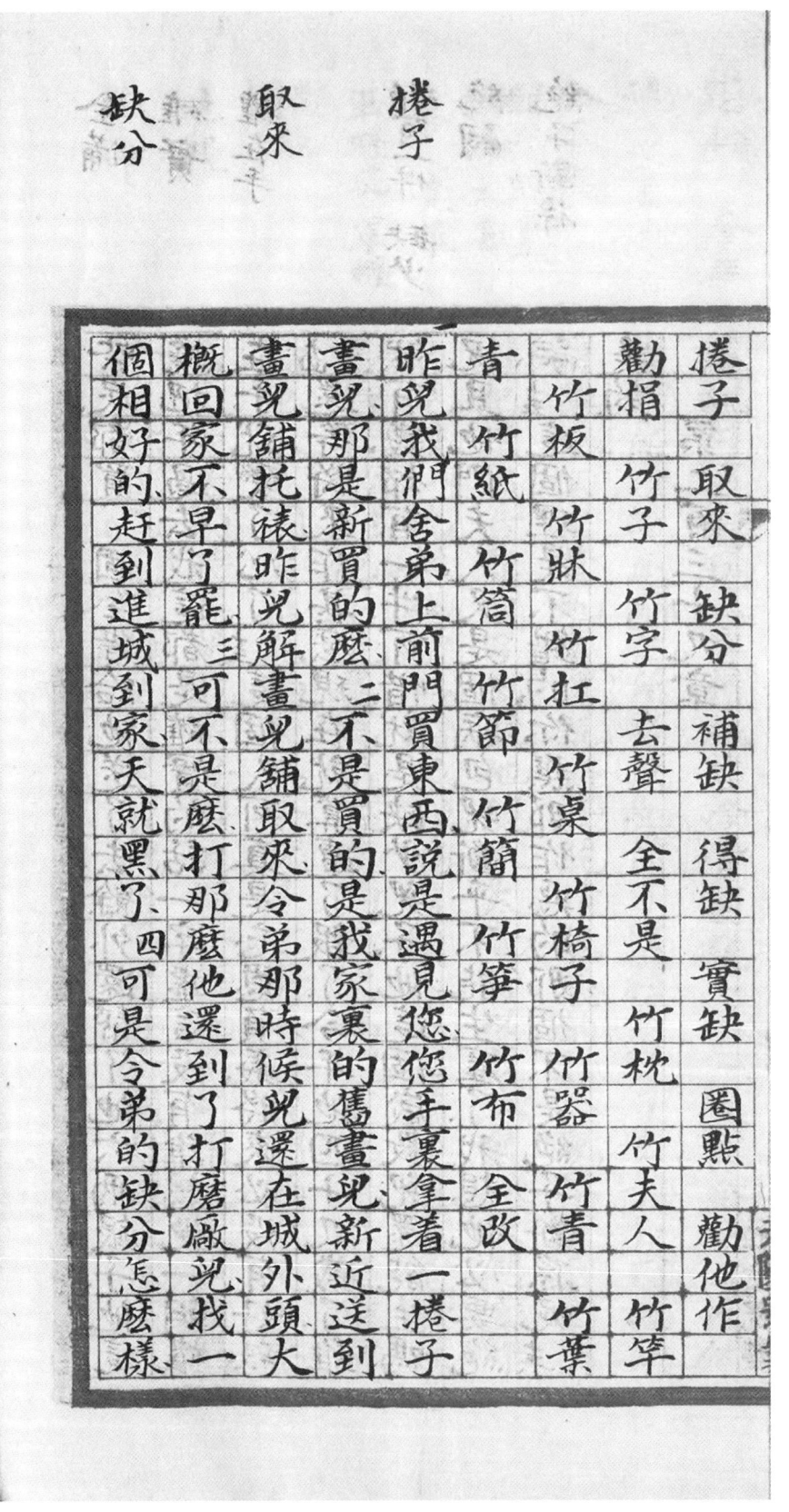

第二百三十九章

捲子
取來
缺分

捲子　取來　缺分　補缺　得缺　實缺　圈點　勸他作
勸捐　竹子　竹字　去聲　全不是　竹枕　竹夫人　竹竿
竹板　竹牀　竹杠　竹桌　竹椅子　竹器　竹青　竹葉
青　竹紙　竹筒　竹節　竹簡　竹箏　竹布　全改
一昨兒我們舍弟上前門買東西、說是遇見您、您手裏拿着一捲子
畫兒、那是新買的麼、二不是買的、是我家裏的舊畫兒、新近送到
畫兒舖托裱、昨兒解畫兒舖取來、令弟那時候兒還在城外頭大
概回家不早了罷、三可不是麼、打那麼他還到了打磨廠兒、找一
個相好的、赶到進城到家、天就黑了、四可是令弟的缺分怎麼樣

下 1-70b

補缺
得缺
實缺
圈點
勸他作　勸捐
竹子　竹字　去聲
全不是　竹枕

五還沒信哪、大概還得過個一年半載的纔能補缺哪、他現正在用功我倒不願意他得缺他這候補主事、還可以會試要是一補實缺就不能會試了、六他刻下的功夫好罷七也不大好他所不愛作文章也搭着他們這位看課的老夫子所不給他改送了文章去不過是圈點而已昨兒西城一個相好的家立了一個文會我勸他作他不願意這一程子因為幫着他們衙門辦理勸捐的事情更沒工夫兒用功了八可是您提用功我倒有一個字要請教九那個字、十就是竹子的竹字兒是平聲是去聲、十一全不是是入聲、十二怎麼平常說這個竹字兒都念成平聲呢比方枕頭的竹

元隆號製

下 1-71a

竹夫人 竹竿 竹板
竹床 竹杠 竹桌
竹椅子 竹器 竹青
竹葉青 竹紙 竹筒
竹簡 竹笋 竹簡 竹布

全改

杌兒、夏天用的竹夫人兒、晾衣裳用的竹竿子、打人用的竹板兒、睡覺的竹床、抬東西用的竹杠、以及竹桌、竹椅子、和各樣兒的竹器、至於顏色裏頭有竹青、竹葉青、紙裏頭有竹紙、還有竹筒子、竹節兒、竹簡、吃的竹笋、穿的竹布、這些個都沒有念入聲的、是怎麼個理呢、圭是這麼着、這個字本來是個入聲、至於說話了、就得念平聲了、我們舍弟原先作詩、也是把這些個入聲字、全當平聲用、後來就仗着我常常兒指駁他、他這纔全改過來了、盂領教領教、

第二百四十章

軍情 掘墳 斬決 軍餉 一羣毆 全不管 賣缺 缺額

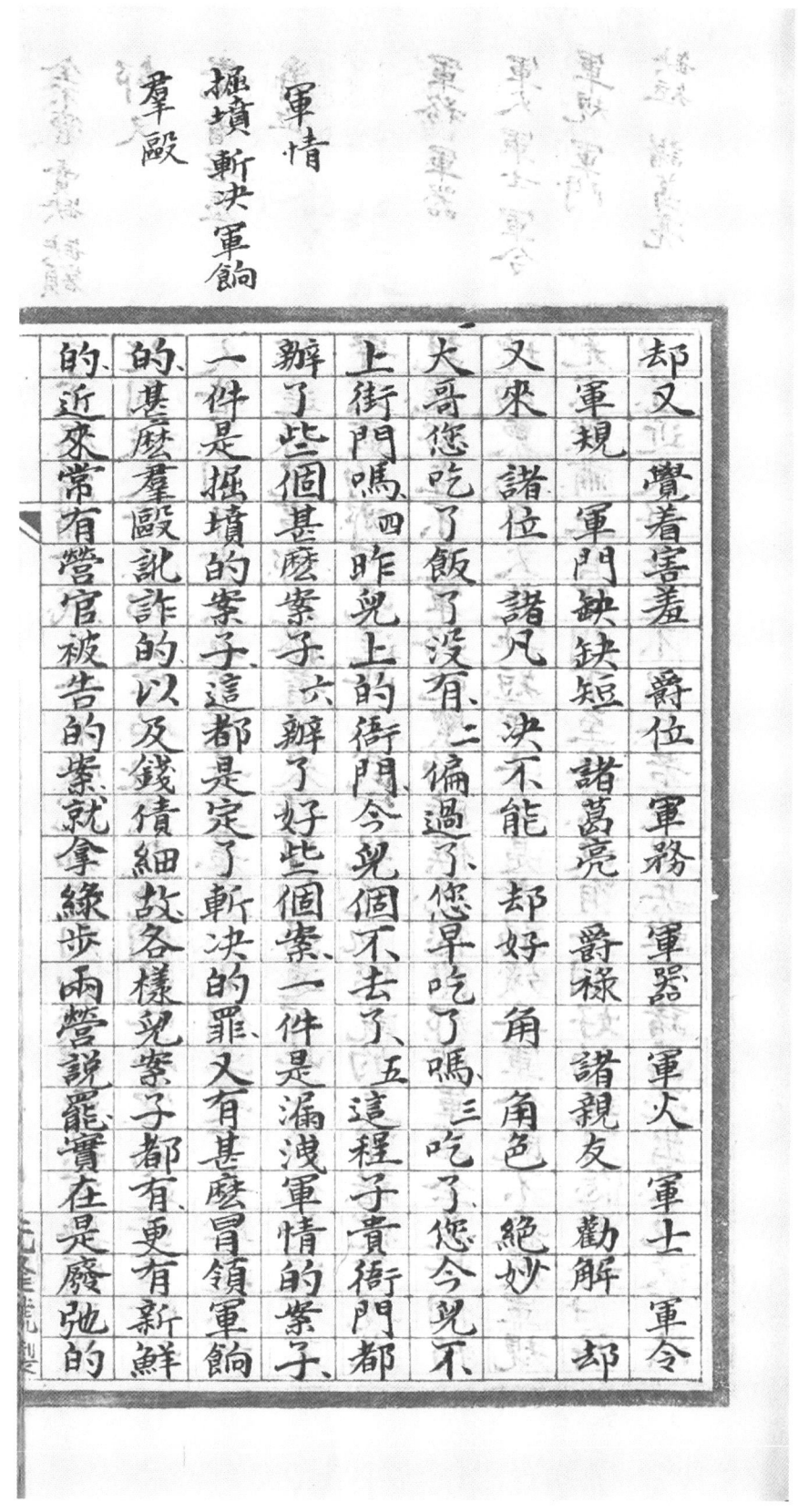

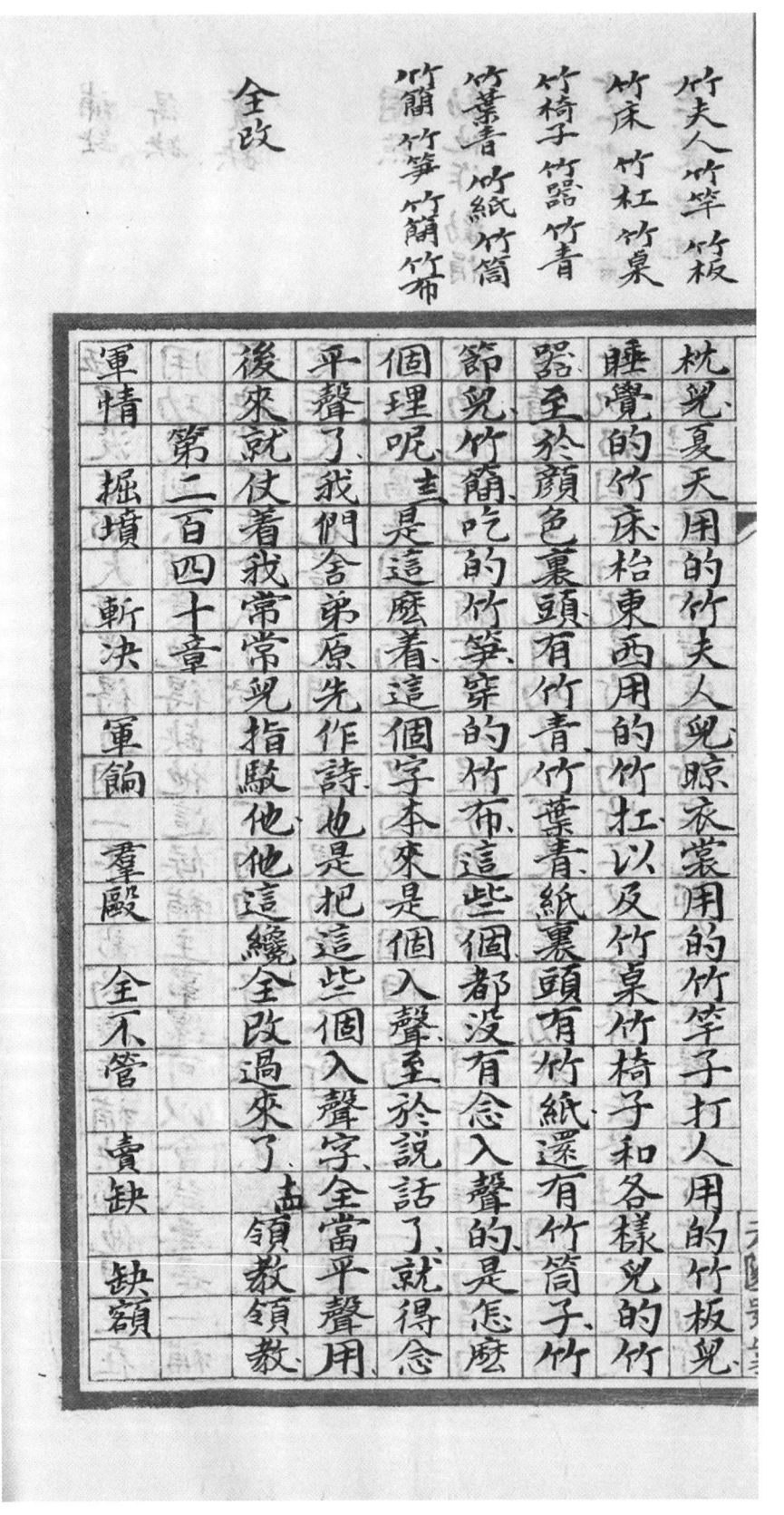

下 1-71b

軍情
搵墳　斬決　軍餉
羣毆

郄又　覺着害羞　爵位　軍務　軍器　軍火　軍士　軍令
軍規　軍門　缺鈌短　諸葛亮　爵祿　諸親友　勸解　郄
又來　諸位　諸凡　決不能　郄好　角　角色　絕妙
大哥您吃了飯了沒有、二偏過了、您早吃了嗎、三吃了、您今兒不、
上衙門嗎、四昨兒上的衙門、今兒個不去了、五這程子貴衙門都
辦了些個甚麼案子　六辦了好些個案、一件是漏洩軍情的案子、
一件是搵墳的案子、這都是定了斬決的罪、又有甚麼冒領軍餉
的、甚麼羣毆訛詐的以及錢債細故各樣兒案子都有、更有新鮮
的、近來常有營官被告的案、就拿綠步兩營說罷、實在是廢弛的

全不管　賣缺　缺額
却又
覺着害羞
爵位
軍務　軍器
軍火　軍士　軍令
軍規　軍門
缺短　諸葛亮

了不得、緝捕拿賊、是全不管、就知道刻扣錢糧、賣缺有缺額不補、趕到被人告了、却又害怕、七 我說他們這些營官、為這些事情被人告了、到了堂上也不覺着害羞麼、八 他們要是有羞恥、還不肯作這樣兒事、哪也搭着近來積習相沿、連那些大爵位的還有不、實不盡的哪、何況這些小武官兒呢、九 您說的真不錯、就拿現在說罷、好在不、是軍務吃緊的時候兒、您瞧那些軍器全是些個朽壞的東西、軍火也缺短、軍士全是老弱殘兵、軍令既不森嚴、軍規尤不整肅、上自軍門、下至兵勇、沒有一個好的、這可怎麼好、十 所以了、近來好在是不、出兵、若是出兵、雖有諸葛亮出來、也沒有法

下 1-72b

爵祿
諸親友
勸解　却又来
諸位　諸凡
决不能
却好

子整頓、至於我們衙門、是習氣太大、堂官就知道是安富尊榮、虛
靡爵祿、問他例案、他是一概不知、可是脾氣大的很、所以我近來
差使、實在是沒有個大當頭兒、所以鬧的心裏很不高興。十一 據我
想、您倒不必如此、還是打着精神往下當。十二 您說的是諸親友都
這麼應勸解、十三 却又來、既是您諸位親朋都這麼說、您可就別煩
了、諸凡自有一個定數的、命中該有這厳雜、是決不能躲的、依我
說最好是隨遇而安、比方今兒有閒空兒、偺們今兒就想法子樂
一天、十四 是的。十五 可是您今兒既不上衙門、還有別的事沒有呢、十六
沒事、十七 您既沒事、偺們聽戲去好不好、十八 好却好、但是現在各班

下 1-73a

角

角色

絕妙

瘸了　珠寶

子裏都沒甚麽好角兒、十九有之至您沒瞧見報子嗎春台班子裏

又打上海新來了倆好角色、一個老生、一個衫子、昨兒個我已經

聽過了、唱的絕妙、廿既是這麽着、偺們今兒就聽聽去、廿很好、您

就進去換衣裳、我這兒坐等、廿二那麽就屈您稍候、我就出來、廿 廿三請使

請使

第二百四十章

瘸了　珠寶　橛子　屈了　蹶子　軍犯　軍罪　軍民　決

不食言　掘土　珠寶玉器　掘出　鐝頭　朱紅色　缺角

你怎麽瘸了、是脚有甚麽毛病麽、二是因為昨兒出城走到珠寶

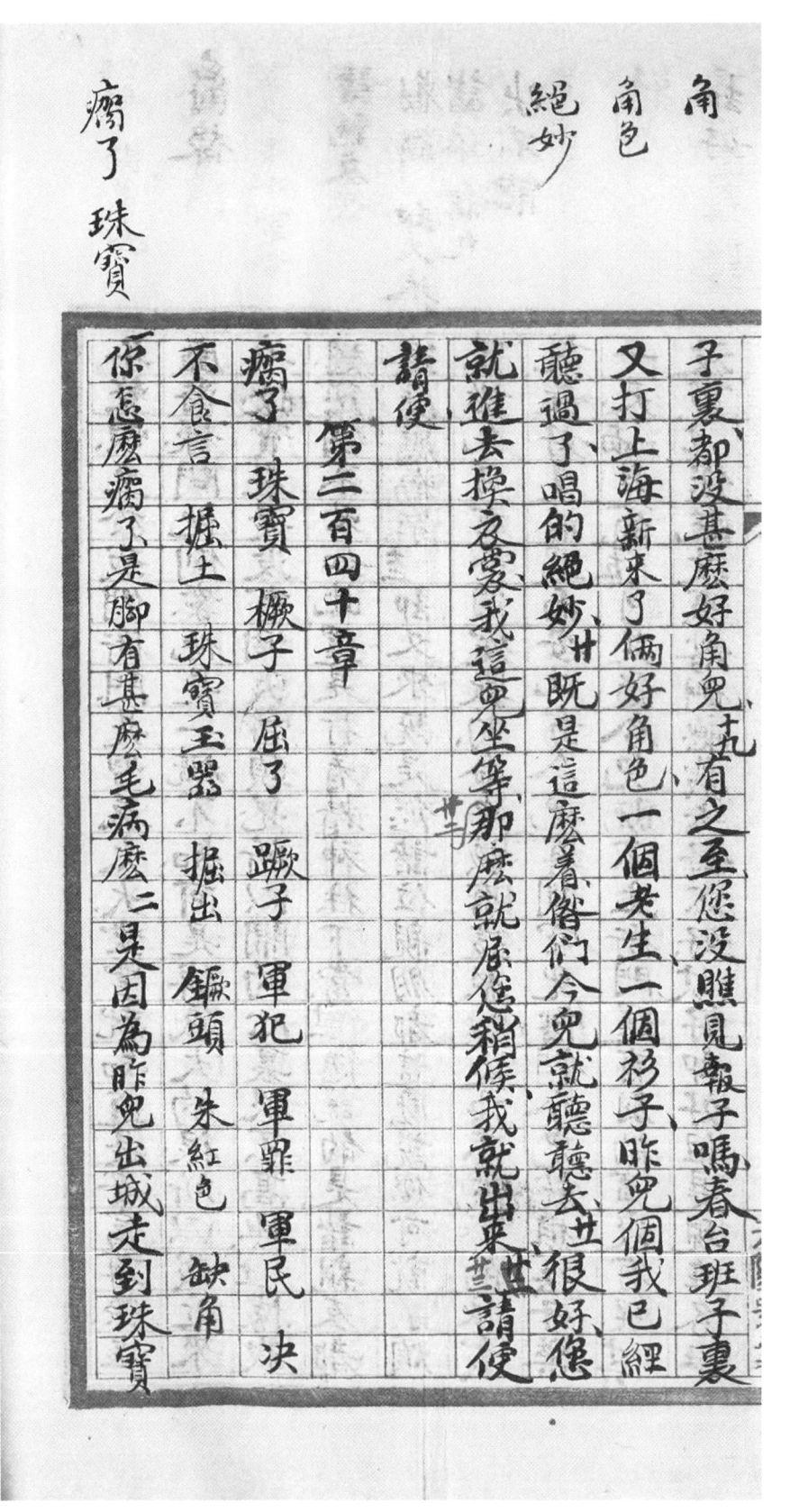

下 1-73b

橛子　屈了

蹶子

軍犯

軍罪

軍民

市兒、没留神地下埋着一個木頭橛子、把脚屈了、三你怎麼這麼慌呢、四説起來險極了、我是打北往南走、可巧對面兒一個人拉着一匹馬來了、馬忽然一撩蹶子、我只顧躲馬、所以没留神脚底下、您這兩天没上街溜達嗎、五天天兒上街、六瞧見甚麼熱鬧兒没有、七没瞧見甚麼熱鬧兒、不過就瞧見幾起子解軍犯的、還瞧了會子告示、八那兒又貼出告示來了、是那衙門出的、九是順天府出的賞格、十是拿賊的賞格嗎、十一不是、是已定軍罪的人犯由刑部越獄脫逃、奉旨着順天府五城一體嚴拿、所以順天府纔出這個賞格、十二那上頭是怎麼説的、十三也不過説軍民人等如有拿

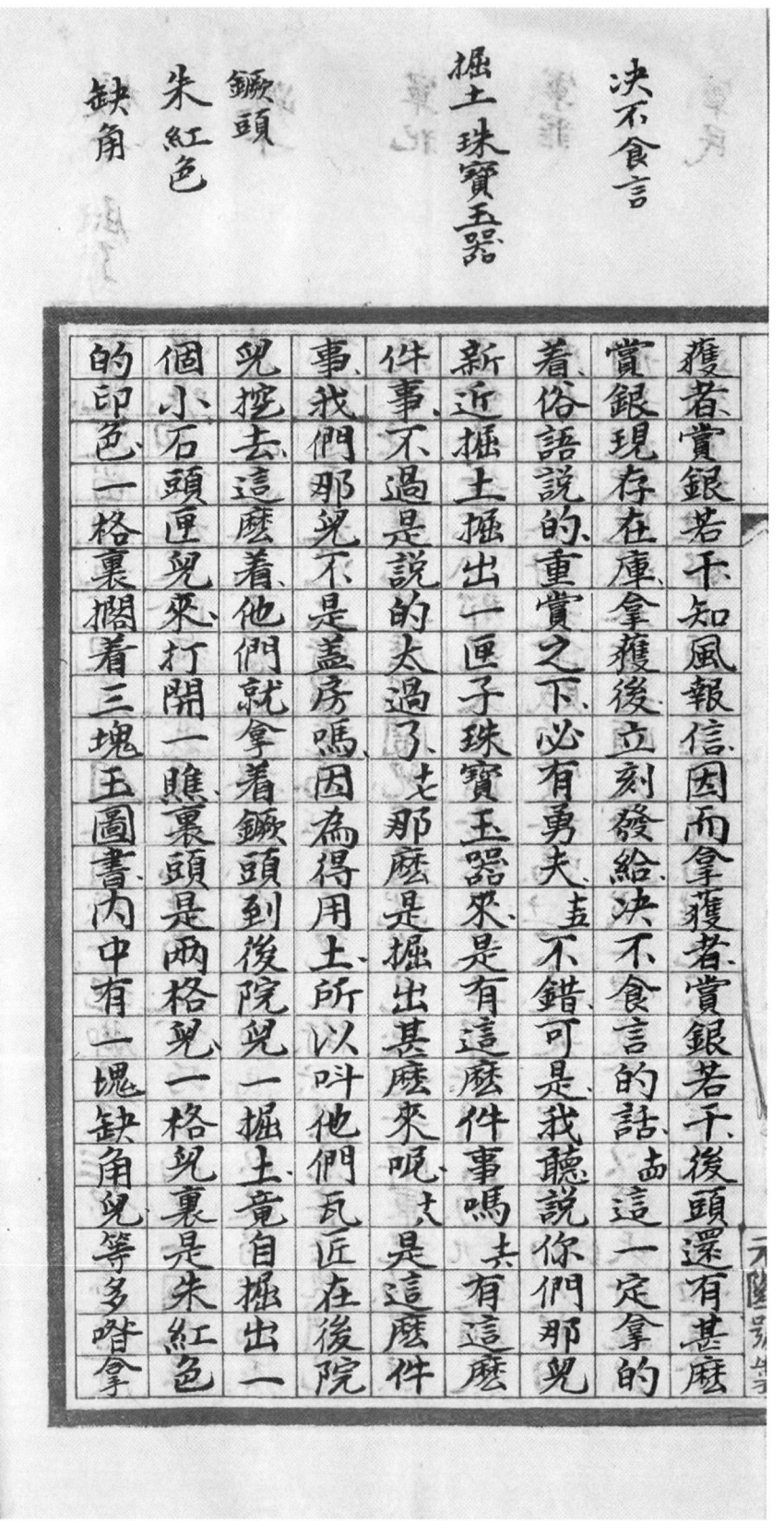

下 1-74a

決不食言
掘土　珠寶玉器
钁頭
朱紅色
缺角

獲者賞銀若干知風報信、因而拿獲者、賞銀若干、後頭還有甚麼賞銀現存在庫、拿獲後立刻發給、決不食言的話、十四這一定拿的着俗語説的、重賞之下、必有勇夫、十五不錯、可是、我聽説你們那兒新近掘土掘出一匣子珠寶玉器來、是有這麼件事嗎十六有這麼件事、不過是説的太過了、十七那麼是掘出甚麼來呢、十八是這麼件事、我們那兒不是蓋房嗎、因爲得用土、所以叫他們瓦匠在後院兒挖去、這麼着、他們就拿着钁頭到後院兒一掘土、竟自掘出一個小、石頭匣兒來、打開一瞧、裏頭是兩格兒、一格兒裏是朱紅色的印色、一格裏擱着三塊玉圖書、内中有一塊缺角兒等多喒拿

下 1-74b

嗟嘆
不覺
羣芳均放

來您瞧瞧、〔九〕那敢自好極了、可是也不忙、等那一天、你的脚大好了、再拿來給我看、〔辛〕就是、

第二百四十一章

嗟嘆　不覺　羣芳　均放　覺曉　諸事　君上　事君　君
臣　均極　君子　致君　覺知　俊傑　羣臣　諸公　君明
臣良　諸般　株守　均平　不均　均勻　諸處

怎麼了、為甚麼這麼嗟嘆、〔二〕咳、我嘆息的是、日月如梭、光陰似箭、真是容易過、您瞧這纔幾天兒呀、剛過了年、不覺的又到了萬物發生、羣芳均放的時候兒了、〔三〕可不是麼、我今兒早起、正睡的很

覺曉　諸事
君上
事君　君臣
均極
君子

香忽然聽見鳥兒哨、把我哨醒了、一瞧天已大亮了、彼時心裏想
怎麼剛睡着、一會兒的工夫兒就亮了呢、真是春天夜短、怨的古
人詩上說春眠不覺曉呢、據我想諸事一經古人說出來就沒有
錯的、　四　是的、可是有一層、詩上說的、不過就是寫景寫情、還沒有
經史說的道理透徹、　五　那是自然的、比方為君上的該當怎麼治
民、為臣下該當怎麼事君、都說的至矣盡矣、也不但君臣的道理、
凡一切父子兄弟夫婦朋友的道理、也均極詳備、所以讀書的君
子、必得把經史研求透了、纔有實學、　六　是的、所以我纔嘆息的也
有點兒這個緣故、我就想我自幼念書、一點兒實學沒有、雖然僥

下 1-75b

致君　覺知

俊傑　羣臣

諸公

君明臣良

諸般

株守

均平

倖中會、其實於致君澤民的道理、毫無覺知、所以鬧的功名也沒有進境、就這麼一年一年的白把光陰過去了、真是徒生於天地之間、七 您這也說的太謙了、據我說您雖不能比聖賢、然而在如今、也就算俊傑了、現在朝中的羣臣、有經濟學問的、固然是有、然而沒本事的也不少、他們諸公還自以爲精明歷練、其實不如老年多多了、我常聽見前輩說、那古時候兒真是君明臣良、天下太平、那兒能像如今這麼涼薄呢、八 是的、如今的時勢、諸般樣兒全都是怠惰相安、老實的迂拘株守、不知變通、精明的巧詐多端、踰閑蕩檢、還有一宗至可恨至不均平的、就拿當差使論罷、有情有

二百廿號說

偷

下 1-76a

不均

均匀

諸處

錢的、陞官發財、錦上添花、無錢無勢的、就是有托天的本事、想得
一點好處、是萬也不能、真是苦樂不均、令人不平、九 這也是人心
不古的緣故、不必説當差、就連和親朋辦點兒事、也都是不均匀、
您就給他一個全不介意、就是自己盡自己的心就完了、十 您説
的雖是、但是我想、自己本就無能、再加上諸處竟遇見這些不公
平的事、所以更不高興了、十一 依我説、您總要退一步想、自然心裡
就舒服了、十二 您説的是、

第二百四十二章

諸人　朱　俊　住的　靠得住　確真　確實　祝壽　俊秀

下 1-76b

諸人

朱俊　住的

靠得住　確真確實

祝壽　俊秀　羣倫

羣倫　出色　俊人物　諸客　俊雅　猪排骨　均分　郡

王　住家　竹杆　在後門住　住不開　住不住　均可　諸

人　均攤　猪市

我聽說你們諸人合夥作買賣哪、二可不是嗎、三作甚麼買賣、共

總有多少股兒、四有二十多股兒開洋貨店、五都是那位、六有一

位姓朱的、號叫俊卿、還有城外頭的十幾個朋友有西城住的八

九位、七都靠得住嗎八都是確真確實的可靠、九這位姓朱的聽

着很耳熟、彷彿那兒見過似的、十您不記得了、那年偺們給

人祝壽、同席吃飯的有一位、您不是還誇他俊秀、說他超乎羣倫、

下 1-77a

出色
俊人物　諸客　俊雅
猪排骨
均分
郡王
住家　竹杆
在後門住

將來必爲出色之人、您怎麼會忘了呢、十一你這麼一說、我想起來了、這位是俊人物兒比那天在席的諸客顯着分外的俊雅、他很愛吃那個炸猪排骨、後來他輸了幾拳、該當唱一大碗酒、因爲不、能唱了、還是偺們大家均分着替他唱了、是這位不是十二對了、就是他、十三他現在做甚麼呢、十四他本是個拔貢、現在在一個甚麼郡王府裡教書哪、十五他既是教書爲業、怎麼會有錢作買賣呢、十六您是不、知道、他家裡本有錢、他這個教書、不、過是因爲沒事、借以解悶兒、十七是了、他現在在那兒住家、十八他在齊化門裡頭竹杆巷兒住、十九我記得他不、是在後門住嗎、二十他原在後門住、後來皆因他

下 1-77b

住不開

住不住

均可

諸人

均攤勻散

均分

猪市

們家人口多了、房子太少、住不開、所以纔搬到竹杆巷兒、廿一這邊兒的房子好罷、廿二也不見好、聽說這個房子、還是住不住、新近還托我們給他物色房子呢、廿三他打算要在甚麼地方兒找房子呢、廿四無論甚麼地方兒均可、就是房子要好、門戶兒要整齊、廿五這是容易、偺們給他物色着、可是你們這個買賣的事情、你們諸人都商量妥了嗎、廿六早就妥了、廿七那麼將來分賺賬的時候兒怎麼個分法呢、廿八是這麼着、我們現在的本錢、是每股兒二百銀子、將來的賺帳是均攤勻散、有多少股兒、是按股均分、廿九這倒公平、這個鋪子是在那兒開、卅在西四牌樓、離猪市不遠兒、卅一等開張的時

下 1-78a

候兒、我給你們道喜去、世好極了、如果有了開張的日子、我來請
您世就是、

第二百四十三章

諸君　主人　羣賢畢至　諸位　鈞命　諸兄　鈞安　鈞鑒
主賓　強賓不壓主　猪肉　猪羊肉　駿　確乎　諸公
均可　出的　主意　煮豆　住了口　朱櫻　出上蘭　燒猪
猪肉　猪八戒　竹筝　歇住　煮肉　煮飯　屈量
諸君都早來了、我實在來遲、有罪有罪、二不遲不遲、我們也都是
剛到、三主人公今兒起的必早罷、四是、今兒是羣賢畢至、我如何

諸君
主人　羣賢畢至

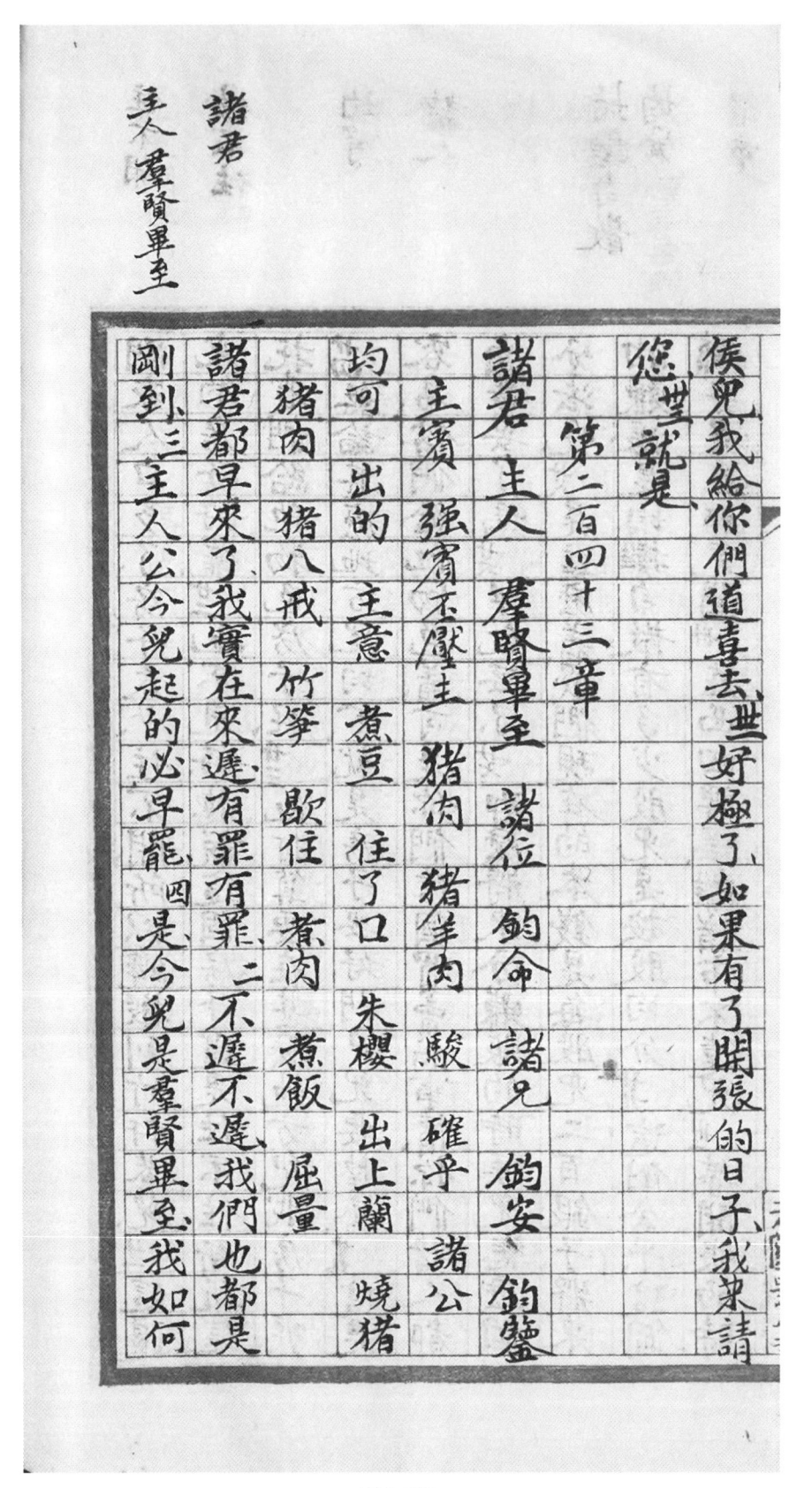

下 1-78b

諸位

鈞命 諸兄

鈞安 鈞鑒 主賔

强賔不壓主

敢不早早兒的候着呢、五哎呀您這麽說、我們可實在當不起、六諸位這又太謙了、依我說今兒偺們在座的、都没有外人、彼此不、必作這些套言、倒是隨便的好、七既是您這麽吩咐、我們大家一為鈞命是聽就是了、八剛說着别叙套言、怎麽諸兄又這麽說諸兄今兒要是說鈞命、日後我給諸兄寫信的時候兒一定得寫恭請鈞安伏乞鈞鑒了、九依我說偺們今兒主賔相聚、總要盡歡、都不要這麽繁禮多文、十對了、還是您這句話說得是、來呀、十一喳、十二飯要是齊了、就擺罷、十三是、十四往上陞、十五强賔不壓主、我那兒那麽坐呢、十六是這麽坐、十七那斷不敢、十八得了、别讓了、十九偺坐偺坐、二十我

元鑒號製

猪肉
猪羊肉
験
確乎
諸公

這可沒弄甚麼、諸位依點兒實、廿一這麼些菜、您還說沒弄甚麼、廿
有甚麼呀不過是些猪肉菜真是太隨便了、廿三據我說那些海參
魚翅也不過是個名兒其實沒個大吃頭兒要講好吃還是比不
過猪羊肉、我說偺們是就這麼喝呀、還是譁兩拳呢、廿四偺們譁一
譁、廿五那麼偺們兩位先來一拳、道八駿馬、廿六六合連、廿七三元、廿八二
位廿九五經魁、三十獨占、我輸了、卅一快喝呀、卅二喝了、卅三多咱喝了我沒
瞧見、卅四您不信、問別人、我確乎是喝了、卅五我想起一個酒令兒來、
不知道諸公願意不願意、卅六您說說、卅七我想偺們今兒個的酒、大
家多不大喝、莫若這麼着就席上所有的、說一句詩、或古文、或成

下 1-79b

均可
出的 主意
煮豆
住了口
朱櫻 出上蘭
燒猪 猪字
猪八戒

語均可、說上來的、大家喝這一大碗酒、要是說不上來、或說的不對、罰說的喝這一大碗酒、怎麼樣、卅八很好、既是您出的這個主意、您就先說、卅九可以、就拿這豆苗兒湯說罷、煮豆燃豆、哎呀、底下那個字、是甚麼來着、四十快說呀、怎麼住了口了呢、四一我忘了、四二那得喝酒、四三我喝我喝、底下該誰了、四四該我了、這盤兒櫻桃很好看、就說他罷、紫禁朱櫻出上蘭、四五好、該你了、四六我就拿這個燒猪說罷、四七燒猪有甚麼典故、倒要聽你怎麼說、四八橫竪有猪字兒、你們聽罷、準好、四九快說、五十猪八戒賣涼粉兒、五一這可是胡說了、那兒有這麼句成語呢、你說這俗語兒不行、得罰你、五二先別罰、這句不算、我

竹箏
歇住
煮肉
煮飯

另說、一五三那不行、一五四我纔剛是故意兒說着玩兒呢、一五五既是怎麼說、
便宜你、依你另說、再要是說的不好、可是加倍罰酒、一五六那是自然、
的、就說這個箏罷、竹箏生牙梆絮飛這句使得使不得一五七這使得
了、一五八怎麼都歇住了、偺們今兒得痛飲、一五九我們可實在不勝酒力
了、您叫他們拿飯來罷、一六〇再喝一盅一六一一點也不能喝了一六二那麼
我就叫他們拿飯了、來、一六三喳一六四拿飯來、再把白煮肉切兩盤子來、
就手兒要兩大碗白湯、一六五是、回老爺、飯來了、一六六哎呀、這飯裏怎麼
會有了砂子了、你告訴廚子、以後煮飯的時候兒、留點兒神排一
排一六七是、一六八來呀、添飯、一六九別添了、我們都飽了、一七〇怎麼吃那麼一點、

元隆號製

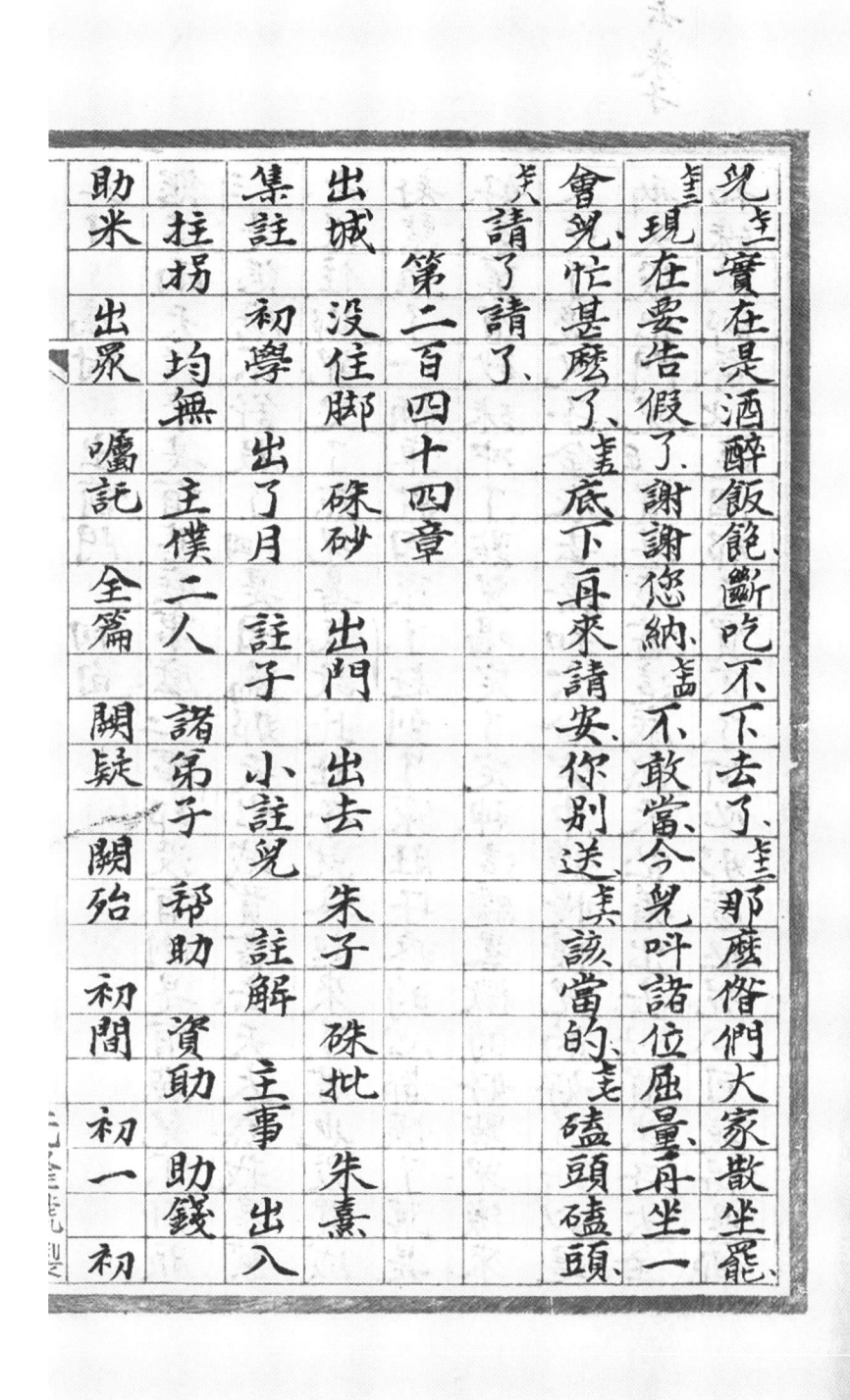

下 1-80b

屈量

兒七一實在是酒醉飯飽、斷吃不下去了、七二那麼偺們大家散坐罷、

七三現在要告假了、謝謝您納、七四不敢當、今兒叫諸位屈量再坐一

會兒、忙甚麼了、七五底下再來請安、你別送、七六該當的、七七磕頭磕頭、

七八請了請了、

第二百四十四章

出城　沒住脚　硃砂　出門　出去　朱子　硃批　朱熹

集註　初學　出了月　註子　小註兒　註解　主事　出入

拄拐　均無　主僕二人　諸弟子　帮助　資助　助錢

助米　出眾　囑託　全篇　闕疑　闕殆　初間　初一　初

出城
没住脚
硃砂
出門　出去　朱子
硃批

三日　囑咐　出前門　初白
您這兩天没來、是有甚麽事麽、二事却没有、倒是有點兒不舒服、三是怎麽不舒服了　四是因為那天出城買書去、天太熱、我是緊走、没住脚兒受了點兒暑氣、故此肚子就疼起來了、書也没買成趕緊僱了一輛車、就回家了、趕到了家、肚子疼的心都慌了、算是好、家裏有砂、硃冲了點兒喝、定了定神、這纔畧微的好點兒、後來又吃了幾丸子金衣去暑和六合定中、纔慢慢兒的好了、所以這兩天没出門兒　五買甚麽書、這麽熱天忙着出去　六買朱子大全和硃批聊齋、七這個那天買不了、何必那麽忙呢、八可説得是哪、

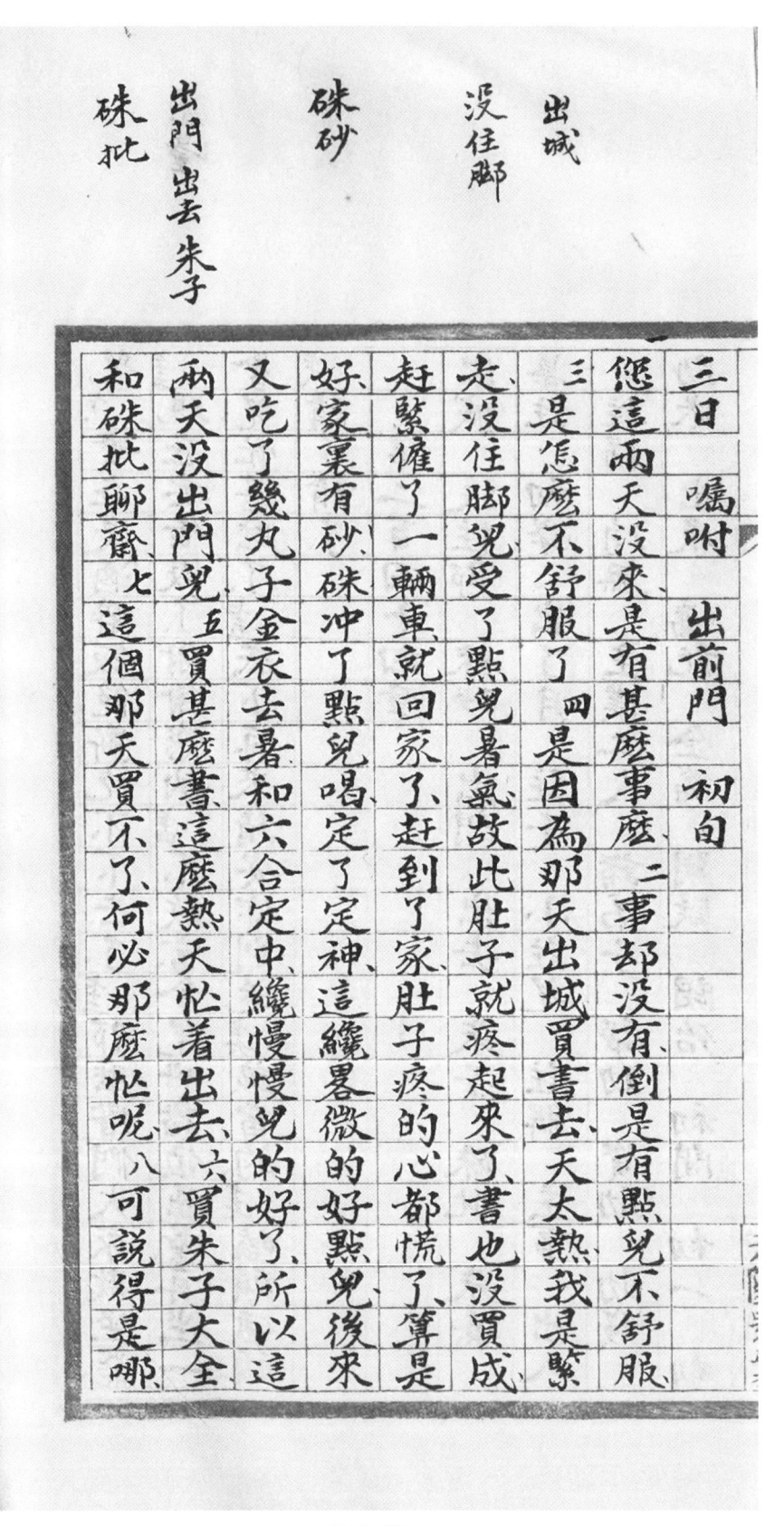

下 1-81b

朱熹集註
初學
出了月
註子 小註兒
註解

自可過一兩天、等那天涼快、我再買去、九 等您那一天要去的時
候兒、請告訴我一聲兒、我也要買幾部書、偺們哥兒倆一同去、好
不好、十 那可以的、您要買甚麼書、十一 我要給我們舍姪買四書、十二
打算買甚麼樣兒的、十三 也就是尋常朱熹集註的四書、十四 令姪現
在念甚麼書哪、十五 那兒哪、他現在是初學、將念完了小書兒、打算
叫他溫熟了、出了月兒念四書、十六 念四書的時候兒是打算竟念
大字呀、還是帶註子念呢、十七 我想總是連小註兒念好、要是不念
註解、那不是白念嗎、十八 是的、我也是這麼說、那麼現在是請着先
生呢嗎、十九 沒有、是在我們東邊兒一個散學裏念書、二十 先生是那

元堂[illegible]製

下 1-82a

主事　出入
拄枴
均無　主僕二人
諸弟子
幫助　資助
助錢　助米　出衆
囑託

兒的人、廿一是偺們城裏頭的人、他原籍是浙江、後入大興籍現在是工部候補主事、無奈是年紀太老了、永遠不上衙門出入都得拄拐棍兒、故此湊幾個學生兒、在家裡解悶兒、廿二這位老夫子家裡都有甚麼人、廿三他家裡是妻子均無就是主僕二人、廿四這麼說這位老先生也是很苦啊、廿五可不是嗎、現在就仗着這些諸弟子家幫助、廿六那麼您大概也得常常兒的資助資助罷、廿七那是自然的、助錢助米都是常有的事、好在老先生人極忠厚、學問也很出衆、廿八那就好、我有個相好的、他們令郎現在沒有老師、前兒給了個字兒來、再再的囑託、求我給物色念書的地方兒我想託您把

下 1-82b

全篇
闕疑 闕殆
初間
初旬
出前門
初一 初三日

他薦到這位老夫子那兒念書、可以不可以、廿九這有甚麽不可以的呢、等我一半天去說說他現在念甚麽書哪、三十現在五經都念完了、已經全篇半年多了、新近他還把窗課拿來給我看、那裏頭有一篇是多聞闕疑、慎言其餘、則寡尤、多見闕殆、的題目、作的很好、無奈是沒有好先生給改、如果是您給說妥了、大概下月初間就可以上學了、卅一下月初旬上學、怕來不及罷、這麽着罷、我要是說妥了、必赶緊給你送信去、卅二您也不必特意送信、偺們不是一半天還要一塊兒出前門買書去麽、那時候兒就手兒就可以告訴我了、卅三也好、我打算初一去說去、偺們初三日見罷、卅四就是就

下 1-83a

囑咐

硃紅色　珠花

是您可千萬別忘了、荳您不必囑咐我一定盡心說去斷不能忘、

艽勞您駕罷、芝好說好說、

第二百四十五章

硃紅色　珠花　珠子　珍珠　舖子裏住　住衙門　出息

住宿　逐日　帳主　主顧　蛛蛛網　眼珠　出城去　出汗

坐不住

我昨兒在古董兒舖買了兩樣兒東西不知道值不值、您給瞧一瞧、二買了甚麼了、三買了一個硃紅色的磁盤子、一對珠花、四我瞧瞧、五您瞧、就是這個、六不錯、你是多兒錢買的、七這對珠花、是

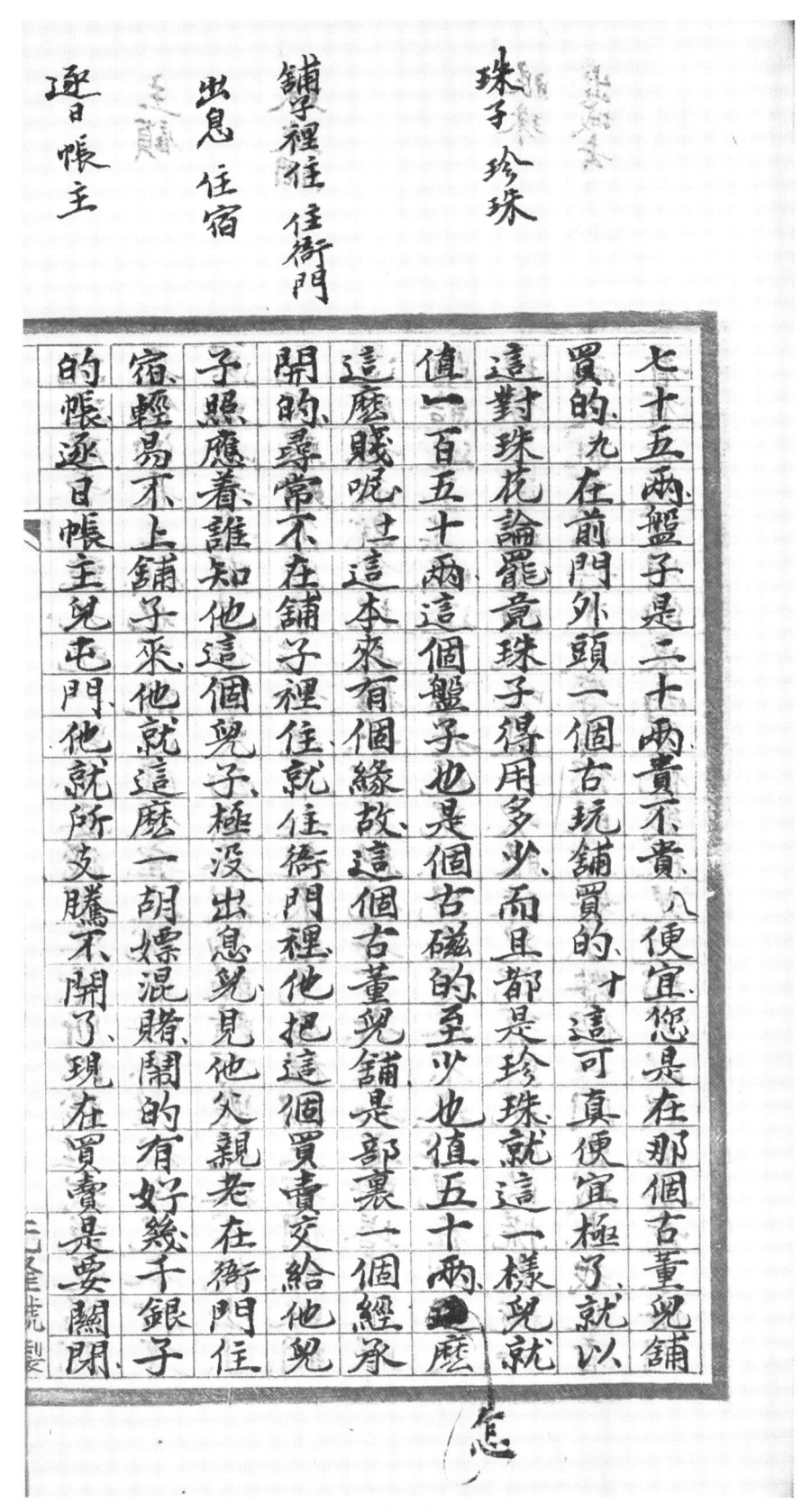

下 1-83b

珠子　珍珠

鋪子裡住　住衙門

出息　住宿

遝日　帳主

七十五兩、盤子是二十兩、貴不貴、八便宜、您是在那個古董兒鋪
買的、九在前門外頭一個古玩鋪買的、十這可真便宜極了、就以
這對珠花論罷、竟珠子得用多少、而且都是珍珠、就這一樣兒就
值一百五十兩、這個盤子也是個古磁的、至少也值五十兩、怎麽
這麽賤呢十一這本來有個緣故、這個古董兒鋪、是部裏一個經承
開的、尋常不在鋪子裡住、就住衙門裡、他把這個買賣交給他兒
子照應着、誰知他這個兒子、極没出息兒、見他父親老在衙門住
宿、輕易不上鋪子來、他就這麽一胡嫖混賭、鬧的有好幾千銀子
的帳、遝日帳主兒屯門、他就所支騰不開了、現在買賣是要關閉、

下 1-84a

主顧

蜘蛛網

眼珠

出城去

就這麽賣一點兒吃、一點兒、要錢不要貸、所以賤、十二我說呢您就是他的長主顧、也不能這麽便宜、這就無怪了、十三我今兒本打算還要去看看、有甚便宜東西、無奈我的眼睛有點兒疼不能去了、十四您眼睛怎麽了、十五今兒早起起來、瞧見屋裡棚上布個蜘蛛網、這麽着、我就拿把長撣子、打算把他弄下去、誰知道叫塔灰把眼睛給迷了、十六咳、這可不是玩兒的、現在還疼不疼、十七現在倒不大理會了、不過是怕風、風一吹、眼珠兒就有點兒磨的慌、大概一兩天就可以好了、十八等着您眼睛好了、偺們一同出城去、我也看看、有甚麽可用的東西、買他幾樣兒、十九那可以、我也要走了、偺們

下 1-84b

出汗 坐不住

一半兒罷、辛忙甚麼、再坐一會兒、苎不坐着了、您這屋子太熱、我直出汗、坐不住了、苎怎麼您一定要走、那麼我就不强留了、苎別送別送、苗應該的、

第二百四十六章

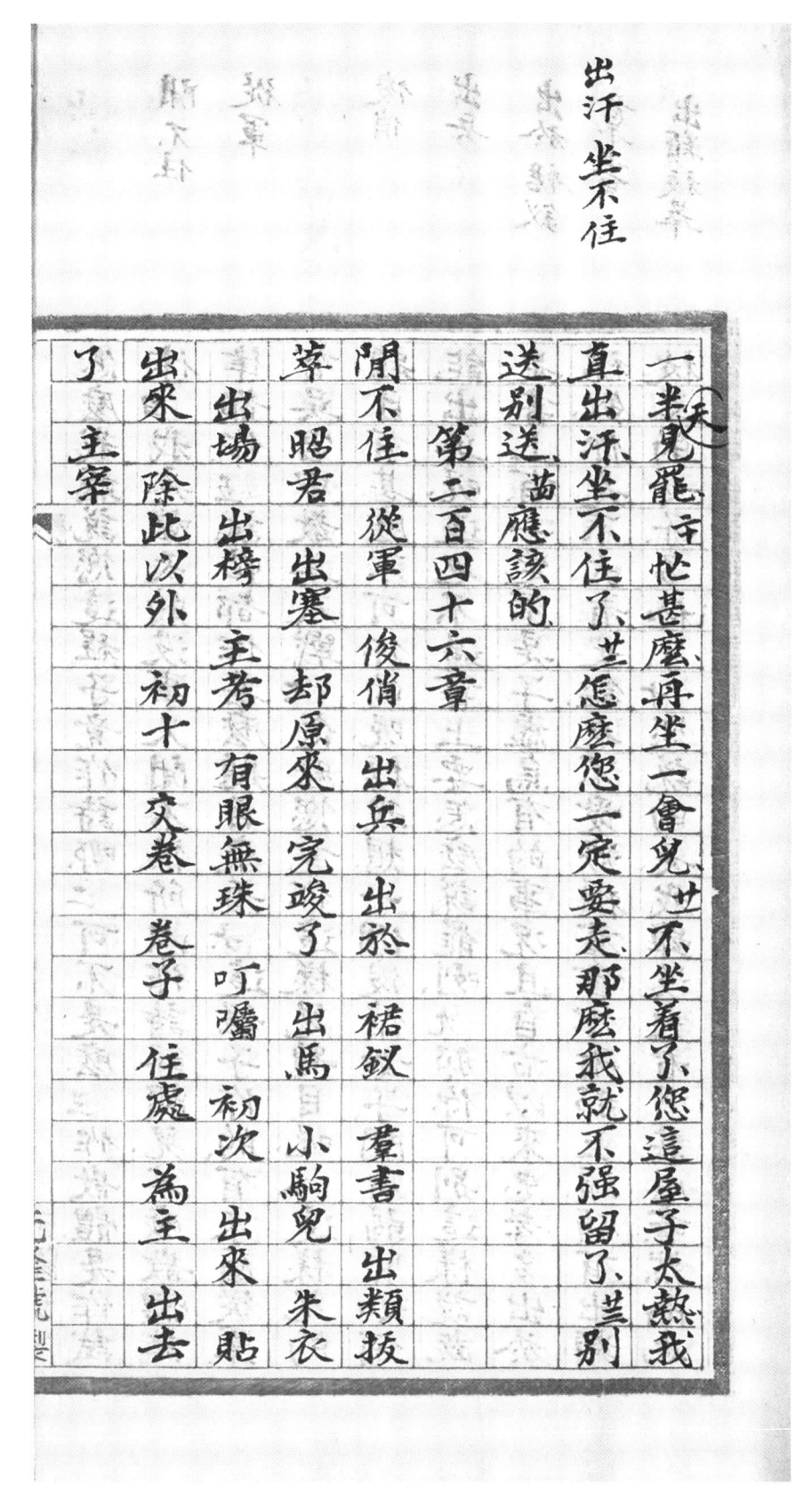

閑不住 從軍 俊俏 出兵 出於 裙釵 羣書 出類拔萃 昭君 出塞 却原來 完竣了 出馬 小駒兒 朱衣出場 出榜 主考 有眼無珠 叮囑 初次 出來 貼出來 除此以外 初十 交卷 卷子 住處 爲主 出去了 主宰

閙不住
從軍
俊俏
出兵
出於裙釵
羣書
出類拔萃

怎麼我聽説您這程子竟作詩哪、二可不是麼　三作散體是作試律　四我是整天的沒事、又閙不住所以作詩解悶兒、甚麼散體試律都作、五試帖都作甚麼題目來着、六這程子作的、有木蘭從軍、有吳宮中教美人戰、七怎麼您竟作這樣兒題目呢、八這樣兒的題目有甚麼不可作的呢、據我想一個俊俏女子、閨房弱質、如何能出兵呢、這也不過書上要怎麼説罷咧、九那你可別這樣説、既是書上有、一定不是子虛烏有的事、況且自古以來忠孝多出於裙釵、你是不大看史鑑、也不愛涉獵羣書、你看那上頭頗有出類拔萃的女子、多極了、十您説的是、我雖沒大看過甚麼書、然而也

下 1-85b

昭君出塞
郤原來
完竣了
出馬 小駒兒
朱衣
出場

知道幾件故事比方那王昭君琵琶出塞、那不是個好女子麽、十一
郤原來你既知道這個、别的自然也必都知道、怎麽還説没有這
麽樣兒的女子呢、可是現在你的功夫怎麽樣昨兒我打舉場過、
瞧見裡頭的工程都完竣了、你今年打算去不打算去、十二去是要
去、不過是我的文章太不行並且没進過大場心裏總發怵、十三這
你倒不、必害怕、俗語説的好、一輩子不出馬、一輩子是小駒兒總
得經歷經歷、至於文章一節、原無定評、只要中了試官的眼睛、自
然可叫朱衣暗點頭、你只、管放心進場、别胆怯、可是有一樣兒進
場是進場也不可期望太切、我常見那功名心重的、自一出場就

下 1-86a

出榜
主考　有眼無珠
叮嚀
初次　出來
貼出來　除此以外
初十
交卷　卷子
住處　為主

天天兒盼着出榜、心裡没一刻不想高中、及至出榜之後見那榜上無名、立刻咳聲嘆氣、不是罵主考有眼無珠、就是罵房官不懂得看文章、像這樣兒的人、寔在可笑、你可千萬别有這個毛病、亩您放心、從先我們老師也常這麼叮嚀我、斷没有這樣兒的毛病、並且我這回是初次鄉試、也不敢望中、就求了事、平安出來、不被貼出來、就算造化、除此以外、没有别的想頭、主這你說的也未免太過、還有一樣兒、第一場不是初十出場麼、那一天只管消消停停兒的、不必忙着交卷、總要把卷子對的没錯兒再交、況且你的住處離場甚近、雖掌燈出來都不遲、總而言之、鎮靜為主、别瞧人

下 1-86b

出去了
主宰
出口

家出去了、心裡就慌了、要是那麽着、勢必有錯兒、去您說的很是、
我謹記在心别管怎麽着、橫豎我心裡總有個準主宰、七果真要
是這麽着、那就好了、

第二百四十七章

出口　猪毛　猪狗　住的房子　猪圈　猪窩　住嘴　竹板
廚子　廚房　煮爛了　煮熟了　倕衣　出恭　初幾　初初
六祝　出殯　全忘　香燭　送了去　住宅　住在　出嫁
柱　送禮去　出街　出口　出入關門　主兒
你們倆為甚麽這麽嚷鬧、二我没鬧、是他無因無故的出口罵人、

謎讀悶字

猪毛

猪狗　住的房子

猪圈　猪窩

住嘴　竹板

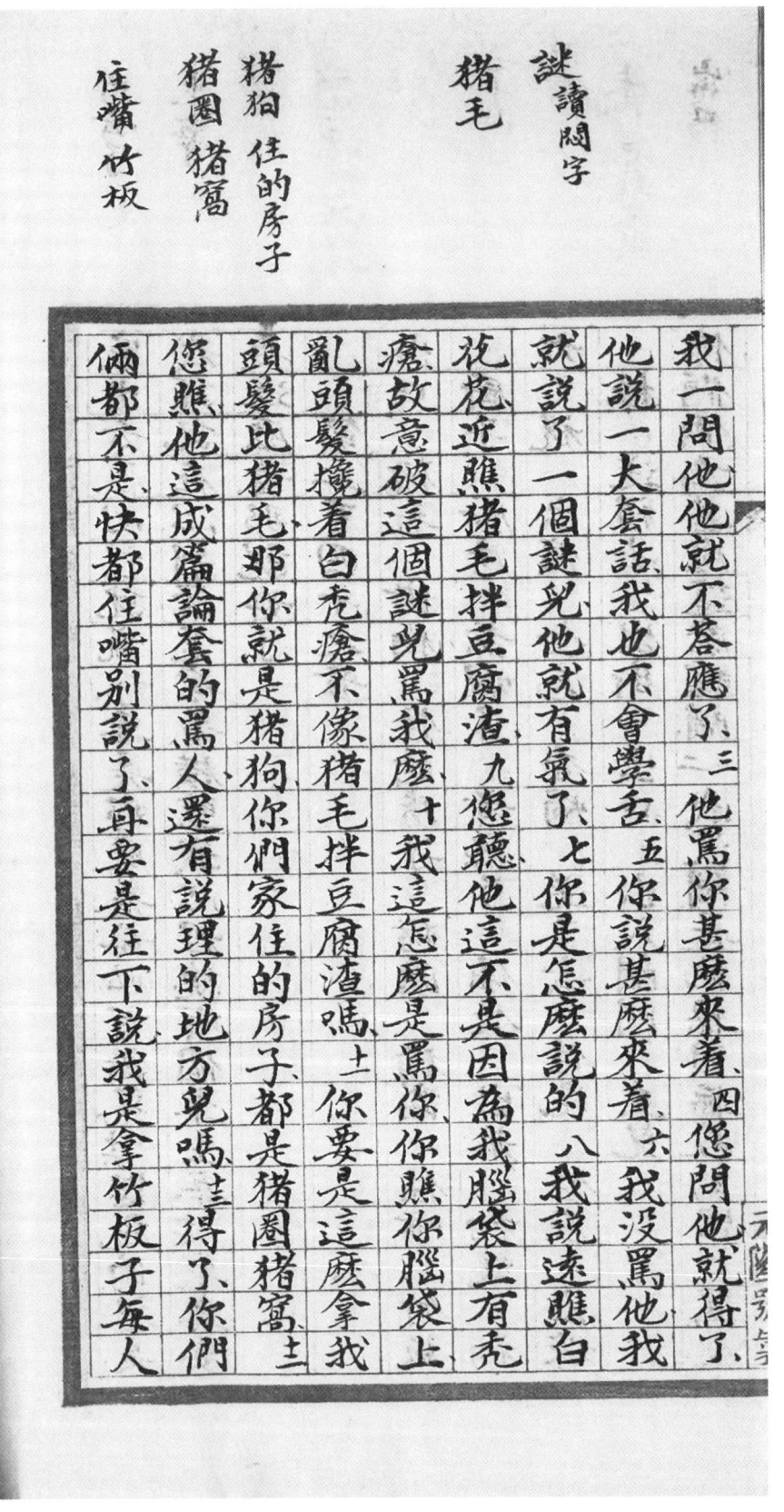

我一問他他就不荅應了、三他罵你甚麽來着、四您問他就得了、他説一大套話、我也不會學舌、五你説甚麽來着、六我没罵他我就説了一個謎兒他就有氣了、七你是怎麽説的八我説遠瞧白花花近瞧猪毛拌豆腐渣、九您聽他這不是因為我腦袋上有禿瘡、故意破這個謎兒罵我麽、十我這怎麽是罵你、你瞧你腦袋上亂頭髮攙着白禿瘡、不像猪毛拌豆腐渣嗎、十一你要是這麽拿我頭髮比猪毛、那你就是猪狗、你們家住的房子、都是猪圈猪窩、十二您瞧、他這成篇論套的罵人、還有説理的地方兒嗎、十三得了、你們倆都不是、快都住嘴别説了、再要是往下説我是拿竹板子每人

下 1-87b

廚房　廚子
煮爛了　傴喪
煮熟了
出恭
初幾
祝　出殯
全忘　香燭
送了去

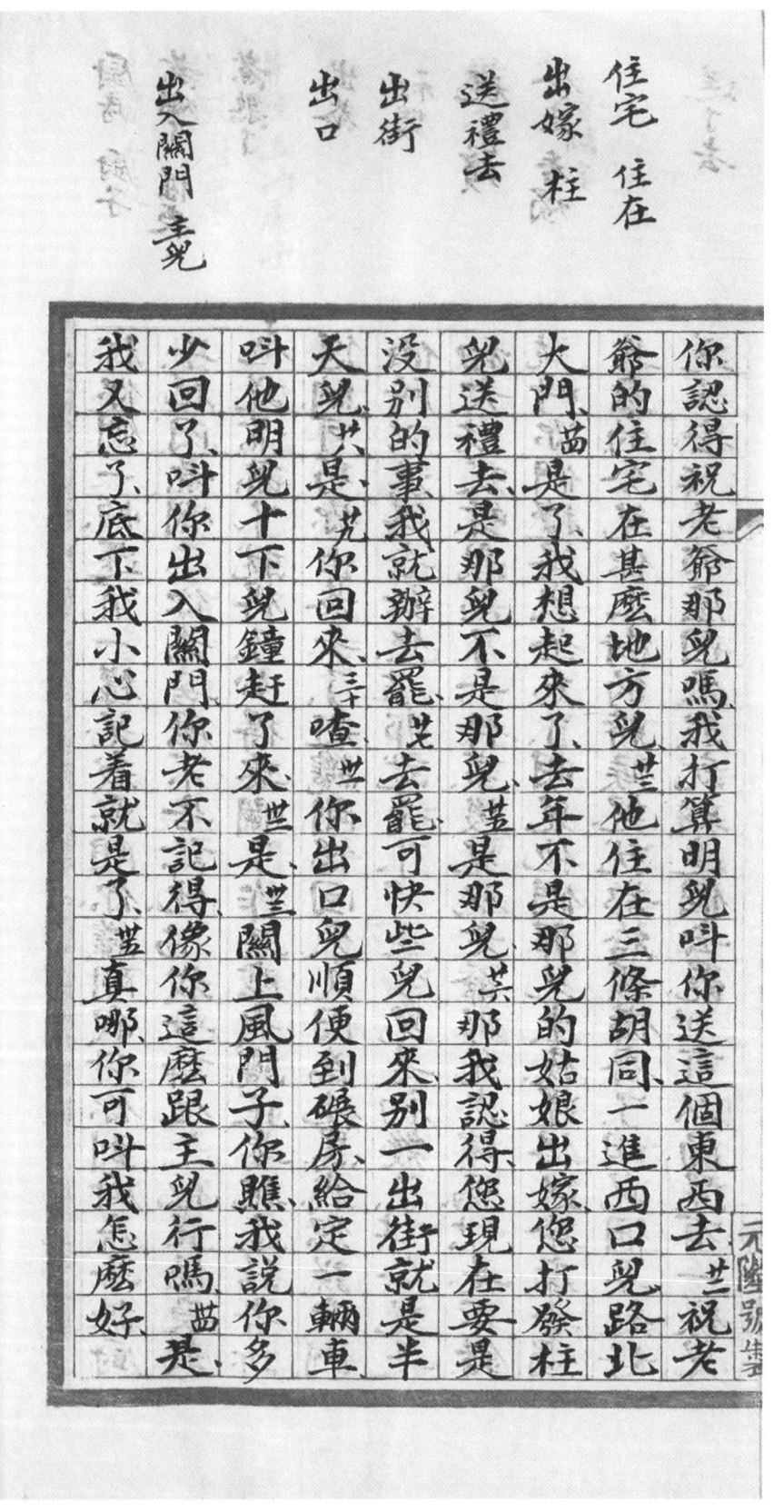

打你們一頓、還有一樣兒我要問你、纔剛我叫你到廚房告訴廚
子、把肉煮爛了、你為甚麼不告訴他、由我告訴他了、他直傴喪我、
他說煮熟了、就得了、必得要爛了作甚麼、我纔正要把這話告訴
您納可巧你出恭去了、趕纔剛您回來又因為他罵我、您說我們
倆、所以沒得告訴您、主 那就是了、可是今兒是初幾了、夫 今兒是
初六、老 哎呀、我忘了一件事、後兒祝老爺那兒出殯嗎、十六 是、不錯、
九 叫你們攪得我全忘了、明兒他們那兒坐夜、還得送祭席香燭
甚麼的、今兒你上街的時候兒、就都給預備齊了、明兒個早起好
送了去、辛 是那麼回來我就辦這個去罷、廿 可以的、還有一樣兒

住宅　住在
出嫁　柱
送禮去
出街
出口
出入關門　主兒

你認得祝老爺那兒嗎、我打算明兒叫你送這個東西去、廿二 祝老爺的住宅在甚麼地方兒、廿三 他住在三條胡同、一進西口兒路北大門、廿四 是了、我想起來了、去年不是那兒的姑娘出嫁、您打發柱兒送禮去、是那兒不是那兒、廿五 是那兒、廿六 那我認得、您現在要是没别的事、我就辦去罷、廿七 去罷可快些兒回來、别一出街就是半天兒、廿八 是、廿九 你回來、三十 喳、卅一 你出口兒順便到碾房、給定一輛車叫他明兒十下兒鐘趕了來、卅二 是、卅三 關上風門子、你瞧、我說你多少回了、叫你出入關門、你老不記得、像你這麼跟主兒行嗎、卅四 是、我又忘了、底下我小心記着就是了、卅五 真哪、你可叫我怎麼好、

下 1-88b

那兒去了
出了一盪遠門
住城　住鄉

第二百四十八章

那兒去了　出了一盪遠門　住城　住鄉　住下　住着　住頭　住店　出閣　出遠門　助錢　助力　出嫁的　出主意　出力　初起　拄棍　出外　主僕　處暑　除去　出奇　注意　出名的　燭影　駐防　出色　駐劄　出過京　出頭　露面　出頭　再去　一同去

一這程子總沒見您是上那兒去了、二我出了一盪遠門兒、三到了甚麽地方兒、四到了通州、五到通州是有甚麽事麽、六給我們舍親道喜去了、七令親是住城是住鄉、八住鄉、九那麽您到那兒自

住下
住着　住頭
住店
出閣　出遠門
助錢　助力
出嫁的
出主意　出力
初起

然得住在令親的府上了、十一到的時候兒是在他家裡住下了、後來他們完了事兒我在那兒住着、很悶的慌實在沒個大住頭兒所以我就在城裡頭住店了、土是了、令親那兒是有甚麼喜事、土他們姑娘出閣、我素來本不愛出遠門兒無奈是這樣兒的至親不去不像事不能助錢財兒還不能助力嗎況且我們舍親他和我很好、那年我們小女出嫁的時候兒一切的事情該怎麼辦全仗他給出主意、不但這個連跑腿兒的事情、他都肯替我出力、人家這會兒有事、我怎麼能不管呢、圭這話說的是、您這回去是您一個人兒去的、還是連伯父都去了呢、亩初起家嚴本打算要

下 1-89b

拄棍
出外
主僕
處暑　除去
出奇

去來着、後來因為犯了腿疼的病兒、行動步履、都得拄棍兒、雖然不是出外、然而打這兒到通州、也是四十里地的道兒、坐這一路的車、如何受的了、我故此沒敢請老人家去、就是我帶着王順、我們主僕倆人去的、圭您在那兒住了多少日子、夫我去的那天正是處暑前兒回來的、除去往返兩天、整整兒的在通州住了十八天、七聽說通州有個閘橋兒很熱鬧、比偺們城裡頭四牌樓和東華門大街怎麽樣、犬咳、一個州城有甚麽出奇的熱鬧、那兒比得了京城呢、別說是通州、就是兩廣蘇杭、也沒有偺們北京城好、先前聽見人說、南邊怎麽繁華、怎麽熱鬧、到了三節、更是好的無以

下 1-90a

注意
出名的
燭影　駐防
出色　駐劄
出過京
出頭露面

復加了、故此每每的於南邊甚爲注意、可巧那年在南京正赶上燈節兒我心裏樂極了、以爲南京是出名的地方兒、必是遍街的燈光照耀、燭影輝煌、這麼着我就同着那兒的一個駐防旗人到街上一逛、真是聽景不如看景、有甚麼出色的燈啊、不過比尋常强點兒、要比上北京、真有天地之隔、那還是有總督駐劄的地方兒哪、纔不過是這麼個光景、至於通州就更不必說了、九雖然你這麼說到了兒我總想到外頭看一看、我從一出世到如今三十多歲了、從來沒出過京門兒就彷彿娘兒們似的、總沒有出頭露面過、多咱您再要上通州的時候、言語一聲兒我也跟着您逛一

下 1-90b

出頭 再去
一同去
辦出
住持 出权
主謀 主張

還出出頭、可以不可以、于那有甚麼不可的呢等底下我再去的時候兒必先告訴您偺們一同去逛逛去就是了、廿那敢則好、

第二百四十九章

辦出 住持 出权 主謀 主張 住手 當初 柱脚 柱頂石 初見面 出脱 月初 出家 出賣 買主 出天花 出洋 出缺 出行 躊躇 囑

我托您的那件事、辦出點兒頭緒來沒有、二我昨兒到了智化寺、見了廟裡的住持了、據他說這件事又出权兒了、並且這裡頭有壞人給那頭兒主謀、那頭兒是一點兒主張沒有、竟聽他的話、現

住手　當初
柱脚　柱頂石
初見面
出脱　月初
出家
出賣

在打算住手、不辦了、三當初他不是急於要買這個房嗎怎麼現
在又不要了呢　四昨兒、我也問廟裡的住持着他說那頭兒嫌房
子太老、上房的柱脚兒都糟了、而且柱頂石也壞了、故此不願意
買了、五這可真是豈有此理的事情那一天我和那頭兒初見面
兒看那個人很實誠、況且我又是急用錢、所以我纔肯這個價兒
賣了、我的意思是打算快快兒把這房出脱了、月底月初好起身、
誰想他又不要了呢智化寺的和尚他的意思打算怎麼樣、六那
個和尚、他本來是個出家人、自然是願意成全這件事情無奈那
頭兒一定不買了、可有有甚麼法子呢、只可是另行出賣就完了、

下 1-91b

買主
出天花
出洋
出缺
出行
躊躇

七您說的雖是、但是一時那兒找買主去呢　八這倒不難現在房子是極容易賣的、我們相好的前些日子嚷嚷會子要買房來着、後來因為他們令郎出天花兒故此擱下了、昨兒聽說他們令郎已經好了、大概總還是得找房、等我這一兩天去和他商量商量、

九那敢則好極了、

十您這次出洋、作甚麽這麽忙着起身、十一是因為上任的繙繹久已就出缺了、現在是所沒人辦事、論說我上月、就該動身、就因為手下空乏、一切出行的事情全不容易辦、一直躭延到如今、不料又遇見這麽個不痛快、真叫我躊躇無法、十二您別着急、我一定想法子、給你辦成了、叫您起的了身、十三那麽就求

嚼

您再多分點兒心罷、十四您不必多囑、我必竭力給您辦、

第二百五十章

出征　出城　出隊　出鞘　一出兵　出決　鑄錢　出示　一私

鑄　出票　出來　出身　主簿　除那個外　貯存　出首

拐出去　出首人　出家的　出家人　初更　抓　出頭　出

氣　抓住　住房　鑄鐘廠　出事

一現在又是出征甚麼地方兒、我昨兒出城、瞧見外營的兵出隊一

個個的弓上弦刀出鞘、走了一街、二您是在那個城外頭瞧見的、

三在齊化門外頭　四啊、那不是出兵、是出決人犯、五是甚麼案、六

出征　出城　出隊

出鞘

出兵　出決

下 1-92b

鑄錢
出示
私鑄
出票
出來
出身
主簿
除那個外
貯存

就是私自設鑪鑄錢那一案、七是了、我說他們這些人、眞是胆子
大極了、明知道犯法、竟自敢作、官場那一年不出示禁止無奈是
你禁止你的、他還是照舊的私鑄、簡直的不管、鬧的遍處都是小
錢兒、新近我們街坊、就因爲私錢的案子、被刑部出票傳了去了、
花了二三千銀子、好容(易)纔出來了、八貴街坊是個作甚麼的、九說
起來他的出身原不低、他是個拔貢、他們祖上作道台、到了他們
老人家、就不過是個主簿終身了、他家裡頗有幾個錢兒、年終的
租項也還不少、除那個外、另外還有些個利錢、橫豎這麼着罷、他
這一年的進項、除支用度外、總還有貯存、誰想[illegible]他忽然瞧見小

出首
揚出去
出首人
出家人
初更
抓出頭
出氣

錢兒的便宜了、買了好些小錢兒攙着使換、後來有人出首了、他就這麽一打官司、不但沒得便宜、並且連老本兒揚出去了、總説值不值、十這個出首人、是個幹甚麽的、大概總是托底的、十一是個出家的人、十二怎麽出家人會做這個事呢、必是和他有仇、十三誰説不是呢、十四這個和尚、恐怕不是個好東西、十五是這麽回事情、這個和尚、他最好賭錢、和我們這個街坊有個認識兒、上月有一天、初更的時候兒、他因為賭帳搪不開、到我們街坊那兒借錢、我們街坊沒借給他、他這麽一恨、就抓這錯兒出頭、把我們街坊告下來了、他的意思、一則是借此出氣、二則還打算訛錢、十六這個和尚可惡

下 1-93b

抓住
住房
鑄鐘廠
出事

極了、走雖然和尚可惡、然而也是我們街坊不好、你要是不買小
錢兒、如何能叫他抓住錯兒、大凡那是自然的、那麽現在貴街坊沒
了事了、先事是沒了、身下的住房可也賣了、孚那麽他現在搬了
家了嗎、廿搬了、芏搬在那兒、芏搬在鑄鐘廠、苗瞧起這個來、人總
要守分、不可妄做、稍不謹慎、一定出事、實在是可怕、

第二百五十一章

初三　初伏　除日　除開　出産　起筋　珠簾　拿不出手
來　初到任　初作外任　躕躊　轉年　除暴安良　有害必
除　除害　處心　處分　除了他　軍規　貯藏　軍械　無

初三
初伏
除日
除開
出產

缺　出師

您幾兒回來的、二我大前兒個回來的、三您路上還平安哪、四托福倒很平安、五您多咱起的身、六我是初三起的身、七哪、那天正是初伏頭一天、道兒上熱罷、八熱極了、九您怎麼挑這天起身呢、十我瞧了瞧憲書、那天是個除日、所以我就挑了這個日子、十一那麼您這算走了半個月、十二那兒有半個月呢、若把在上海躭擱的日子除開、也不過纔走了八天、十三這快極了、十四可是老弟我這盪回來本當給您帶點兒土物兒、無奈那兒是個偏僻小地方兒、沒甚麼出產、二則起身的日子太促、所以沒帶甚麼來、這不過

下 1-94b

匙筋　珠簾
拿不出手來
初到任
初作外任
躕躇　轉年
除暴安良
有害必除
除害

是幾副粗匙筋、和這個假珠簾子、寔在拿不出手來、這就是遮個羞臉兒您留着賞人罷、主大哥您這是那兒的話呢、我就此謝謝、客您實在多禮了、主請問大哥您在外頭這幾年、官事順手不順手、客那年初到任的時候兒頗不好辦、也搭着那兒的民情强悍、我又是初作外任、一切均不熟悉、遇見一件事情、未免的躕躇無策、赶到轉年我就稍微的有點兒閱歷了、一切風土人情、也都知道了、就覺着容易辦了、主我聽說您在外頭、頗能除暴安良、於地方公事、有利必興有害必除、這實在叫人欽佩極了、客這我可不敢當、我自到任後、雖則常以除害為心無奈是才力不及、究竟一

處心　處分　除了他　軍規　貯藏　軍械　無缺　出師

點兒設施沒有、我所稍敢自信者、不過是處心以公、不敢稍有私意、所以數年來、沒得甚麼大處分、廿據我說、這就是人萬不能的、我聽說貴同城的這位副將也頗好、於公事上很能和您和衷共濟、廿一不錯、我們這位同寅、頗有才幹、於公事也極用心、那兒的事情、除了他別人還怕辦不了呢、現在整頓的頗有可觀、真是軍規嚴肅、旗幟鮮明、並且所有貯藏軍械、均能足數無缺、即或遇見急切出師、斷不至臨事張皇、我起身的時候、兒他還托我給京裡帶了封信來、哪、廿二是那麼、一兩天也得給人送了去、呀、廿三可不是麼、我回頭就順便送了去、我也不坐着了、改日再談罷、廿四那麼我一

下 1-95b

出城

初交　初會

半天給您請安去、豈不敢當不敢當、

第二百五十二章

出城　初交　初會　城外頭住　鋤頭　鋤地　齣　處館

畜類　抓了臉　抓的　抓破　幾處　踹了一腳　踹死　轉

向別處　親友處　處處　轉求　專為　櫥櫃　轉送

昨兒我找您來、聽說您出城瞧熱鬧兒去了、二那兒啊我昨兒是到城外頭拜客去了三您拜那一位四這個人您大概不認得我和他也是初交、因為在舍親那兒、同席吃過一回飯、初會他就很親熱、前兒他拜我來了、所以我昨兒回拜他一盪、五是了、這位在

下 1-96a

城外頭住
鋤頭　鋤地
齣
處館
畜類

那個城外頭住、六他在東直門外頭住、七那麽您昨兒把野景兒逛足了罷、八可不是麽、九大概鄉下都在地裡做活了罷、十莊家人都下地了、有拿鋤頭鋤地的、也有坐在樹陰涼兒歇着的、寔在有趣兒、後來又瞧見一個村莊兒的廟門口兒、唱野臺子戲、我站住聽了一會兒、也不知那是齣甚麽戲、簡直的不懂得、那天也就不早了、這麽着我就進城了、可是您昨兒找我是有甚麽事、十一有一點兒小事奉求、是因爲我有個相好的、他在十條胡同處館、他們這個學生、最愛猴兒、養活着好幾個、沒事兒他就鬧猴兒玩兒東家是由着他的性兒、也不管他、您想、一個猴兒、他本是個畜類、

下 1-96b

抓了臉
抓的 抓破 幾處
踹了一脚 踹死
轉向 别處
親友處 處處
轉求 專為
櫥櫃

那兒能由着人把弄、前兒也不是怎麼把猴兒鬬急了、被他抓了臉了、十二抓的重不重、十三怎麼不重呢、臉上抓破了好幾處、幸爾我們東家瞧見了、赶緊把猴兒拉過去、踹了一脚、給踹死了、無奈學生的臉已經破了、長血直流、疼的了不得、昨兒早起我來尋七厘散、説我要是没有、託我轉向别處給尋一點兒、昨兒到各親友處都找到了、處處都没有、所以我又轉求您來了、可巧你又没在家、今兒我來、還是專為這個、十四這個容易、來呀、十五喳、您叫我甚麼事、十六你進裡頭、上房的西套間兒裏有個櫥櫃兒那抽屜裡有一瓶兒七厘散、給拿了來、十七是、您瞧、是這個瓶兒不是、十八是這個給

轉送

我尢是 廿 您就把一瓶兒都帶了去罷 廿一 您給一點兒就得了、用不了這麼許多、廿二 您拿了去罷我還有哪、如果用不了、您留着轉送個人兒不好嗎、廿三 既是您這麼說我可就受了、謝謝、廿四 您別多禮了、

第二百五十三章

月川　傳說　清楚　抓賭　抓了去了　惠一　轉運　處貿
窮　專心致志　出頭的　專意　穿不上　瓶瓦　穿戴　穿
上　轉臉　揣摸　當初　出醜　出息　專心　穿衣裳　穿
鞋　穿襪子　穿衣鏡　愛穿　穿衣服　除死方休　穿往

下 1-97b

月川
傳說 清楚
抓賭 抓了去了
專一 轉運
處貧窮
專心致志
出頭的 專意
穿不上
甎瓦

相處 絕交

一您沒聽見說、咱們那個舊同硯陳月川、叫人拿到衙門去了、二不錯、我也聽見有人這麼傳說、但是我沒聽清楚、是因為甚麼三我聽說他是在寶局要錢來着被抓賭的抓了去了、四怎麼他還要錢麽、五他專一愛要錢、六這麼看起來、這個人可真不能轉運了、據我想、他現在正是處貧窮的時候兒、就該當專心致志的用功、日後好有個出頭的日子、要是專意在要上用心、恐怕日後斷沒有起色了、七不必說日後、就論他現在、已經就吃不上穿不上了、四五天前、我瞧見他在燈市口兒一個甎瓦鋪門口兒站着、似乎

下 1-98a

穿戴　穿上
轉臉　揣摸
當初
出醜
出息　專心
穿衣裳　穿鞋
穿襪子
穿衣鏡

穿人的光景、穿戴的狠難看、那樣兒冷天、連棉襖還沒穿上、哪他
瞧見我了、赶緊的轉臉、往北瞧、我揣摸他的意思、大概是怕我笑
話他、八他這也是糊塗、與其這時候兒怕見人、莫若當初務點兒
正、還不至於鬧的這麽樣兒出醜呢、九您還不知道呢、他當年念
書的時候兒、就沒甚麽出息兒、放着功不正經用、專心務外面兒、
好花錢、一切穿衣裳、穿鞋、穿襪子、無一不講究、後來大了、更是要
樣兒、所有家裏的享用、真是過分、由着性兒折騰、屋裏也有好些
陳設、不用說別的、就是那年他買的那個穿衣鏡、就有了銀子了、
十拾掇屋子、也是正事、不過是自已也得量力、土量力不量力、也

下 1-98b

愛穿
穿衣服
除死方休
穿住
相處　絶交

不要緊、如果他就是愛吃愛穿、愛潤色屋子、也還不至鬧到這步田地、所以糟的緣故、不在乎愛穿衣服、都是因爲要錢、這如今叫人拿到衙門去了、我看他後悔不後悔、主 這宗人萬不後悔、他這個愛耍的毛病、是除死方休、但分有一點氣兒、斷不肯改的、主 真是可恨、您和他現在還有來往嗎、卣 我們久矣就不過穿往了、這個人、我和他相處不來、您和他走不走、主 我也是與他絶交了、就是因去年他和我借錢、我沒借給他、他就惱了、主 惱就由他惱去、這樣兒的人、不認得他倒好、乇 可不是麼、

第二百五十四章

元隆號製

踐
抓藥　船板
抓賊　轉身
甎頭
轉動
專門

踐　抓藥　船板　抓賊　轉身　甎頭　轉動　專門　踐了
来在那兒住　甎塔　住處　除非　抓空兒　穿房入户
穿心當　出門　穿靴子　穿送當
你的腿是怎麼了、這麼一瘸一踐的、二咳、別提了、真是背運、昨兒
晚上我上街抓藥去赶回来走到船板胡同、可巧遇見些個技勇
兵、在那兒抓賊、我是怕碰着、赶緊的轉身往西跑、没想到叫地下
的碎甎頭給絆躺下了、把藥撒了一街、腿也摔了、昨兒晚上回到
家裏、就所不能轉動了、這睡了一夜、還算好多了、也不十分疼了、
不過就是腫起来了、走道兒很費力、我記得您認得一位專門治

下 1-99b

踐了来
在那兒住
甎塔
住處 除非
穿房入户
找空兒 穿心當

跌打損傷的大夫、故此我今兒勉强踐了来和您打聽打聽、這個大夫姓甚麽、在那兒住、三不錯、有這麽個大夫、他姓李、在西城甎塔兒胡同住、我原不認得他、我們相好的認得他、而且他這個住處也不好找、您要打算請他、除非托我們相好的去請、四您這位令友交情怎麽樣、要是不便就算了、五這倒不要緊、我和他是穿房入户的交情、等我今兒找空兒去找找他、六令友在那兒住、七他在新開路兒穿心當的東邊兒、倒不遠兒、八那麽就求您辛苦一盪罷、九是是、十我也要走了、明兒来聽您的信兒、十一您别走啊、依我説、您在這兒稍坐、我這就去、等一等兒、我就回来了、十二也好、

下 1-100a

出門　穿靴子

穿迭當

十三 您等急了罷、十四 怎麽這麽快您就回来了 十五 這有多遠兒呢 十六 見着了嗎、十七 咳、要是稍遲一會兒就悮了、我到了他家、他正要出門、在那兒穿靴子呢、這麽着、我就把托他請李大夫的話說了、他說巧極了、他今兒正要上西城給人道喜去、順便就可以請了、這麽着、我也沒久坐、瞧他把衣裳都穿迭當了、我們倆一塊兒出来的、大概他今兒晚上必来、十八 實在勞駕的很了、十九 該當的、如果他今兒晚上来、有甚麽話兒我到您府上去告訴您、就是了、二十 就是就是、

第二百五十五章

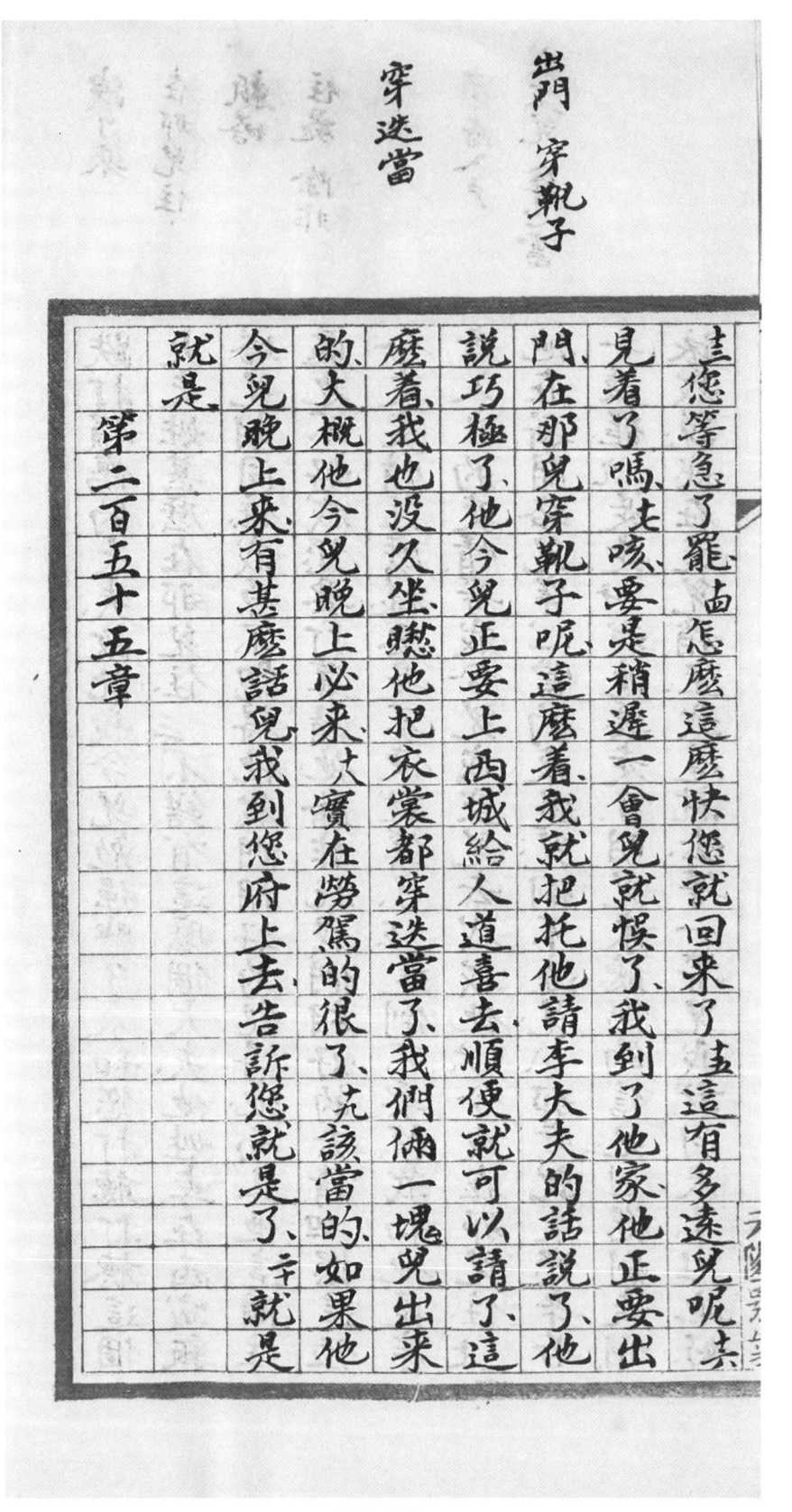

下 1-100b

穿孝　髮髻
轉筋
楮

穿孝　髮髻　轉筋　楮　傳染症　揣摸得着　一處　轉彎
傳開　穿廊　粧修　輒地　除了　轉賣　不彀住的　賺
頭　賺　賺錢　沒賺　賺銀子　轉託　攔不住　急抓　轉
眼　抓了

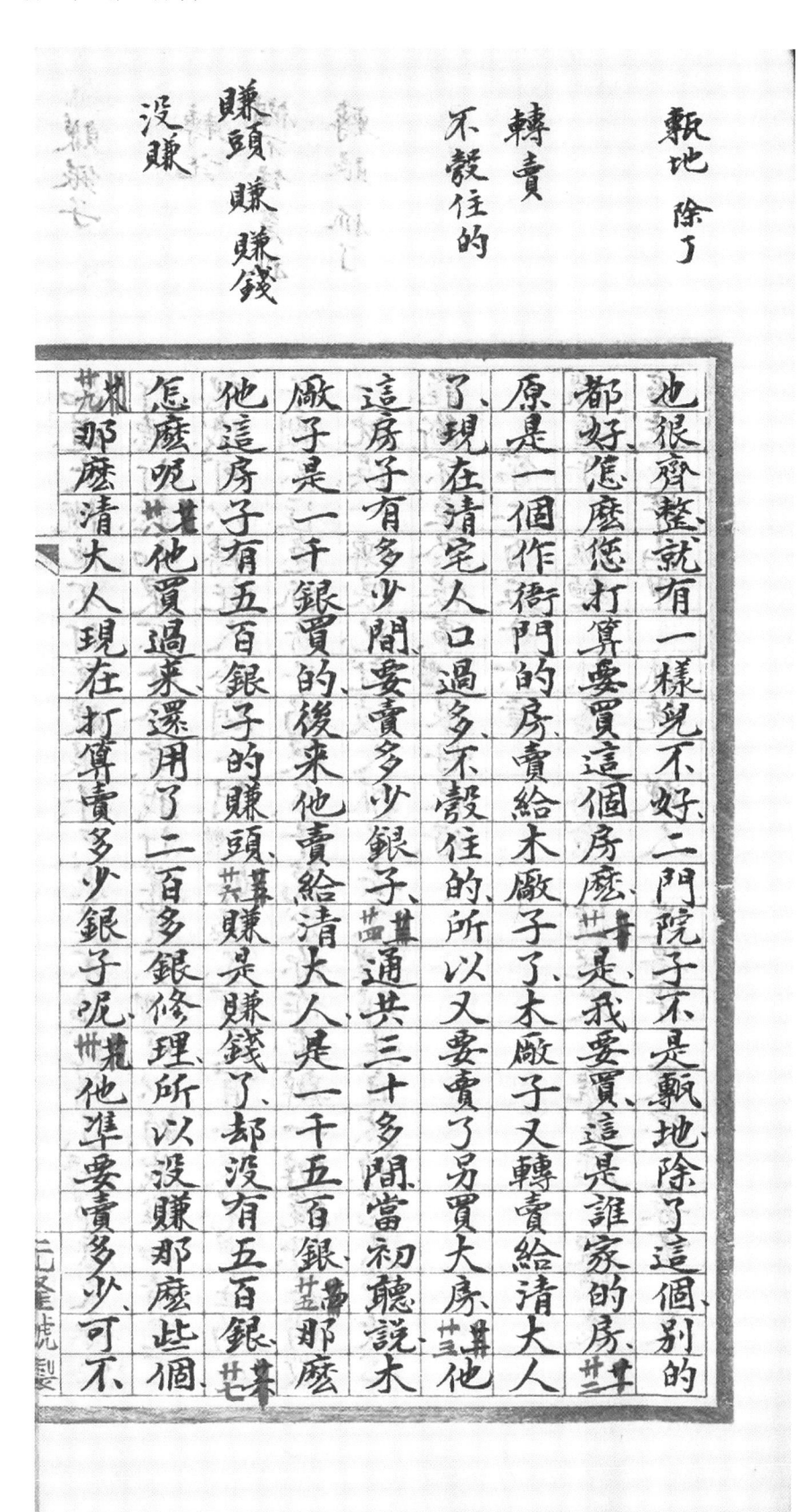

老二、我跟你打聽打聽、你們東街坊家、是誰過去了、昨兒我瞧見倆穿孝的小孩子、和一個梳髮髻兒的小姑娘兒、都在他們門口兒站着、二是他們二奶奶過去了、三甚麼病過去的、四是轉筋、五幾兒過去的、六大前兒個、昨兒接的三、七你和他們過人情不過、八過來往、昨兒給他們送了二兩銀子的楮敬、我親身去給他們

二百三十九則

下 1-101a

傳染症
揣摸得着
一處
轉彎
傳聞
穿廊　粧修

送了一個三九過堂客不過、十向来本過堂客、這回是因為家母
說他這病、是個傳染症候兒故此家裡的堂客都沒去、十一是這麼
着、小心無過失、十二您今兒怎麼這麼閒在呀、十三我今兒是忙裡偷
閒、特来找你、十四您是有甚麼事情麼、十五有點兒事情、你猜一猜、十六
這我焉能揣摸得着呢、求您告訴我、我和打聽、你們這衚衕兒裡、
聽說有一處房要賣、可不知道是這麼件事沒有、十八有這個事、這
個房就在我們西邊兒、過了小胡同兒、一轉彎兒路東的門兒、您
聽誰說的、十九我也是得自傳聞、不知真假、故此我来和你打聽房
子怎麼樣、二十房子倒還不錯、裏頭穿廊遊廊都有、各屋裡的粧修

下 1-101b

甎地 除了
轉賣
不穀住的
賺頭 賺 賺錢
沒賺

也很齊整、就有一樣兒不好、二門院子不是甎地除了這個、別的都好、怎麼您打算要買這個房麽、廿一 是我要買、這是誰家的房、廿二 原是一個作衙門的房、賣給木廠子了、木廠子又轉賣給清大人了、現在清宅人口過多、不穀住的、所以又要賣了另買大房、廿三 他這房子有多少間、要賣多少銀子、廿四 通共三十多間、當初聽說木廠子是一千銀買的、後来他賣給清大人是一千五百銀、廿五 那麼他這房子有五百銀子的賺頭、廿六 賺是賺錢了、却沒有五百銀、廿七 怎麼呢 廿八 他買過来、還用了二百多銀修理、所以沒賺那麼些個、廿九 那麼清大人現在打算賣多少銀子呢、卅 他準要賣多少、可不、

下 1-102a

賺銀子
轉託
擱不住　急抓
轉眼　抓了

知道、大概他不打算賺銀子、只求其不賠就得了、卅一那麼求你給打聽打聽、如果不十分貴、我打算買下、卅二可以的、我雖和清宅不認識、可以轉託人給問一問、卅三好極了、可是有一樣兒現在的房子擱不住、急抓房子的很多、千萬求你作速辦一辦纔好、若稍微一耽悞、一轉眼兒就被人抓了去了、卅四那是自然的、您只管放心罷、斷不至於悞事、卅五很好很好、

第二百五十六章

攎着手　攎麵　抓癢　轉臉　攎起來　攎甚麼　攎懷裏

畜生　穿山甲　抓撓　賺人　還得穿　篆字　篆書　篆

下 1-102b

搋着手
搋麪
抓癢
轉臉
搋起来　搋甚麽
搋懷裡　畜生

川連紙　穿堂兒
你在那兒幹甚麽哪、二　我沒幹甚麽呀、因為冷的利害、我在這兒
搋着手兒站着哪、三　今兒不是吃麪嗎、你怎麽還不快弄去、四　我
暖和一會兒手化過来就搋麪去、五　你回来要弄麪的時候兒可
先把手洗一洗、六　我手乾淨、又沒泥、洗他乾甚麽呢、七　雖然沒泥
我瞧見你、纔剛褪手抓癢癢兒来着、弄出麪来怎麽吃啊、你千萬
可洗洗、别一轉臉兒就忘了、八　是了、我必洗、不能忘、九　可是我問
你、纔剛你在那屋裡、把甚麽搋起来了、十　沒搋甚麽呀、十一　怎麽會
沒搋甚麽呢、我明明兒的瞧見你搋懷裏了、你這個畜生怎麽這

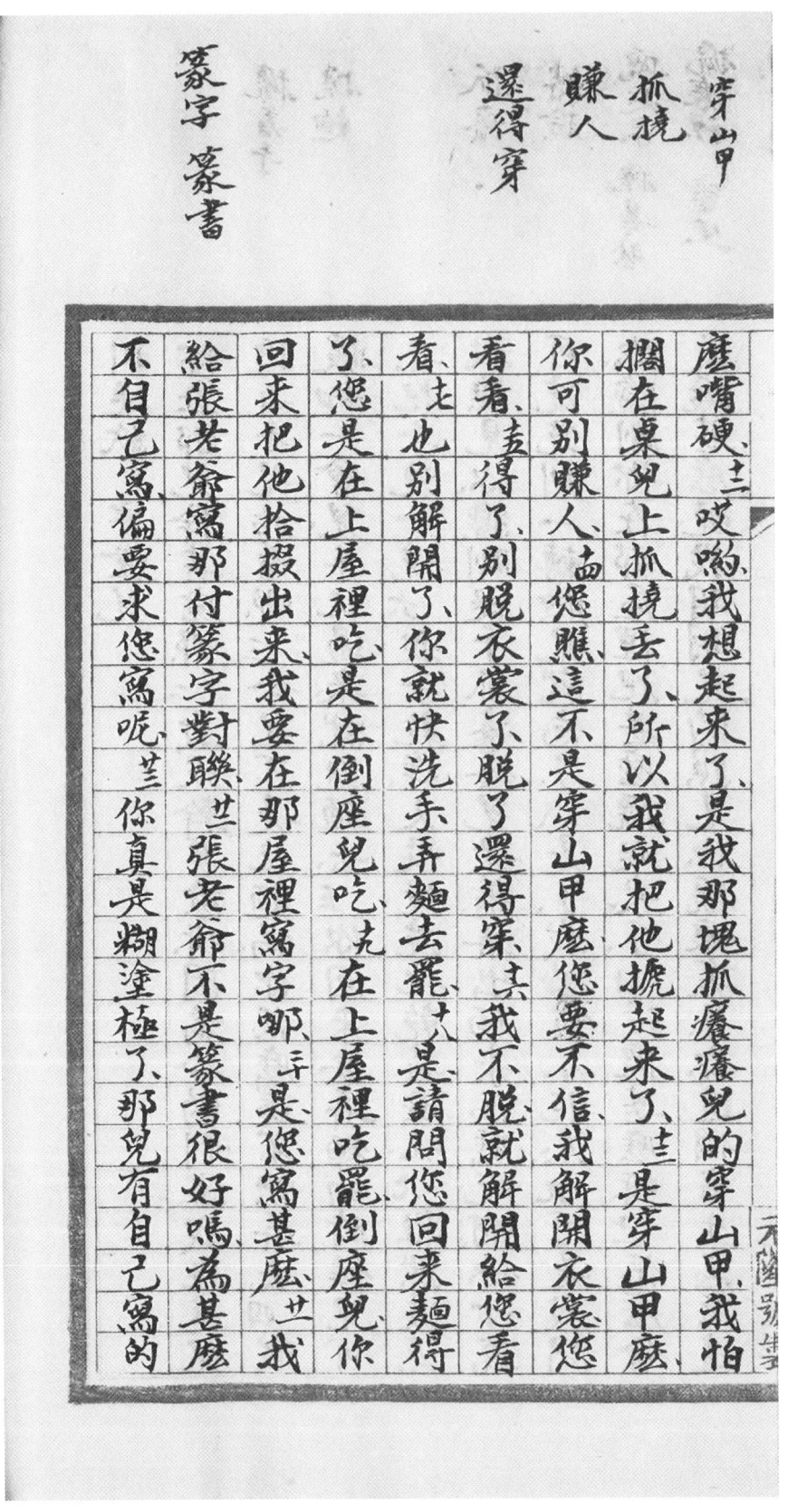

下 1-103a

穿山甲
抓撓
賺人
還得穿
篆字　篆書

麼嘴硬、十二哎喲、我想起来了、是我那塊抓癢癢兒的穿山甲、我怕擱在桌兒上抓撓丢了、所以我就把他擄起来了、十三是穿山甲麼、你可别賺人、十四您瞧、這不是穿山甲麼、您要不信、我解開衣裳您看看、十五得了、别脱衣裳了、脱了還得穿、十六我不脱、就解開給您看看、十七也别解開了、你就快洗手弄麵去罷、十八是、請問您回来麵得了、您是在上屋裡吃、是在倒座兒吃、十九在上屋裡吃罷、倒座兒你回来把他拾掇出来、我要在那屋裡寫字哪、二十是、您寫甚麼、廿一我給張老爺寫那付篆字對聯、廿二張老爺不是篆書很好嗎、為甚麼不自己寫、偏要求您寫呢、廿三你真是糊塗極了、那兒有自己寫的

下 1-103b

篆

川連紙

穿堂兒

呢他無論怎麽篆得好、斷不能自己寫、茜這我可明白了、怪不得
人家的扇子、都找別人寫呢、敢則是沒有自己寫的、苙你這個人、
眞是可笑、可是我昨兒吽你買川連紙、你買了沒有、共買了、昨兒
不是在穿堂兒交給您了嗎、艹不錯、你是買了、我忽然忘了、沒事
了、你快去弄麵罷、艹是、

第二百五十七章

窗戶　穿褲子　船隻　幾隻船　大船　這個船　船主　船
面　船艙　船篷　船桅　船舵　船家　船價　船錢　現穿
的　贅累　串錢　船戶　裝船　上船　開船　船行

下 1-104a

窗戶
穿褲子
船隻　船行
幾隻船
大船　這個船　船主
船艙　船面　船篷
船桅　船舵　船家
船價

二哥您起來了沒有、二起來了、誰呀、三我呀、四你這麼早就來了、五可不是嗎、我起來的時候兒窗戶紙兒纔發青、又待了一會兒纔來、六請屋裡坐罷、七是、八你到了老四那兒沒有、九去了、我到了那兒、他纔起來穿褲子、他叫我到你這兒等着、他一會兒就來、十好極了、船隻都僱妥了沒有、十一昨兒晌午纔到船行裡僱妥的、十二僱了幾隻船、十三就僱了一隻、十四一隻坐得下嗎、十五坐得下、僱的是一隻大船、十六這個船新不新、十七新、聽船主說這個船現在是第二遍買賣、我也都瞧過了、船艙、船面兒很寬大、一切船篷、船桅船舵都堅固極了、您放心罷、十八船家姓甚麼、十九姓劉、二十船價是多

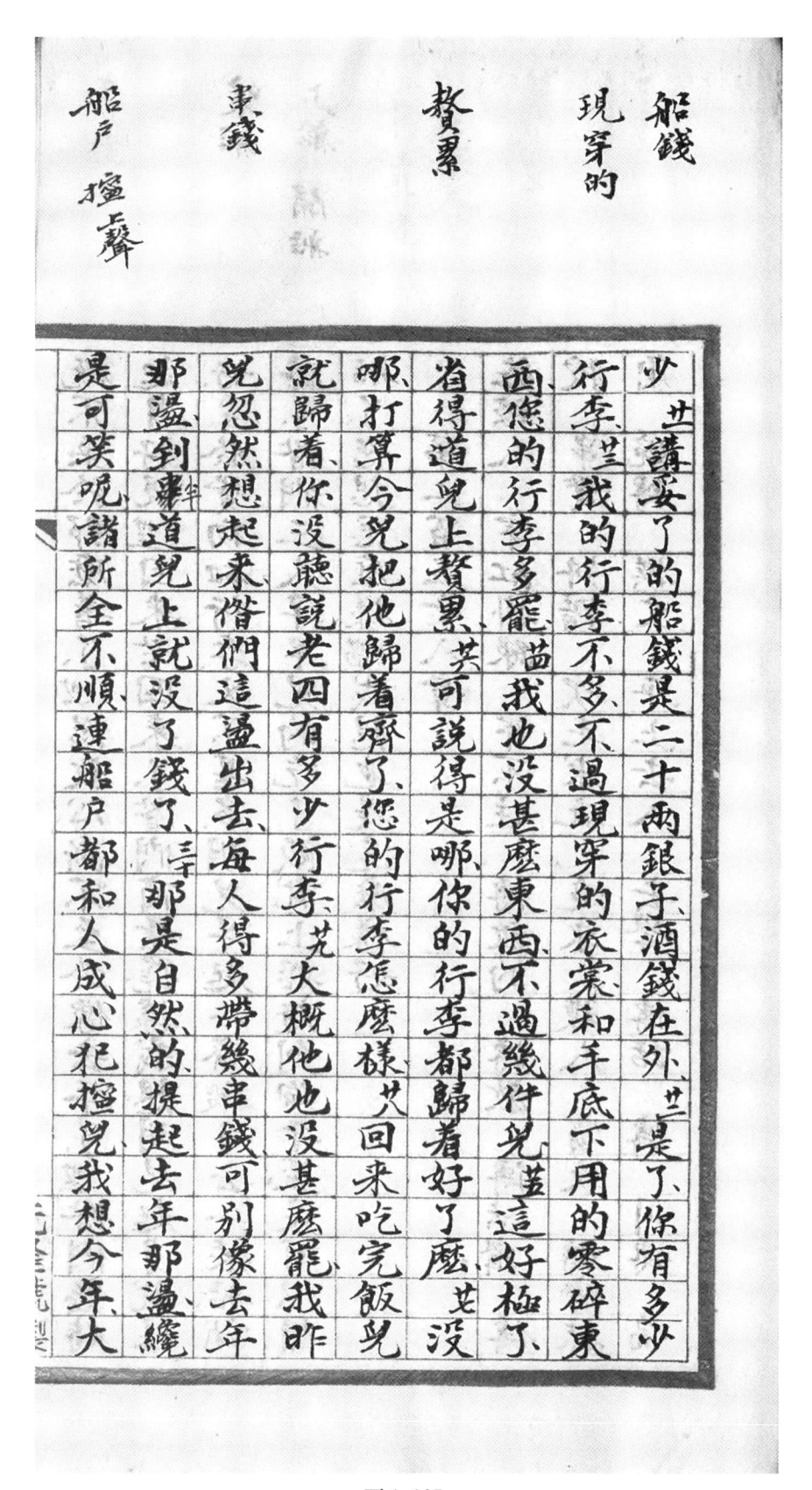

下 1-104b

船錢
現穿的
贅累
串錢
船戶 擋上聲

少 廿一請妥了的船錢是二十兩銀子、酒錢在外、廿二是了、你有多少
行李、廿三我的行李不多、不過現穿的衣裳、和手底下用的零碎東
西、您的行李多罷、廿四我也没甚麼東西、不過幾件兒、廿五這好極了、
省得道兒上贅累、廿六可說得是哪、你的行李都歸着好了麼、廿七没
哪、打算今兒把他歸着齊了、您的行李怎麼樣、廿八回来吃完飯兒
就歸着、你没聽說老四有多少行李、廿九大概他也没甚麼罷、我昨
兒忽然想起来、偺們這盪出去、每人得多帶幾串錢、可别像去年
那盪、到半道兒上就没了錢了、三十那是自然的、提起去年那盪、纔
是可笑呢、諸所全不順、連船戶都和人成心犯擋兒、我想今年、大

裝船

上船　開船

概不至於那麼着了、廿偲放心、斷不至於像去年了、廿偺們幾時起身好呢、廿回来老四来了、偺們商量罷、據我想明兒起身就很好、至於貨物和行李、又不甚多、明兒早起一齊搬了去一裝船就得了、偺們三人早早兒的吃了飯就上船、赶到晌午歪足可以開船了、您想怎麼樣、卅我想也是這麼樣好、

第二百五十八章

莊稼人　穿紅掛綠　穿不住、　傳教的　傳教　傳去聲　傳授　串貫　舛錯　吹毛求疵　追求　賺人　窗友　轉彎抹角　婉轉　撰文　平上去入　去聲　傳話　傳　川傳　喘

下 1-105b

莊稼人
穿紅掛綠
穿不住
傳教的

串　景贅
昨兒節下、您上那兒逛去了、二我昨兒逛卧佛寺去了、三那個廟有甚麽景緻　四没甚麽景緻、也没甚麽正經人逛、不過有些個城外頭的莊稼人逛、男的女的、穿紅掛綠的、怯頭怯腦、混擠亂碰、寔在没意思、您昨兒是竟在家是出去了、五我昨兒本也打算出去走走、後来因為天太熱、衣裳所穿不住、故此没出去、六竟在家豈不悶的慌嗎　七也没甚麽悶的慌的、您這館上放幾天學、八一天、九怎麽纔歇一天、我聽説施醫院的男女學房都放三天、十那是傳教的地方兒、和各公館不同、並且男女學房、教的是中國學生、

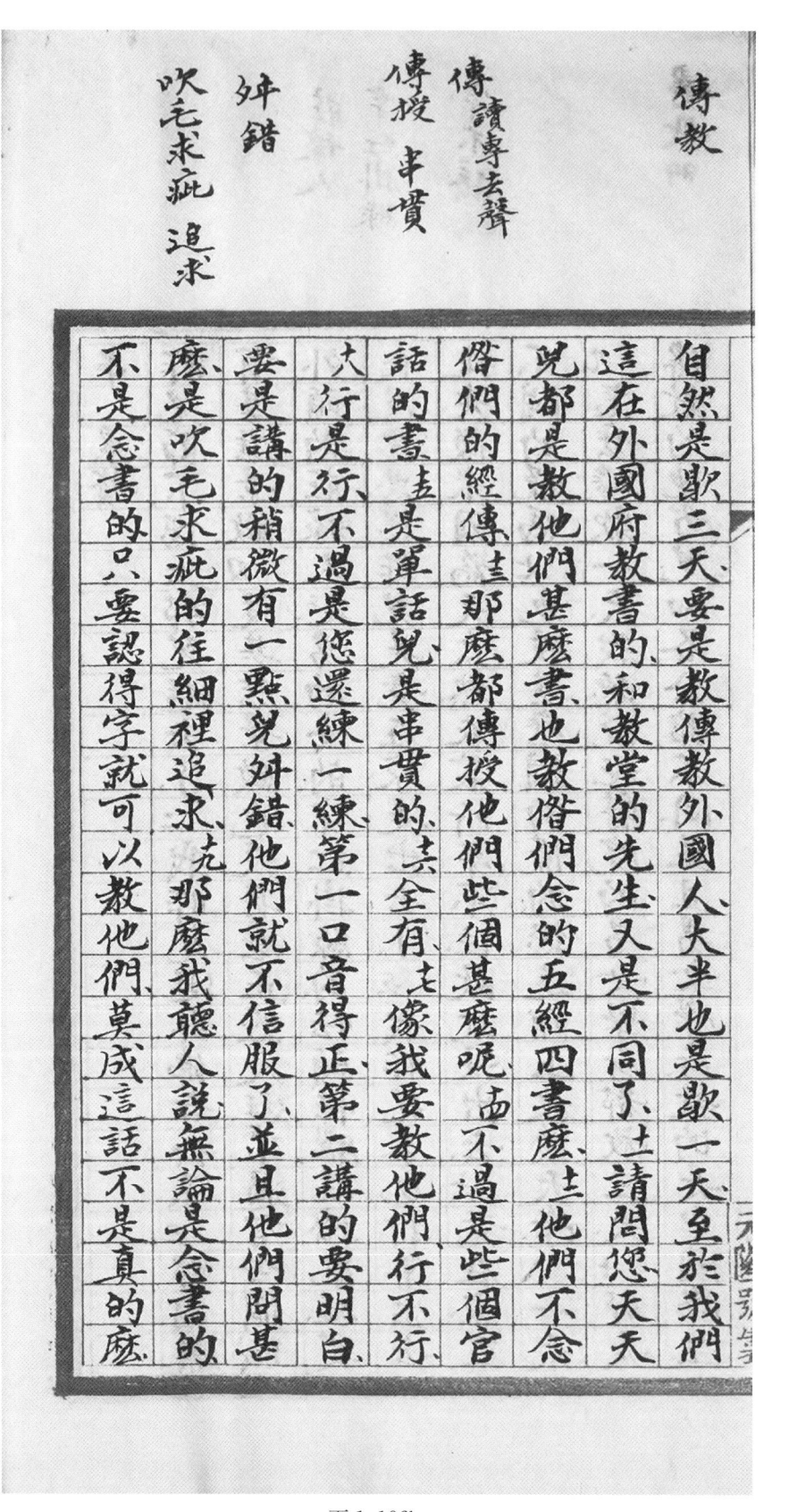

下 1-106a

傳教

傳 讀專去聲

傳授　串貫

舛錯

吹毛求疵　追求

自然是歇三天、要是教傳教外國人、大半也是歇一天、至於我們這在外國府教書的、和教堂的先生、又是不同了、上請問您天天兒都是教他們甚麼書、也教偺們念的五經四書麼、上他們不念偺們的經傳、去那麼都傳授他們些個甚麼呢、去不過是些個官話的書、去是單話兒、是串貫的、去全有、去像我要教他們行不行、大行是行、不過是您還練一練、第一口音得正、第二講的要明白、要是講的稍微有一點兒舛錯、他們就不信服了、並且他們問甚麼、是吹毛求疵的往細裡追求、去那麼我聽人說無論是念書的不是念書的、只要認得字就可以教他們、莫成這話不是真的麼、

下 1-106b

賺人
窗友
轉彎抹角
婉轉 撰文
平上去入
去聲傳話 傳
川傳喘串

二十 咳這可是賺人的話、您是聽誰這麽說的、廿一 是聽我們一個窗友說的、他說他們本家現在就是教洋館、故此我纔信他的話了、廿二 您千萬別信這個話、廿三 那麽要是細細兒的給他講大概就行了、廿四 也有不行的、給他們講、就是痛痛快快兒一直的說萬別有轉彎抹角兒的話、要是稍一婉轉他便不明白了、也別和他撰文、無論講甚麽、都用白話、他就明白了、廿五 聽說他們還分四聲哪、廿六 不錯、分四聲可不是偺們所說的平上去入的四聲、就用上平下平、上聲去聲、沒有入聲、就拿傳話的傳字兒論罷就是川傳喘串四個字、川上平、傳下平、喘上聲、串去聲、教他們、總得明白這個、廿七

下 1-107a

累贅

傳家寶

敢則還這累贅嗎、多咱沒有事、你把這個教給教給我、後來我也
打算教這個館、也可以的、

第二百五十九章

傳家寶　傳述　串通　搬到船上　船上的客　開船　船載
船家　船灣在　賊船　一船的　船貨　傳遍天下　傳訊
船行　這麼隻船　僱船　裝運　寫船　船鈔　搭客　釧
釵　裝箱

我和您借一部書看、二借甚麼書、三您新買的那部傳家寶、我要
借了看看、四哎呦、不巧、前幾天叫人借了去了、等他送回來、我打

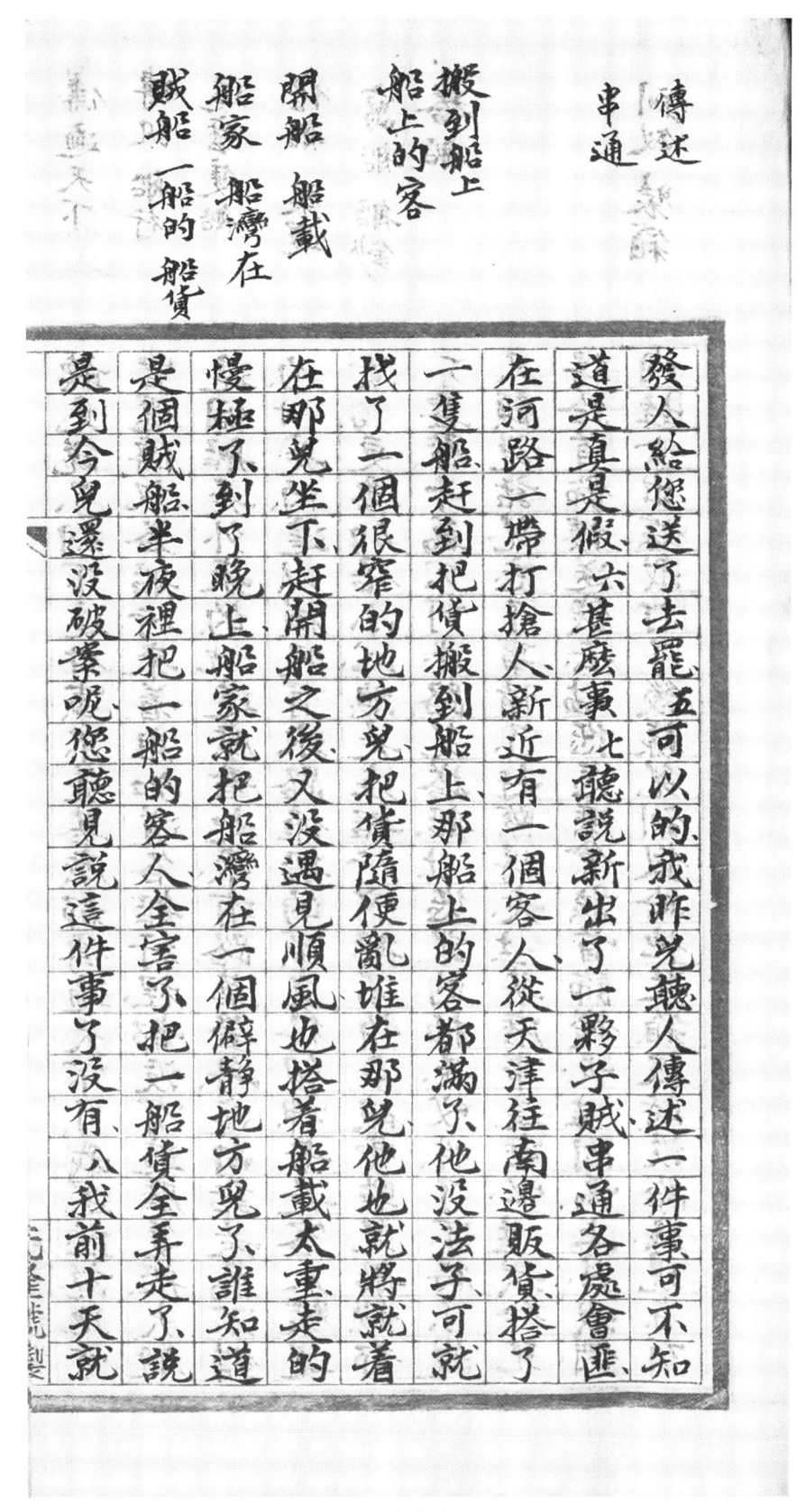

下 1-107b

傳述
串通
搬到船上
船上的客
開船　船載
船家　船灣在
賊船　一船的船貨

發人給您送了去罷、五可以的、我昨兒聽人傳述一件事可不知
道是真是假、六甚麼事、七聽說新出了一夥子賊串通各處會匪、
在河路一帶打搶人、新近有一個客人從天津往南邊販貨、搭了
一隻船、赶到把貨搬到船上、那船上的客都滿了、他沒法子、可就
找了一個很窄的地方兒、把貨隨便亂堆在那兒、他也就將就着
在那兒坐下、赶開船之後、又沒遇見順風、也搭着船載太重、走的
慢極了、到了晚上、船家就把船灣在一個僻靜地方兒了、誰知道
是個賊船、半夜裡把一船的客人全害了、把一船貨全弄走了、說
是到今兒還沒破案呢、您聽見說這件事了沒有、八我前十天就

下 1-108a

傳遍天下
傳訊　船行
這麽隻船
僱船　裝運
寫船　船鈔
搭船
釧釵　裝箱

聽見說了、刻下這件事、不差甚麽都傳遍天下了、我還聽說地方官還傳訊各船行来着、誰知道各船行裡、都沒有這麽隻船、大概這個船是外来的、九這麽看起来、有路莫登舟、這句話是萬不錯的、十是的、這以後凡有水路僱船的事、真得留神、若是客人裝運貨物、更要加倍小心、總是在船行寫船、不怕多破費點兒船鈔、都不要緊、千萬不可半路兒搭船、土您說的極是、哎呀、了不得了、我只顧說話兒、忘了事情了、赶緊得走、土甚麽事這麽忙、圭我今兒得給首飾樓送錢去、古您怎麽會該首飾錢呢、圭因為上月、我們內姪女出嫁、我打了幾樣兒釧釵給他裝箱、彼時沒給錢、現在有

下 1-108b

墨莊　船廠

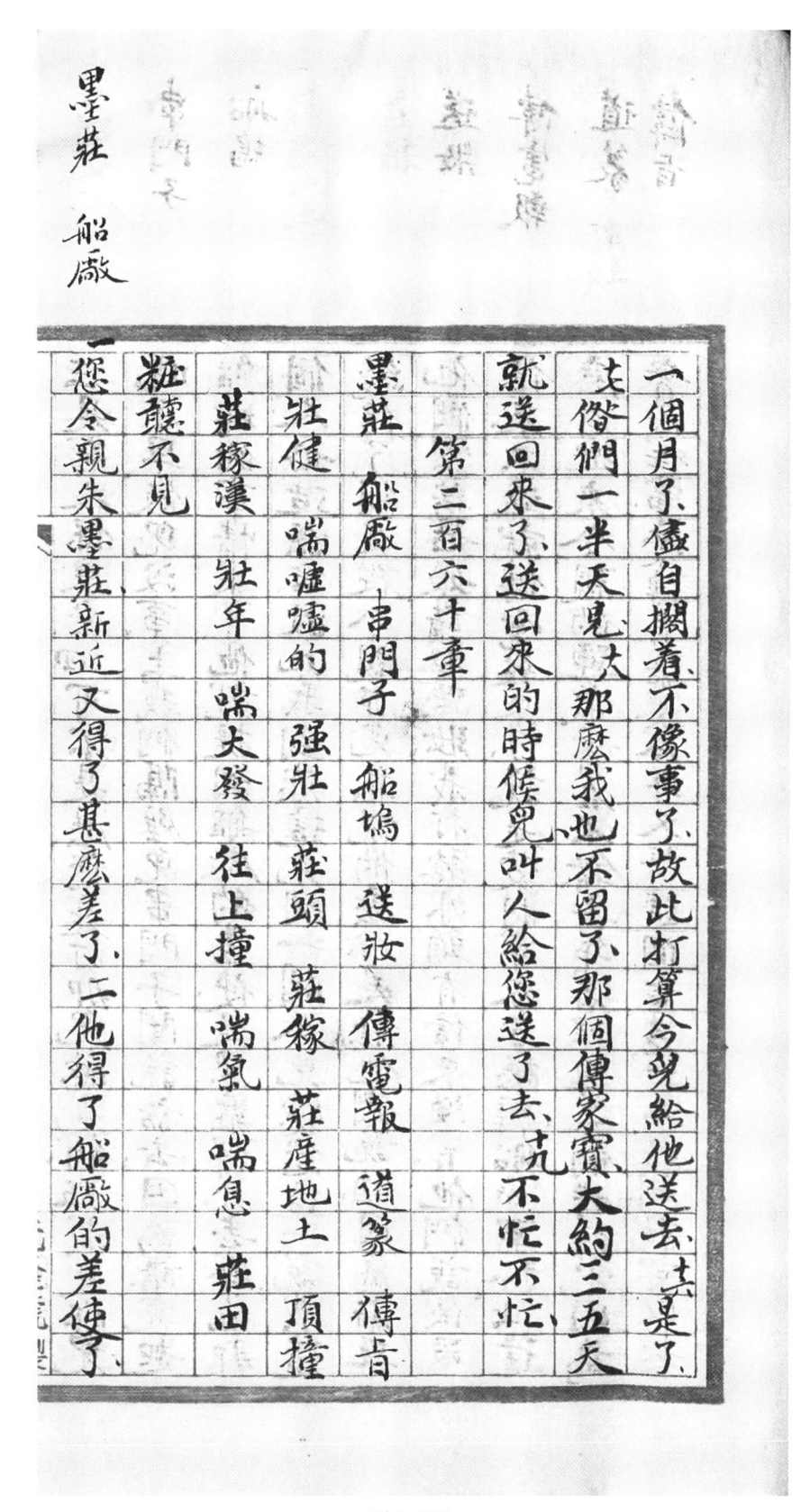

一個月了、儘自擱着、不像事了、故此打算今兒給他送去、十六是了、
十七咱們一半天兒、十八那麼我也不留了、那個傳家寶、大約三五天就送回來了、送回來的時候兒叫人給您送了去、十九不忙不忙、

第二百六十章

墨莊　船廠　串門子　船塢　送妝　傳電報　道篆　傳旨
壯健　喘噓噓的　强壯　莊頭　莊稼　莊產地土　頂撞
莊稼漢　壯年　喘大發　往上撞　喘氣　喘息　莊田
粧聾不見

一您令親朱墨莊、新近又得了甚麼差了、二他得了船廠的差使了、

串門子
船塢
送妝
傳電報
道篆
傳旨

三是有人保舉麽、四可不是麽、您是打那兒聽見的、五我是昨兒吃了早飯兒沒事、上我們隔壁兒串門子閒說話去、因為講究起船塢的事情來了、他就提到船廠的差使、是墨莊得了、素常他那個人好造謠言、故此我到您這兒問一問、今兒聽您這一說、我這纔信了、您是從令親那兒聽說的麽、六是聽他們說的、因為新近他們家聘姑娘、請我送妝、我打聽外頭有信來沒有、他們說倒沒信來、不過就傳電報來了、說是蒙制軍派了總辦船廠事務、七這麽看起來令親的運氣實在不錯、去年署理道篆的時候兒因為實心任事、蒙傳旨嘉獎、今年又得這個重差、一二年間、就可以起

下 1-109b

壯健
喘嘘嘘的　强壯
莊頭
莊稼
莊崖地土
頂撞
莊稼漢

來了、八那是一定的、您這程子身體倒還壯健、九我這程子身子不大爽快、一行動就有點兒喘嘘嘘的、我本就不强壯、又搭着新近生了回氣、所以更不舒服了、十您又為甚麼生氣、十一我們舍下不是武清縣有點兒地租兒嗎、十二不錯、十三前兒個、莊頭忽然來了、告訴我莊稼叫蝗虫吃盡了、求我免租、我問他多咱鬧蝗虫來着、我怎麼不知道、並且親友裡頭在武清縣那兒有莊崖地土的、不是家了、怎麼人家的地不鬧蝗虫、獨我的地有蝗虫呢、他聽我這話、不但不怕、反倒拿話頂撞我、因為這個、當時我把他打了一頓、誰知道由此就氣着了、十四您也太愛生氣、和一個莊稼漢、怯小子、

壯年
喘大發
往上撞
喘氣　喘息
莊田
粧聽不見

也值得生這麽大氣、再者您上了歲數了、那兒還能比壯年的時候兒呢、倘或氣的喘大發了、那可怎麽好呢、主您這話雖然這麽說、無奈彼時的氣直往上撞、壓不下去、素我勸您日後別這麽生氣纔好哪、假如彼時喘氣、一個喘息不過來、豈不是大糟嗎、而且因為莊田細故生氣、也犯不着、即或他有一半句頂撞的話、您就給他個粧聽不見、省却多少氣、老您說的也是、

第二百六十一章

串珠　窗下　窗課　粧腔　吹噓　傳遞　嫁妝　粧奩　生了瘡　瘡口　瘡症　傳名　瘡治好了　瘡漏　狀貌　壯强

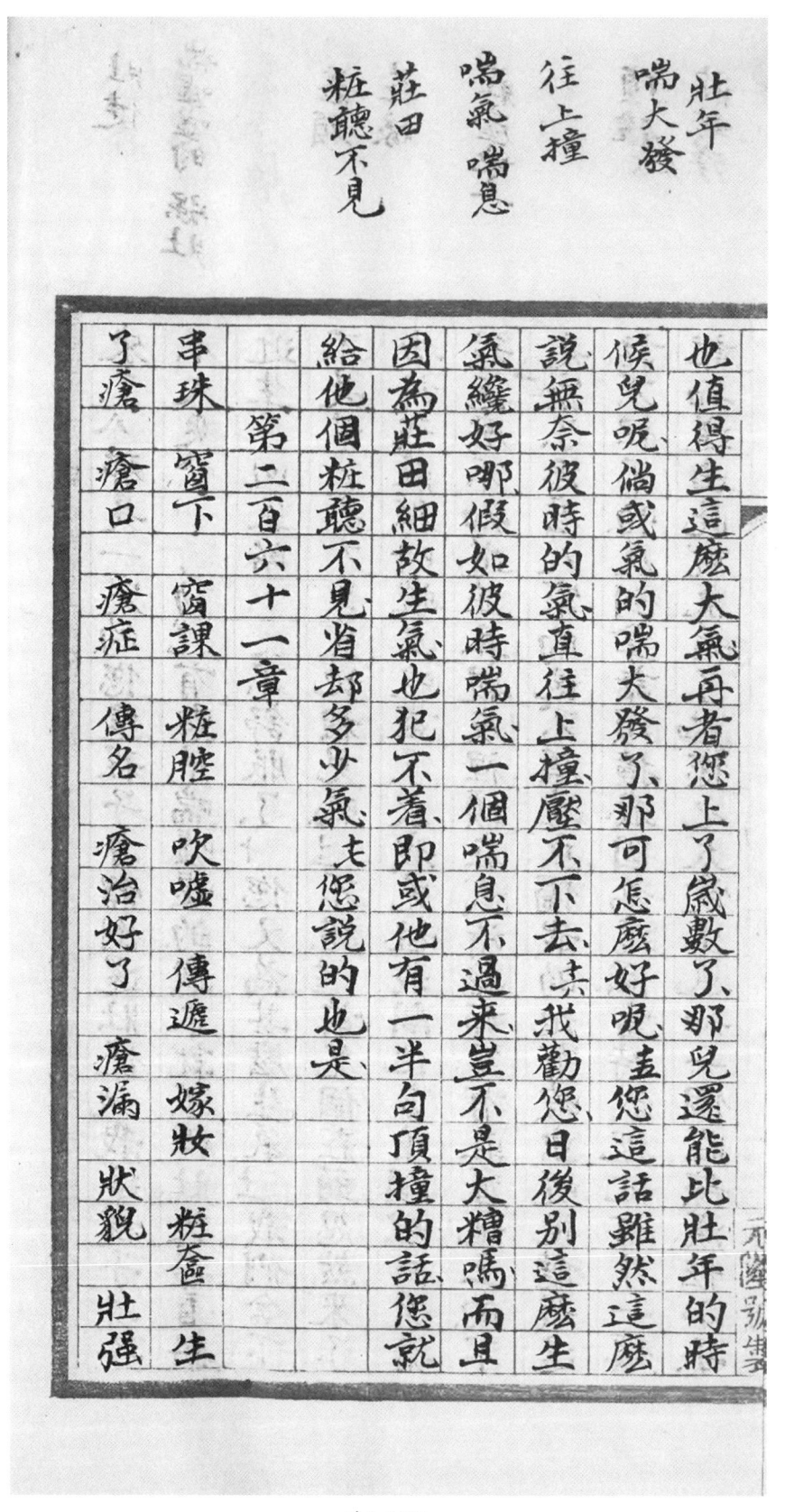

下 1-110b

串珠
窗下
窗課
粧腔　吹噓
傳遞

長瘡　壯人　生瘡　喘呵呵的　壯弱
你手裏拿的是甚麼書、二類聯串珠、三你作甚麼弄這宗書、四我
為的是窗下作文章的時候兒查個典故方便點兒五咳、你這可
真是胡鬧千萬別用這個尋常作窗課、要是用慣了、以後離開類
書、便不能作文章了、你瞧我們有個親戚、就受了這個害了、他這
個人、尋常粧腔作勢的極好吹噓、自命不凡的了不得、誰知道他
作文章、竟仗着典料子、那一年小考、他很怕了不了事、臨場可着
了急了、好容易託人在外頭作了文章傳遞進去的、這纔把秀才
中了、所以他雖然是個秀才、到了兒不能作詩文、六您說的是、我

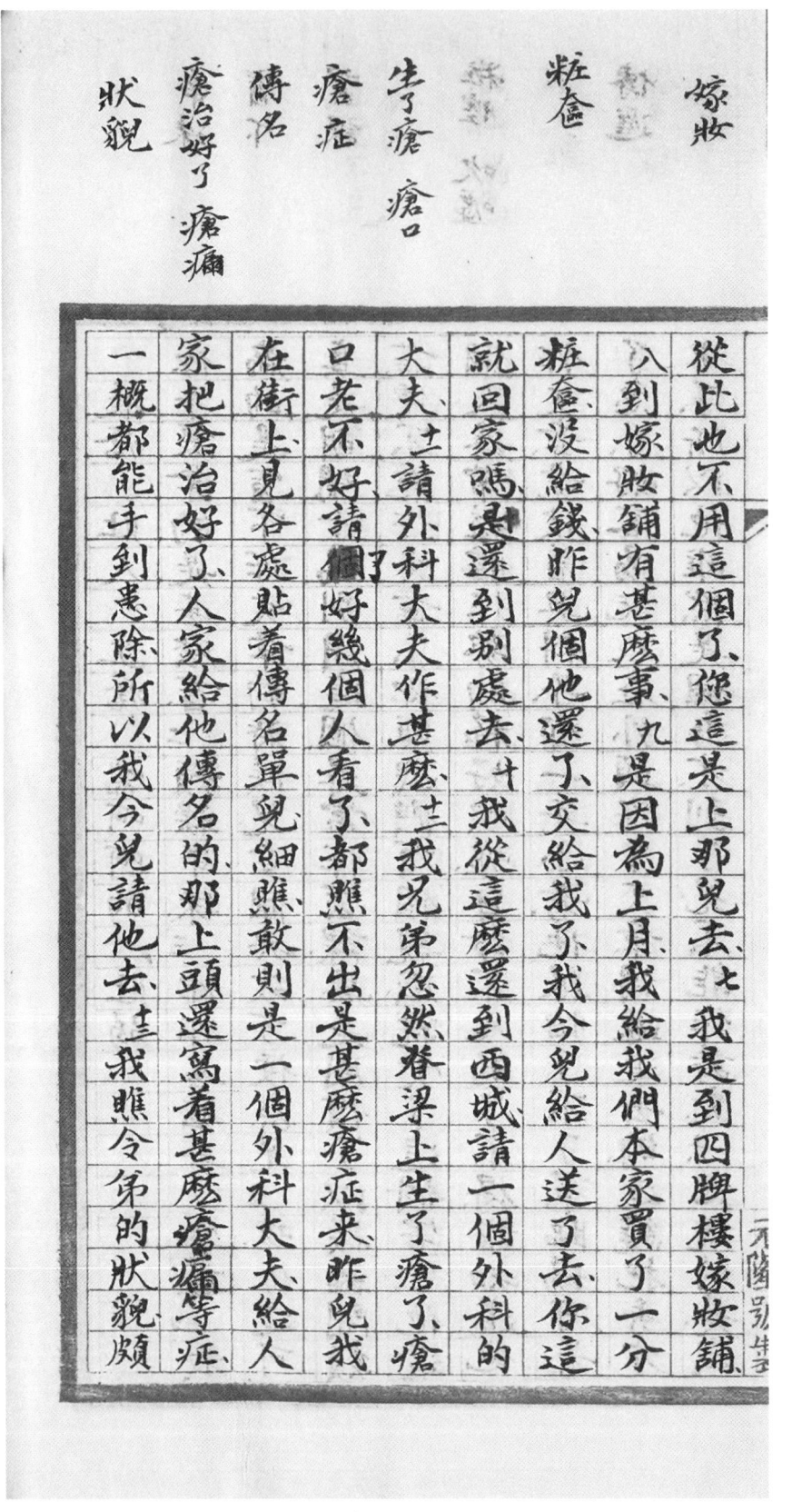

下 1-111a

嫁妝
粧奩
生了瘡　瘡口
瘡症
傳名
瘡治好了　瘡瘺
狀貌

從此也不用這個了、您這是上那兒去、七我是到四牌樓嫁妝鋪、八到嫁妝鋪有甚麽事、九是因為上月我給我們本家買了一分粧奩、沒給錢、昨兒個他還了、交給我了我今兒給人送了去、你這就回家嗎、是還到別處去、十我從這麽還到西城請一個外科的大夫、十一請外科大夫作甚麽、十二我兄弟忽然脊梁上生了瘡了、瘡口老不好、請個了好幾個人看了、都瞧不出是甚麽瘡症来、昨兒我在街上、見各處貼着傳名單兒、細瞧、敢則是一個外科大夫、給人家把瘡治好了、人家給他傳名的、那上頭還寫着甚麽瘡瘺等症、一概都能手到患除、所以我今兒請他去、十三我瞧令弟的狀貌頗

下 1-111b

壯强 長瘡 壯人
生瘡 喘呵呵的
壯弱
裝菸

是壯强、怎麼好好兒的、忽然長瘡呢、古您不知道、每逢强壯人、都
愛生瘡、我見了不是一個了、您瞧那個弱人、和那上了歲數兒喘
呵呵的老人、生瘡的很少、去這話也不盡然、據我想不在乎老少
壯弱、總因為有毒沒毒、去這卻是的、

第二百六十二章

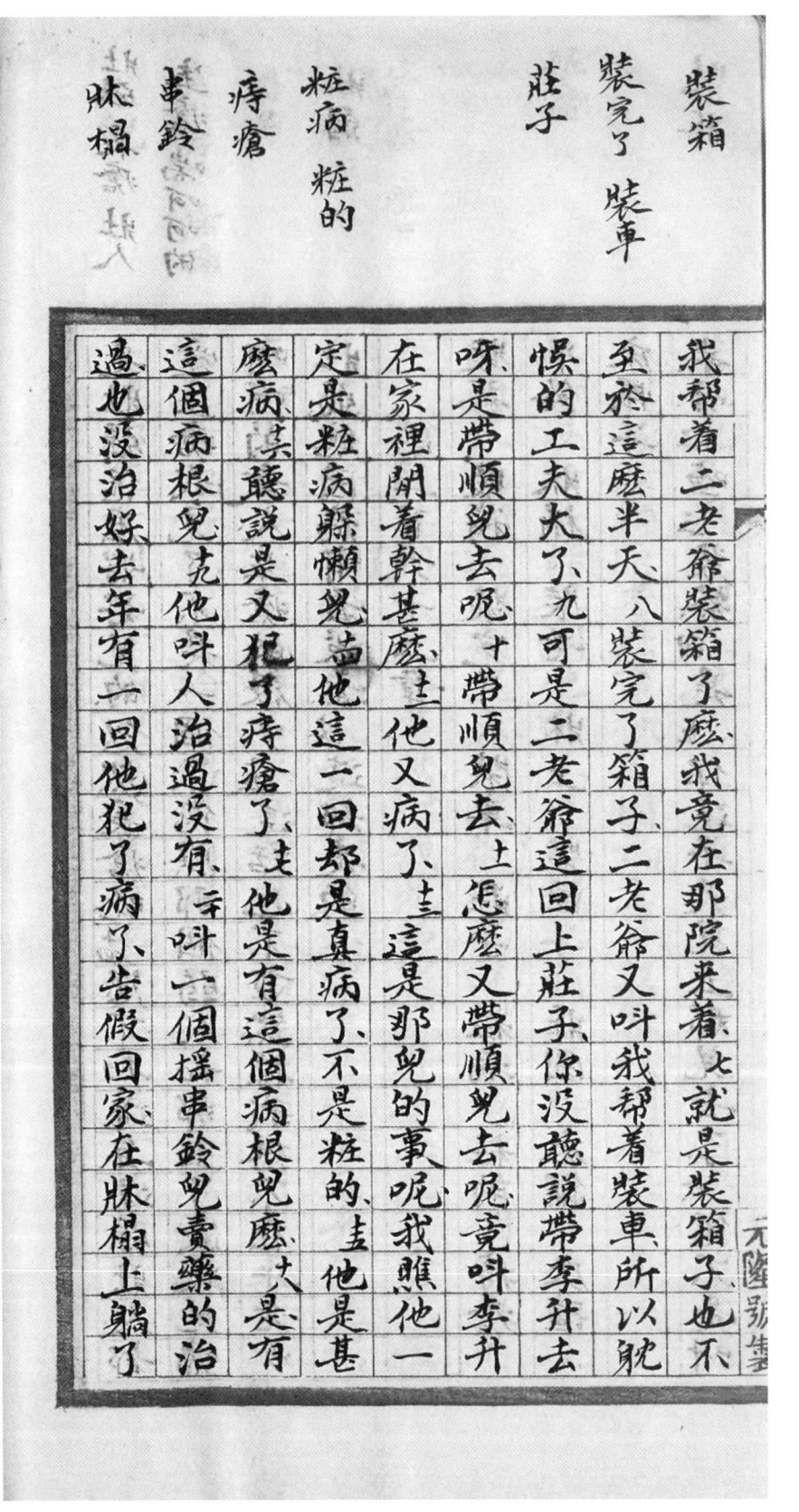

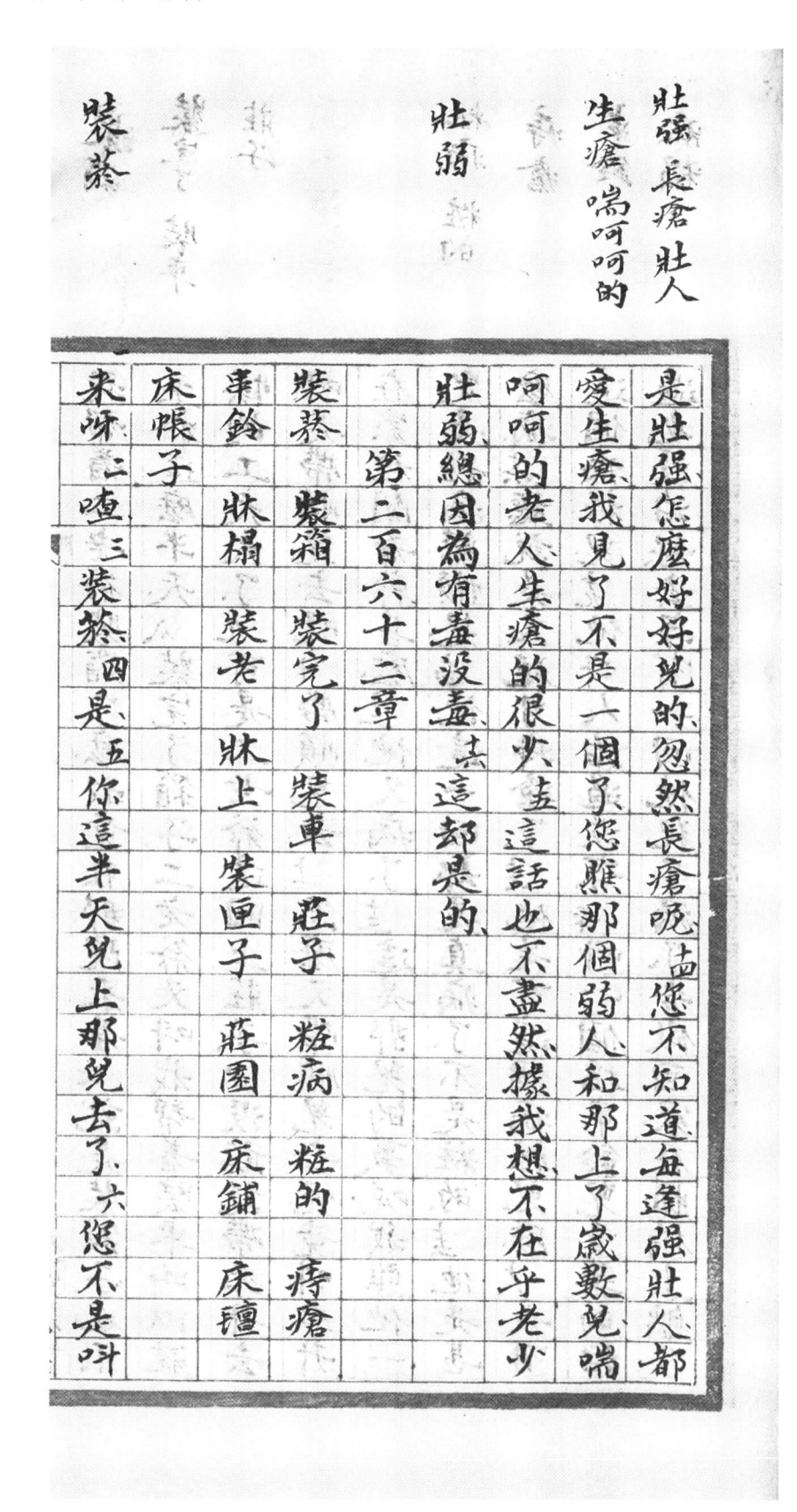

裝菸 裝箱 裝完了 裝車 莊子 粧病 粧的 痔瘡
串鈴 牀榻 裝老 牀上 裝匣子 莊園 床鋪 床罈
床帳子
來呀、二喳、三裝菸、四是、五你這半天兒上那兒去了、六您不是叫

裝箱
裝完了　裝車
莊子
粧病　粧的
痔瘡
串鈴
牀榻

我幫着二老爺裝箱了麼、我竟在那院来着、七就是裝箱子、也不至於這麽半天、八裝完了箱子、二老爺又吽我幫着裝車、所以躭悞的工夫大了、九可是二老爺這回上莊子、你没聽説帶李升去呀、是帶順兒去呢、十帶順兒去、十一怎麽又帶順兒去呢、竟吽李升在家裡閑着幹甚麽、十二他又病了、十三這是那兒的事呢、我瞧他一定是粧病躲懶兒、十四他這一回都是真病了、不是粧的、十五他是甚麽病、十六聽説是又犯了痔瘡了、十七他是有這個病根兒麽、十八是有這個病根兒、十九他吽人治過没有、二十吽一個揺串鈴兒賣藥的治過也没治好、去年有一回他犯了病了、告假回家在牀榻上躺了

下 1-112b

裝老

床上　裝匣子

莊園

床上

床鋪　床氊　床帳子

二十多天、痔瘡疼的要命、差一點兒死了、他兒子把給他裝老的東西都預備了、誰知道會好了、今年這回犯的、大概還不甚重、廿 哦、那就是了、可是你這時候兒再到那院裡、問一問二老爺甚麼時候兒起身、赶緊来告訴我、廿一 喳、廿二 你問了、廿三 是問了、二老爺說、吃了早飯纔起身哪、廿四 二老爺現在幹甚麼哪、廿五 二老爺坐在羅漢床上、瞧着了頭們裝匣子哪、還告訴我、叫我告訴您、把去年莊園的帳送過去、廿六 你去告訴二老爺、說我就送了去、廿七 是、廿八 還有一樣兒、我昨兒夜裡、叫床上的臭虫咬的所睡不着、你回来把我的床鋪掃一掃、把床氊拿上去曬一曬、把床帳子洗一洗、三十 是您

準章程
沒準兒

沒甚麽別的事了、也沒別的事了、你去罷、也是、

第二百六十三章

準章程　沒準兒　撞鐘　追着　壯實的　撞了　撞倒　窗

臺　冒狀　撞着了　撞着　闖禍　撞羊頭　往上撞　撞頭

追過來　追趕　追遠　撞見　唇舌　狀元　撞騙　賺人

追出來　垂憐　蠢笨　吹毛求疵　追究　垂聽　狀詞

垂恩　追問

您今兒怎麽來這麽晚、我瞧您是一點兒準章程沒有、二我倒不是

沒準兒是因為有點事兒躭悞了、三又是甚麽事、四別提了、今兒

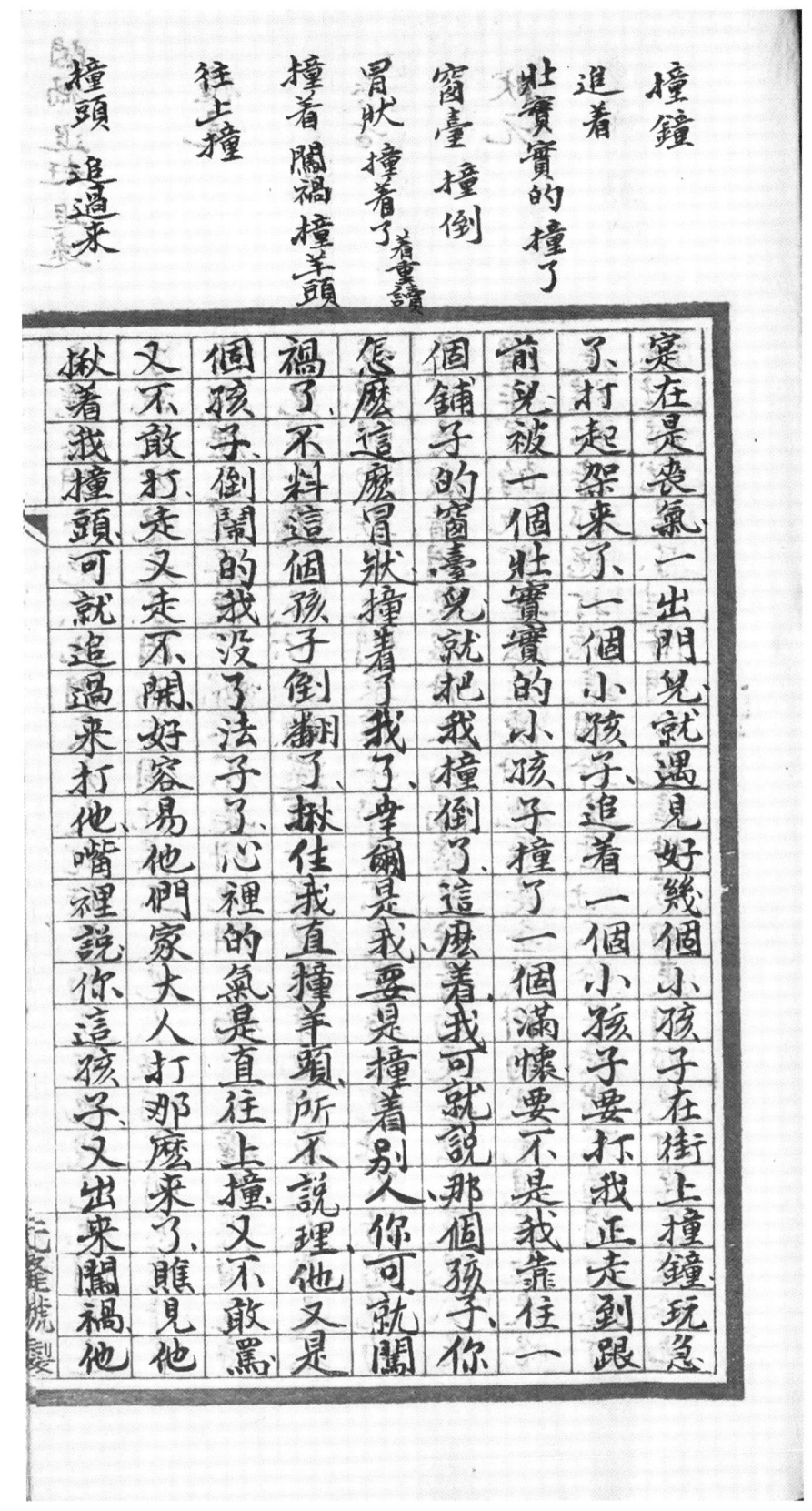

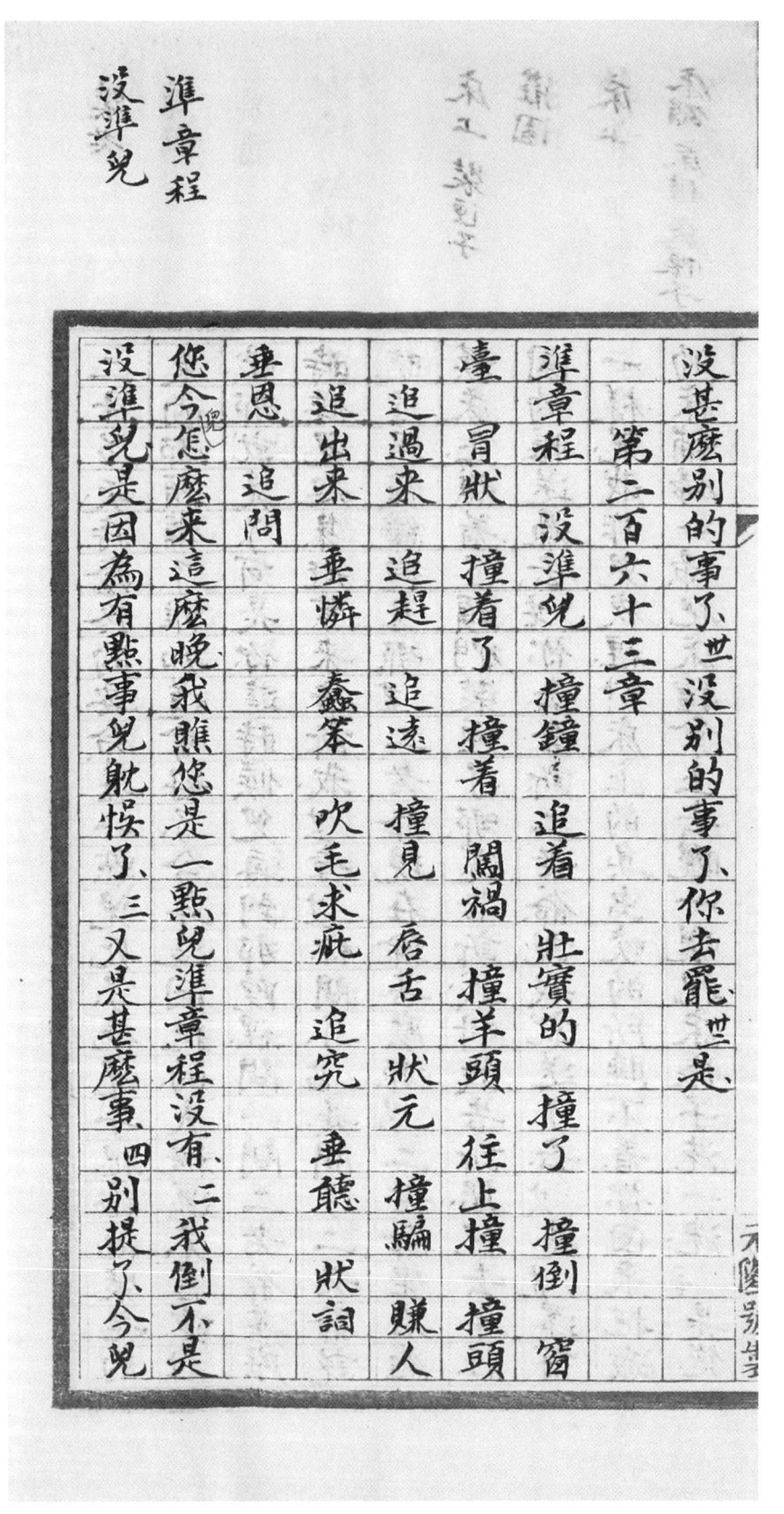

下 1-113b

撞鐘
追着
壯實實的撞了
窗臺撞倒
冒肰撞着了（着重讀）
撞着鬧禍撞羊頭
往上撞
撞頭追過来

寔在是丧氣、一出門兒就遇見好幾個小孩子在街上撞鐘、玩急了、打起架来了、一個小孩子追着一個小孩子要打、我正走到跟前兒、被一個壯實實的小孩子撞了一個滿懷、要不是我靠住一個鋪子的窗臺兒、就把我撞倒了、這麼着我可就說那個孩子、你怎麼這麼冒狀撞着了我了、幸爾是我、要是撞着别人、你可就闖禍了、不料這個孩子倒翻了、揪住我直撞羊頭、所不說理、他又是個孩子、倒鬧的我没了法子了、心裡的氣是直往上撞、又不敢罵又不敢打、走又走不開、好容易他們家大人打那麽来了、瞧見他揪着我撞頭、可就追過来打他、嘴裡說你這孩子、又出来闖禍他

下 1-114a

闖禍　追赶　追遠

撞見

唇舌

狀元

這纔鬆開手跑了、他們家大人、就赶緊的追赶他、我見他們追遠
了、就乘空兒走了、因為這個躭悞工夫兒了、五啊、敢則怎麼件事
情啊、您這還算便宜哪、要不是叫他們家的大人撞見恐怕這時
候兒還走不了呢、六是的、還有一樣兒萬幸、他們家大人、要是不
説理、説我欺負他們家孩子那豈不更費唇舌呢、七不錯、您説的
是、可是我請問您、您府上西陽壁兒住着的是甚麼人家兒、八是
個作官的、九當甚麼差使、十他原是壬戌科的狀元現在起来咯、
是禮部侍郎、您打聽這個幹甚麼、十一不幹甚麼、我不過閒打聽打
聽、十二那就是了、十三偺們今兒這件事、回来到那兒打算怎麼給他

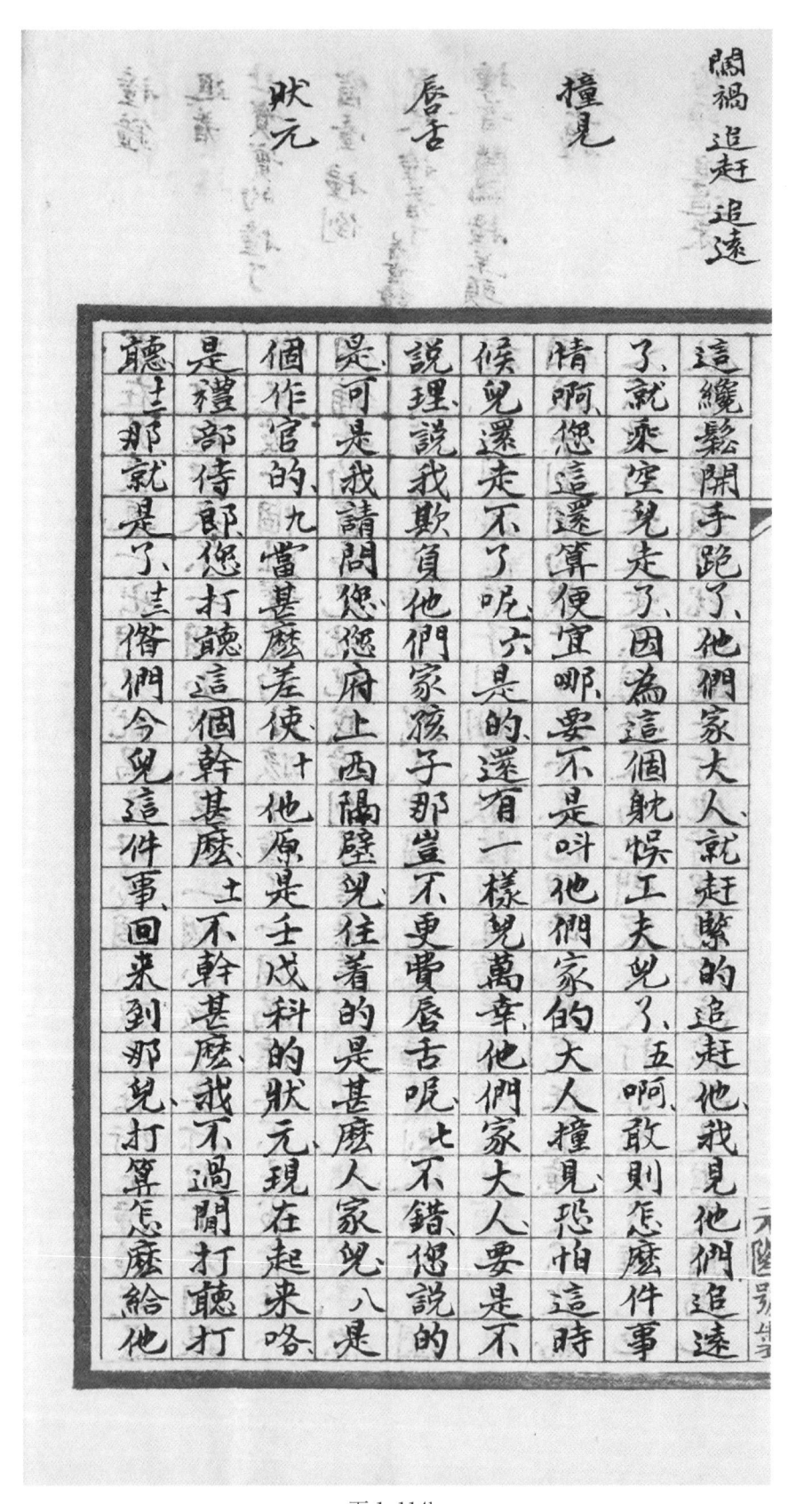

下 1-114b

撞騙　賺人
追出来　垂憐
蠢笨　吹毛求疵
追究　垂聽　狀詞
垂恩　追問

們說合、十四回來咱們見了原告兒就這麼說這件事、本来是那頭
兒荒唐、不留神、叫人撞騙了、並不是他立意賺人、我們赶緊的把
錢給您追出来、立刻給您送回去、就求您格外垂憐看他蠢笨無
知、就不必吹毛求疵的往下再追究了、如果您肯看我們的薄面、
垂聽我們今兒這個人情、還求您從速設法、把原遞的狀詞撤回
来、好把這個案銷了、您要是不肯垂恩、一定要追問個水落石出、
那我們可就不敢干預了、大哥、您想咱們這麼說好不好、圭很好、
就這麼辦罷、

第二百六十四章

元隆號製

追了會子　追回
追到　追不到
追不上　吹鬍子
吹氣吹嗙　吹牛的

追了會子　追回　追到　追不上　追不到　吹鬍子　吹氣
吹嗙　吹牛的　吹嘘　吹鼓手　吹打　吹笙　吹管子
吹笛子　吹簫　吹一回　吹彈　就吹　吹不響　創造　創
始　創作　創興　胡吹混嗙　蠢才　吹牛胯骨　闖進　追
他

你追了會子、追回来了沒有、二我追到三條胡同口兒上、到了兒是追不上、三既是追不到、就算了、回頭咱們倆去倒好、我正不願意同他在一塊兒去哪、你瞧他尋常吹鬍子瞪眼的還了得、一説話就是吹氣冒烟兒、除了吹嗙沒能耐、他還説哪、我這不是吹牛

下 1-115b

吹嘘
吹鼓手 吹打
吹笙 吹管子
吹笛子 吹簫
吹一回
吹彈
就吹 吹不響

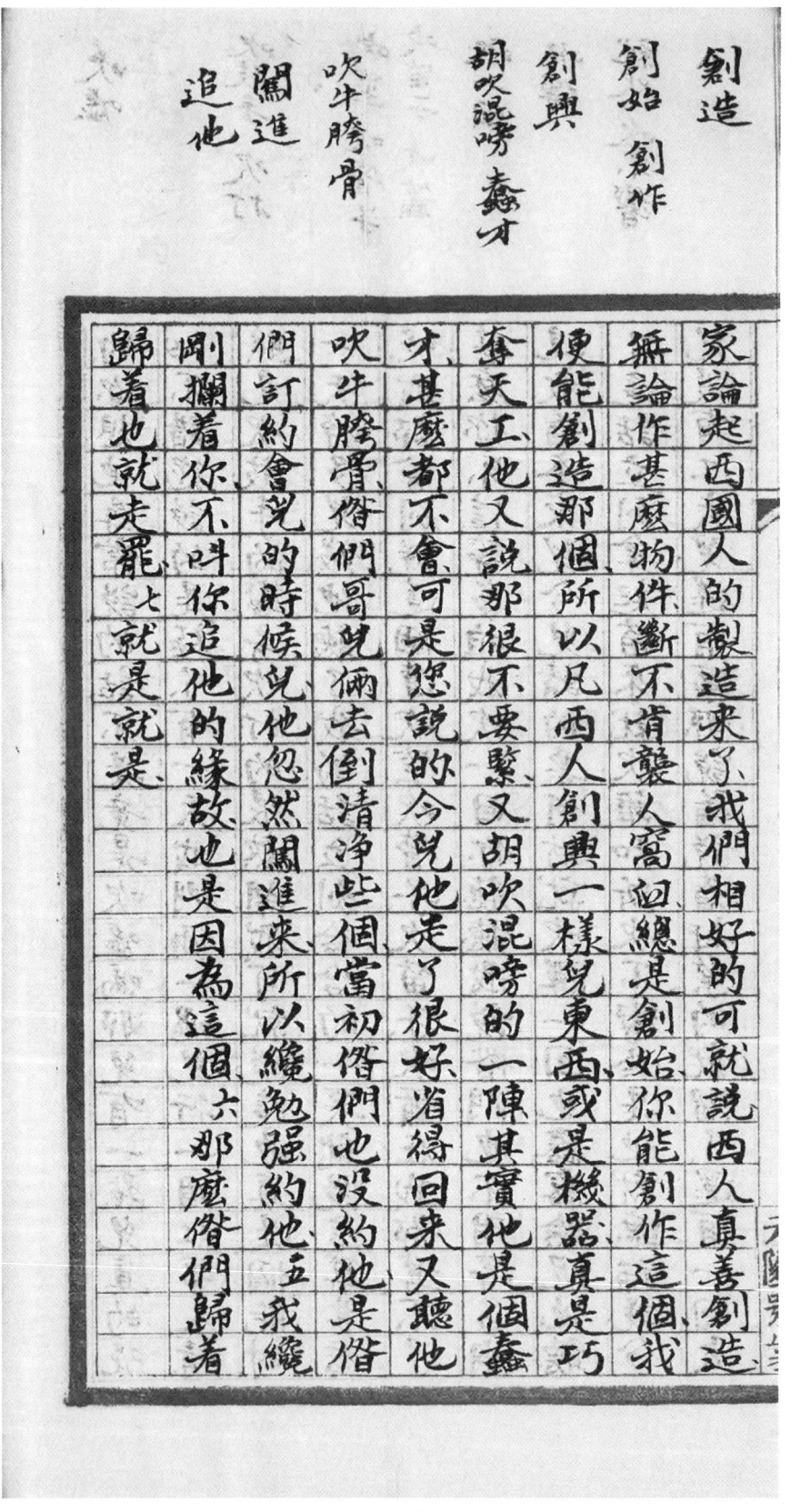

的、你想他尋常説的話、不是竟是吹嘘嗎、那兒有一點兒真的呢、四不錯、您説的是極了、有一天我們倆一塊兒行一個紅事人情、瞧見吹鼓手的響房、吹打的很熱鬧、我可就説這也真是個能耐、一天掙多兒錢、他聽了我的話立刻哈哈的一笑、就説這算甚麼呢、我都會、别説這個、連吹笙吹管子、吹笛子、吹簫在我都算不了甚麼、你不信、等多咱我吹一回你聽聽、我説偺們也不用等多咱、現放着本家兒今兒請的票、何妨就吹彈一回、也露露臉呢、他聽了這話、立刻拿起笛來就吹、誰知所吹不響、於是他就遮飾説今兒沒有工夫兒、還有事哪、説着説着、赶緊的就溜了、還有一回大

創造
創始　創作
創興
胡吹混嗙　蠢才
吹牛胯骨
闖進
追他

家論起西國人的製造來了、我們相好的可就說西人真善創造、無論作甚麼物件、斷不肯襲人窩臼、總是創始、你能創作這個、我便能創造那個、所以凡西人創興一樣兒東西、或是機器、真是巧奪天工、他又說那很不要緊、又胡吹混嗙的一陣、其實他是個蠢才、甚麼都不會、可是您說的今兒他走了很好、省得回來又聽他吹牛胯骨、偺們哥兒倆去倒清淨些個、當初偺們也沒約他、是偺們訂約會兒的時候兒、他忽然闖進來、所以纔勉强約他、五 我纔剛攔着你、不叫你追他的緣故、也是因為這個、六 那麼偺們歸着歸着也就走罷、七 就是就是、

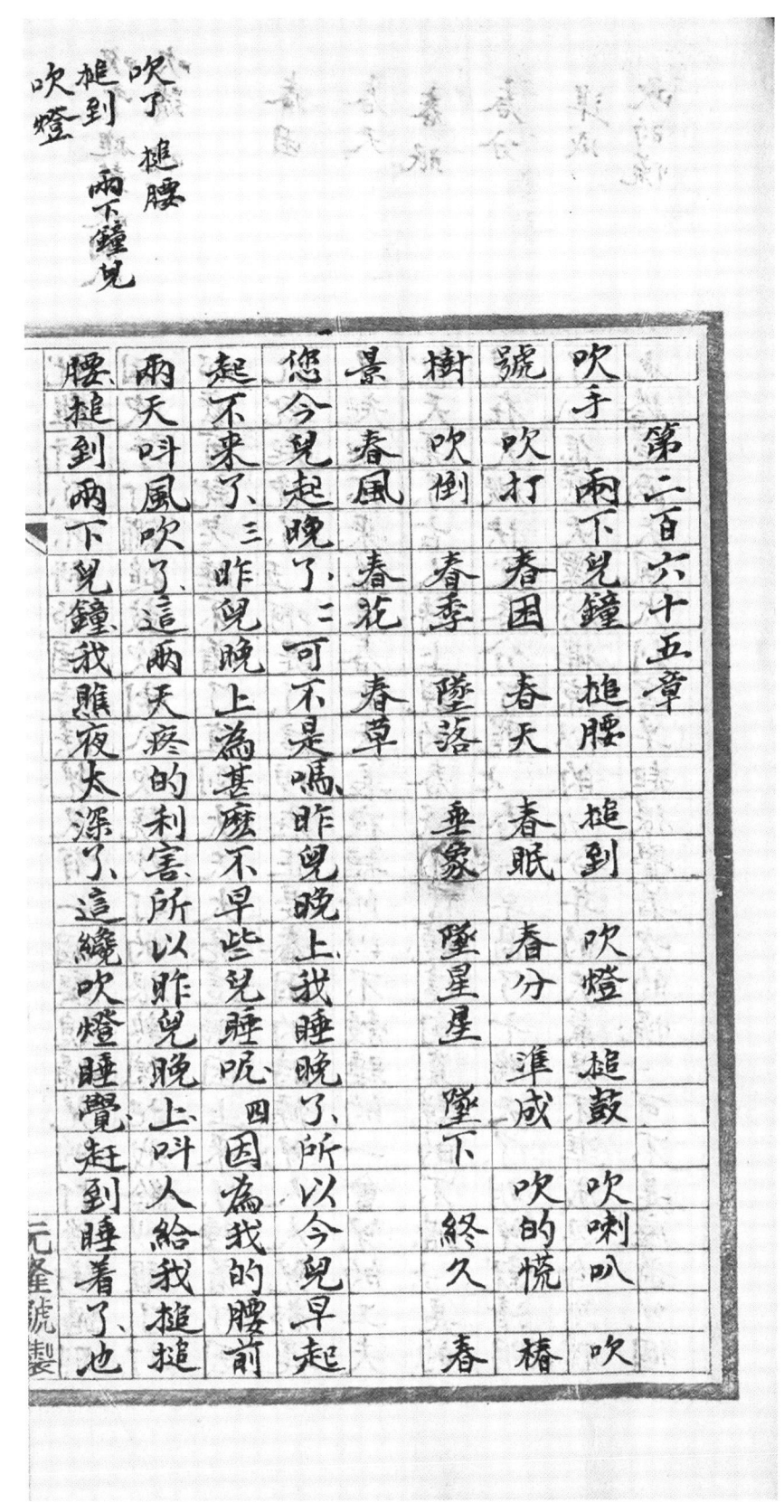

下 1-116b

吹了　搥腰
搥到　兩下鐘兒
吹燈

第二百六十五章

吹手　兩下兒鐘　搥腰　搥到　吹燈　搥鼓　吹喇叭　吹號　吹打　春困　春天　春眠　春分　準成　吹的慌　椿樹　吹倒　春季　墜落　垂象　墜星星　墜下　終久　春景　春風　春花　春草

您今兒起晚了、二可不是嗎、昨兒晚上我睡晚了、所以今兒早起起不来了、三昨兒晚上為甚麼不早些兒睡呢、四因為我的腰前兩天叫風吹了、這兩天疼的利害、所以昨兒晚上叫人給我搥搥腰、搥到兩下兒鐘、我瞧夜太深了、這纔吹燈睡覺、赶到睡着了、也

元峯號製

下 1-117a

吹手 搥鼓 吹喇叭
吹號 吹打
春困
春天 春眠
春分
準成
吹的慌

就雞叫了、不料那個時候兒、又有一個娶媳婦兒的打後街過那個吹手打鑼搥鼓吹喇叭吹號吹打的很熱鬧把我給吵醒了、打那麽可就老睡不着了、直到大天大亮這纔困上来了、睡着了、因此就起晚了、　五　啊是了、這現在正是春困的時候兒人人兒都是早起起不来、並且春天天長夜短、所以不彀睡的、一會兒的工夫就天亮了、古人詩上說的春眠不覺曉這句真說的不錯、　六　是的、現在大概快交春分了罷　七　春分早過了十幾天了、明兒就清明了、　八　怎麽天還彷彿涼似的、　九　今年的天氣是不準成忽冷忽暖、也搭這兩天風太利害、早起很覺着吹的慌　十　可不是麽、前兒個

下 1-117b

椿樹 吹倒
春季 墜落
垂象
墜下 墜星星
終久
春景
春風

那個風把我們後院兒的香椿樹、幾乎給吹倒了、幸爾仗樹根子粗、算是没傷損、 十一 我瞧着今年總有點兒緣故、風那麼大、還算春季常有的事情、前些個日子、有一天夜裡、有許多的星星墜落、我想這多是上天垂象、恐怕不是好兆頭 十二 不錯、我也瞧見有星星墜下去了、也聽人說墜星星不、是好兆頭、但是我想現在天下太平、可有甚麼不好事呢、 十三 這預先那兒能明白呢、横豎終久總能知道、偺們暫且先不必慮這個、今兒個偺們到是上那兒去好呢、 十四 我想偺們回来早早兒的吃了飯、出城逛逛春景、好不好、 十五 好在今兒風住了、雖然是小小兒的有一點春風、然而天氣還算晴

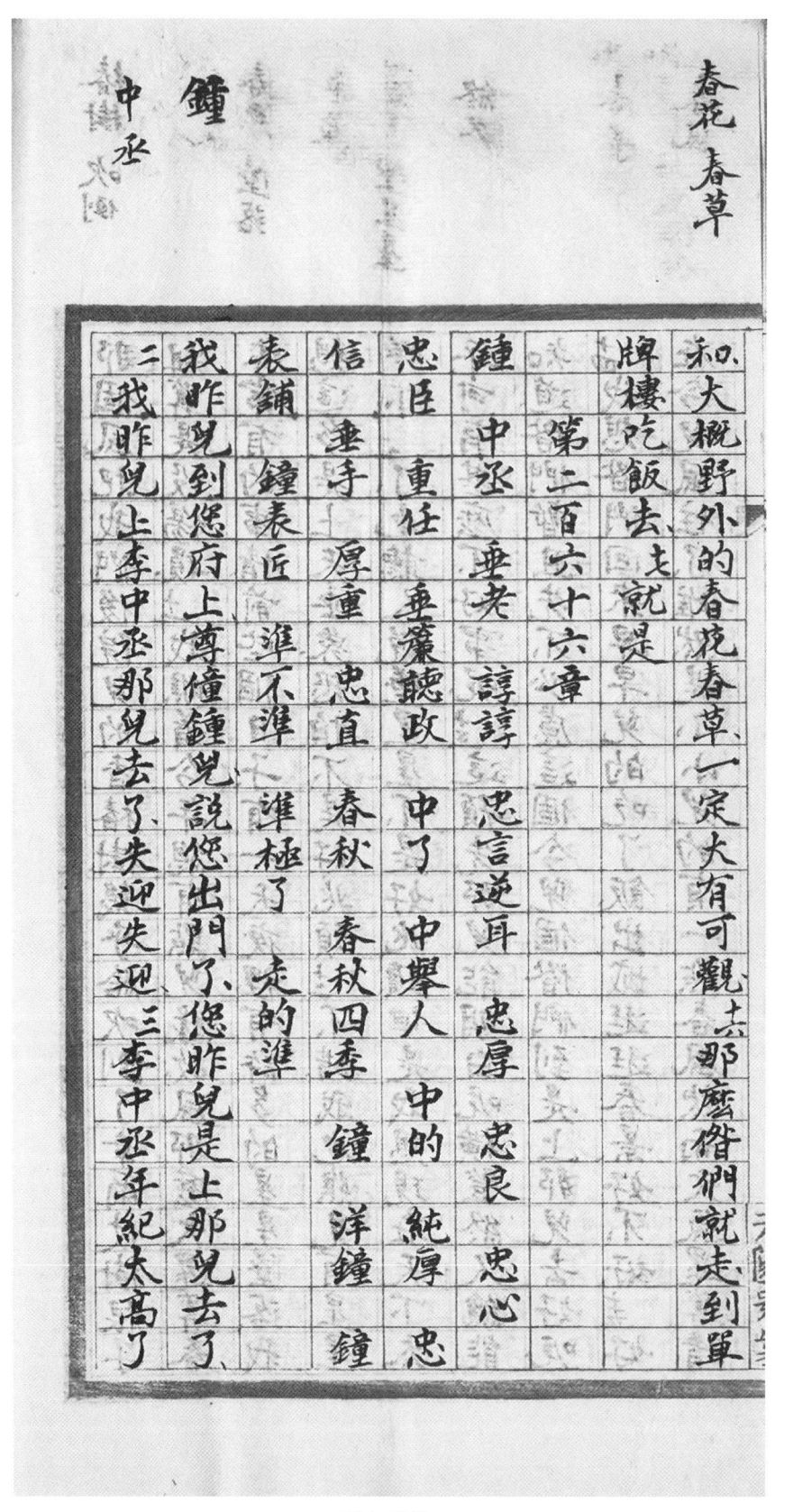

下 1-118a

春花　春草

鐘

中丞

和、大概野外的春花春草、一定大有可觀、去那麽偺們就走到單

牌樓吃飯去、去就是

第二百六十六章

鐘　中丞　垂老　諄諄　忠言逆耳　忠厚　忠良　忠心

忠臣　重任　垂簾聽政　中了　中舉人　中的　純厚　忠

信　垂手　厚重　忠直　春秋　春秋四季　鐘　洋鐘　鐘

表鋪　鐘表匠　準不準　準極了　走的準

我昨兒到您府上、尊僮鐘兒說您出門了、您昨兒是上那兒去了、

二我昨兒上李中丞那兒去了、失迎失迎、三李中丞年紀太高了

下 1-118b

垂老　諄諄

忠言逆耳　忠厚

忠良　忠心　忠臣

重任

垂簾聽政

罷、四可不是嗎、我昨兒見他頗有垂老的光景、他見了我諄諄的囑咐我正經當差、不可怠惰、並且說以後諸事、總要聽人勸戒、斷不可忠言逆耳、我想到了兒是老年人說的話、句句忠厚、一點兒虛假沒有、五那是不錯的、他現在還打算告病痊不、打算、六他老人家本來是忠良之後、素秉忠心、現在朝裡年老忠臣、大半凋零、所有當道的、多是新進、求一個老成歷練能擔重任者、實難其選、他老人家見目下的光景、焉肯不出來呢、大概再過個三五個月就要告病痊了、七他由多咱告的病、八他就從皇太后垂簾聽政那年告的病、到如今整整兒的三年了、九他們少爺現在當甚麼

下 1-119a

中了　中擧人
中的
垂手　厚重
純厚　忠信
忠直
春秋
春秋四季
鐘

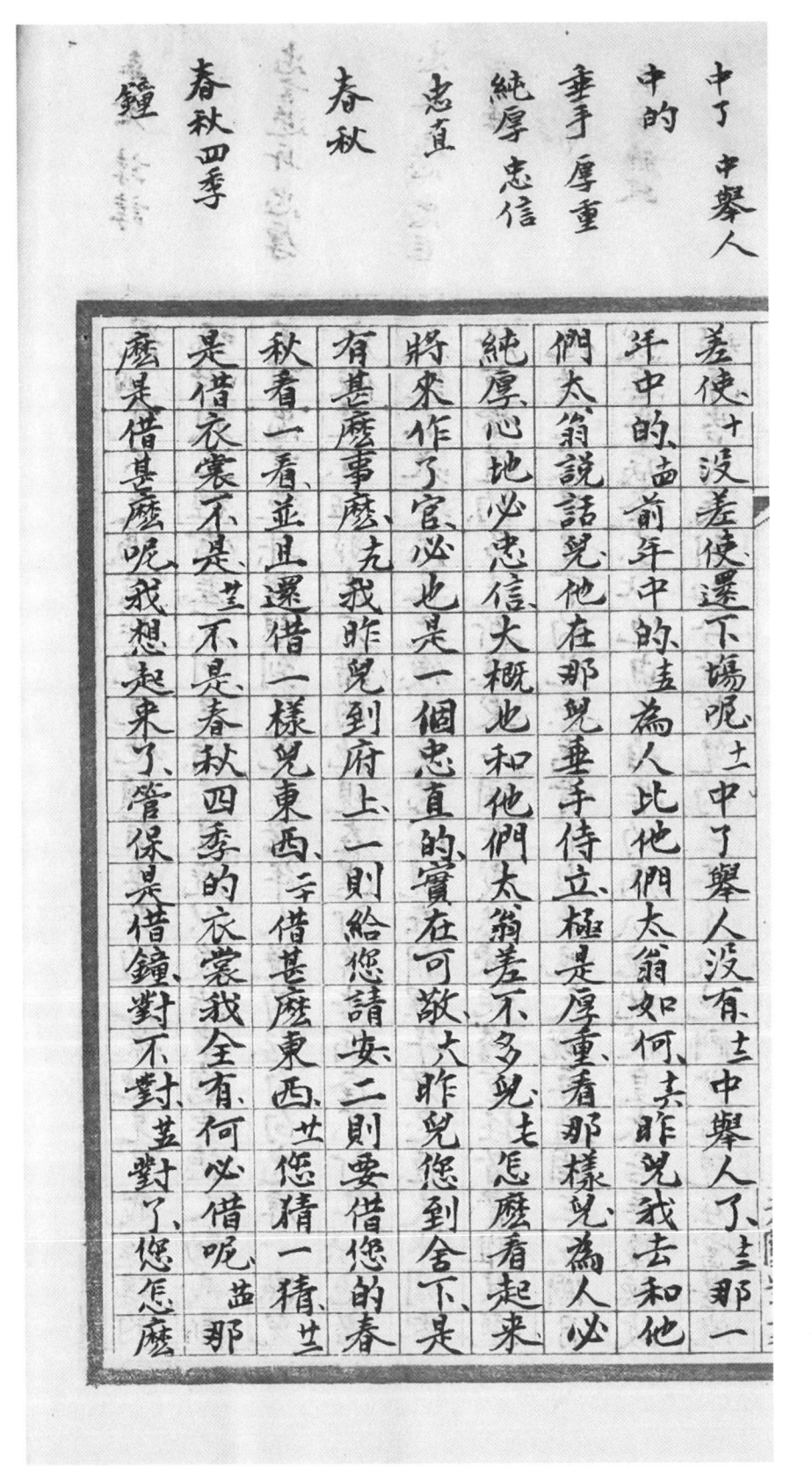

差使、十沒差使還下塲呢、十一中了擧人沒有、十二中擧人了、十三那一年中的、十四前年中的、十五為人比他們太翁如何、十六昨兒我去和他們太翁說話兒他在那兒垂手侍立、極是厚重、看那樣兒為人必純厚、心地必忠信、大概也和他們太翁差不多兒、十七怎麽看起來、將來作了官、必也是一個忠直的、實在可敬、十八昨兒您到舍下、是有甚麽事麽、十九我昨兒到府上、一則給您請安、二則要借您的春秋看一看、並且還借一樣兒東西、二十借甚麽東西、廿一您猜一猜、廿二是借衣裳不是、廿三不、不是春秋四季的衣裳我全有、何必借呢、廿四那麽是借甚麽呢、我想起來了、管保是借鐘、對不對、廿五對了、您怎麽

下 1-119b

洋鐘
鐘表鋪
鐘表匠
準不準　準極了
走的準

知道了、共您瞧、凡事都在乎留心有記性、上月我買了那架洋鐘、
您看見了很愛、要照樣兒買一架、後來您到各鐘表鋪都找遍了
沒有、好容易問到一個鐘表匠、他說他可以下天津給您找去、可得
瞧瞧是個甚麼樣兒的、他纔能去找、您不是和我說過、等多咱把
那架鐘借給您擺一天、叫他來看一看、因為這個所以我知道芒
可是您這個鐘走的準不準、只準極了、先既是走的準很好、就求
您借給我、好叫他瞧瞧、以便他照樣去找、主可以的、我明兒打發
人給您送了去、世就是就是

第二百六十七章

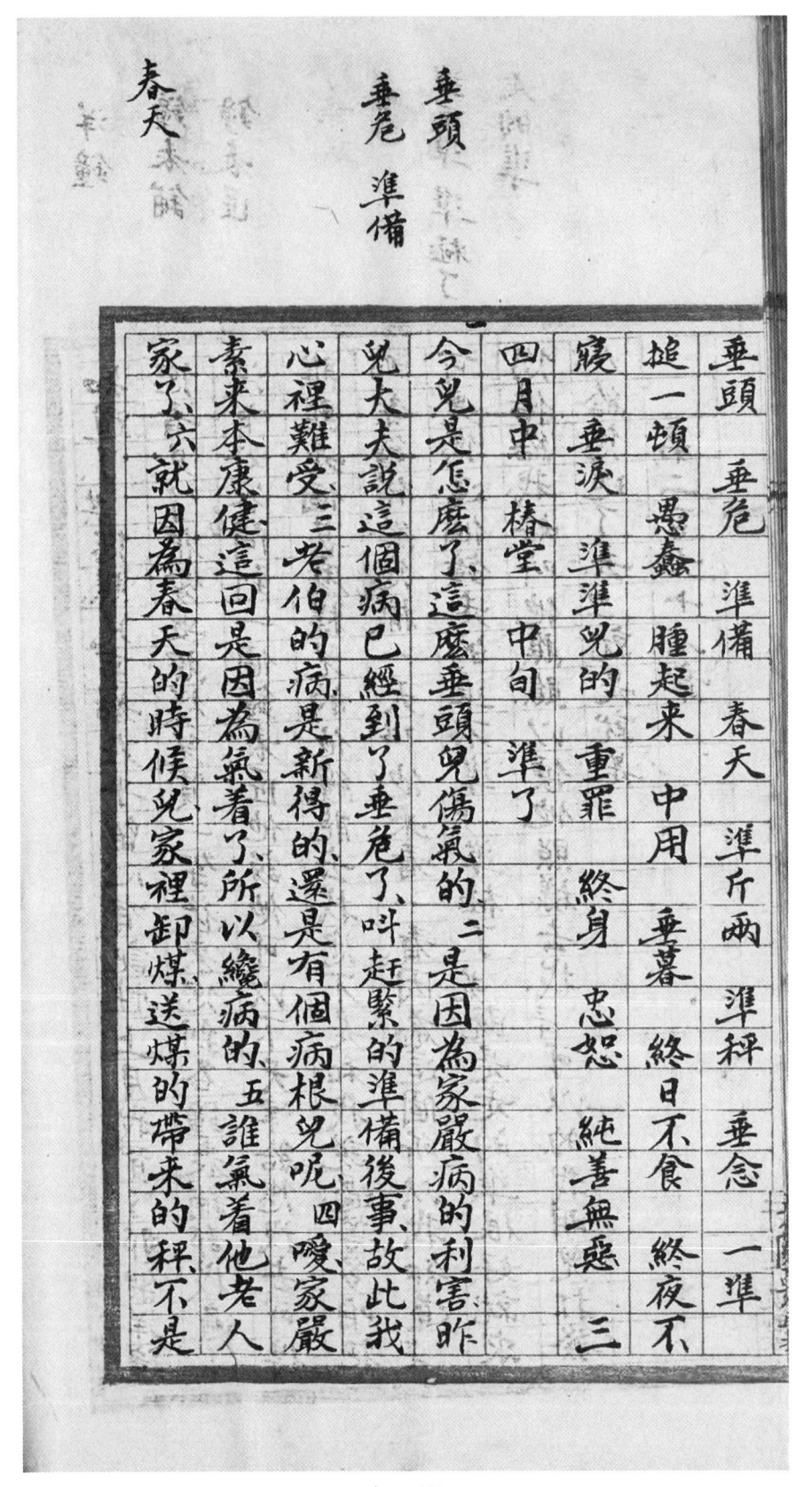

下 1-120a

垂頭
垂危　準備
春天

垂頭　垂危　準備　春天　準斤兩　準秤　垂念　一準
捱一頓　愚蠢　腫起来　中用　垂暮　終日不食　終夜不
寢　垂淚　準準兒的　重罪　終身　忠恕　純善無惡　三
四月中　椿堂　中旬　準了
今兒是怎麽了、這麽垂頭兒傷氣的、二是因為家嚴病的利害昨
兒大夫説這個病已經到了垂危了、叫趕緊的準備後事、故此我
心裡難受、三老伯的病、是新得的、還是有個病根兒呢、四噯、家嚴
素来本康健、這回是因為氣着了、所以纔病的、五誰氣着他老人
家了、六就因為春天的時候兒家裡卸煤、送煤的帶来的秤、不是

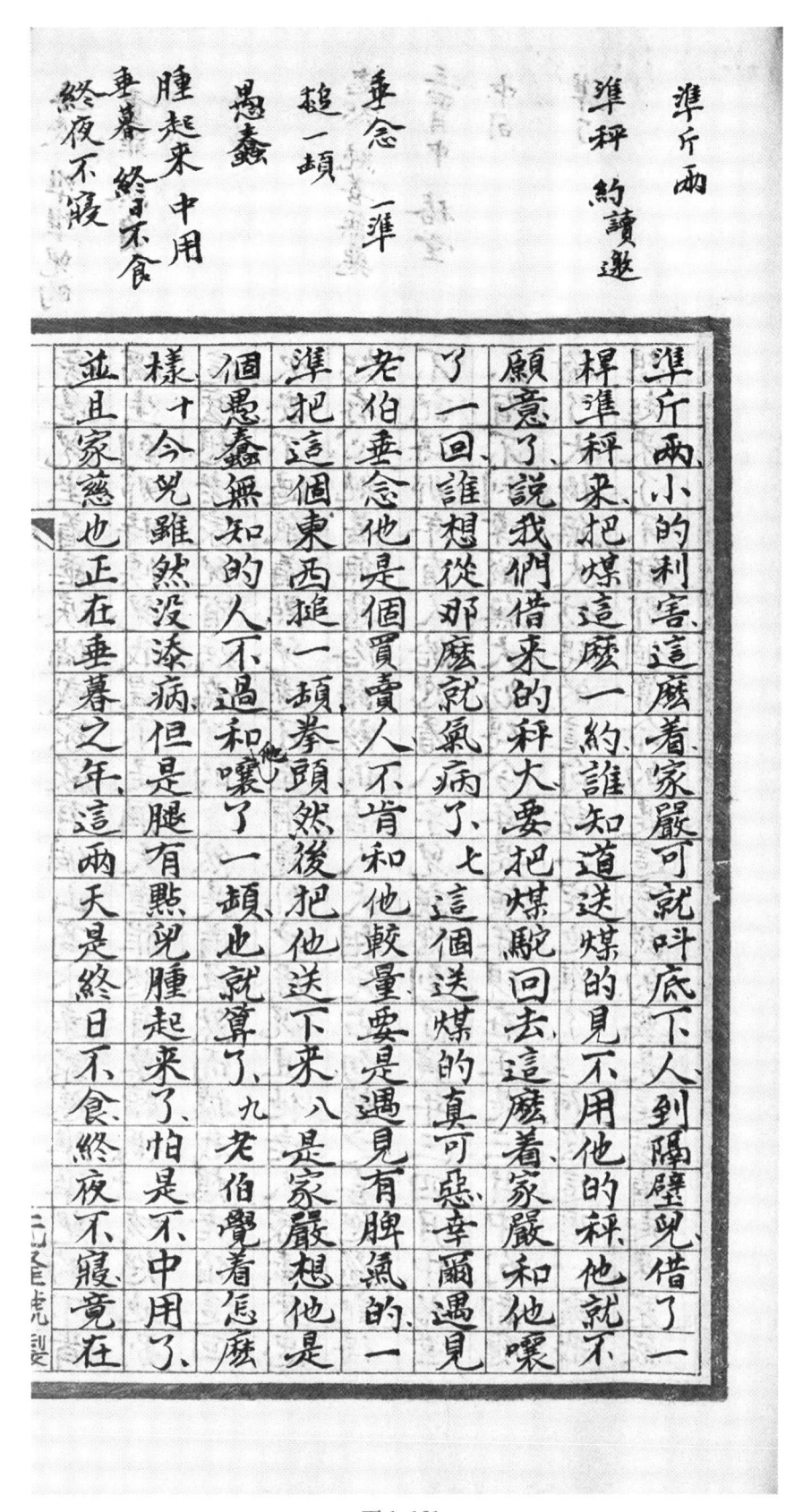

下 1-120b

準斤兩
準秤　約讀邀
垂念　一準
搥一頓
愚蠢
腫起来　中用
垂暮　終日不食
終夜不寢

準斤兩、小的利害、這麼着、家嚴可就叫底下人、到隔壁兒借了一桿準秤来、把煤這麼一約、誰知道送煤的見不用他的秤、他就不願意了、說我們借来的秤大、要把煤駝回去、這麼着、家嚴和他嚷了一回、誰想從那麼就氣病了、七這個送煤的真可惡、幸爾遇見老伯垂念他是個買賣人、不肯和他較量、要是遇見有脾氣的、一準把這個東西搥一頓、拳頭然後把他送下来八是家嚴想他是個愚蠢無知的人、不過和他嚷了一頓、也就算了、九老伯覺着怎麼樣、十今兒雖然沒添病、但是腿有點兒腫起来了、怕是不中用了、並且家慈也正在垂暮之年、這兩天是終日不食、終夜不寢、竟在

下 1-121a

垂淚　準準兒的
重罪　終身
忠恕　純善無惡
三四月中　椿堂
中旬
準了

膝邊兒坐着垂淚、倘或家嚴有個山高水遠、家慈準準兒的不肖
獨生、到那時候兒、我豈不是彌天重罪、終身莫贖嗎、土　咳、您也別
這麼想、老家兒有病、爲子的自然是着急、然而據我想老伯這回
欠安、不過氣着點兒、還不至有意外之虞、況且他老人家素來忠
恕存心、純善無惡、俗語說的吉人天相、定占勿藥之喜、您還記得
不記得、那年有人給您看八字兒、說您到了寅年三四月中、椿堂
小有不利、幸爾無大妨碍、今年是寅年、現在正是三月中旬、都應
驗了、大概無大妨碍的、這句話、一定也準了、土　啊、您這麼一說、我
想起來了、不錯、那個算命的、是這麼說的、要是這麼看起來、家嚴

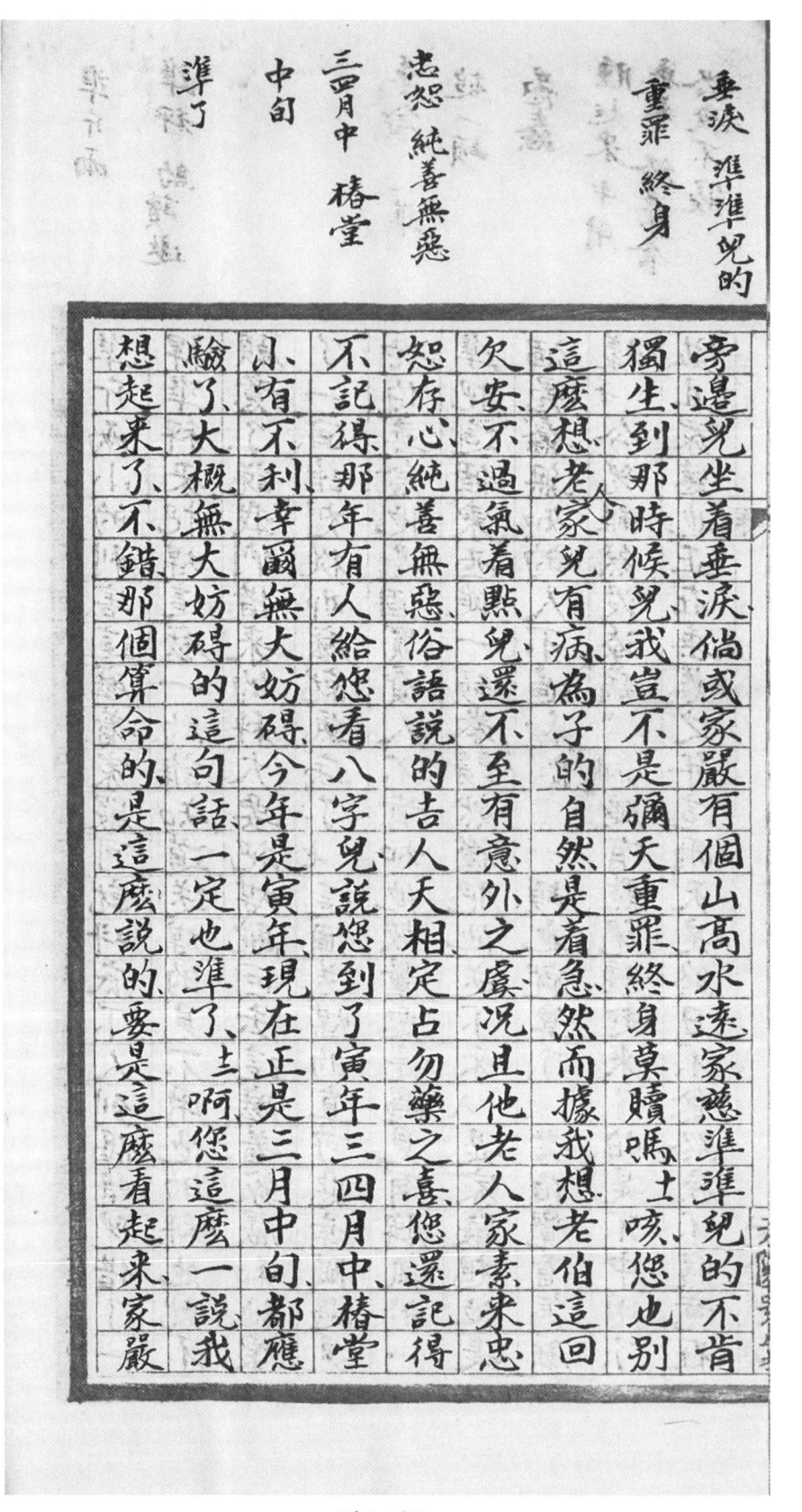

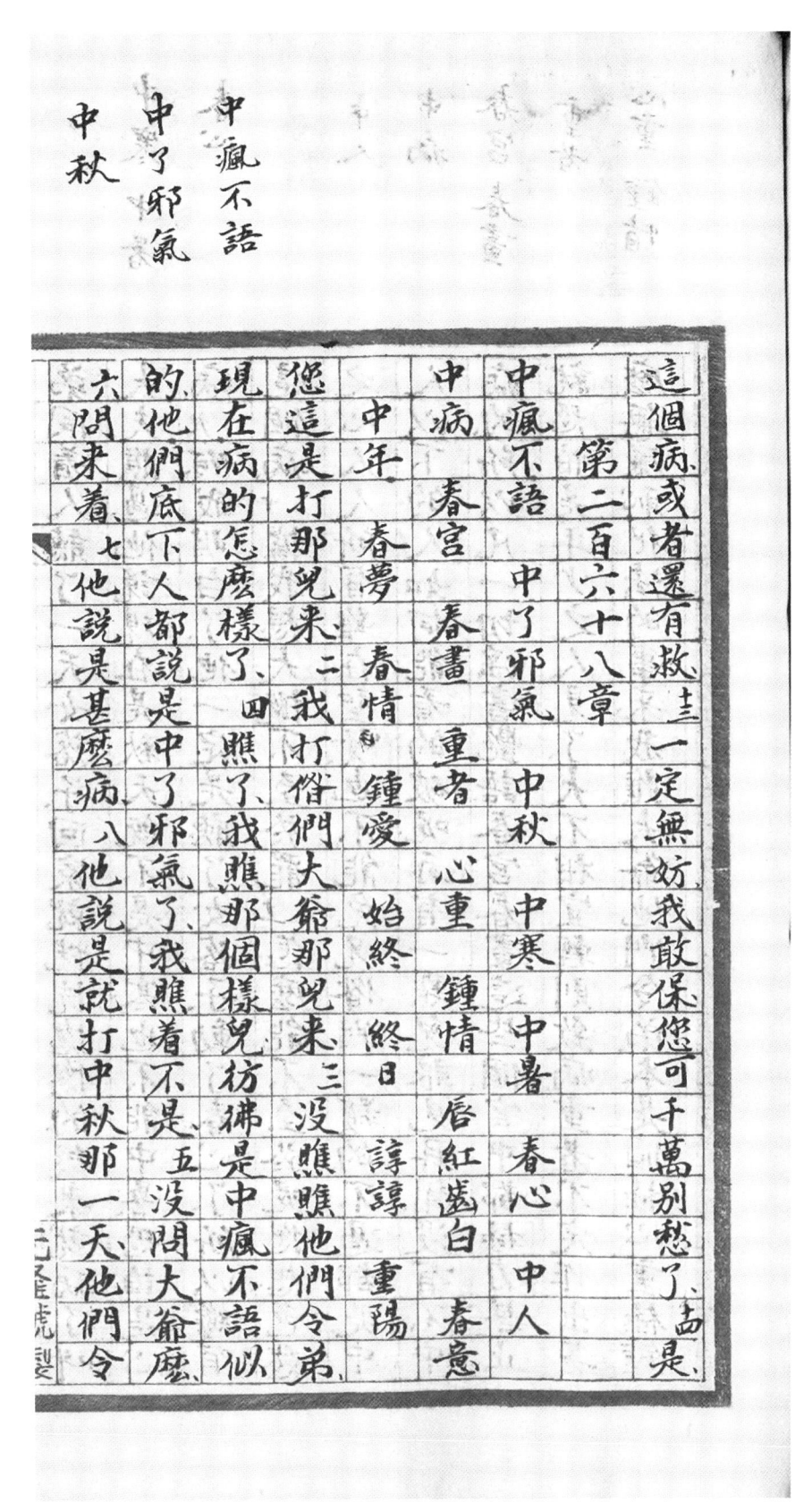

下 1-121b

中瘋不語
中了邪氣
中秋

這個病、或者還有救、十三一定無妨、我敢保、您可千萬別愁了、十四是、

第二百六十八章

中瘋不語　中了邪氣　中秋　中寒　中暑　春心　中人
中病　春宮　春晝　重者　心重　鍾情　唇紅齒白　春意
中年、春夢　春情、鍾愛　始終　終日　諄諄　重陽

您這是打那兒來、二我打俗們大爺那兒來、三沒瞧瞧他們令弟、現在病的怎麼樣了、四瞧了、我瞧那個樣兒彷彿是中瘋不語似的、他們底下人都說是中了邪氣了、我瞧着不是、五沒問大爺麼、六問來着、七他說是甚麼病、八他說是就打中秋那一天、他們令

下 1-122a

中寒　中暑
春心
中人
中病
春宮　春畫
重者
心重　鍾情

弟同着人聽了一天女落子、回家就恍恍惚惚的後来就病了、叫
大夫瞧過、他說現在是秋天、既不是中寒也不能中暑、恐怕是心
病、九啊、我明白了、他一定是聽了女落子、動了春心了、所以纔有
這個病、十據我想大概不至於罷、土怎麼能不至於呢、慾想色慾
之心、人人所有、雖在聖賢、也不能免、况偺們一類的、不過都是中
人以下的人、如何能看的破呢、再有一點兒眼見耳聞、沒有不中
病的、所以凡一切淫書艷語春宮春畫這些個官中都極力禁止、
就恐怕是年少之人見了、大不相宜、輕則致病、重者不定作出甚
麼無廉恥犯法的事来、我瞧大爺他們令弟、本是個極心重極鍾

下 1-122b

唇紅齒白春意
中年
春夢
春情
鍾愛　始終
終日

情的人、而且正在少年血氣未定、又沒成家見了那女落子、一個個唇紅齒白風流媚態焉有不動春意的理呢 十二 這句話也未盡然、好歹總在乎各人就拿偺們哥兒倆說罷原先正在中年的時候兒也是常聽女落子、怎麼不被他勾引呢、不用說因為這個成病、就連一個春夢都沒作過、大爺他們令弟若果真是因為聽女落子得病、那可是太想不開了、十三 是這麼着、人到了歲數兒春情是一定發動的若是不趁早兒成家、必出緣故、我想他們太翁寔在是欠明白、既是鍾愛他、為甚這麼躭延着始終不給他成家呢、並且又不給他弄個功名當當差整天家無所是事、終日賦閒怎

元鑒號製

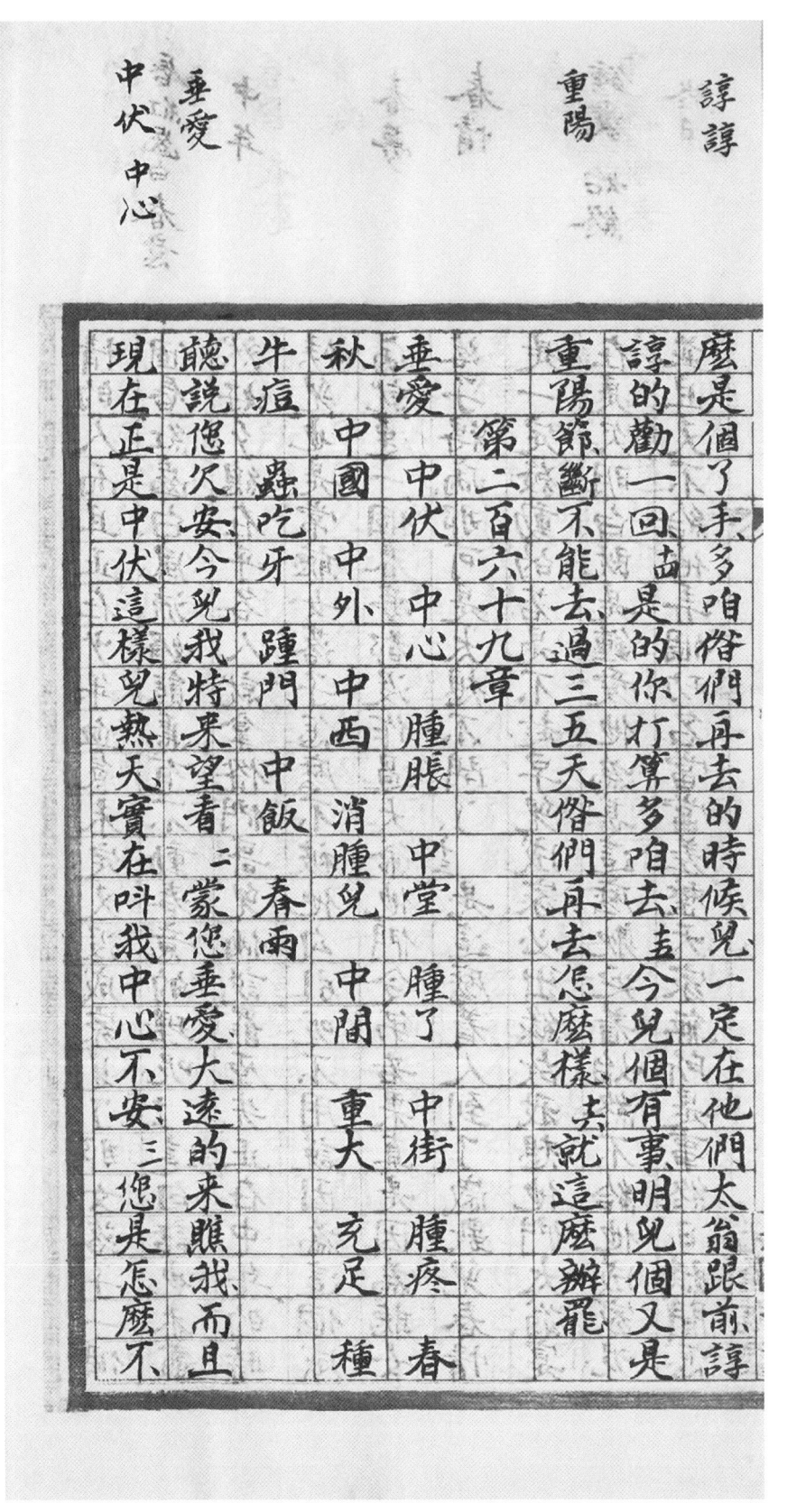

下 1-123a

諄諄

重陽

垂愛

中伏　中心

麼是個了手、多咱偺們再去的時候兒、一定在他們太翁跟前、諄諄的勸一回、吉是的你打算多咱去、去今兒個有事、明兒個又是重陽節、斷不能去、過三五天偺們再去怎麼樣、去就這麼辦罷

第二百六十九章

垂愛　中伏　中心　腫脹　中堂　腫了　中街　腫疼　春秋　中國　中外　中西　消腫兒　中間　重大　充足　種牛痘　蟲吃牙　踵門　中飯　春雨

聽說您欠安、今兒我特來望看　二　蒙您垂愛、大遠的來瞧我、而且現在正是中伏這樣兒熱天、實在叫我中心不安　三　您是怎麼不、

下 1-123b

腫脹
中堂　腫了
中街
腫疼　春秋
春雨
中國　中外　中西

舒服了、四不知道甚麽緣故這兩條腿忽然腫脹起来了、五有幾天了、六就從那天上王中堂宅裡畫事回来就腫了、先還可以勉强走道兒、這兩天所利害了、七没請人看看麽、八請人看過了、九請誰看的、十請中街兒住的一個蘇大夫看的、十一他看了怎麽樣十二他說的雖然不錯、但是吃了他的藥、越發腫疼的了不得、十三您府上不是常請春雨堂松大夫麽、怎麽又請蘇大夫呢、十四松大夫現在不行醫了、十五據我說、您總得換一個大夫給治一治纔好、十六不知道現在那個大夫出名、十七現在有一個姓恩的很好、他於中國的醫術很通、於西國的醫術也很好、真是中外有名、刻下中西

下 1-124a

消腫兒　中間

重大

充足

種牛痘　蟲吃牙

人士有病、請他的很多、我想你要是請他給治、大概不過兩三天、
腿就可以消腫兒了、十八他在那兒住、十九他在三條胡同中間兒路
南裡、二十啊、是了、怎麼我原先沒聽見人說過這位的大名呢、廿一他
們家原先本不是行醫的、就從他們太翁起、因為家道寒難、在施
醫院教書、後來把他送在施醫院、習學西醫、他又天分高、所以一
學即精、凡遇見重大症候、人所不能治的、他一治就好、現在手的
家道充足、頗可以過得、廿二您認得他麼、廿三我認得他、等我今兒到
他那兒、給您請一請、廿四好極了、可是我聽說三條胡同、有一個施
種牛痘的、不知道是他不是他、廿五是他、廿六我有個相好的他是蟲

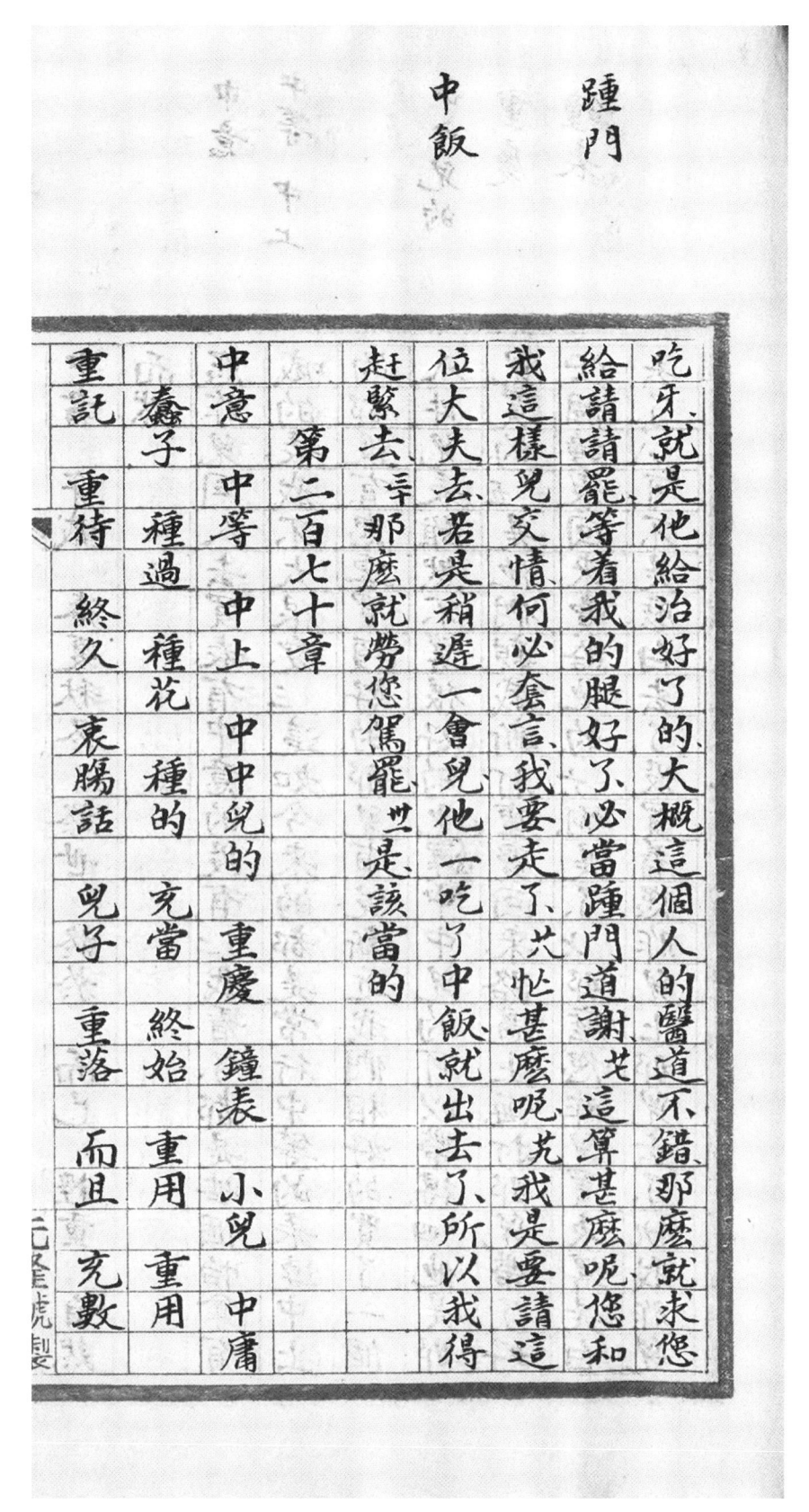

下 1-124b

踵門
中飯

吃牙、就是他給治好了的、大概這個人的醫道不錯、那麽就求您給請請罷、等着我的腿好了、必當踵門道謝、廿七這算甚麽呢、您和我這樣兒交情、何必套言、我要走了、廿八忙甚麽呢、廿九我是要請這位大夫去、若是稍遲一會兒、他一吃了中飯、就出去了、所以我得赶緊去、三十那麽就勞您駕罷、卅一是、該當的

第二百七十章

中意　中等　中上　中中兒的　重慶　鐘表　小兒　中庸
蠢子　種過　種花　種的　充當　終始　重用　重用
重託　重待　終久　衷腸話　兒子　重落　而且　充數

中意
中等　中上
中中兒的
重慶
鐘表

中書　穿戴　春夏秋冬　終世　終於　而已　輕重　自然、而然

您昨兒同人去買表有中意的沒有、二我看了、都是些個怕拿有喊的表我不大很愛、三這如今来的都是常行中等的表、連中上的都沒有您要買頂好的、那兒有呢、新近我們相好的、買了一個八件兒表、雖然不算很好的、也還中中兒的可以帶得、四他是那兒買的、五是他們親戚新打重慶回来、路過上海、打那兒帶了好些個鐘表回来、賣給他的、六啊、是了、七那麽您昨兒買表算是白去了、八可不是麽、白去了、沒買着、您昨兒上那兒去了、九我昨兒

下 1-125b

小兒　中庸
蠢子
種過　種花
種的
充當
終始　重用
重託　重待　終久

早起出城買書去後来回来竟在家裡没出去。十 買甚麼書。十一 就
給我們四小兒買了一本中庸没買别的書。十二 我聽説二令郎很
聰明、他今年幾歳了。十三 咳、别提了、實在是個蠢子、今年六歳了、從
五月上的學、現在念了倆多月的書了、纔念了三本小書兒、一本
弟子規、一本大學。十四 這就很聰明了、種過花兒没有。十五 種花兒了。
十六 多大種的。十七 兩歳上種的。十八 好、這就可以放心了。十九 大世兄的
差使近来更忙了罷。二十 可不是麼、近来又兼充當國史館校對、更
忙了、好在他於當差上、倒還終始如一、不敢懶惰、所以各堂官也
還敢重用他。廿一 這很好、上司既肯這麼重託他、實在是重待、終久

下 1-126a

衷腸話　兒子　重落　而且　充數　中書　終久　穿戴　春夏秋冬

是不可限量、廿二實在承您過獎、廿三我這不是過獎、我和您這樣兒交情、句句兒都是衷腸話、沒一句假的、您瞧我們敝本家、他那個兒子、就差多了、他現在所不正經當差、先是害傷寒病、有二十多天不上衙門、好容易好了、自己又不小心、胡亂這麼一吃、又重落了、又養了二十多天、前後共有五十多天沒上衙門、而且他又沒能耐、您說他這不是充數兒麼、廿四貴本家這位少爺、在那衙門、廿五他是內閣中書、廿六按說他要是好好兒的當一當、終久必有起色、廿七那他那兒肯呢、就是知道好浮華、講究穿戴、春夏秋冬四季兒的衣服、沒有一樣兒不講究的、趕到正經差使上、他卻不在心了、

下 1-126b

終世 終於 而已
輕重
自然而然

我瞧他終世沒甚麼大起色、也就是終於這個中書而已、艹那您可别那麼說他現在正在年輕、不知道輕重、所以拿着差使不當事、再過幾年、自然而然的就好了、艹那恐怕不能罷、

第二百七十一章

過了年兒 那兒 大鐘寺 鐘樓 那鐘 鐘聲 鐘的聲音 有趣兒 逛青兒 種地 衆位 陰凉兒 衆人 席地而坐 盅 有點兒 大衆 終朝 野景兒 重重叠叠 二則 工夫兒 始終 到了兒 二三月 而今 時候兒 然而 終有 而況 閒空兒 出了月兒 二月中 種庄稼

過了年兒　那兒
大鐘寺　鐘樓
那鐘　鐘聲
鐘的聲音
有趣兒
逛青兒　種地
衆位　陰凉兒

過了年兒你出去逛了一回沒有、二逛過了、三您都上那兒逛去了、四上大鐘寺去過一盪、五那個鐘樓您上去了麽、六上去了、七看那鐘大不大、八大極了、九您聽見那鐘聲兒沒有、十又沒人打、怎麽能聽見聲兒呢、大概那個鐘的聲音一定也大的很、十一那是自然的、北京城裡城外的大廟您都逛過那兒、十二大概都逛過了、十三您看是那個廟好、十四我看着都不過是那麽回事情、要論真好、還是逛個山野的景緻有趣兒、那一年我同着幾位朋友、出大城逛青兒去、瞧見那些個種地的放牛放羊的、甚麽打水的、釣魚的、真是入畫、他們衆位也都很高興、於是我們就找了個樹陰凉兒、

下 1-127b

衆人 席地而坐
盅 有點兒大衆
終朝 野景兒
重重疊疊 二則
工夫兒 始終
到了兒
二三月
而今
時候兒

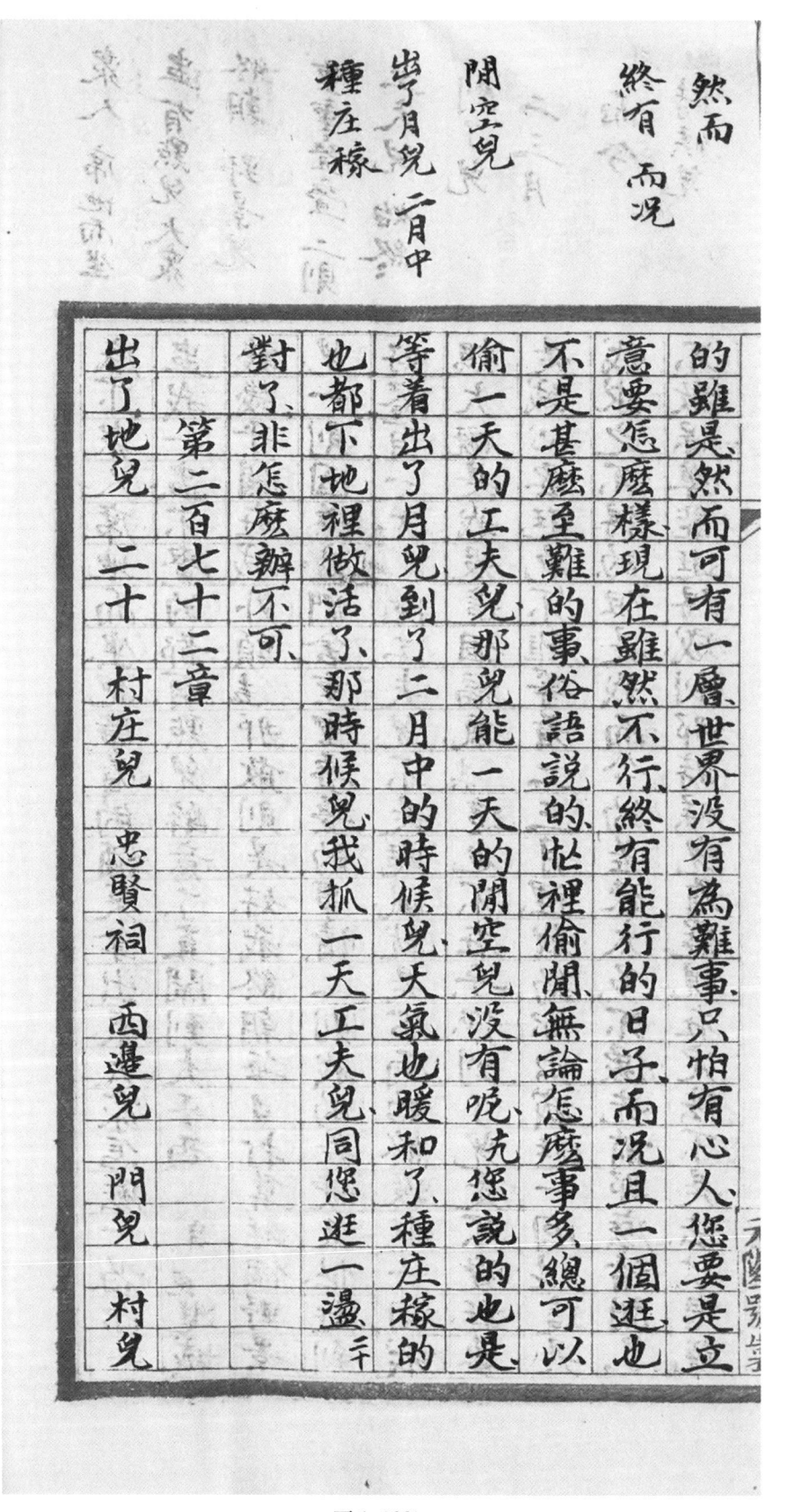

底下衆人席地而坐、把帶着的酒菜拿出來、大家怎麽一喝、你一盅我一盅、不覺的都有點兒醉意了、直鬧到大平西、大衆纔進城、幾幾乎關在城外頭、去那敢則是好、我終朝每日打算逛個野景兒、一則因爲我們舍下重重疊疊的事情、二則我的差使又忙、赶到好容有一天的閒工夫兒、不是颳風就是下雨、始終沒逛一回、我想大概是我沒這個福氣、去這也不在乎、您到了兒是不愛逛、要是誠心要逛、也不難、等着二三月裡、我約你出城逛一回、去這是我求之不得的、但是我而今的差使太多、不像先前那麽清閒了、不敢保準能逛得成、到那時候兒看罷、現在定法不是法、大您說

然而
終有　而況
閒空兒
出了月兒　二月中
種庄稼

的雖是、然而可有一層、世界沒有爲難事、只怕有心人、您要是立
意要怎麽樣、現在雖然不行、終有能行的日子、而況且一個逛也
不是甚麽至難的事、俗語說的、忙裡偷閒、無論怎麽事多、總可以
偷一天的工夫兒、那兒能一天的閒空兒沒有呢、尤您說的也是、
等着出了月兒、到了二月中的時候兒、天氣也暖和了、種庄稼的
也都下地裡做活了、那時候兒我抓一天工夫兒同您逛一盪、卞
對了、非怎麽辦不可、

第二百七十二章

出了地兒　二十　村庄兒　忠賢祠　西邊兒　門兒　村兒

下 1-128b

出了城兒
二十 村庄兒
忠賢祠 西邊兒
門兒
村兒 種兒

種兒　地方兒　二次　道兒　暴發　邇來　沖塌　沖到
了　二里　塚墳　沖的　塚墓　墳主兒　充盈　人家兒
重修　沖壞　兒孫　墳塚　出息兒　塚上　二來　充口
兒女　種樹　花兒　忠孝

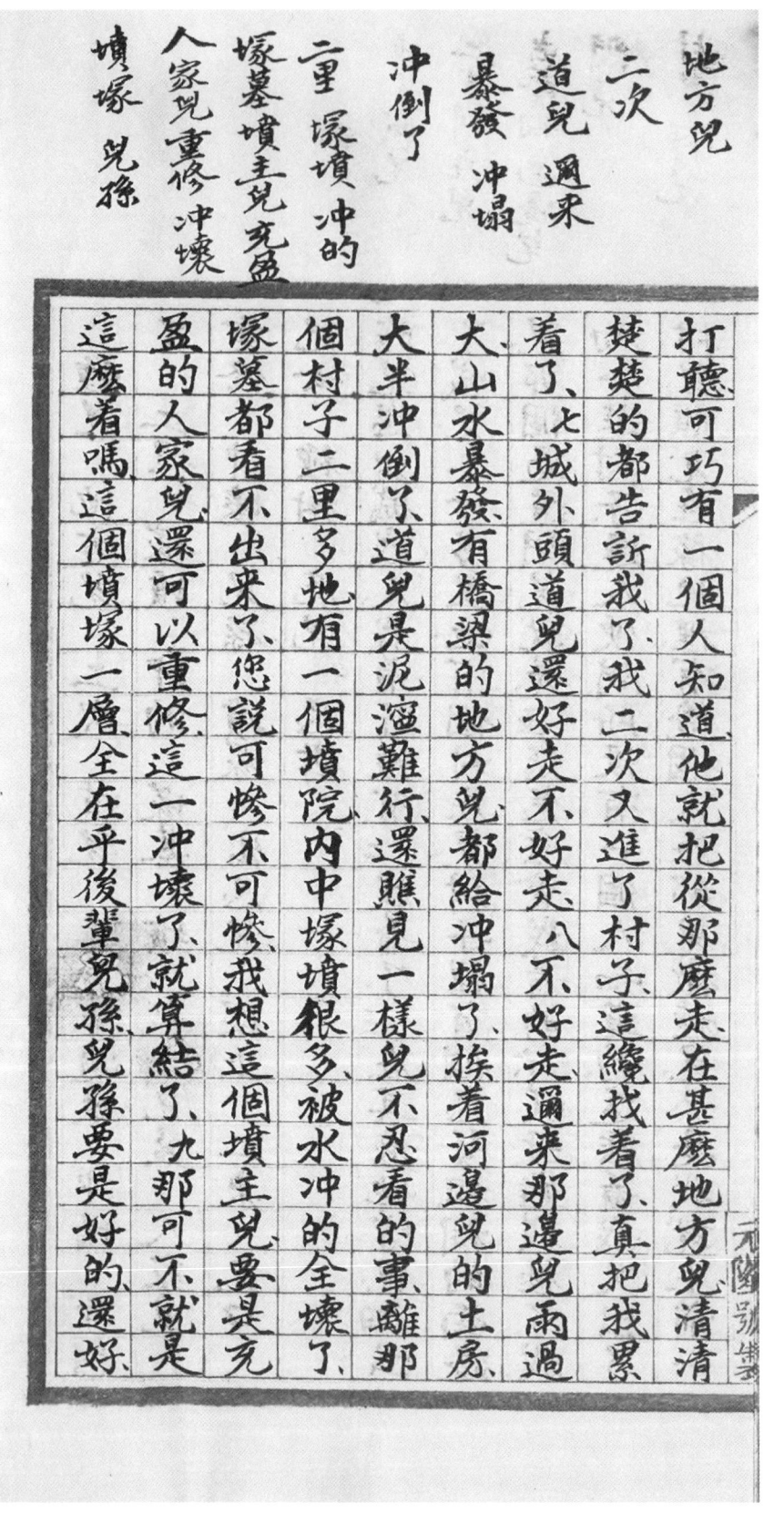

昨兒您出城找人、找着了沒有、二找着了、三在甚麼地方兒、四出了城兒、二十多里地、有個村庄兒、村子裡有個忠賢祠、祠的西邊兒、那個過道門兒就是、五您怎麼會找着的、六哎呀、難找極了、我初一進村子、逢人便問、所沒有一個人知道的、這麼着我又出了村兒、瞧見莊稼地裡、有幾個人在那兒撒種兒、於是我就上前一

地方兒
二次
道兒 邇来
暴發 冲塌
冲倒了
二里 塚墳 冲的
塚墓 墳主兒 充盈
人家兒 重修 冲壞
墳塚 兒孫

打聽、可巧有一個人知道、他就把從那麼走、在甚麼地方兒清清
楚楚的都告訴我了、我二次又進了村子、這纔找着了、真把我累
着了、七城外、頭道兒還好走不、好走、八不、好走、邇来那邊兒兩過
大、山水暴發、有橋梁的地方兒、都給冲塌了、挨着河邊兒的土房、
大半冲倒了、道兒是泥溜難行、還瞧見一樣兒不忍看的事、離那
個村子二里多地、有一個墳院、內中塚墳很多、被水冲的全壞了、
塚墓都看不出来了、您說可慘不可慘、我想這個墳主兒、要是充
盈的人家兒、還可以重修、這一冲壞了、就算結了、九那可不就是
這麼着嗎、這個墳塚一層、全在乎後輩兒孫、兒孫要是好的、還好、

下 1-129b

出息兒　塚上　二来

充口

兒女　種樹

花兒

忠孝

要是不好沒出息兒的、還能在先人的塚上添一點兒土嗎、二来就是兒孫好、也得有錢、要是衣不遮寒、食不充口、也不過是白懸着罷咧、十那是自然的、您近来竟在家裡、作甚麼消遣、十一我在家裡、沒甚麼正經事、不過是帶着兒女們在花園子裡、種種樹栽栽花兒甚麼的、再不然就是一個人在書房裡看閒書、十二您看甚麼書哪、十三也不過是些個忠孝節義的書、十四這却很是個養靜的法子、很好、除此以外、還做甚麼呢、十五此外毫無所事、十六您這實在是享福、比我舒服多了、十七那兒的話呢、

第二百七十三章

下 1-130a

瞉眊瞉兒去聲　仲秋
蟲蟻　臭蟲
衆兄弟
揾住

瞉眊　仲秋　蟲蟻　臭蟲　衆兄弟　揾住　二更天　幸爾
沖散　發起　沖齡　衆多　耳房　沖茶　耳聾　耳刮子
左耳　右耳　耳傍風　衝冠　耳性　恃寵　兒戲　種庄
田　一種　衝撞　而並且　種樣

一您昨兒夜裡、一定睡晚了罷、二不錯、您怎麼知道呢、三我瞧您坐在那兒瞉眊兒、所以知道、現在正是仲秋天很涼快、各樣蟲蟻兒也都少了、又沒蚊子、又沒臭蟲、爲甚麼不早點兒睡呢四我這程子本來就常起早、所歇不過來、昨兒我們本家的衆兄弟們都来了、吃了晚飯以後、他們就要起錢来了、一定揾住了我、叫我要定

下 1-130b

二更天　幸爾
沖散
發起
沖齡
衆多　耳房
沖茶
耳聾
耳刮子

了、没法子、從二更天和他們鬧到四更天、幸爾聽見狗咬、這纔把塲兒沖散了、赶到他們走的時候兒已經大天大亮了、這麼着、我也就没睡、故此現在我發起困来了、五 據我說您今兒總得抓空兒睡一會兒、養一養精神、不然您這個歲數兒、不是甚麼沖齡年幼的時候兒了、如何受的了呢、六 我也是這麼想哪、無奈我事情衆多、簡直的一會兒不能歇息、纔剛吃了早飯兒、正打算在耳房躺一躺兒、忽個盹兒、不想底下人拿茶壺去沖茶、不小心把壺砸了、我說他他和我粧耳聾、作為没聽見、我氣極了、打了他一個耳刮子、這他纔害了怕了、就這麼一来、叫我覺也没睡成、七 這都是

下 1-131a

左耳　右耳　耳傍風

衝冠

耳性

恃寵　兒戲

種庄田

一種　衝撞

而並且　種樣

您素來太寬的緣故、八 也不是我太寬、這個底下人本不是個好東西、我也常說他、無奈他左耳聽右耳冒、拿我的話當耳傍風、您說可氣不可氣、九 依我說、您倒不必這麼怒髮衝冠的、十 是、您說的不錯、但是這個東西、他所沒耳性、要是不、這麼和他鬧、以後他更恃寵多嬌、拿我的話更當兒戲了、十一 那是自然的、可也不可以動真氣、怎麼說呢、您這個尊管、他原是個種庄田的人、沒跟過主兒、未免的心粗、這還好呢、還有一種人、他不會說話、一說話就衝撞人、那纔招人生氣呢、十二 可不是麼、我從先使喚過一個人、他不、但不會說話、而並且臉上那種樣兒看着就可惡、十三 是的、你夜裡

下 1-131b

恩科　充名冒籍

沒睡覺也該歇歇兒了、我要告假了、忙甚麼、再談一會兒、改日再談能、別送、請請

第二百七十四章

恩科　充名冒籍　充作　充得過　充不過　充發　充徒

充軍　發遣　發作　中不了　終身大事　不中　二五眼

這種人　發家　發達　終久　兒童　沒中　中聽　耳鬧

恩崇　二位　耳聾口吃　耳朶軟　耳朶　耳底子　耳撓

了　耳目　兒媳　又衆　越發　重重

您沒聽說、今天恩科順天鄉試充名冒籍的很多、叫官查出來了、

充作　充得過　充不過
充發
充徒　發遣
充軍　發作
中不了　終身大事
不中　二五眼
發家
這種人　發達　終久

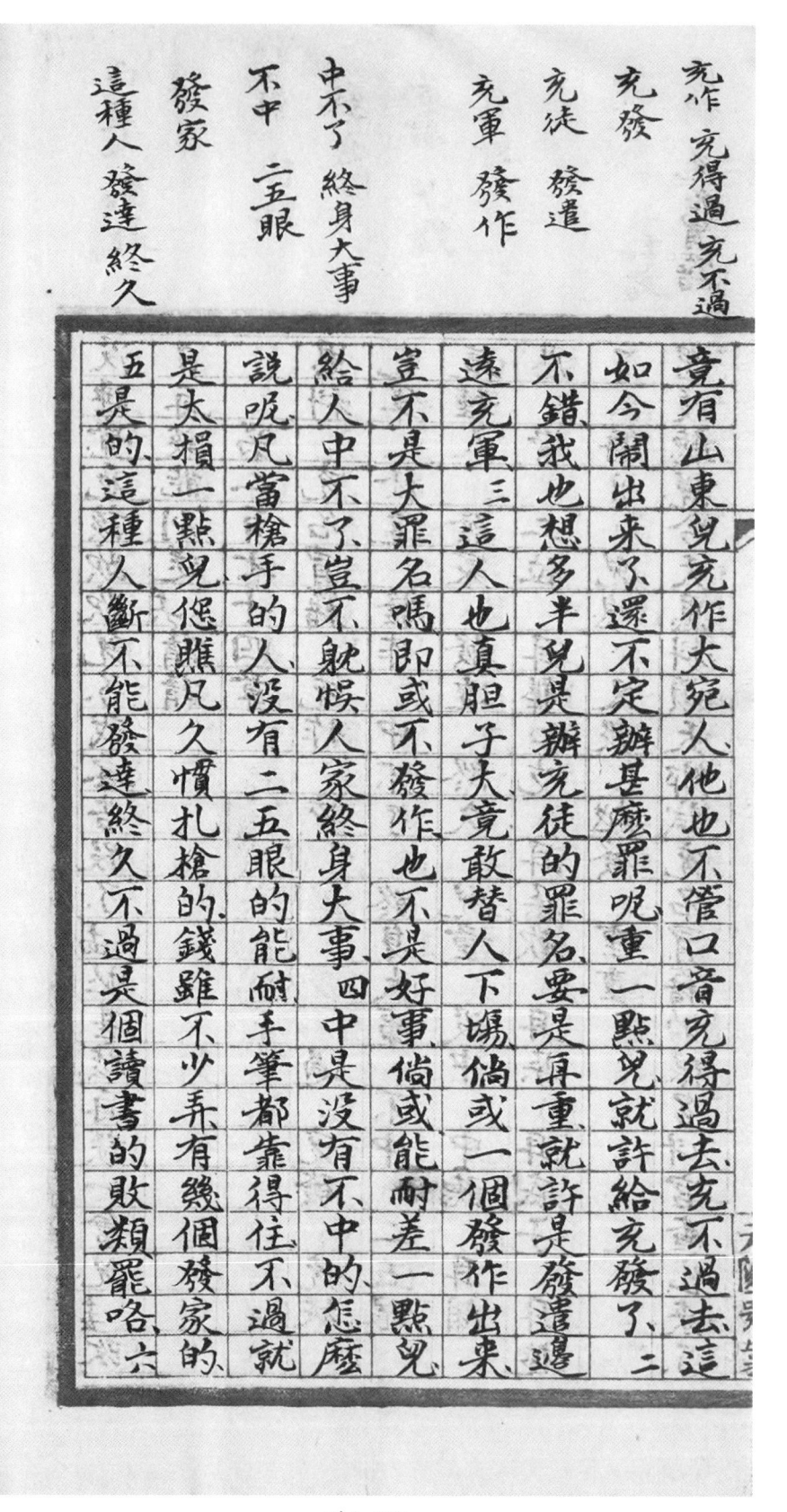

竟有山東兒充作大宛人、他也不管口音充得過去、充不過去、這
如今鬧出来了、還不定辦甚麼罪呢、重一點兒就許給充發了、二
不錯、我也想多半兒是辦充徒的罪名、要是再重、就許是發遣邊
遠充軍、三這人也真胆子大、竟敢替人下場、倘或一個發作出来、
豈不是大罪名嗎、即或不發作、也不是好事、倘或能耐差一點兒
給人中不了、豈不躭悞人家終身大事、四中是沒有不中的、怎麼
說呢、凡當槍手的人、沒有二五眼的能耐、手筆都靠得住、不過就
是太損一點兒、您瞧凡久慣扎槍的、錢雖不少弄有幾個發家的、
五是的、這種人斷不能發達、終久不過是個讀書的敗類罷咯、六

下 1-132b

兒童
沒中
中聽
耳聞恩崇 二位
耳聾口吃
耳朵軟

聽說今年新中的、還有十二三歲的兒童哪、倒是那些老手、反倒都沒中、要不是槍手鬧的、如何能這麼着呢、七 這您倒別怪槍手、我說一句不中聽的話、既是老手怎麼會考不過槍手、既是考不過槍手、那還是手筆有限、我這話對不對、八 也對、可是我和您打聽一個人、新近我耳聞恩雨霖和崇翰臣、他們二位都告休了、是有怎麼件事嗎、九 是真的、十 您知道他們為甚麼忽然告休、十一 知道、雨霖是因為耳聾口吃、他恐怕當差悞事、故此告的、翰臣是因為和他們掌印的不對、新近他們掌印的在堂官前、給他進了好些讒言、偏巧堂官耳朵軟、全信了、就要參他、他見這話、所以預先

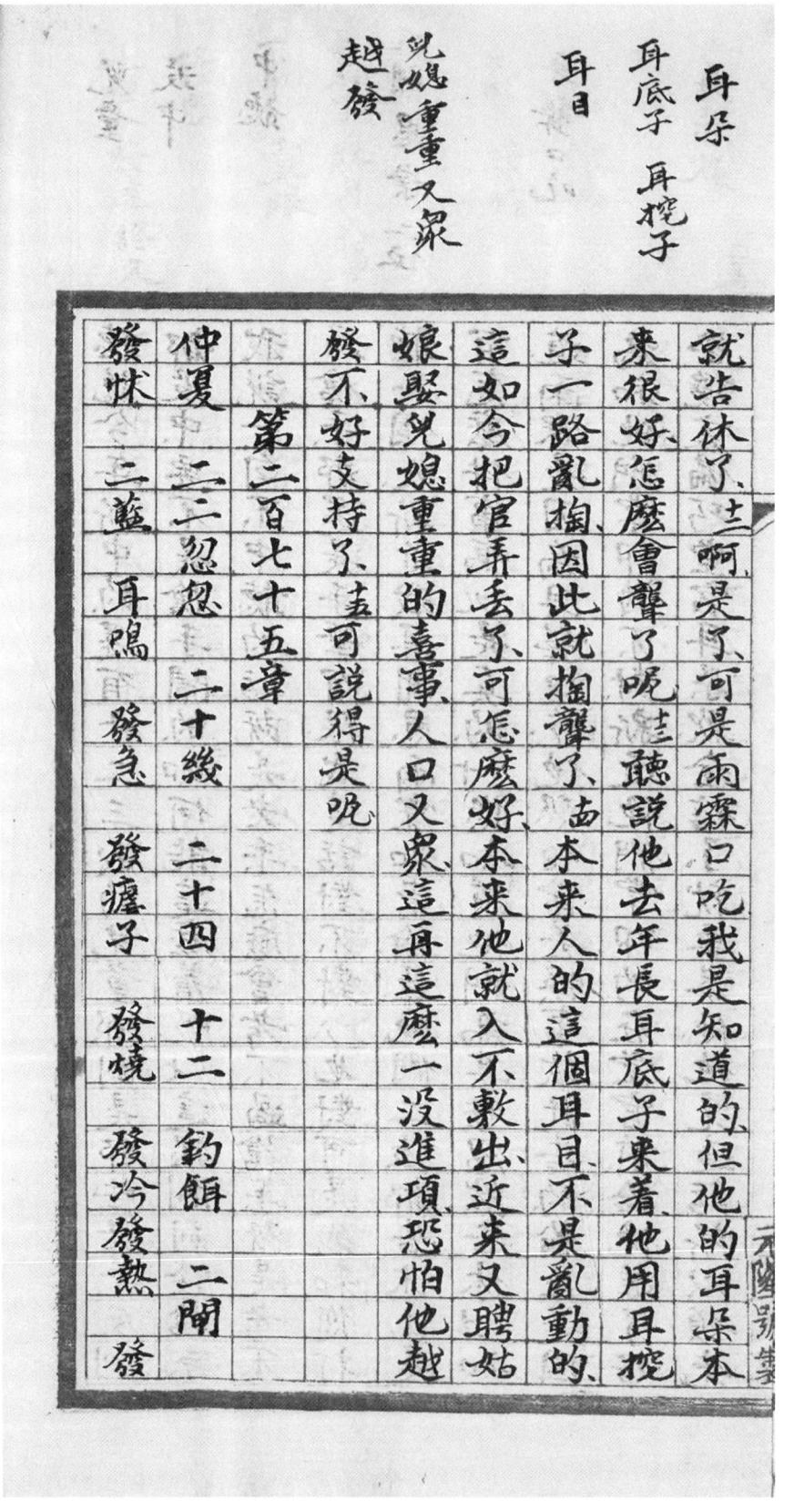

下 1-133a

耳朵
耳底子　耳挖子
耳目
兒媳重重又衆
越發

就告休了、圭啊、是了、可是雨霖口吃我是知道的、但他的耳朵本来很好、怎麼會聾了呢、圭聽説他去年長耳底子来着、他用耳挖子一路亂掏、因此就掏聾了、由本来人的這個耳目、不是亂動的、這如今把官弄丢了、可怎麼好、本来他就入不敷出、近来又聘姑娘娶兒媳重重的喜事、人口又衆、這耳這麼一没進項、恐怕他越發不好支持了、圭可説得是呢

第二百七十五章

仲夏　二二忽忽　二十幾　二十四　十二　釣餌　二閘
發怵　二藍　耳鳴　發急　發瘧子　發燒　發冷發熱　發

下 1-133b

仲夏
二二忽忽
二十幾
二十四
十二　釣餌
二閘

苦　發散　發汗　二兩　發懶
現在都交了仲夏了、天還怎麼凉、時在是時令不正、二是的每年
這時候兒早熱極了、現在早晚兒還得穿棉的哪、三可不是麼、這
個時候兒要是穿衣裳、都叫人二二忽忽的沒主意、少穿罷、恐怕
外頭冷、多穿罷、又怕晌午熱、寔在沒法子、四今兒是二十幾了、五
您怎麼連日子都過忘了、今兒不是二十四麼、六對了、我想起来
了、七您今兒不是還有約會麼、八啊、有約會兒、九定規甚麼時候
兒、十我們定的是十二鐘、我到釣餌胡同、找上我們舍親、然後一
同出城、十一出城打算上那兒、十二先本要上二閘来着、後来因爲道

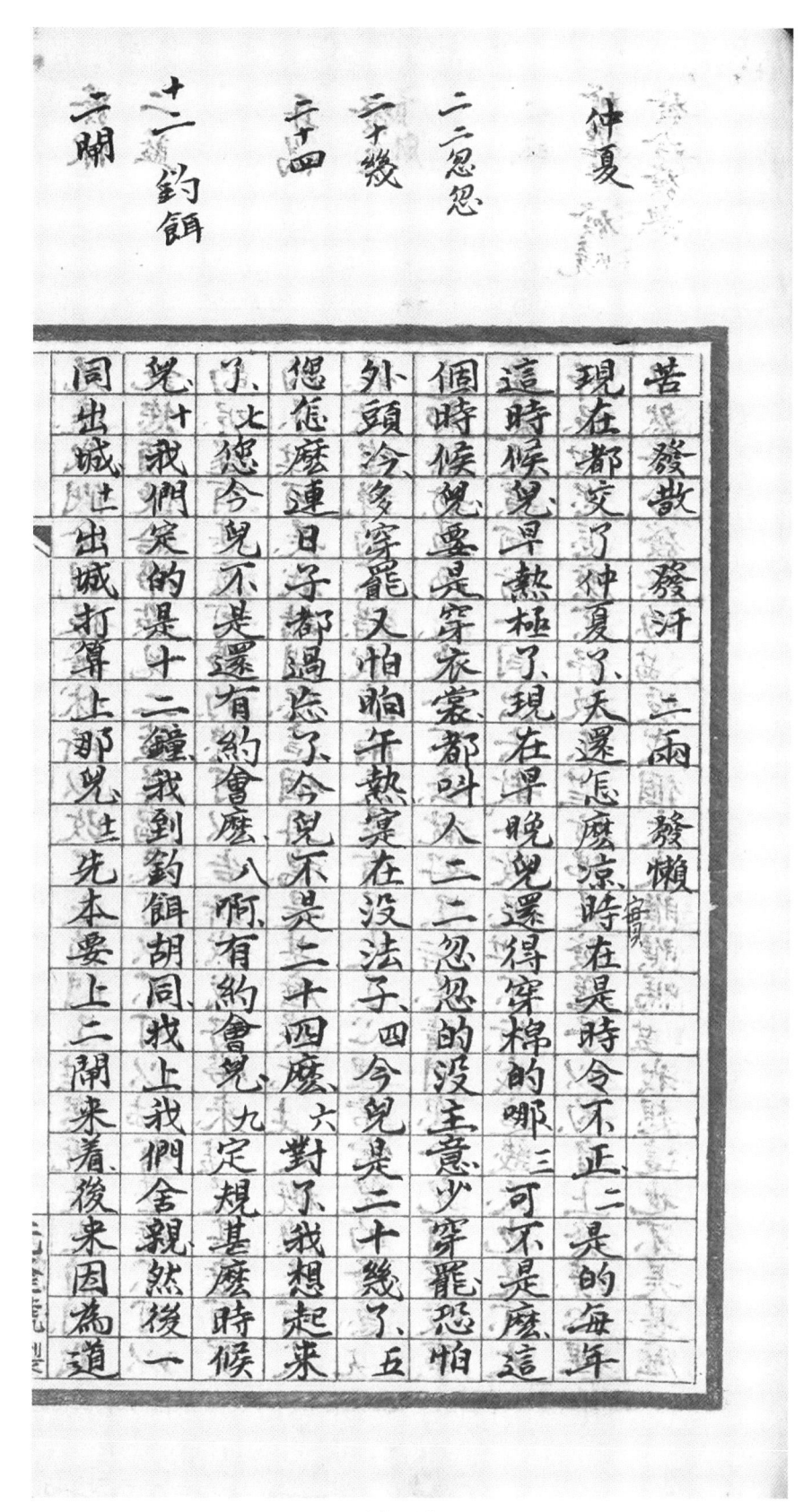

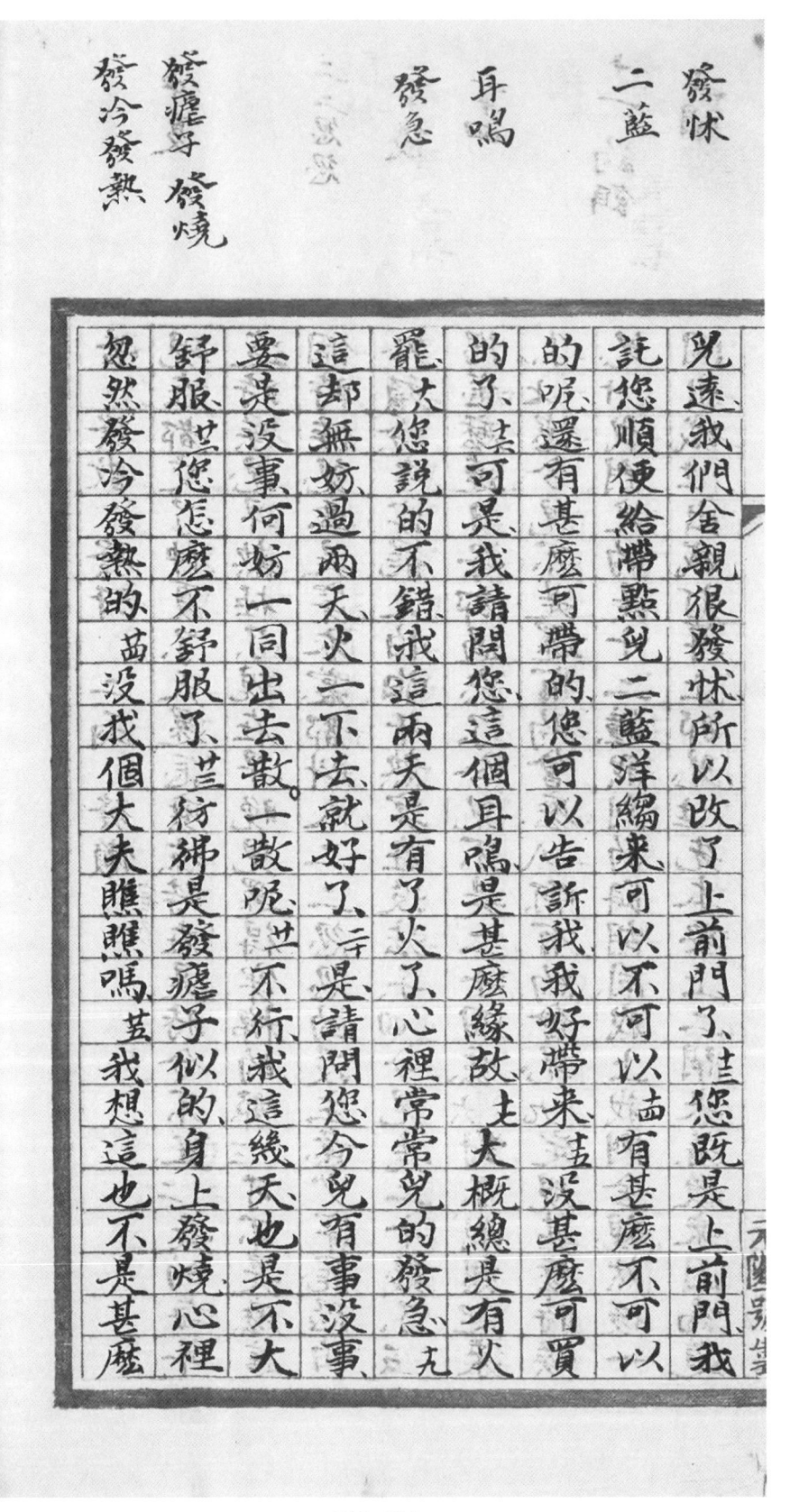

下 1-134a

發怵
二藍
耳鳴
發急
發瘧子 發燒
發冷發熱

兒遠、我們舍親很發怵所以改了上前門了、十三您既是上前門、我託您順便給帶點兒二藍洋縐来可以不可以十四有甚麽不可以的呢、還有甚麽可帶的、您可以告訴我我好帶来、十五没甚麽可買的了、十六可是我請問您、這個耳鳴是甚麽緣故十七大概總是有火罷、十八您說的不錯、我這兩天是有了火了、心裡常常兒的發急十九這却無妨、過兩天火一下去、就好了、二十是請問您今兒有事没事、要是没事、何妨一同出去散。一散呢、廿一不行、我這幾天也是不大舒服、廿二您怎麽不舒服了、廿三彷彿是發瘧子似的、身上發燒心裡忽然發冷發熱的廿四没找個大夫瞧瞧嗎、廿五我想這也不是甚麽

下 1-134b

發苦

發散 發汗

二兩

發懶

大病、沒找人瞧、十六吃東西香不香、十七我嘴裡發苦吃東西沒味兒、十八我想您這是着了點兒涼、吃點兒發散的藥、一發汗就好了、您這兩天酒還喝不喝、十九也不大愛喝、從前兒打了二兩酒、到今兒差不多三天了、還沒喝完呢、二十我想您總還是出去溜達溜達、別竟發懶在家裡悶着、現在的時令不正、務必要自己保護纔好、廿一是的、

第二百七十六章

發出　恩赦　二十　第二天　恩　二位　恩愛夫妻　發心

口疼　發酸　發冷　發熱　發瘋　發昏　沉重　二十三

下 1-135a

發出 恩赦
二十 第二天
恩
二位 恩愛夫妻

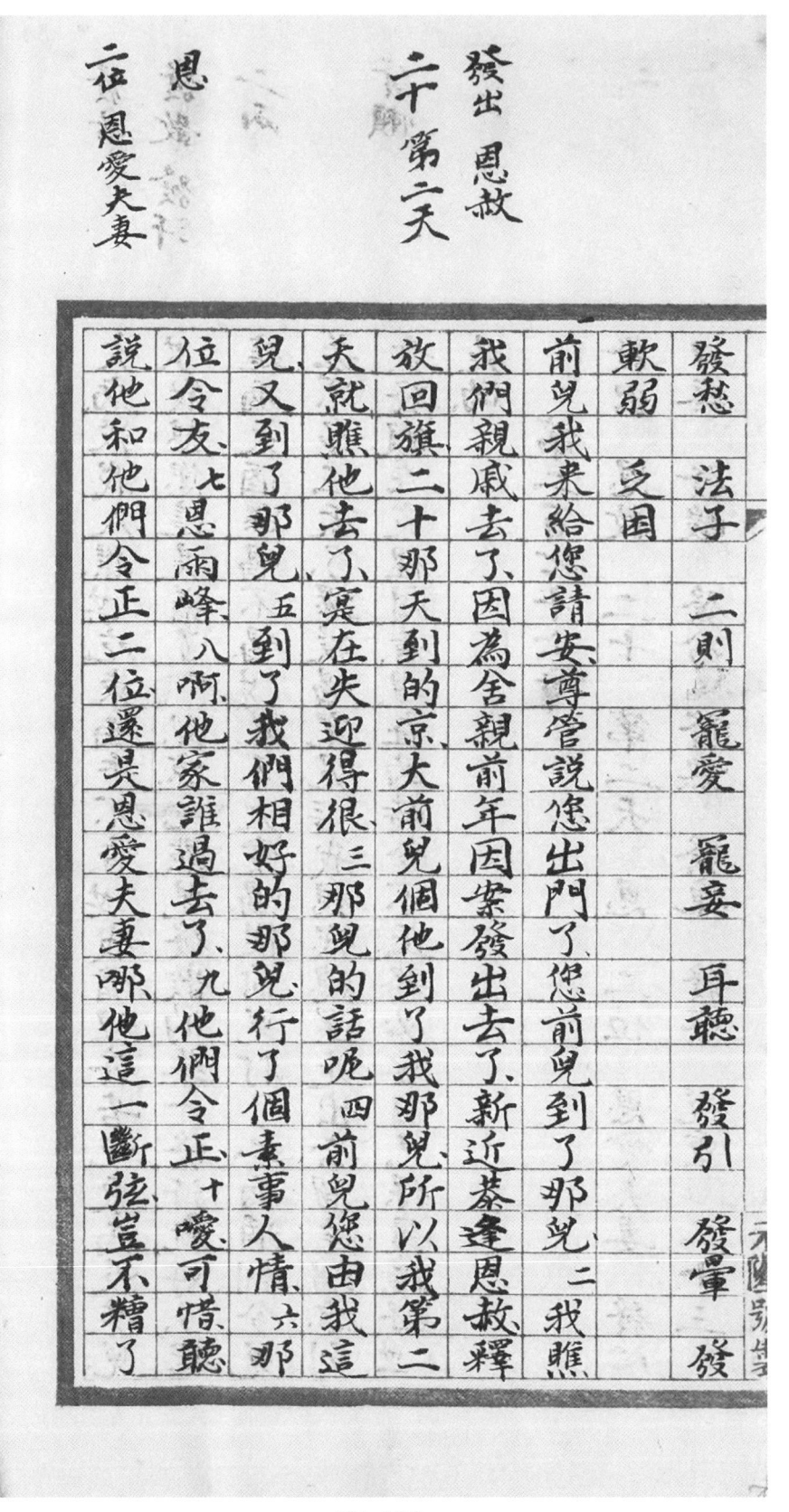

發愁　法子　二則　寵愛　寵妾　耳聽　發引　發暈　發
軟弱　乏困
前兒我來給您請安、尊管說您出門了、您前兒到了那兒 二 我瞧、
我們親戚去了、因為舍親前年因案發出去了、新近蒙逢恩赦、釋
放回旗、二十 那天到的京、大前兒個他到了我那兒、所以我第二
天就瞧他去了、實在失迎得很、三 那兒的話呢 四 前兒您由我這
兒、又到了那兒 五 到了我們相好的那兒、行了個素事人情、六 那
位令友、七 恩兩峰、八 啊、他家誰過去了、九 他們令正、十 噯、可惜、聽
說他和他們令正二位、還是恩愛夫妻哪、他這一斷弦、豈不糟了

下 1-135b

發心口疼　發酸
發冷　發熱　發瘋
沉重　發昏
二十三
發愁　法子
二則
寵愛　寵妾

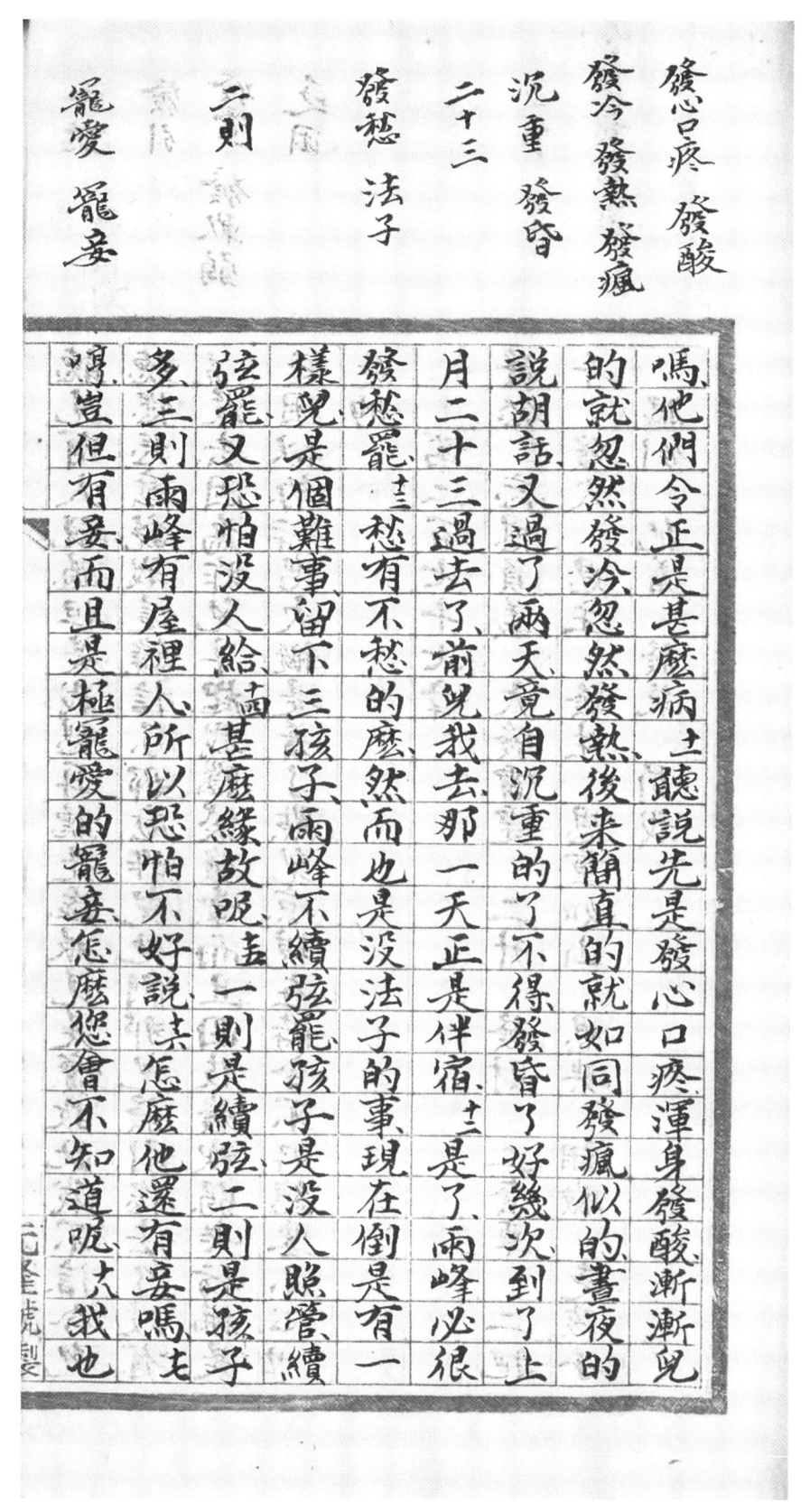

嗎、他們令正是甚麼病、十一聽説先是發心口疼、渾身發酸、漸漸兒的就忽然發冷、忽然發熱、後來簡直的就如同發瘋似的、晝夜的説胡話、又過了兩天、竟自沉重的了不得、發昏了好幾次、到了上月二十三過去了、前兒我去那一天、正是伴宿、十二是了、兩峰必很發愁罷、十三愁有不愁的麼、然而也是沒法子的事、現在倒是有一様兒是個難事、留下三孩子、兩峰不續弦罷、孩子是沒人照管、續弦罷、又恐怕沒人給、十四甚麼緣故呢、十五一則是續弦、二則是孩子多、三則兩峰有屋裡人、所以恐怕不好説、十六怎麼他還有妾嗎、十七噂、豈但有妾、而且是極寵愛的寵妾、怎麼您會不知道呢、十八我也

元澤號製

下 1-136a

耳聽
發引
發暈　發軟弱
乏困

聽見有人說過、但是我想耳聽是虛眼見是實、故此我不信、今兒
聽您怎麼說、我這纔信了、那麼昨兒他們那兒發引、您去了沒有、
九沒去、因為昨兒早起我腦袋發暈、而且四肢發軟弱、老彷彿是
乏困似的、二爷您大概是着了點兒涼、現在時令不好、總要小心、廿
是的、

第二百七十七章

發怒　忘恩負義　大發雷霆　二升　發財　二套車　二把
手　發火　恩主　發生　恩重如山　恩典　翻臉　乏孩子
揾倒　犯着　發氣　罰我

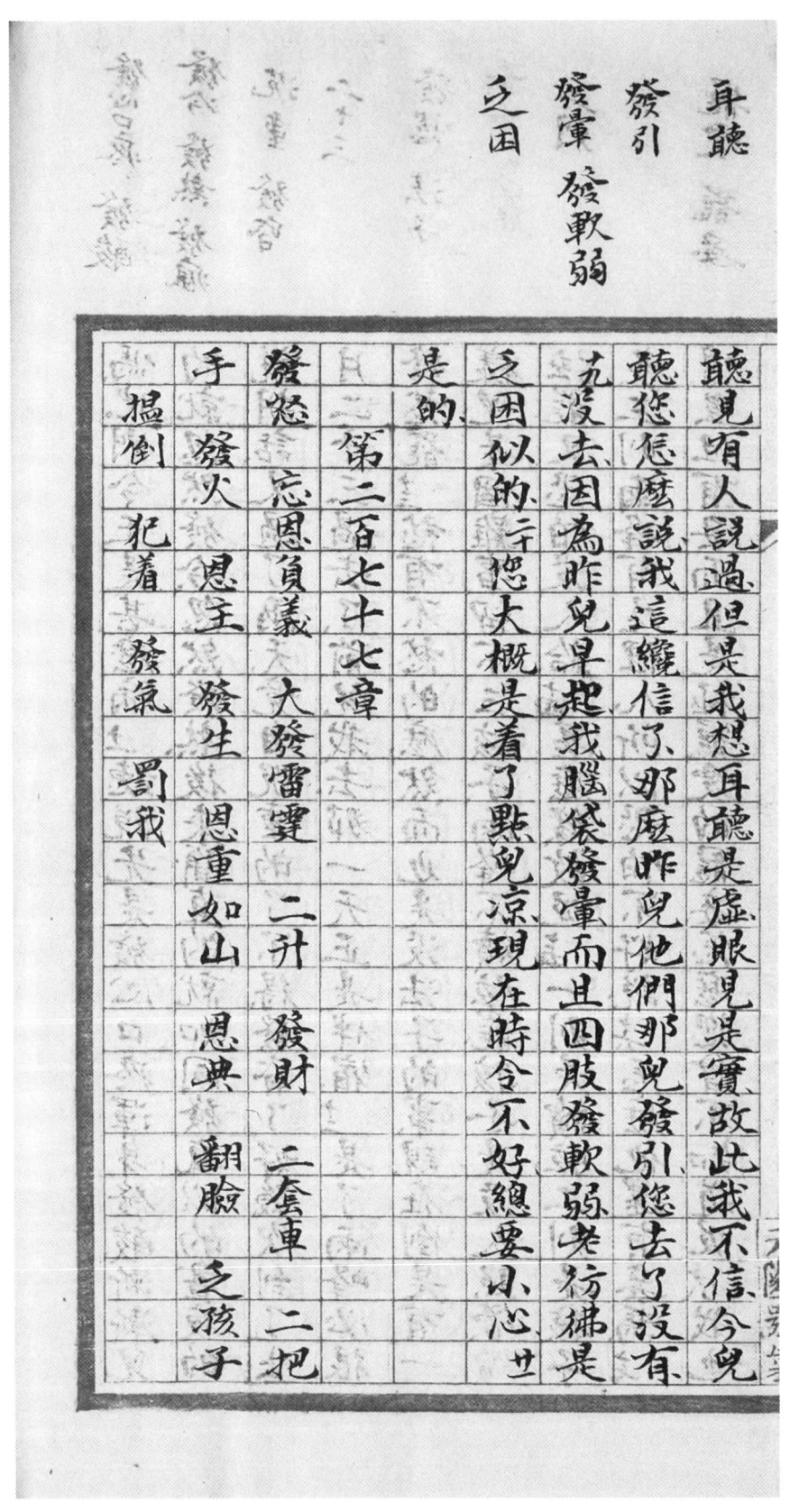

下 1-136b

發怒　忘恩負義
大發雷霆
二升
發財
二套車
二把手
發火
恩主　發生
恩重如山　恩典　翻臉

您為甚麼怎麼發怒、二 噯、可恨之至、世界上有這樣兒的忘恩負義的人麼、真是沒地方兒說理了、三 甚麼事怎麼大發雷霆、四 你聽我告訴你、就是我從先使喚的那個叫二升的小子、我不是去年把他薦出去了嗎、這如今他解外頭發財回來咯、所狂的了不得、今兒前半天我出齊化門有事、碰見他坐着二套車進城、後頭跟着兩輛車、還有四五個二把手的小車子、那光景像是剛打外頭回來、見了我也沒下車、不由的我心裡發火、他也不想想、我是他的恩主、要不是我薦出他去、他如何能彀發生、雖然待他不算是恩重如山、然而恩典也就不薄了、如今剛吃飽飯、就翻臉不認

下 1-137a

乏孩子
搵倒了
犯着
發氣
罰我

人、您説可恨不可恨、五啊、敢則您和這個乏孩子生氣哪、這可無怪您還筭您脾氣好、要是我、一定把他拉下来搵倒了痛打一頓、六我當時本来也想要罵他兩句、後来一想幹甚麼呢、他理我怎麼樣、不理我怎麼樣、我纔不犯着和他賭氣呢、七您説的很是、但是您既説不生氣、為甚麼臉上還帶着發氣的樣子呢、八是這麼着、我雖不和他賭氣、然而也不能一點兒氣不生、這以後可要學耐氣了、九我不信、十你不信聽我告訴你、以後我若是再生氣、你就罰我、十一可以就這麼辦罷、

第二百七十八章

下 1-137b

發行　畫兒

二十四孝

那兒

發行　畫兒　二十四孝　那兒　小兒　出了月兒　二小女

二姑娘　十二歲　二人　二條胡同　二眼井　發奮　范

范文正公　二府　乏費用　恩貢　端方　發驕傲　無妨

發笨　飯沒得　發憤忘食　發科　而並且　發黄　發虛

反倒

您這麼早是上那兒去了、手裡拿着一捲甚麼、二我出前門到了發行的畫兒鋪、買了幾幅粗畫兒、三甚麼粗畫兒、四是八扇屏、畫的是二十四孝、五您買這宗印板的畫兒幹甚麼、六我新拾掇出兩間書房來、為的是那兒挂、七既是書房、怎麼挂這樣兒的畫兒

下 1-138a

小兒　出了月兒

二小女

二姑娘

十二歲　二人

二條胡同

二眼井

呢、八因為新近給小兒請着先生了、打算出了月兒上學就叫他在這個新書房裡念書、您想小孩子還能不胡糟塌嗎、所以特意買這樣兒的畫兒挂、不過藉以糊壁就是了、九是了、您現在請先生、就是令郎一個人念書呢、十還有二小女、我也打算念念書認幾個字、十一啊、二姑娘也念書、這好極了、他今年多大了、十二今年九歲了、十三令郎呢、十四小兒今年十二歲、十五那麼就是他們兄妹二人念書呀、是還有外附的學生呢、十六沒有外附的、十七令郎從先跟着那位老夫子念書、十八他從先在二條胡同附學、皆因先生散了、後来在二眼井兒一個散學裏念書、這個先生雖然有學問、無奈他

下 1-138b

發奮
范　范文正公
二府
之費用
恩貢
端方
發驕傲　無妨
發笨　飯沒得

竟自己發奮用功、不管學生、所以我不叫小兒在他那兒念了、十九
現在請的這位先生姓甚麼、二十姓范、是范文正公後裔、他原是在
外頭作過二府同知、後來因為有病、所以告了回來了、他這個教
館、却不是因為之費用、寔在為解悶兒、廿一他是個甚麼底子、廿二他
是個恩貢、廿三現在有多大歲數兒、廿四大概有四十多歲、廿五人怎麼
樣、廿六倒還是個品行端方的人、不過是作過外任的、大約脾氣有
點兒發驕傲、然而於教書却也無妨、廿七令郎現在念甚麼書呢、廿八
現在念左傳哪、廿九聰明必高罷、三十聰明却不大高、然而也不至甚
發笨、好在一樣兒他却愛念書、常常兒忙着上學、要是飯沒得他

發憤忘食

發科　而並且

發黄

發虚

反倒

不吃就走了、卅這真可喜、真是發憤忘食了、我想您府上從他這兒要發科了、卅那敢那麽指望呢、卅我瞧令郎很瘦、而並且臉上的顏色發黄、大概身子弱罷、苗可不是麽、他不大結實、向來飯量兒又小、不差甚麽人初一見他彷彿是氣發虚似的、苗這您倒不可太管束嚴了、倘若催逼太緊了、要是出點兒毛病反倒不相宜、苗您說的很是、

第二百七十九章

發福　飯量　每頓飯　發癮　發軟　登麻　發慌　發脹

犯癮　反倒　發誓　反覆不定　發很　發紅　發乾　健壯

下 1-139b

發福　飯量
每頓飯
發癮
發軟　發麻　發慌
發脹　犯癮

地方　大藥房　凡人　罰俸六月　凡所有　耳環　吃飯
方法　乏灰　妻子老婆孩兒　發送　煩惱　想法子　二
来來　越發　發愿
久違久違、二彼此彼此、三您這一向好、四好、您倒好、五好、這幾個
月沒見、您倒發福咯、六可不是麼、我自忌烟之後、頗長飯量、現在
每頓飯總吃兩大碗、所以比從前長點兒肉、七這好極了、現在不
吃烟、到時候兒也不發癮嗎、八起頭兒作一忌的時候兒、到了時
候兒、覺着渾身發軟、四肢發麻、心裡也覺着發慌、肚子裡發脹、大
概那就是犯癮了、實在難受的了不得、那時候兒家裡的人都說、

下 1-140a

反倒　發誓
反覆不定
發狠
發紅　發乾
健壯
地方
大藥房

您要是寔在不好過、莫若還照舊的吃烟就結了、倘若忌出毛病兒来、反倒糟了、我聽了這話、我就發誓說就是癮死我也是一定不吃他人總得有恒心、要是反覆不定的既忌了又吃那還是人嗎、到了兒我是不吃、誰知道解這天這麼一發狠、慢慢兒的也就不犯癮了、又過了幾天所不理會了、九我瞧您臉上的氣色也有點兒發紅了、不像那時候兒那麼發乾了、從這麼您的身子可就健壯了、十借您的吉語罷、十一可是您是吃甚麼藥戒的烟、十二我用的是一粒金丹、十三甚麼地方兒買的、十四不是京裡買的、是託相好的在上海中西大藥房買的、十五啊、敢則一粒金丹這麼靈哪、赶明

下 1-140b

凡人
罰俸六月
凡所有
耳環　吃飯　方法
乏灰
妻子老婆孩兒
發送　煩悶
想法子

兒、我也戒烟、去您的癮又不大、戒他作甚麽、去無論癮大小、總是不吃的好、凡人吃烟、沒有不躭悞事的、您瞧我們親戚就是去年因為過癮、把差使悞了、被堂官參了、罰俸六月、還有我們街坊、家裡窮的悶不得、把家裡凡所有的東西都當賣淨了、連他們夫人兒的耳環兒都當了、買了鴉片烟吃了、現在連吃飯的方法兒還沒有、如何能有錢挑烟呢、所以滿處去尋乏灰吃、家裡的妻子老婆孩兒、整天的跟着他挨餓、去年他們老太太去世、他直發送不出去、您說這都不是因為大烟嗎、我常常兒的為這口癮煩悶、要是不想法子戒、終久和我們街坊一樣、與其後来吃不上的時候

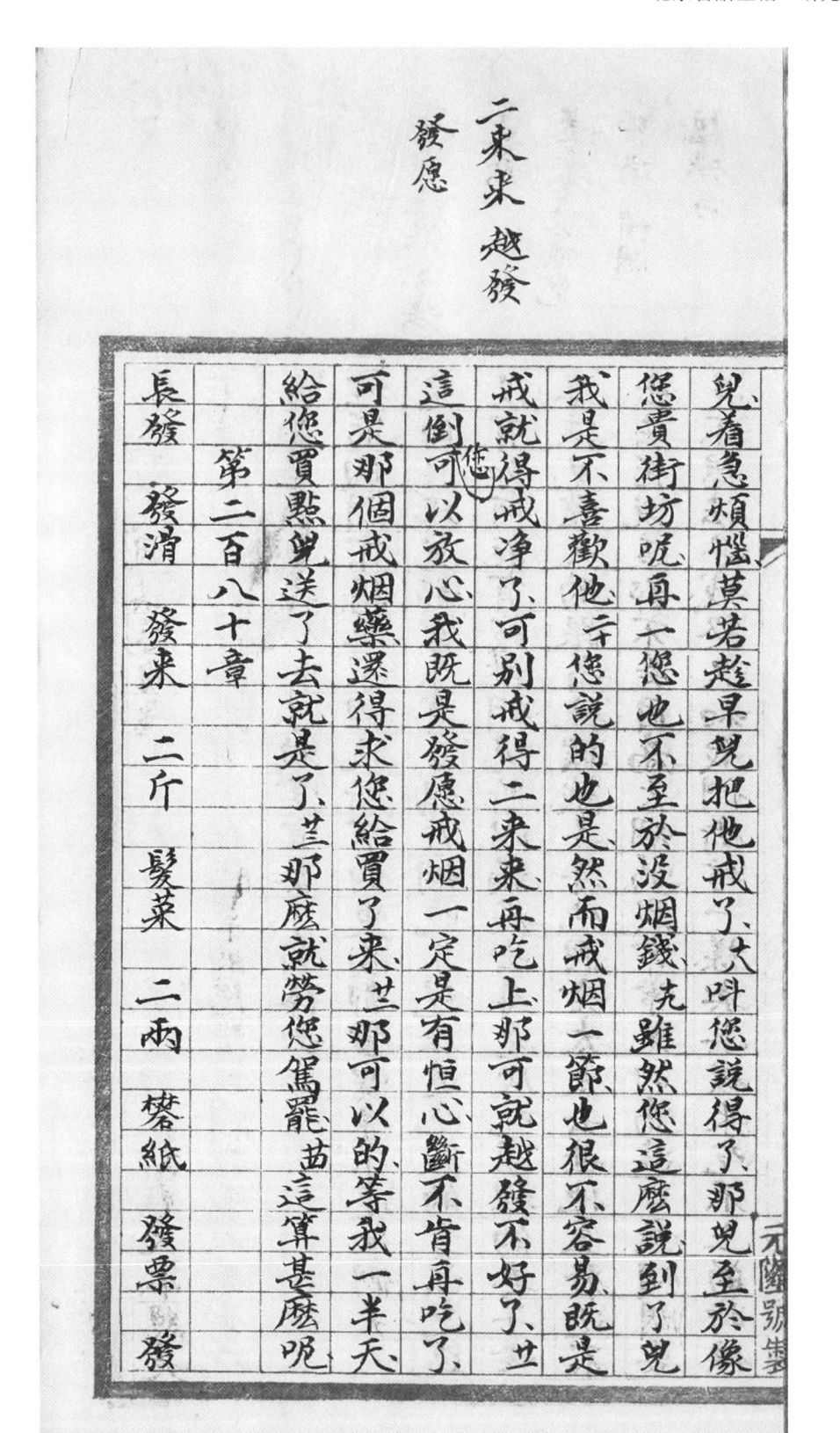

下 1-141a

二来来　越發
發愿

兒、着急煩惱、莫若趁早兒把他戒了、大叫您說得了、那兒至於像
您責街坊呢、再一您也不至於沒烟錢、尤雖然您這麽說、到了兒
我是不喜歡他、〻您說的也是、然而戒烟一節、也很不容易、既是
戒就得戒淨了、可別戒得二来来、再吃上、那可就越發不好了、廿
這倒您可以放心、我既是發愿戒烟、一定是有恒心、斷不肯再吃了、
可是那個戒烟藥、還得求您給買了来、廿那可以的、等我一半天、
給您買點兒送了去就是了、廿那麽就勞您駕罷、苗這算甚麽呢、

第二百八十章

長發　發滑　發来　二斤　髮菜　二兩　㯳紙　發票　發

下 1-141b

長發
發滑
發来
二斤　髮菜　二兩
罄紙
發票　發單

單　發貨　打發　彷彿　發開　三百二　二年　二價　罰
錢　二十幾個　發旺　發靈　發現　凡事　發水　十分之
二　煩瑣

辛苦您納　二 你們是那兒的、三 我們是長發油鹽店的、四 今兒怎麼這早晚兒纔来、五 今兒是街上泥水太多、道兒發滑、走的慢點兒、所以来遲了、六 今兒都送了些甚麼東西来呀、七 今兒發来的、是三斤醬、二斤醬油、五斤香油、四兩口蘑、五斤燒酒、二兩髮菜、還有兩張罄紙、是大爺昨兒叫送来的、八 這麼些個東西我記不清楚、你們有發票沒有、九 有、纔開了一張發單、因為我走的忙忘了

下 1-142a

發貨　打發
彷彿　發開
三百二
二年　二價
罰錢

帶來了、十你真荒唐、怎麼發貨會把發票忘了帶呢十一回來打發
徒弟給您送來就是了、十二你們這口蘑不好罷十三這口蘑不錯、現
在是乾的所以看着彷彿是不好、等發開您再看、就知道了、十四這
口蘑合多少錢一兩、十五三百二、十六怎麼這麼大價兒、管保有點兒
謊罷十七這是那兒的話呢、您這兒和我們鋪子交買賣、也不是一
年二年了、永遠是言無二價、多咱又開過謊價呢、您只管打聽、如
果要賣出兩樣價兒來、您就罰錢、十八那麼您你回來趕緊的把發票
送了來、我好交上去、十九是了您納、可是我還沒請問您納貴姓、二十
我姓趙、你貴姓啊、廿一我姓王、您納廿二你們鋪子裡有多少人、廿三連

下 1-142b

二十幾個 發旺
發霉
發現
凡事
發水 十分之二
煩瑣

櫃上帶後頭通共二十幾個人、茜買賣發旺罷、芸前半年還可以、從六月往這麽来、所不見好、也搭着今年雨水過大、所有鋪子的乾貨、全發霉了、糟塌的多了、街面兒上是錢短、所有拿貨的地方兒、全是現錢發現貨、人家欠偺們的是不進来、您說這買賣還怎麽做呀、共今年年頭兒是不好、無論做買賣的和住家戶兒凡事都不容易周轉、就拿我們這宅裡說罷、比往年就差多了、直隸地方兒這一發水、所有外頭的租子、準来的不過十分之二、上頭近来也是很煩瑣、艽啊、這宅裡也至於嗎、艽怎麽會不至於呢、艽失陪了您納、三十你回去可想着送發票来、世是了您納

下 1-143a

翻來覆去　東方
發亮　煩悶
發黏　發潮

第二百八十一章

翻來覆去　東方發亮　煩悶　發黏　發潮　方法　繁雜
歇之　反亂　反　反獄　地方官　犯人　放了　藩臬　罰
俸　發軍台　無俸　可罰　番禺縣　姓范　繁缺　范知縣
番攤　發官價　犯罪　罰罪　罰銀子　罰款　釋放　因
犯　反叛　放出來　煩絮　繁多

昨兒夜裡熱的利害、翻來覆去的所睡不着、直到東方發亮的時候兒好容易纔睡了、二可不是麼也搭着我心裡煩悶、夜裡又熱、渾身呌汗漚的發黏、枕頭褥子全是發潮的、所躺不住、大睁兩眼

下 1-143b

方法

繁雜

歇之

反亂

反 地方官 反獄

犯人 放了

藩臬

兒醒了一夜、這可怎麼好呢、三這一點兒方法兒沒有、只好是等白日沒事的時候兒躺一躺兒、忍個盹兒就得了、四您白日沒事可以睡覺我是苦極了、家務事本就繁雜、再加上官差更沒有一會兒的閒工夫兒了、五瞧今兒這個天氣有點兒風兒大概夜裡還不至於很熱、今兒晚上您早點兒睡歇之兒罷、六也就是這麼着了、可是我聽說廣東反亂的利害、是有這麼件事嗎、七倒不是反、是地方官辦理不善、以致民變劫牢反獄、把縣監裡犯人都給放了、八啊、是了、那麼知縣怕就不住罷、九是、那那兒就得住呢、聽說前五六天、藩臬兩司已經會詳督撫請參了、我想這個知縣輕

下 1-144a

罰俸　發軍台
無俸可罰
番禺縣
姓范　繁缺　范知縣
番攤
發官價
犯罪　罰罪　罰銀子
罰款

則罰俸、重則革職、再重者必要發軍台的、十據我想斷沒有罰俸的罪、怎麽說呢、外官都是養廉、無俸可罰、十一您說的是我說錯了、十二這回民變、是廣東那一縣、知縣怎麽辦理不善呢、十三是番禺縣、這個知縣姓范、這一縣本是首縣、大繁缺、這范知縣自到任以來、就知道要錢、甚麽花林咯、賭館咯、番攤館咯、沒有一處不給他送陋規的、這還不算、他衙門裡日用的東西、無論甚麽、他都是發官價、買賣人要是犯罪、他不按律罰罪、就是罰銀子、赶到人把罰款交上來、他並不把這個錢歸公、居然竟入腰櫃、就是這麽個貪鄙、這一回是兩個紳士、因爲械鬬傷人、打官司、他和兩造裡要錢、被

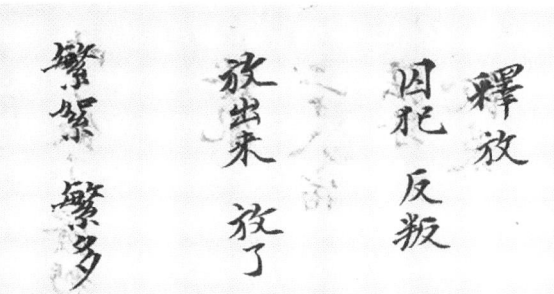

下 1-144b

釋放
囚犯　反叛
放出来　放了
繁絮　繁多

告花了錢了、他並不問是非曲直、竟自釋放沒事、原告沒花錢、他
居然把他釘鐐收監、如同囚犯一樣、他還說要照反叛治罪、哪這
麼着、原告兒的兄弟急咯、就帶了些個人劫牢反獄、把他哥哥放
出来咯、並且把別的犯人也放了許多、所以這個事鬧大了、凼啊、
是了、哎呀、了不得了、得走了、我還要上衙門呢、去怎麼您們衙門
這兩天忙嗎、去咳、這兩天煩絮極了、官事實在繁多、走那我就不
留了、改日見、

第二百八十二章

吃了飯了　發麵　發亂　二十八宿　法子　飯菜　反身

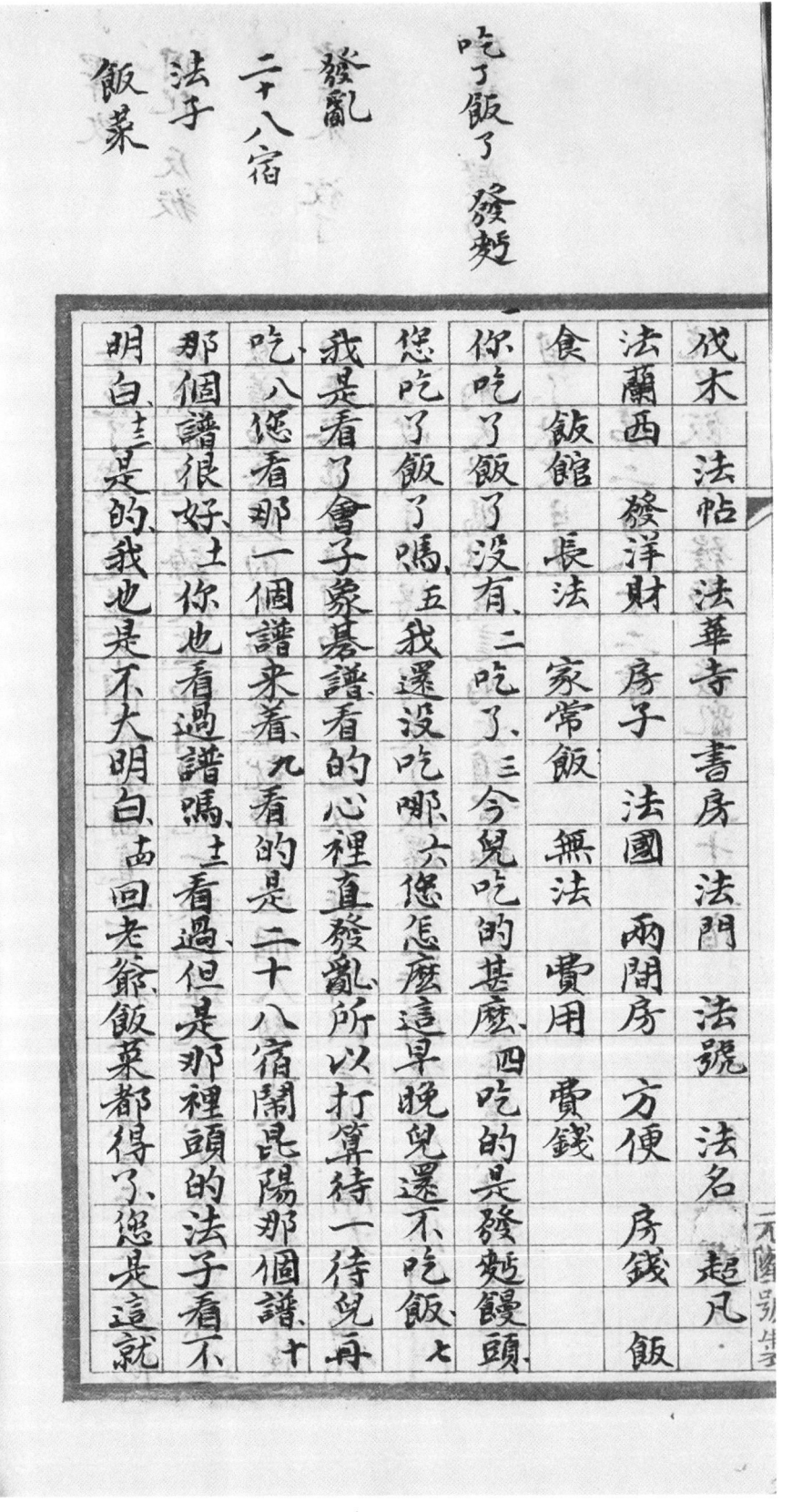

下 1-145a

吃了飯了 發麪
發亂
二十八宿
法子
飯菜

伐木 法帖 法華寺 書房 法門 法號 法名 起凡
法蘭西 發洋財 房子 法國 兩間房 方便 房錢 飯
食 飯館 長法 家常飯 無法 費用 費錢
一你吃了飯了沒有、二吃了、三今兒吃的甚麼、四吃的是發麪饅頭、
您吃了飯了嗎、五我還沒吃哪、六您怎麽這早晚兒還不吃飯、七
我是看了會子發碁譜、看的心裡直發亂所以打算待一待兒再
吃、八您看那一個譜來着、九看的是二十八宿鬧昆陽那個譜、十
那個譜很好、十一你也看過譜嗎、十二看過但是那裡頭的法子看不
明白、十三是的我也是不大明白、十四回老爺飯菜都得了您是這就

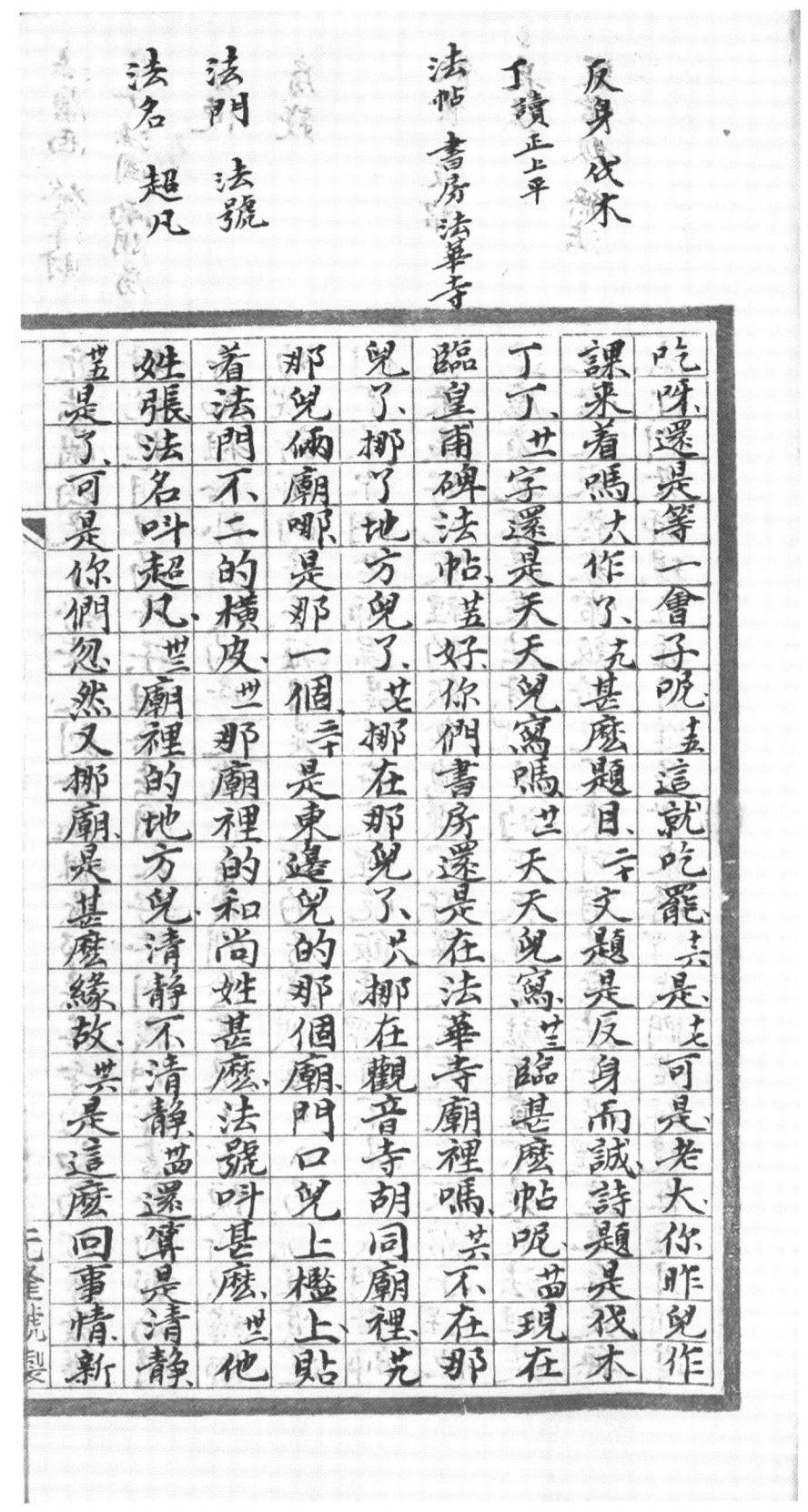

下 1-145b

反身伐木

丁讀正上平

法帖　書房法華寺

法門　法號

法名　超凡

吃咊還是等一會子呢、十五這就吃罷、十六是、十七可是老大你昨兒作課来着嗎、十八作了、十九甚麼題目、二十文題是反身而誠、詩題是伐木丁丁、二十一字還是天天兒寫嗎、二十二天天兒寫、二十三臨甚麼帖呢、二十四現在臨皇甫碑法帖、二十五甚好、你們書房還是在法華寺廟裡嗎、二十六不在那兒了、二十七挪了地方兒了、二十八挪在那兒了、二十九挪在觀音寺胡同廟裡、三十那兒倆廟哪是那一個、三十一是東邊兒的那個廟門口兒上檻上貼着法門不二的横皮、三十二那廟裡的和尚姓甚麼、法號叫甚麼、三十三他姓張、法名叫超凡、三十四廟裡的地方兒清静不清静、三十五還算是清静、三十六是了、可是你們忽然又挪廟、是甚麼緣故、三十七是這麼回事情、新

元隆號製

下 1-146a

法蘭西　發洋財
房子　法國　兩間房
方便
房錢
飯食　飯館
長法
家常飯　無法

近法蘭西来了好些人、到各處租房、那法華寺的和尚、打算發洋財、就把廟裡的房子、租給法國人好些間我們作書房的那兩間房、和租給外國人的房是儘挨着、我們念書很不方便、所以纔挪的、先新挪的房子、每月是多兒錢的房錢、先每月八吊、先租價還倒不多、你們老師、還是不在家裡吃飯嗎、罡可不是麼、我們老師素来最好吃家裡的飯食、總嫌不好、還是天天兒吃飯館子、罡他這麼着、也不是長法呀、罡是的、天天兒這麼着、真不是長法、但是他老人家於家常飯所吃不来、可有甚麼法子呢、罡這也真是無法、你們老師現在每月進多少束脩、罡我們老師、現在每月所進

下 1-146b

費用　費錢

十二鐘

有限、大約還不敷過日子的費用哪、並且他老人家比別人費錢
罟追還了得、
第二百八十三章
十二鐘　發了毛　房檐　發怯　房上　發抖　發直　番子
犯夜　煩惱　番役　房屋　放心　發燒　翻騰　妨礙
犯病　妨事　販馬　販子　空乏　盤費　煩出　遠帆　二
千兩　分厘毫絲　訪友
昨兒晚上、您到家不早了罷、二是不早了、昨兒到了家有十二鐘
了、三怎麼走了那麼大工夫、四別提了、半道兒上遇見一件很奇

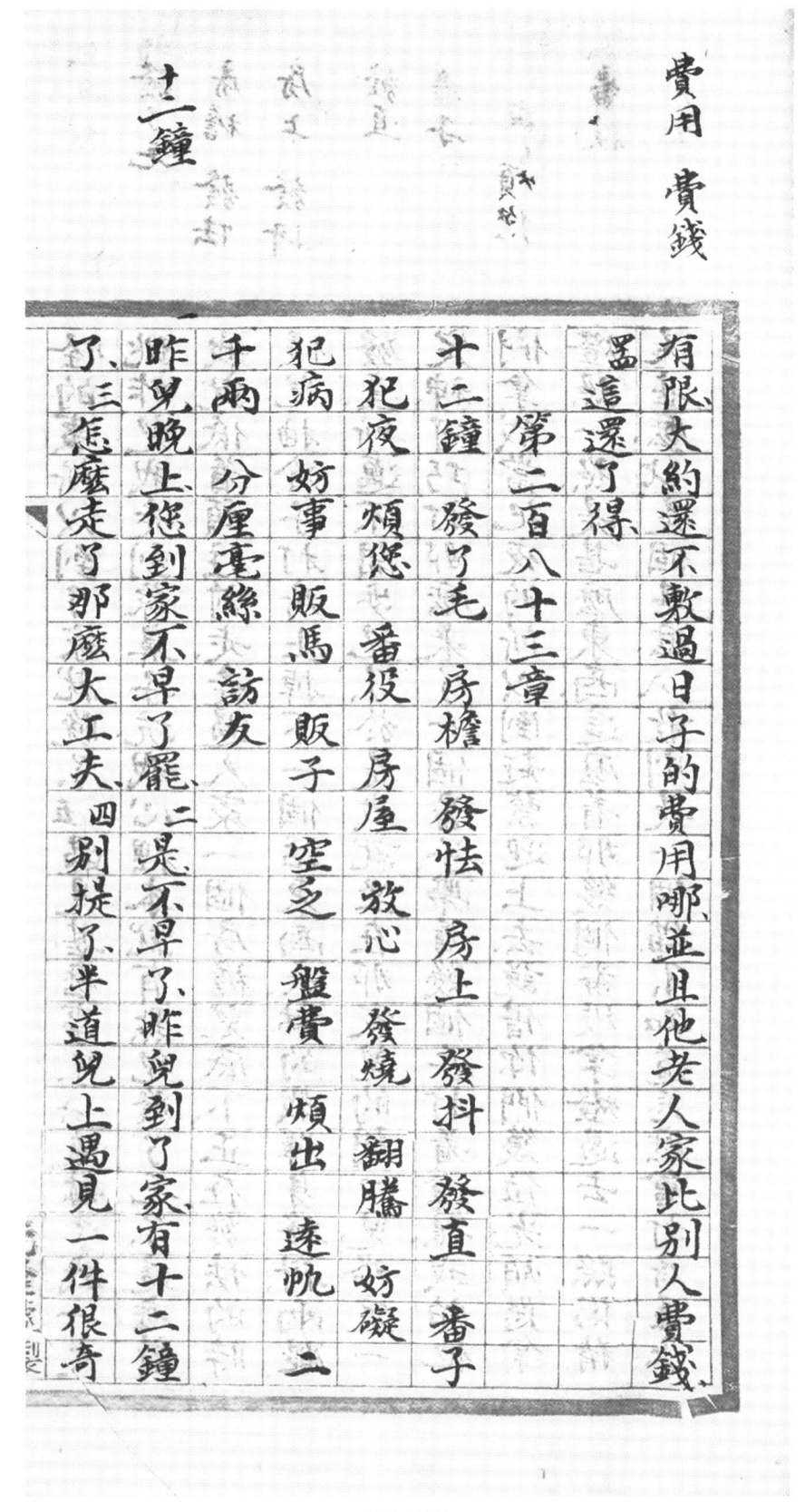

下 1-147a

發了毛
房檐　發怯
房上　發抖
發直
番子
把夜　煩您
番役
房屋

怪的事所以到了家就晚了、五遇見甚麼事了、六唬嚇了我一大跳昨兒我走到象鼻子坑我心裡本就有點兒發了毛了、這麼着我就低着頭往前走走過人家一個房檐兒底下、正在發怯的時候兒抽冷子打房上掉下一個活東西来嚇的我渾身發抖、兩腿發直、所邁不開步兒了、於是我就坐在那家兒的門口兒略定一定神、可巧打那麼来了一個番子、帶着幾個兵打着燈籠、我怕他們拿我當把夜的、所以倒赶緊迎上去、説借你們幾位光煩您拿燈照一照、是甚麼東西、這麼着、那幾個番役拿燈過去一照、您猜是甚麼、七是個甚麼、八敢則是一個貓、不知道怎麼會打房屋上

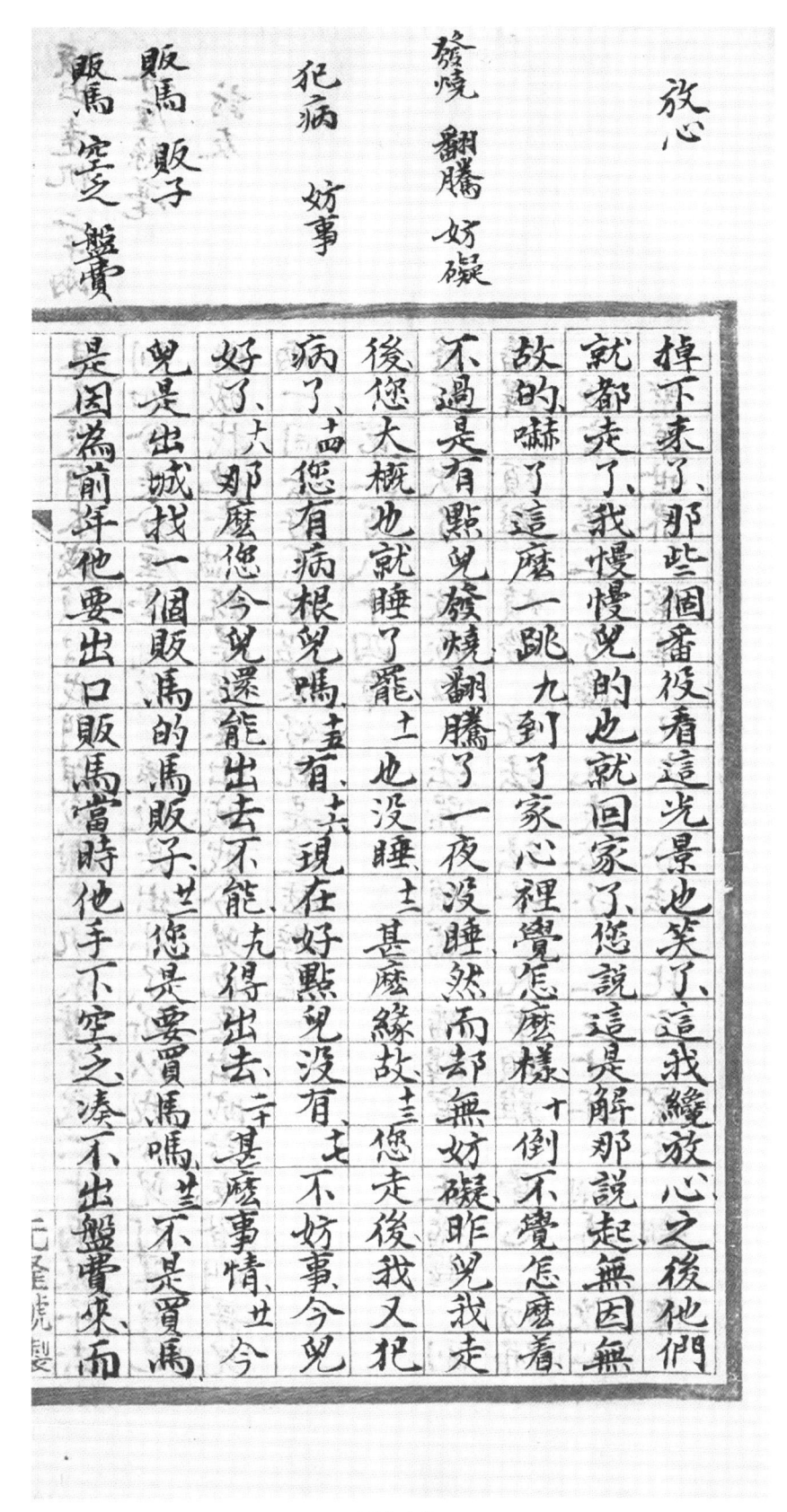

下 1-147b

放心
發燒　翻騰　妨礙
犯病　妨事
販馬　販子
販馬　空之　盤費

掉下來了、那些個番役看這光景也笑了、這我纔放心之後他們就都走了、我慢慢兒的也就回家了、您說這是解那說起無因無故的嚇了這麼一跳、九到了家心裡覺怎麼樣、十倒不覺怎麼着、不過是有點兒發燒翻騰了一夜沒睡、然而却無妨礙昨兒我走後您大概也就睡了罷、十一也沒睡、十二甚麼緣故、十三您走後我又把病了、十四您有病根兒嗎、十五有、十六現在好點兒沒有、十七不妨事、今兒好了、十八那麼您今兒還能出去不能、十九得出去、二十甚麼事情、廿一今兒是出城找一個販馬的馬販子、廿二您是要買馬嗎、廿三不是買馬、是因為前年他要出口販馬當時他手下空之湊不出盤費來、而

下 1-148a

煩出遠帆　二千兩
分厘絲毫
訪友

且又沒有本錢、煩出我們親戚謝遠帆來借了我二千兩銀子去、到如今是分厘毫絲沒還、遠帆是出外了、所以我今兒打算自己出城找他去、茁既是您要出城、我今兒也要出城訪友、偺們哥兒倆一同去好不好、芏很好、就是這麽辦罷

第二百八十四章

發板　吹了　放焱口　法器　煩駕　繙譯官　正繙譯　副繙譯　煩難　煩勞　教法　法子　凡事頭難　費心　彷彿　泛言　第二　方纔　凡夫俗子　二三十年　翻弄　放心　繁華世界　繁華　凡夫　分法　比方　繁字　翻　繁

下 1-148b

反 犯 翻上平 繁下平 反上聲 犯去聲 倣此 番僧
番字 翻觔斗 翻字 大凡 凡字 繁盛 煩擾 煩字
反犯 二字 返照 返字 飯鍋 飯字 販貨 販字
範模 範字 泛常 泛字 梵王經 梵字 犯罪 犯法
犯字 方圓 房屋 防備 訪查 訪問 紡車子 倣本
倣照 放風箏 放河燈 分得出 分不出 比方 天分
非同尋常 法式 廢物 凡有 煩數 反復 方向 費心
分神 日繁 非常 非此不行 方好 晚飯後
偲是怎麽了、大概是落了枕了罷、二可不是麽、昨兒夜裡睡況了、

下 1-149a

吹了　發板
放焰口
法器
煩篤
繙譯官
正繙譯　副繙譯
煩難

脖子叫風吹了、今兒早起起来、有點兒發板、三怎麼會睡那麼沉呢、四我是前半夜兒沒得睡、所以後半夜兒就睡沉了、五因為甚麼沒得睡、六是因為我們東隔壁兒有素事、昨兒晚上放焰口、和尚直打了半夜的法器、吵得我不能睡、七啊、是了、八您今兒怎麼早来有甚麼事麼、九是有一件煩篤的事情、不知道可以不可以、十有甚麼不可以的呢、您請說罷、能者必行、十一我聽說您貴館上繙譯官要請一個先生、是有這麼件事麼、十二不錯、有這麼件事、但不是正繙譯要請、是副繙譯要請、十三是辦官事、是教書、十四是要請一位教書的先生、十五那好極了、要是辦官事、那是很煩難的事、我

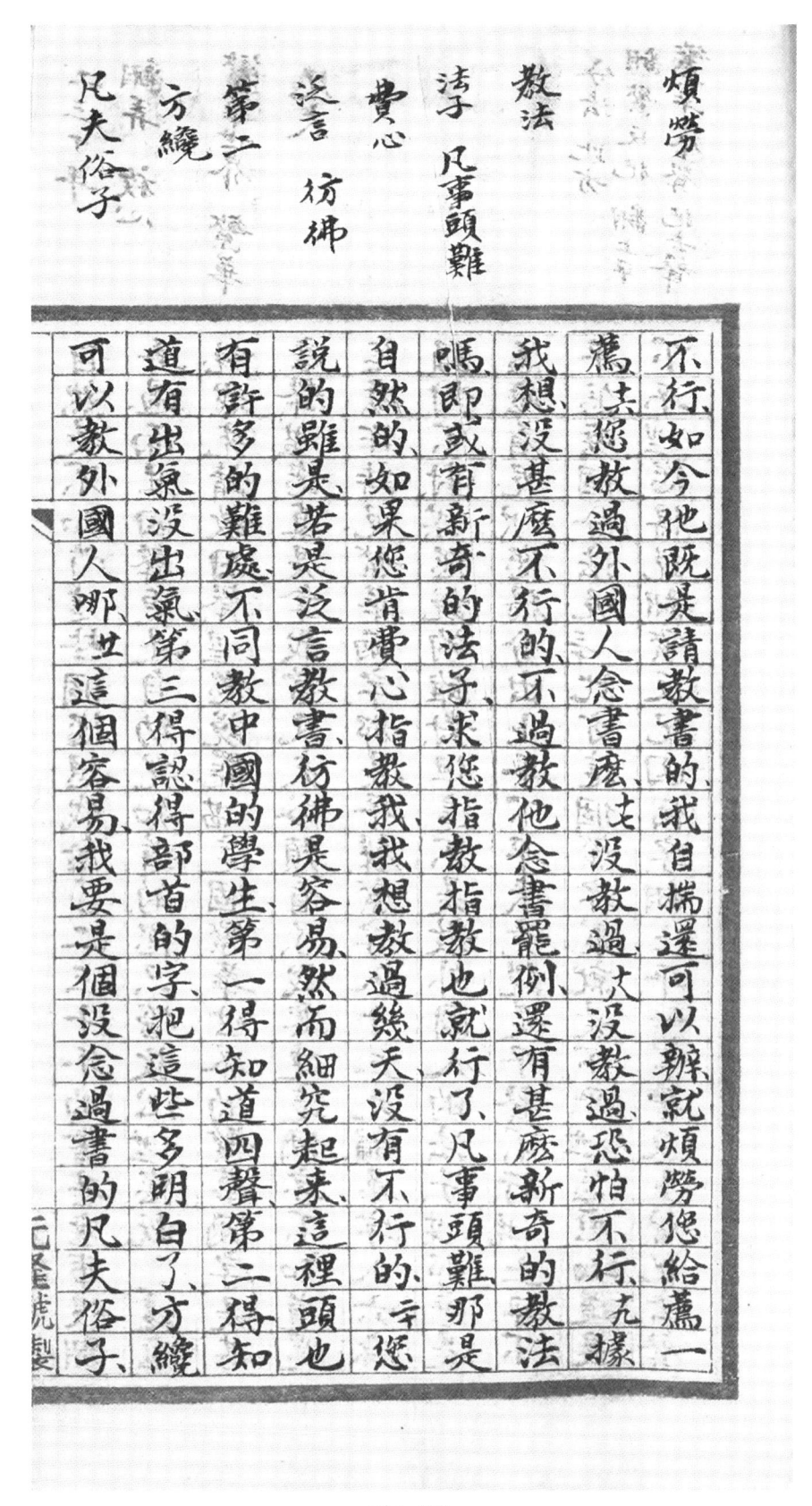

下 1-149b

煩勞

教法

法子　凡事頭難

費心

沒言　彷彿

第二

方纔

凡夫俗子

不行、如今他既是請教書的、我自揣還可以辦、就煩勞您給薦一薦、去您教過外國人念書麼、七沒教過、大沒教過、恐怕不行、九據我想、沒甚麼不行的、不過教他念書罷咧、還有甚麼新奇的教法嗎、即或有新奇的法子、求您指教指教也就行了、凡事頭難、那是自然的、如果您肯費心指教我、我想教過幾天沒有不行的、辛您說的雖是、若是沒言教書、彷彿是容易、然而細究起來、這裡頭也有許多的難處、不同教中國的學生、第一得知道四聲、第二得知道有出氣沒出氣、第三得認得部首的字、把這些多明白了、方纔可以教外國人哪、廿這個容易、我要是個沒念過書的凡夫俗子、

元隆號製

二三十年
翻弄　放心
繁華世界　繁華
凡夫
分法　比方
翻　繁反犯　翻上平
繁下平反上聲　犯去聲

自然是不知道這些個、您想我念了二三十年的書、甚麼事沒翻弄過、而且四聲更是自幼兒知道的、您只管放心、苎您既是這麼說、我先請教四聲、苎您說罷、苗這個繁華世界的繁華倆字、是甚麼聲、苴您真是拿我當凡夫俗類看了、我要連這倆字不知道、還怎麼作詩呢、繁華倆字、都是平聲、繁字入十三元韻、華字入六麻韻、對不對、芸您說的雖對、但這不是教外國人的法子、艾那麼是怎麼着呢、艾您得分出上平下平来、竟說是平聲不行、艽上平下平、怎麼個分法呢、卅比方這個繁字罷、就是下平、世怎麼知道是下平、苎您得說翻繁反犯四個字、翻上平、繁下平、反上聲、犯去聲、

下 1-150b

倣比　番僧　番字
翻觔斗　翻字　大凡
凡字　繁威　繁字
煩擾　煩字
反犯　二字　返照　返字
飯鍋　飯字　販貨　販字
範模　範字　泛常　泛字
梵藴　梵字　犯罪　犯法
犯字
方圓　房産
防備　訪查　訪問
紡車子　倣本　放風箏
放河燈　倣照

别的字都可以倣比類推、豈那麽番僧的番字和翻觔斗的翻字
同音、一定都是上平了、大凡的凡字、和繁威的繁字以及煩擾的
煩字、同音、一定也都是下平了、苗對了、豈既是這麽着、我明白了、
至於反犯二字、那返照的返字與反同音、是上聲、那飯鍋的飯字、
以及販貨的販字、範模的範字、泛常的泛字、還有梵王經的梵字、
這都是同那犯罪犯法的犯字是一個音、全是去聲、無論甚麽字、
都倣照這個説四聲就得了、比方方圓之方是上平、房産之房和
防備之防、是下平、訪查訪問之訪、和紡車子之紡倣本之倣、是上
聲、放風箏放河燈之放是去聲、是不是、共對了、那麽有出氣没出

下 1-151a

分得出　分不出　分法
比方
天分　非同尋常
法式
廢物
凡字
凡有　煩數

氣、您分得出来、分不出来、艹我不大明白、怎麽個分法、艹我告訴
您一兩個字您就知道了、就拿您纔說的那紡車子之車字、那就
是有出氣、遮字就沒出氣、房產的產字、就有出氣、展字就沒出氣、
艹我知道了、比方我纔說的放風箏的箏字、那就沒出氣、要是稱
字、就有出氣了、罒不錯、就是這麽着、您的天分、真是非同尋常、佩
服佩服、罒您這是過加獎譽、您既先把法式告訴我、我要是再不
明白、那可就成了廢物了、至於那部首、我想可以查一查字典、把
他記熟了、也沒甚麽難的、罒可是有一樣兒、凡字都得按着北京
的字音念、凡有給他們講解的地方兒、總要簡而明、不可煩數、不

下 1-151b

反覆

方向

費心　分神

日繁　房產

非常　非此不行

方好　慾心　晚飯後

可反覆、講論的話、稍微一多、他便聽不明白了、罒這我都知道了、還有甚麼别的、罒没有甚麼别的了、罒那麼您瞧我要是教洋館可以有點兒方向没有、罒可以頗行、罒既是您瞧着使得就求您費心分神、給我薦一薦、簡直的告訴您也不怕您笑話、我現在家裡是生齒日繁、費用浩大、雖有點兒房產、然而所入不敷所出、實在非常拮据、刻下是非此不行、求您千萬辦妥方好、罒您放心我今兒到館上、就給您説一説這麽着罷、今兒晚飯後我到府上送信去就是了、罒就是罷我也不坐着了、今兒晚上在舍恭候佳音、再請請、晚上見、

發盤纏　發付

第二百八十五章

發盤纏　發付　膩煩　盤費　發下來　發給　犯王法　犯

案　發往軍台　無法　犯科　防堵　撥發　麻紛　整發

藩司　發了　方能　方伯　不發　藩台　藩庫　發出來

方今　房倒屋塌　飯袋　早飯　方家　房東　廂房　房子

正房　照房　耳房　西廂房　房主　房頂　翻蓋　這房

地方　賣房　房契

您這次出兵去、怎麼還沒定規日子起身呢、二我們這次出兵、是

糟極了、竟等着發盤纏纔能動身哪、三怎麼這個盤纏還不發付、

下 1-152b

膩煩　盤費　發下来　發給　犯王法　犯案　發往軍台　無法　犯科　防堵　撥發　發下来　麻紛　墊發　藩司

竟等甚麽呢、四 咳、别提了、近来的差使、當的實在叫人膩煩、這項盤費、論説早已就發下来了、是我們營總給挪用了、現在是竟等着他湊上、發給我們、就可以走了、五 他怎麽至於挪用這項銀子呢、莫成他不知道擅動官項犯王法嗎、倘若一個犯案、輕則革職、重則發往軍台、是兒戲的嗎、六 他怎麽不、知道、但是他也是無法、雖然知道犯科、不能不挪用、七 甚麽緣故呢、八 是這麽個緣故、我們營裡、上月不是上固安去防堵嗎、直隷藩台應撥發我們營裡上月餉銀至今所没發下来、兵丁是没吃兒、是天天兒和他麻紛、故此他纔把這項銀子、暫且墊發上月的兵餉了、總得等直隷藩

發了　方能　方伯
不發　藩台
藩庫　發出来
方今
房倒屋塌
飯袋

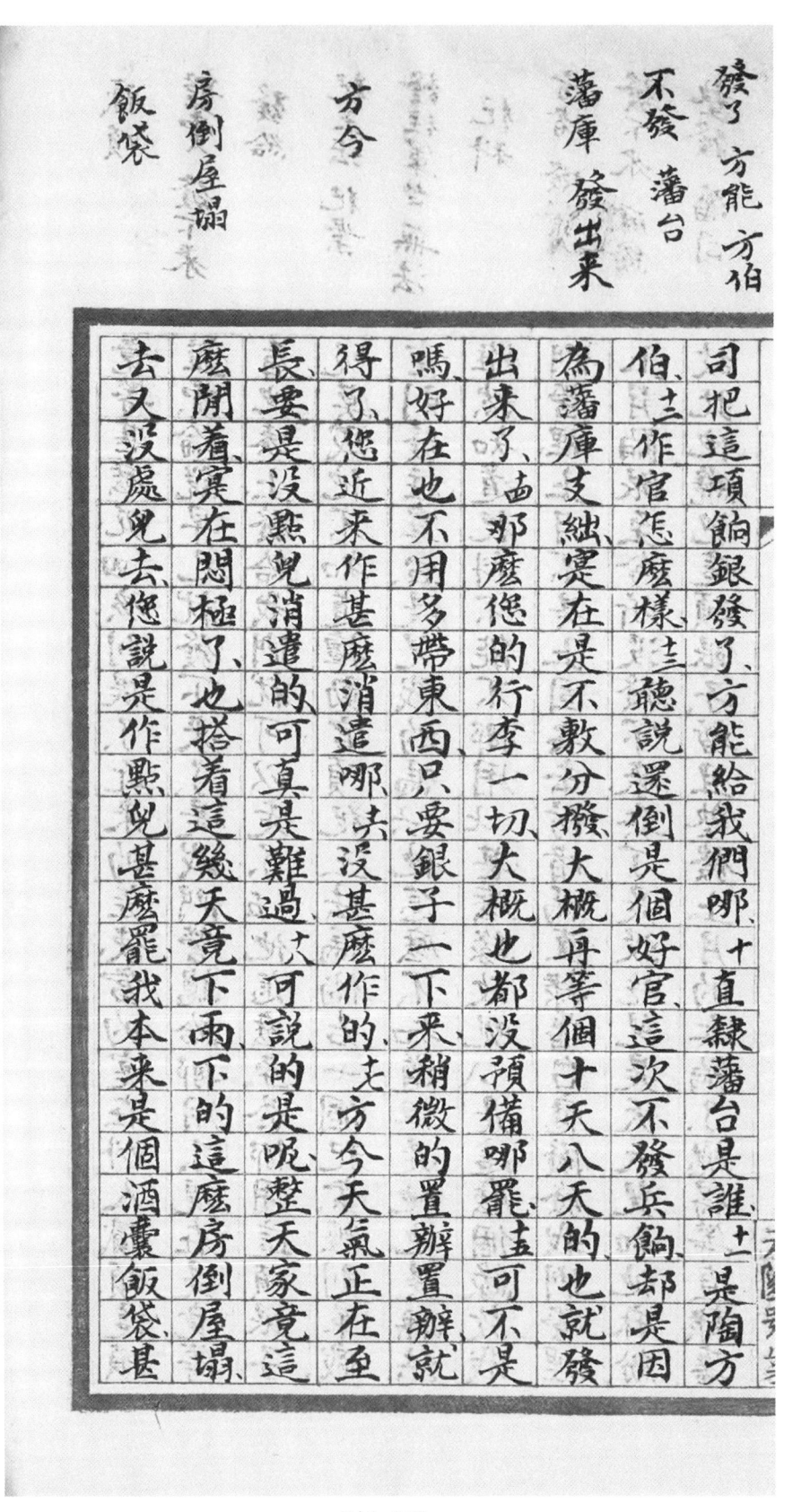

司把這項餉銀發了、方能給我們哪、十直隸藩台是誰、十一是陶方伯、十二作官怎麼様、十三聽説還倒是個好官、這次不發兵餉、都是因為藩庫支絀、實在是不敷分撥、大概再等個十天八天的也就發出来了、十四那麼您的行李一切、大概也都没預備哪罷、十五可不是嗎、好在也不用多帶東西、只要銀子一下来、稍微的置辦置辦、就得了、您近来作甚麼消遣哪、十六没甚麼作的、十七方今天氣正在盛長、要是没點兒消遣的、可真是難過、十八可説的是呢、整天家竟這麼閒着、實在悶極了、也搭着這幾天竟下雨、下的這麼房倒屋塌、去、又没處兒去、您説是作點兒甚麼罷、我本来是個酒囊飯袋、甚

下 1-153b

早飯
方家　房東　廂房
房子　正房　照房
耳房　西廂房
房主　房頂　翻蓋
這房　地方
賣房　房契

麼都不會、怎麼好、這算是昨兒出去了一盪、吃了早飯兒、雨住了、我到了方家胡同、找了盪房東、叫他把廂房給拾掇拾掇、十九 怎麼您住的房子也漏了嗎 廿 可不是麼、就是正房沒漏、此外廂房照房耳房全漏了頂漏的利害就是西廂房所不能住了 廿一 您為甚麼不叫房主兒把房頂兒挑了從新翻蓋呢 廿二 我也打算是這麼着、但是昨兒我他沒見着、廿三 您住的這房局勢地方兒全好、可惜就是太老了、不然、您把他買下、是很合式 廿四 不行、這個房子房東不能賣、聽說他們上輩、恐怕後輩賣房、把房契存在戶部了、要不是這麼着、這個房子早就賣了、還能等到今日嗎、廿五 啊、是了、廿六 我

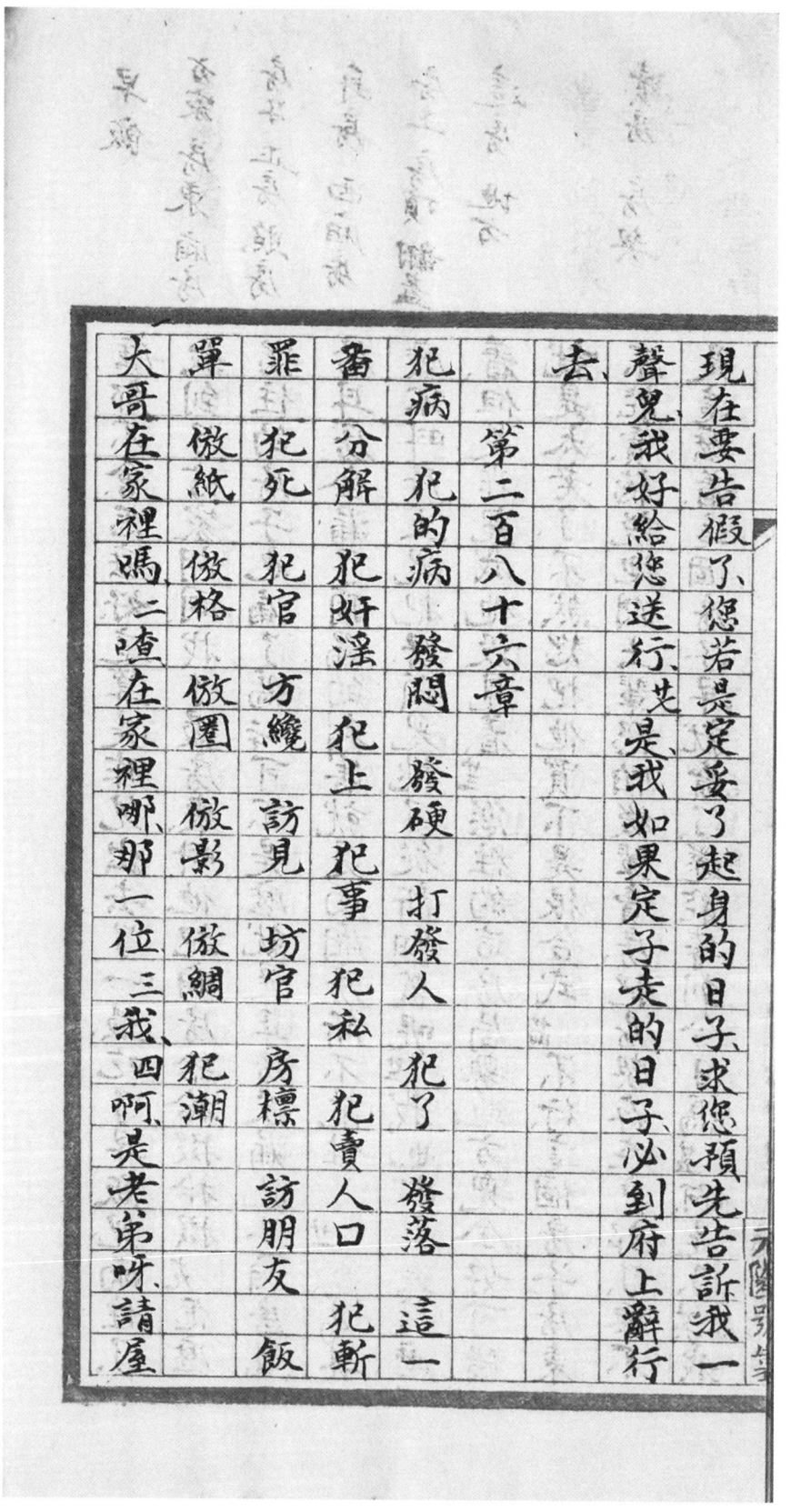

下 1-154a

現在要告假了、您若是定妥了起身的日子、求您預先告訴我一聲兒、我好給您送行、先是我如果定了走的日子、必到府上辭行去、

第二百八十六章

犯病　犯的病　發悶　發硬　打發人　犯了　發落　這一番　分解　犯奸淫　犯上　犯事　犯私　犯賣人口　犯斬罪　犯死　犯官　方纔　訪見　坊官　房檩　訪朋友　飯單　倣紙　倣格　倣圈　倣影　倣綢　犯潮

大哥在家裡嗎、二喳在家裡哪、那一位、三我、四啊、是老弟呀、請屋

下 1-154b

犯病
犯的病
發悶　發硬
打發人　犯了
發落　這一番
分解
犯奸淫　犯上　犯事

裡坐、我現在又犯病了、不能出屋子、實在有罪、五那兒的話呢、我又不是外人、您千萬別起來、六請坐、七喳、您從多咱犯的病、八就解初六那一天打衙門回來、就覺着心裡發悶、肚子發硬、不舒服的利害、趕緊打發人把大夫請來一瞧、他說是又犯了舊病了、九大概您是又累着了、十可不是麼、衙門這程子案子很多、那一天我在衙門、把該問的都問了、該發落的也都發落了、好在這一番病犯的不大很利害、大約吃一兩劑藥、分解分解、過三五天也就好了、十一這還好、您那一天都辦了些甚麼案、十二案子可多了、甚麼樣兒的多有、有犯奸淫的案、有小、犯上的案、有作賊犯事的案、有

元隆號製

下 1-155a

犯私　犯賣人口
犯斬罪　犯死　犯官
方纔
訪見
坊官
房檁
訪朋友

犯私酒的案、有犯賣人口的案、這都是那天問過、沒定罪名的、還
有犯斬罪、犯死罪、尚須復審的、十三聽說有一個臨陣脱逃的犯官、
也拿着解送到貴衙門了、這案怎麼樣了、十四這就是我方纔說的
犯死罪的那一案、十五是了、十六您這兩天作甚麼消遣、十七我却沒甚
麽事、不過是天天兒出来閒逛、昨兒出海岱門訪見一個朋友走
到花兒市、瞧見一個熱鬧兒、十八甚麽熱鬧兒、十九瞧見那個坊官兒
衙門問案呢、這麽着、我就站了一站兒瞧他問的是甚麽案子、敢
則是一個賊偷了木廠子一根房檁、被人拿住了、我也沒等他問
完就走了、二十坊官兒衙門、本来沒甚麽大案子、您昨兒訪朋友見

下 1-155b

飯單
做紙　做格　做影
做圈　紡綢
犯潮

着了沒有、廿沒見着、兰那麽您從那兒就回家了麽、兰沒回家從那麽到了前門、在瑞林祥洋貨店買了兩塊飯單子、南紙鋪裡給我小兒買了些個做紙、做格兒、做影、做圈、甚麽的、赶到進城就大日平西了、兰是了、我這兩天本也打算出城買紡綢、就因這個病擱下了、過兩天兒好了、就得赶緊出城買去、兰是據我想、您倒是多將養些日子再出去、現在正是伏天、犯潮的時候兒外頭蒸熱的利害、您的身子也要緊、要是不急用、就先不必出去、您想我說的對不對、兰您說很是、

第二百八十七章

下 1-156a

翻供 貫手

謀反 房山縣 反賊

翻供 貫手 謀反 房山縣 反賊 反悔 反骨 反性
反叛 放債 販運 發賣 放膽子 販賣子女 放賭 犯
規 犯律 犯例 犯禁 犯案 反獄 放火 造反 訪拿
訪探 訪知 訪確 以防 防守 貫了 非同小可 放
鬆 防範 非吃即喝 非嫖即賭 非偷則摸 非禮 非分
犯人一名 發信 煩帶此信 打發 分神
聽說您昨兒下衙門晚了、二可不是麼、昨兒因爲審了一件大案、
犯人直翻供、所以躭悞工夫了、三甚麼案子這麼貫手、四是一個
謀反大逆的案子、這個案子、原來是由房山縣解來的這個反賊

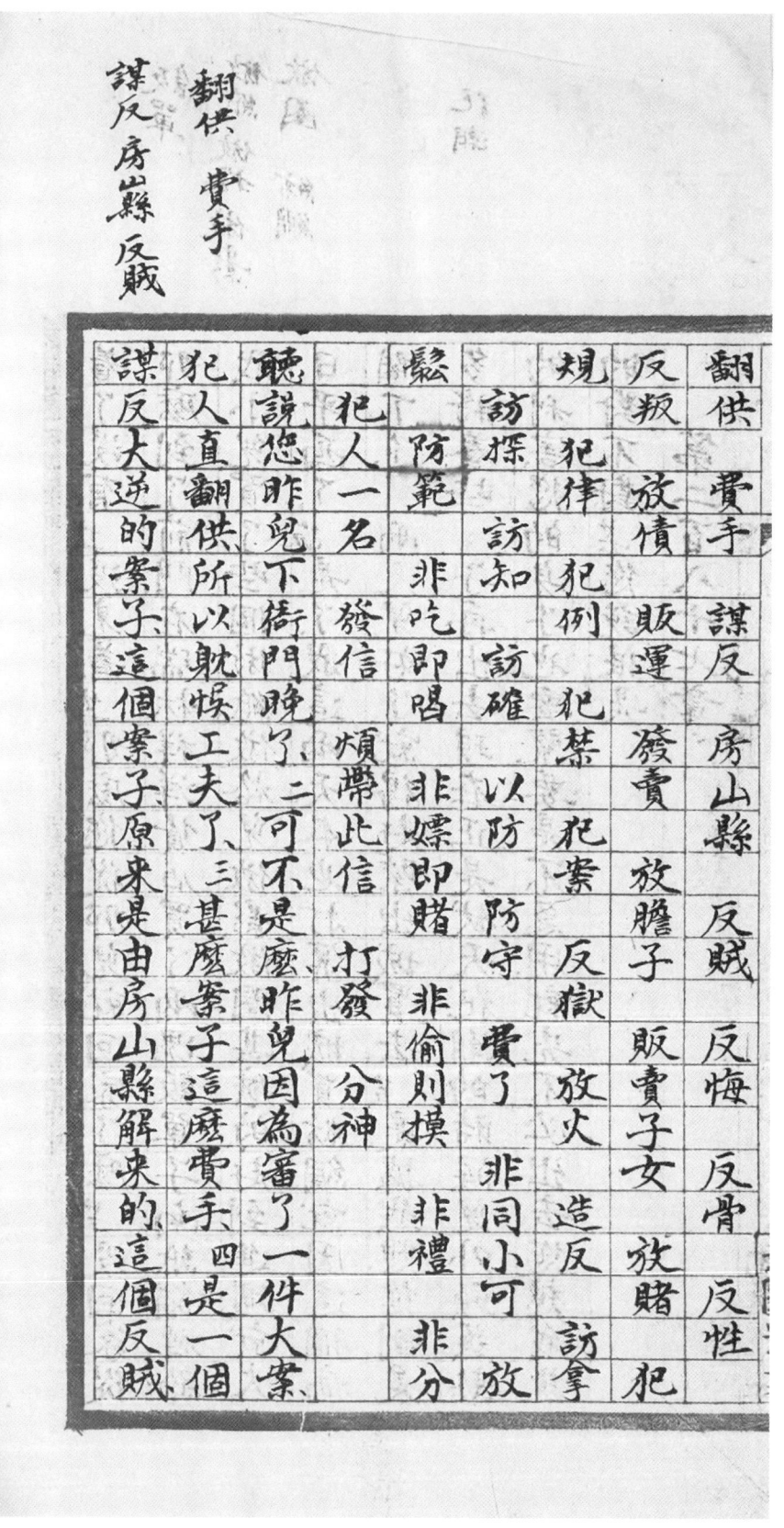

下 1-156b

反悔

反骨　反性

反叛

放債　販運

發賣、放膽子

販賣子女放賭犯規

犯律　犯例　犯禁犯案

反獄

在本縣已經認了供了、誰知道一到我們衙門、他又反悔了、我們衙門審過好幾回了、一回一樣兒口供、真是狡猾極了、瞧他那面貌就兇惡萬狀、腦袋後頭頂高的一個大反骨、長的就是個反性不退的樣兒、五這個反叛當初是個幹甚麽的、六聽說他原来是本地的一個無頼子、放債爲生、積蓄了幾個錢、他就由天津販運烟土到各處發賣、後来有了錢了、他就更放膽子了、無惡不作、甚麽販賣子女放賭抽頭兒凡有一切犯規犯律犯例犯禁的事、他都作、後来犯案、被衙門拿住監禁起来了、去年刼牢反獄逃出去了、從那麽他就聚了一二千死黨在房山一帶、打搶村庄兒到處

元隆號製

放火
造反
訪拿　訪探　訪知
訪確
以防　防守
費了
非同小可

殺人放火、今年更了不得了、一切軍火器械旗幟號衣他都製了、起意造反、幸爾尚未起事、就被房山縣的武營給拿住了、七怎麼拿住的、八是這麼回事情、房山縣的武營接了上憲的札文、叫他們訪拿、他們就派了兵丁、到各處訪探、好容易纔訪知賊的下落了、他們還怕不實、又密派親近兵丁訪確了、趕緊就派了許多的兵在四下裡圍住、以防逃竄、又知會各鄰境處處加意防守、這纔把他拿住了、九那麼昨兒過堂、到了兒這個賊認了供了沒有、十費了好大的事、好容易纔認了、這大概不久也就出去了、十一我想這個賊、也非同小可、要是這麼拿的快、還不知鬧到甚麼地步呢

下 1-157b

放鬆

防範

非吃即喝　非嫖即賭

非偷則摸　非禮非分

犯人一名

十二可不是麼、這也就要成事了、幸爾沒放鬆、不然真不堪設想了、十三我就不明白、這麼殺、這麼辦、這些個賊還不怕、十四這都因為他小時候兒他的父母不教訓的緣故、自幼兒父母溺愛不教他念書學好、赶到大了、又失於防範聽其結交匪人、這些個人在一塊兒非吃即喝、非嫖即賭、赶到錢沒了、漸漸兒就非偷則摸了、久而久之、一切非禮非分之事、他都敢作、所以釀出一個叛逆來、十五您說的是、您手下現在還有多少案子、十六我的案倒不多、除昨兒審的案子之外、不過還有兩三案、監禁的不過犯人一名、十七這却很好、十八您昨兒甚麼時候兒到舍下去的、十九我昨兒到府上、有七下兒

下 1-158a

發信
煩帶此信
打發　分神
方丈

鐘了、廿兒有甚麼事麼廿一沒別的事、不過聽說您要往外發信、我也
煩帶此信廿二可以的、您交給我罷、回來連我的信、都已在一塊兒、
打發底下人送了去就得了、廿三那麼就求您分神罷、

第二百八十八章

方丈　方外　方正　放僻　放蕩不拘　匪徒　匪類　端方
飛簷走壁　方顯　方寸　犯戒　吃飯　吃十方　方可
廢人　口是心非　北方　南方　方子　非是　非常
您今兒沒出去、二我纔本打算出去溜達溜達、剛要走、可巧碧雲
寺的老方丈來了、說了會子話兒、攪得我也沒得走、三您怎麼和

下 1-158b

方外
方丈
方正
放僻
放蕩不拘
匪徒 匪類 端方
飛簷走壁

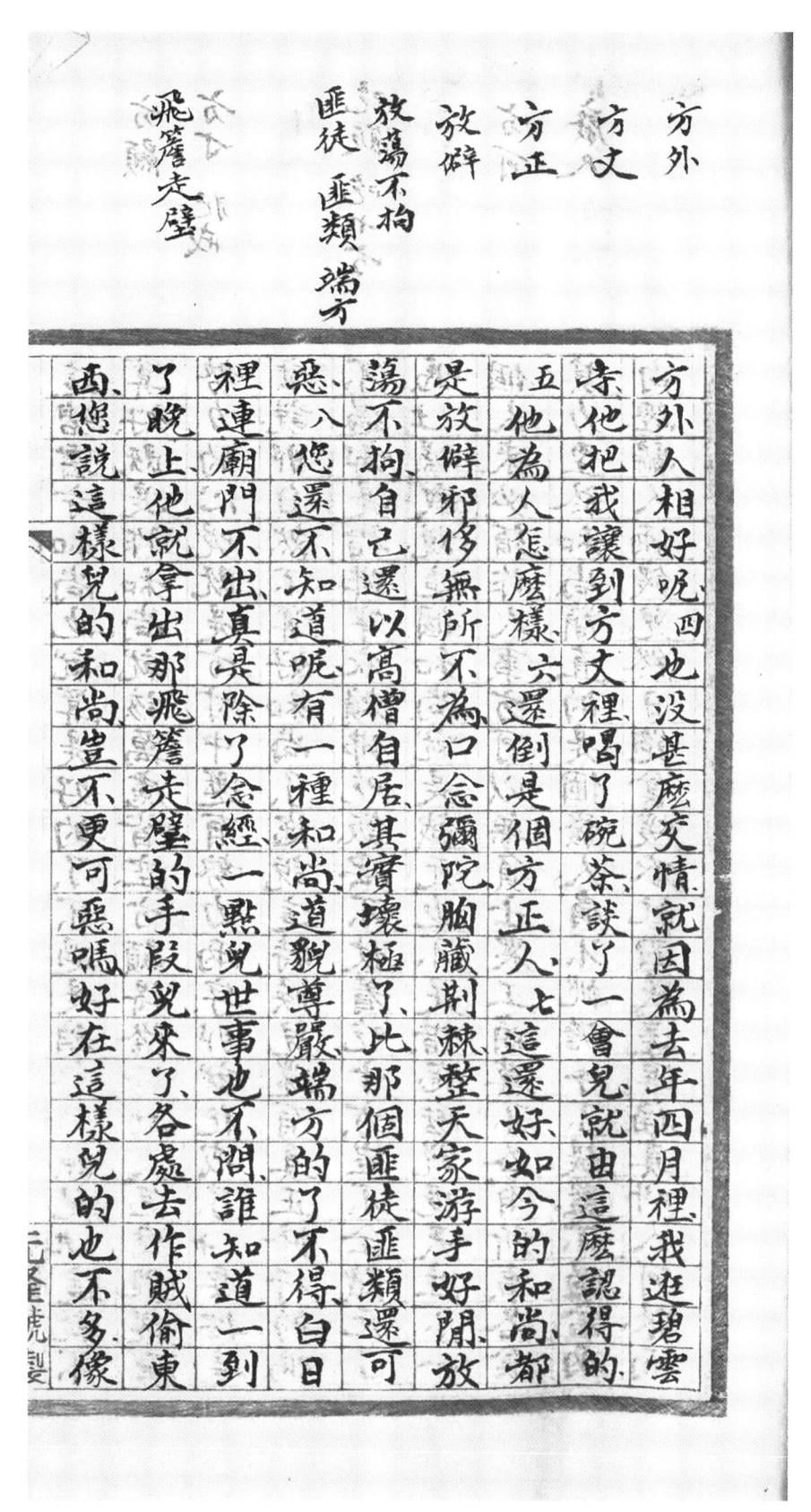

方外人相好呢、四也沒甚麼交情、就因為去年四月裡、我逛碧雲寺、他把我讓到方丈裡、喝了碗茶、談了一會兒、就由這麼認得的、五他為人怎麼樣、六還倒是個方正人、七這還好、如今的和尚、都是放僻邪侈無所不為、口念彌陀、胸藏荊棘、整天家游手好閒、放蕩不拘、自己還以高僧自居、其實壞極了、比那個匪徒匪類還可惡、八您還不知道呢、有一種和尚、道貌尊嚴、端方的了不得、白日裡連廟門不出、真是除了念經、一點兒世事也不問、誰知道一到了晚上、他就拿出那飛簷走壁的手段兒來了、各處去作賊偷東西、您說這樣兒的和尚、豈不更可惡嗎、好在這樣兒的也不多、像

下 1-159a

方顯

方寸　犯戒

吃飯　吃十方

方可

廢人

這碧雲寺和尚、也就算是好的了、不過是稍勢利點兒、九這就不算好、既是作和尚、就該萬慮皆空、方顯得修行功夫、怎麽能還有勢力的心呢、既是方寸中還有勢力兩字、那就犯戒了、十要按這麽說、那自然不算好和尚了、您說這時候兒還有真正修行的嗎、不過都是指佛穿衣、賴佛吃飯、要不仗着吃十方、豈不全餓死了嗎、土據我說、這個和尚、就是餓死也不足惜、怎麽說呢、天生下一個人來、必須作人事、方可以無負士農工商、莫不各有所事、各食其力、至於和尚、簡直的是個廢人、肩不挑擔、手不提籃、不過念兩句經、騙人倆錢兒、終日飽食煖衣、比四民還享福、真叫人可恨、而

下 1-159b

口是心非
北方　南方
方子
非是
非常

且口是心非、尤其可惡。主您說的雖是、但是現在既有這一項人、也是去不了的了、您不知道、偺們北方還好呢、南方的人還更信和尚呪動不動兒的不是打醮、就是念經、聽說杭州還有一等可笑的人、如遇見有了病、不知道請大夫開個方子吃藥、總是找個人念經、要是有人說他行的非是、他還有氣呢。主這個樣兒的人、可真是非常的糊塗了、

第二百八十九章

書房　放學　放心不下　放兵餉　學房　無妨　非禮勿視
非禮勿聽　非禮勿言　非禮勿動　放賑　開放　放了

下 1-160a

書房
放學
放心不下
放兵餉
無妨
非禮勿視　非禮勿聽
非禮勿言　非禮勿動

放些個　放飯　放粥　放錢　放給　肥己　放屁　放年學
放蕩　放鞭　放爆竹　放花　防閑　放肆　分外　防微
不妨　放寬　防禁　非禮　越分　吩咐

你這是打那兒來、二打家裡來、三没上學嗎、四没上書房、今兒是我們老師有事放學、五啊、是了、六今兒是我父親聽說您不舒服了、他納放心不下、故此打發我來瞧瞧您、他納本要自己來着、因為今兒放兵餉、不得空兒、您是怎麽不舒服了、七我也不過是着點兒凉還倒無妨、這又叫令尊惦記着、昨兒你們那兒課期、是甚題目、八是非禮勿視、非禮勿聽、非禮勿言、非禮勿動、四句、九這個

下 1-160b

放賬 開放 放了
放些個 放飯
放粥 放錢
放給
肥己

題雖整齊、却不大好作你作的必得意罷、十我作的很不好、我們
老師都改了、等一半天我拿來請您指教指教、十一好極了、一兩天
你拿來我捧讀捧讀、十二那可不敢當、十三我新近聽說你們令叔幫
辦放賬的事情哪、還好辦不好辦開放了沒有、十四放了好幾天了、
倒沒甚麼難辦的、不過是累一點兒、十五都是放些個甚麼、十六放飯、
放粥、也放錢、十七司事有幾位、十八連我們家叔共總八位、十九總辦還
是那位王公麼、二十不是他了、換了一位姓朱的、二十一怎麼不用他了、
二十二因為放給人的錢多一半小錢兒並且常不彀數兒後來被人
查出他全侵吞肥己了、二十三這個人真是傷天害理别的錢賺起來

學房

放屁

放年學

放蕩　放鞭　放爆竹

放花

防閑

還可恕、這個錢也賺、太下不去了、廿四 我們家叔在家裡也是這麽說、廿五 我兄弟在家裡沒有、廿五 他上學房念書去了、沒在家、廿六 我兄弟開筆了沒有、廿七 他纔四句詩、廿八 您把他的窗課賞給姪兒看看、廿九 沒個大賬頭兒、不過是放屁、他的窗課他都帶了去了、卅 他功夫必好罷、卅一 那孩子沒出息兒、所不愛用功、就是新近放年學、他也不想在家裡溫溫書、寫寫字、整天家放蕩、除了放鞭放爆竹放花、一點兒正事不幹、那兒能像你這麽老老實實兒的用功呢、卅二 吁您說得了、我想斷不至於這麽着、卅三 你是不知道、他那孩子是無所不為、要不是我防閑的緊、他甚麽都敢作、卅四 是您府上家教

下 1-161b

放肆 分外

防微 不妨 放寬

防禁 非禮 越分

吩咐

素來姪兒是知道的、我兄弟一定不敢放肆作那些分外之事、在您自然要防微杜漸、然而我兄弟太年幼、也不可太嚴不妨稍放寬些兒、廿五您說的也是、可是我雖然、防禁他他要是沒有非禮越分的事、也不能過拘禁他、廿六是、這實在是老伯的明鑑了、現在天也不早了、我父親還吽我早些兒回去哪、姪兒要告假了、廿七忙甚麼呀、再坐坐兒罷、廿八不、坐着了、底下姪兒再來請安、廿九那麼你回去、替我給你父親請安、吽他納惦記着、四十是、遵老伯的吩咐、回去都替您說、

第二百九十章

紛紛議論
紛亂
紛紛

紛紛議論　紛亂　紛紛　方軓　放賑　放出去　八分　芳
美　千方百計　放手　法紀　放出来　反倒　放刁　越發
匪人　放鎗　放猪　放羊　放牛　分贓　分贓不平　紛
紛不、一　墳墓　墳院　不分首從　分心　費唇舌　費力
缺分　使費　吩咐他　費勁兒　分子
有一件新聞、您聽説了没有　二　我没聽見人説是甚麽新聞、　三　這
件事情、外頭紛紛議論、您怎麽會不、知道、　四　因為這程子、家裡事
情很紛亂、没工夫出去、故此外頭的事情、一概不、知、　五　這個新聞、
街上紛紛傳説、都吵嚷遍了、　六　是甚麽事情、您告訴我知道、　七　您

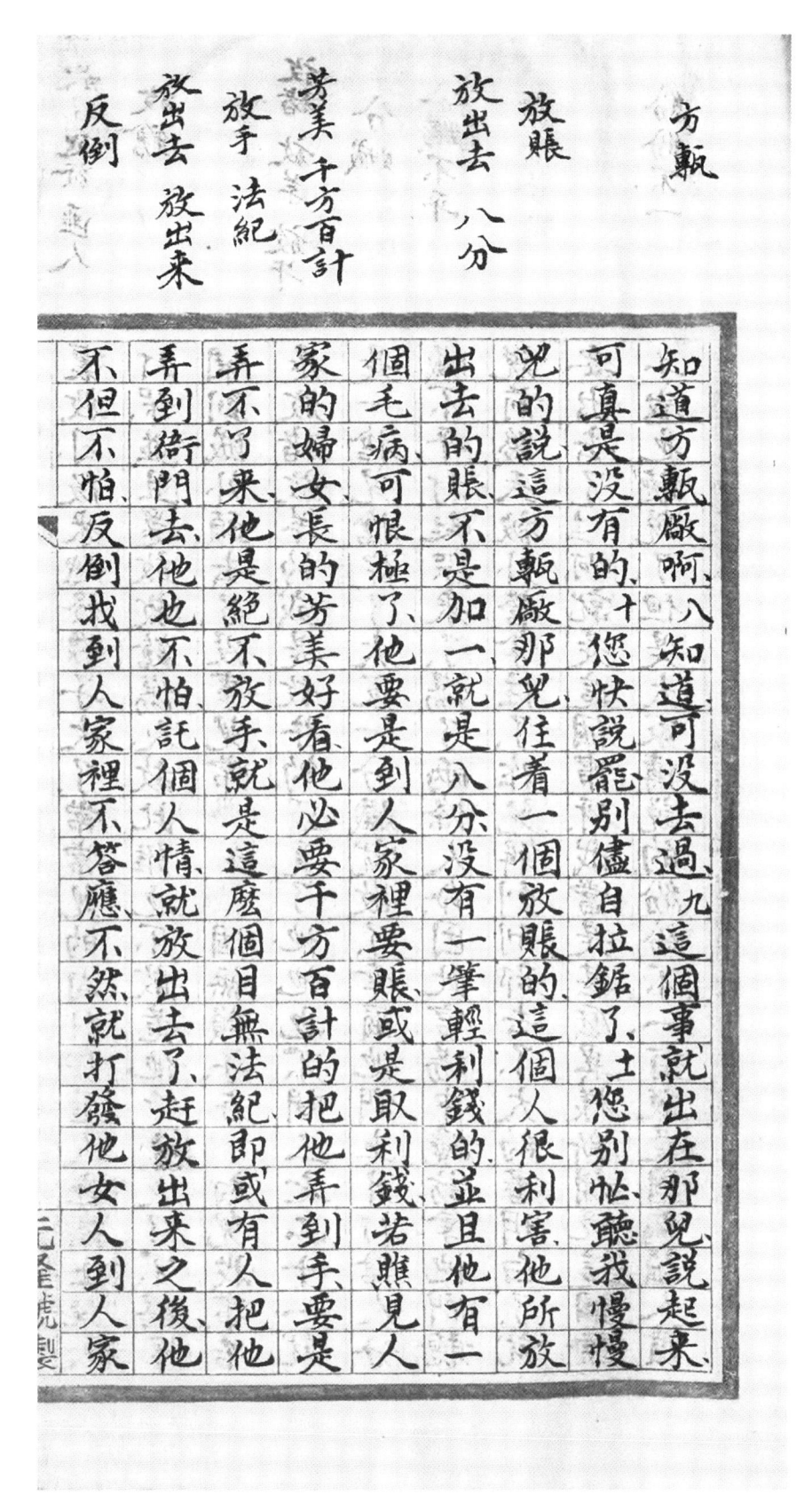

下 1-162b

方瓶
放賬
放出去　八分
芳美　千方百計
放手　法紀
放出去　放出来
反倒

知道方瓶廠啊、八知道、可没去過、九這個事就出在那兒說起来、
可真是没有的、十您快說罷別儘自拉鋸了、土您別忙、聽我慢慢
兒的說這方瓶廠那兒住着一個放賬的這個人很利害、他所放
出去的賬、不是加一、就是八分、没有一筆輕利錢的、並且他有一
個毛病、可恨極了、他要是到人家裡要賬、或是取利錢、若瞧見人
家的婦女長的芳美好看、他必要千方百計的把他弄到手、要是
弄不了来、他是絕不放手、就是這麼個目無法紀、即或有人把他
弄到衙門去、他也不怕、託個人情、就放出去了、赶放出来之後、他
不但不怕、反倒找到人家裡不答應、不然、就打發他女人到人家

三元堂號製

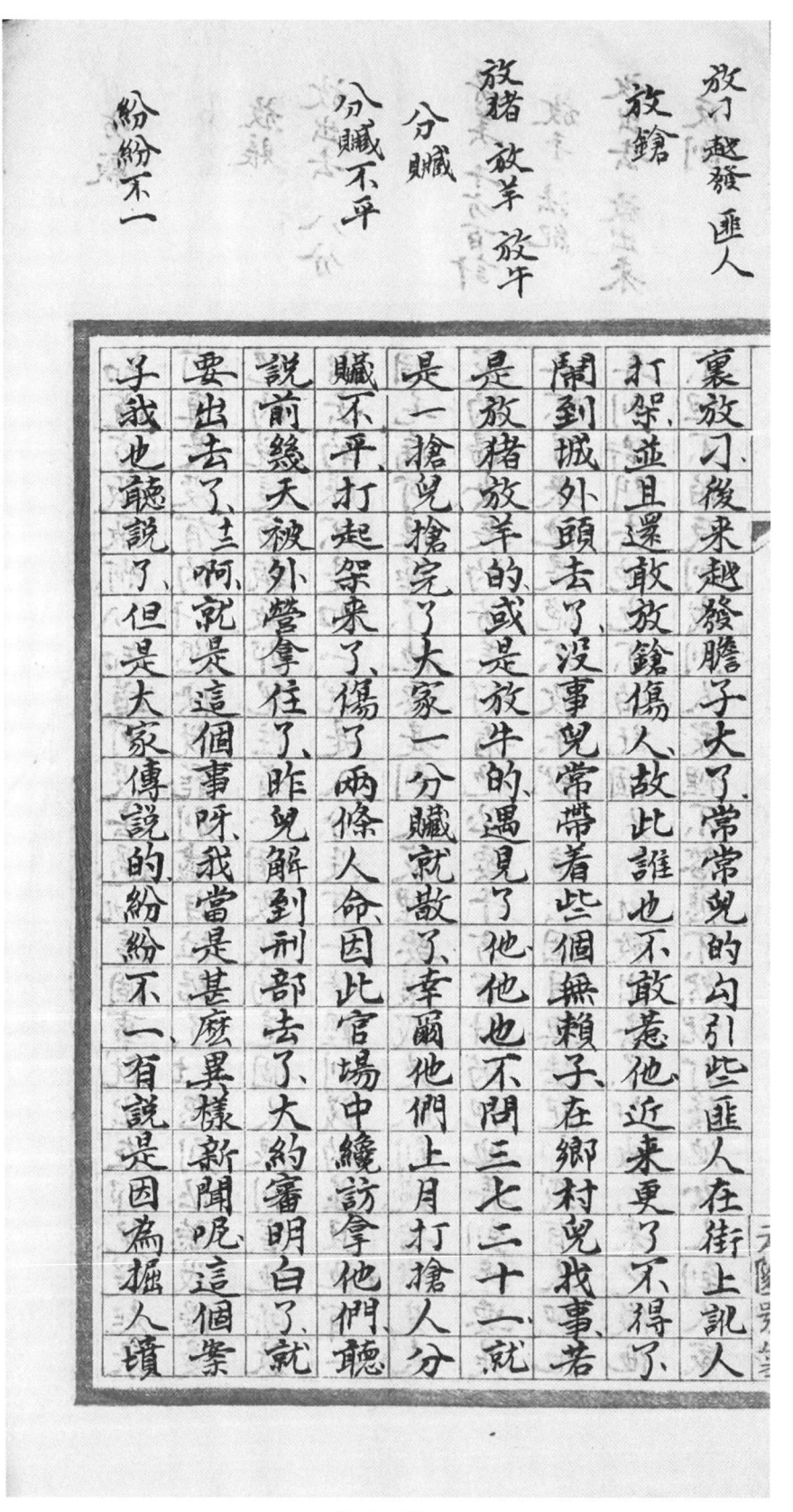

下 1-163a

放刁 越發 匪人
放鎗
放猪 放羊 放牛
分贓
分贓不平
紛紛不一

裏放刁、後来越發膽子大了、常常兒的勾引些匪人在街上訛人打架、並且還敢放鎗傷人、故此誰也不敢惹他、近来更了不得了、鬧到城外頭去了、没事兒常帶着些個無賴子、在鄉村兒找事、若是放猪放羊的、或是放牛的、遇見了他、他也不問三七二十一、就是一搶兒搶完了、大家一分贓就散了、幸爾他們上月打搶人分贓不平、打起架来了、傷了兩條人命、因此官場中纔訪拿他們、聽說前幾天被外營拿住了、昨兒解到刑部去了、大約審明白了、就要出去了、土啊、就是這個事呀、我當是甚麽異樣新聞呢、這個案子我也聽說了、但是大家傳說的紛紛不一、有說是因為掘人墳

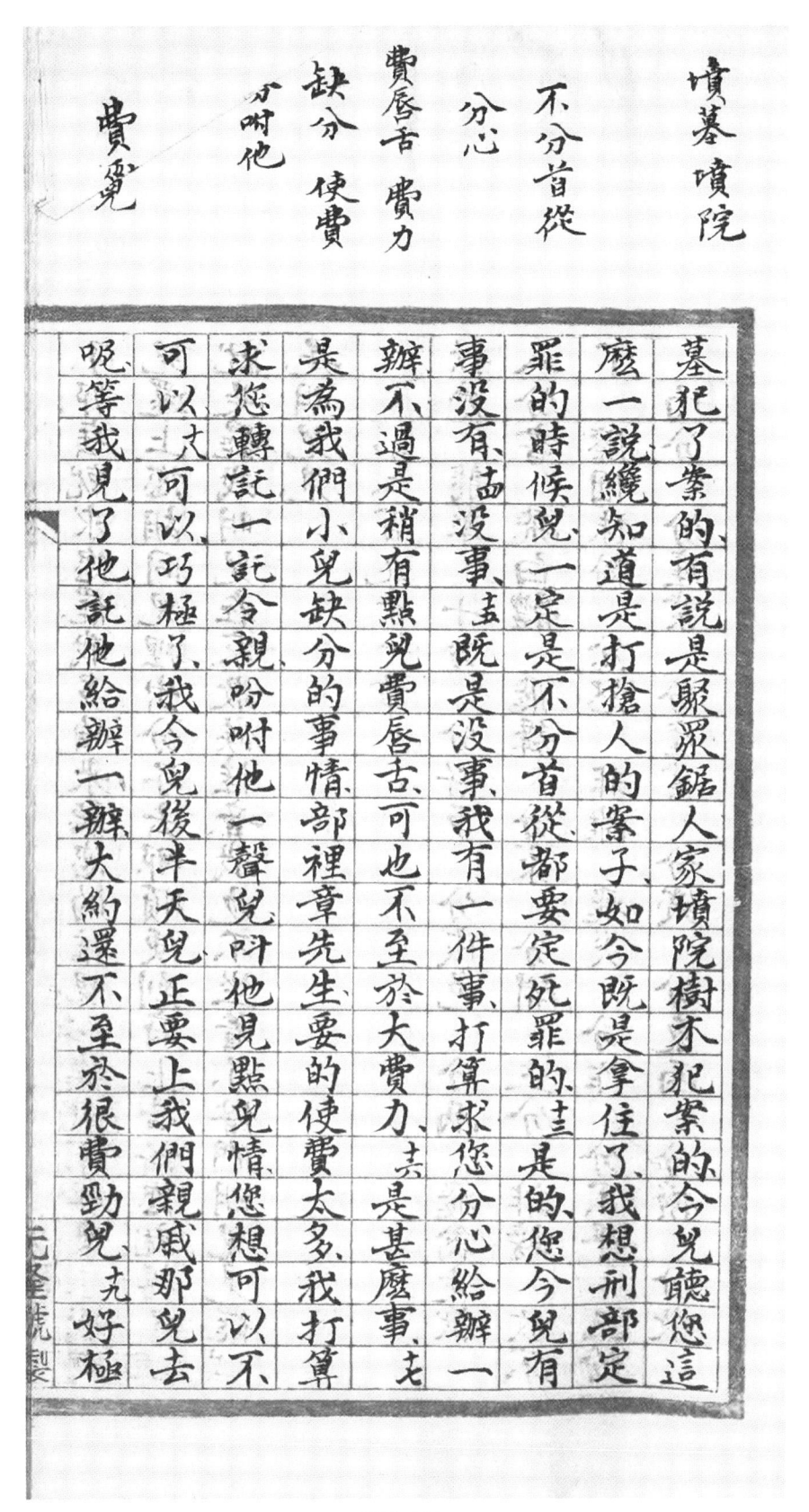

下 1-163b

墳墓　墳院

不分首從

分心

費唇舌　費力

缺分　使費

吩咐他

費勁兒

墓犯了案的、有說是聚衆鋸人家墳院樹木犯案的今兒聽您這麼一說纔知道是打搶人的案子如今既是拿住了、我想刑部定罪的時候兒、一定是不分首從都要定死罪的。十三是的、您今兒有事沒有、十四沒事、十五既是沒事、我有一件事、打算求您分心給辦一辦、不過是稍有點兒費唇舌、可也不至於大費力、十六是甚麼事、十七是為我們小兒缺分的事情、部裡章先生要的使費太多、我打算求您轉託一託令親吩咐他一聲兒、叫他見點兒情、您想可以不、可以、十八可以、巧極了、我今兒後半天兒正要上我們親戚那兒去呢、等我見了他託他給辦一辦、大約還不至於很費勁兒、十九好極

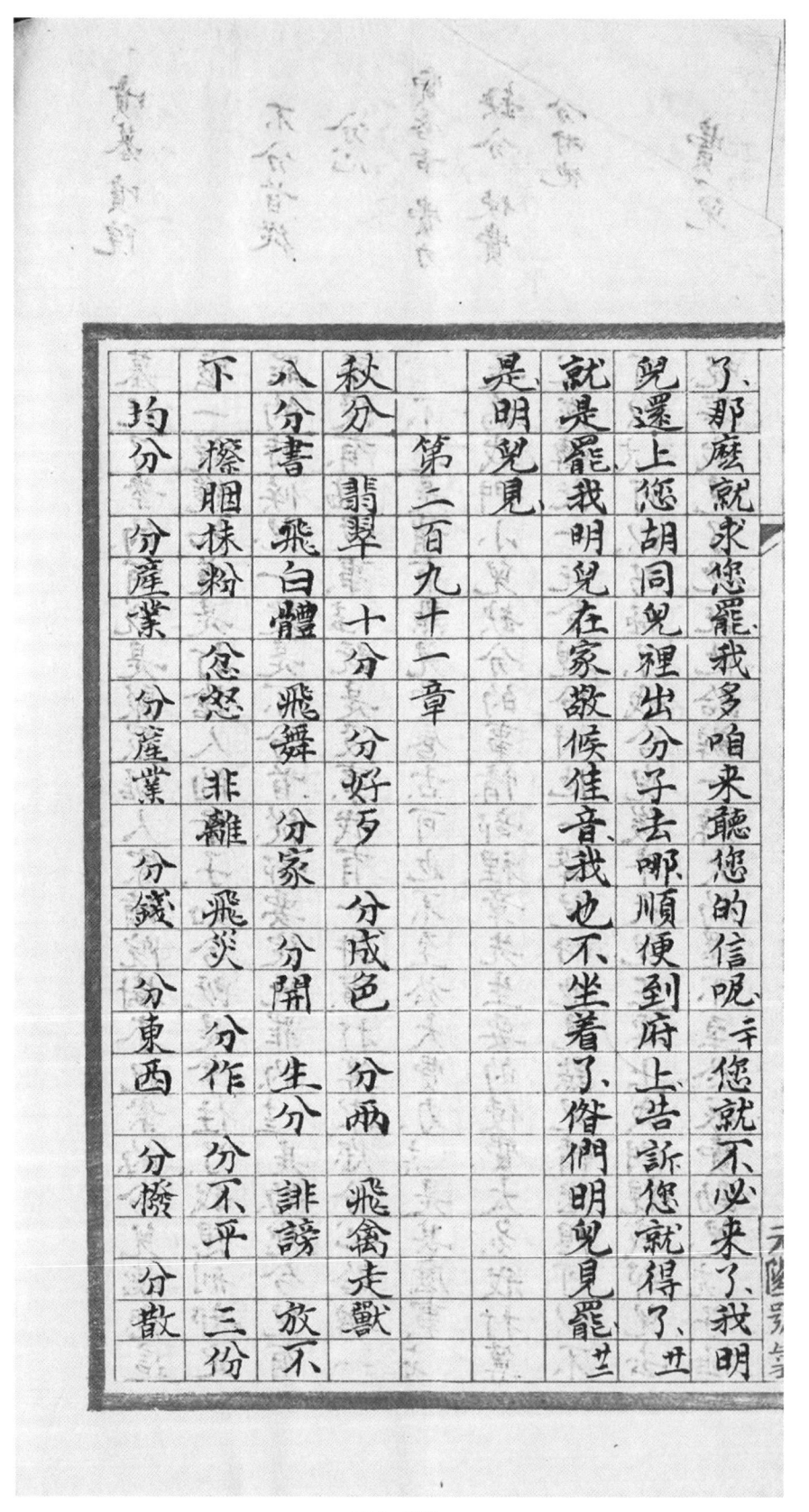

下 1-164a

了、那麽就求您罷、我多咱来聽您的信呢、〒您就不必来了、我明兒還上您胡同兒裡出分子去哪順便到府上告訴您就得了、廿就是罷我明兒在家敬候佳音、我也不坐着了、偺們明兒見罷廿三是明兒見、

第二百九十一章

秋分　翡翠　十分　分好歹　分成色　分兩　飛禽走獸　八分書　飛白體　飛舞　分家　分開　生分　誹謗　放不下　一擦胭抹粉　忿怒　非離　飛災　分作　分不平　三份　均分　分産業　分産業　分錢　分東西　分撥　分散

下 1-164b

秋分
翡翠
十分
分如歹
分成色 分兩

分明 分争
這兩天天氣還好 二 可不是麼、比前幾天涼快多了、三 本來快秋
分了、要是還那麼熱還了得、您這兩天沒出去、四 昨兒到了隆福
寺買了點兒東西、五 您買甚麼了、六 我買了一個翡翠烟袋嘴兒、
還買了一個壁璽帶板兒 七 這兩樣兒價錢不小罷、八 也到不了十
分大、烟袋嘴兒是二兩銀子、帶板兒是一百三十兩、九 帶板兒貴
了罷、我們相好的去年買了一個壁璽帶板兒纔五十兩、十 那也
分好歹、要是好的五十兩銀子、斷買不了、而且壁璽這個東西既
分成色好歹又按分兩說話、我想令友買的這個帶板兒一定不、

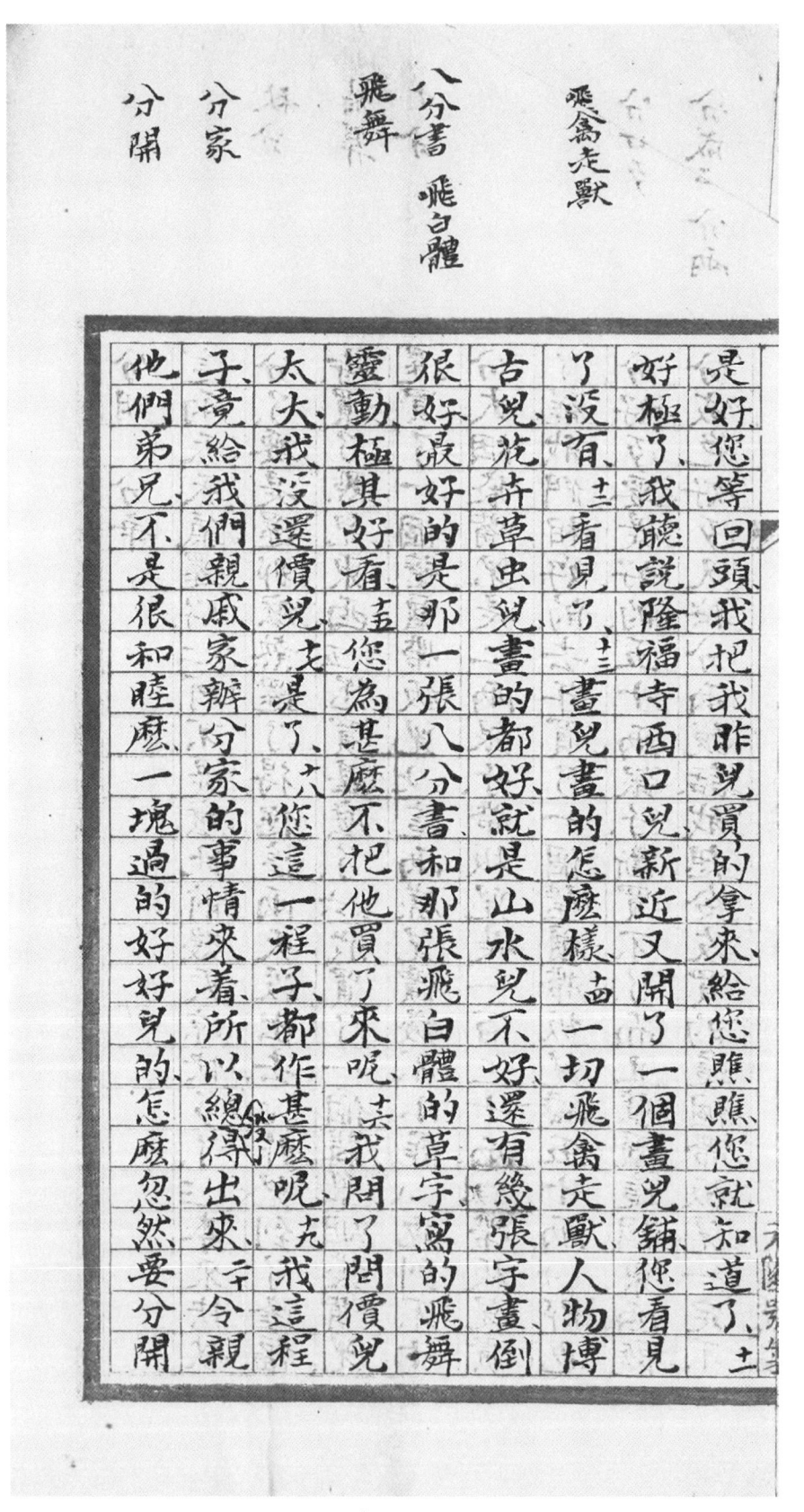

元隆號製

飛禽走獸

八分書　飛白體

飛舞

分家

分開

是好您等回頭我把我昨兒買的拿來給您瞧瞧您就知道了、十一好極了、我聽說隆福寺西口兒新近又開了一個畫兒鋪、您看見了沒有、十二看見了、十三畫兒畫的怎麽樣、十四一切飛禽走獸人物博古兒花卉草虫兒畫的都好、就是山水兒不好、還有幾張字畫倒很好、最好的是那一張八分書和那張飛白體的草字寫的飛舞靈動極其好看、十五您爲甚麽不把他買了來呢、十六我問了問價兒太大、我沒還價兒、十七是了、十八您這一程子都作甚麽呢、十九我這程子竟給我們親戚家辦分家的事情來着、所以總沒得出來、二十令親他們弟兄不是很和睦麽、一塊過的好好兒的怎麽忽然要分開

下 1-165b

生分

誹謗

搽胭抹粉

放不下

忿怒

非離　飛災

分不平

分作　三份

呢、廿先本很和睦、就從娶了這位三奶奶、他們家就多生分了、這個三奶奶糊塗難纏、利害極了、還得是專好造謠言誹謗人、一點兒規矩也不懂、天天兒吃了飯甚麼都不作、就知道搽胭抹粉兒的擺様子、三爺是拿不起來、放不下、一點兒主意沒有、就是信女人的話、由着他的性兒、所以鬧的大爺二爺都忿怒極了、現在是非離分家不行了、要是再勉强一塊兒過、可就要鬧出意外的飛災横禍來了、故此他們大爺立定了主意要分家、又怕自己分不平、於是把我們這些至親至友都請了去了、當着大衆這麽一說大家勸了好幾回也不行、這麽着、這纔把他們家的家產分作三

下 1-166a

均分　分產業
分錢　分東西
分撥　分散　分明
分爭

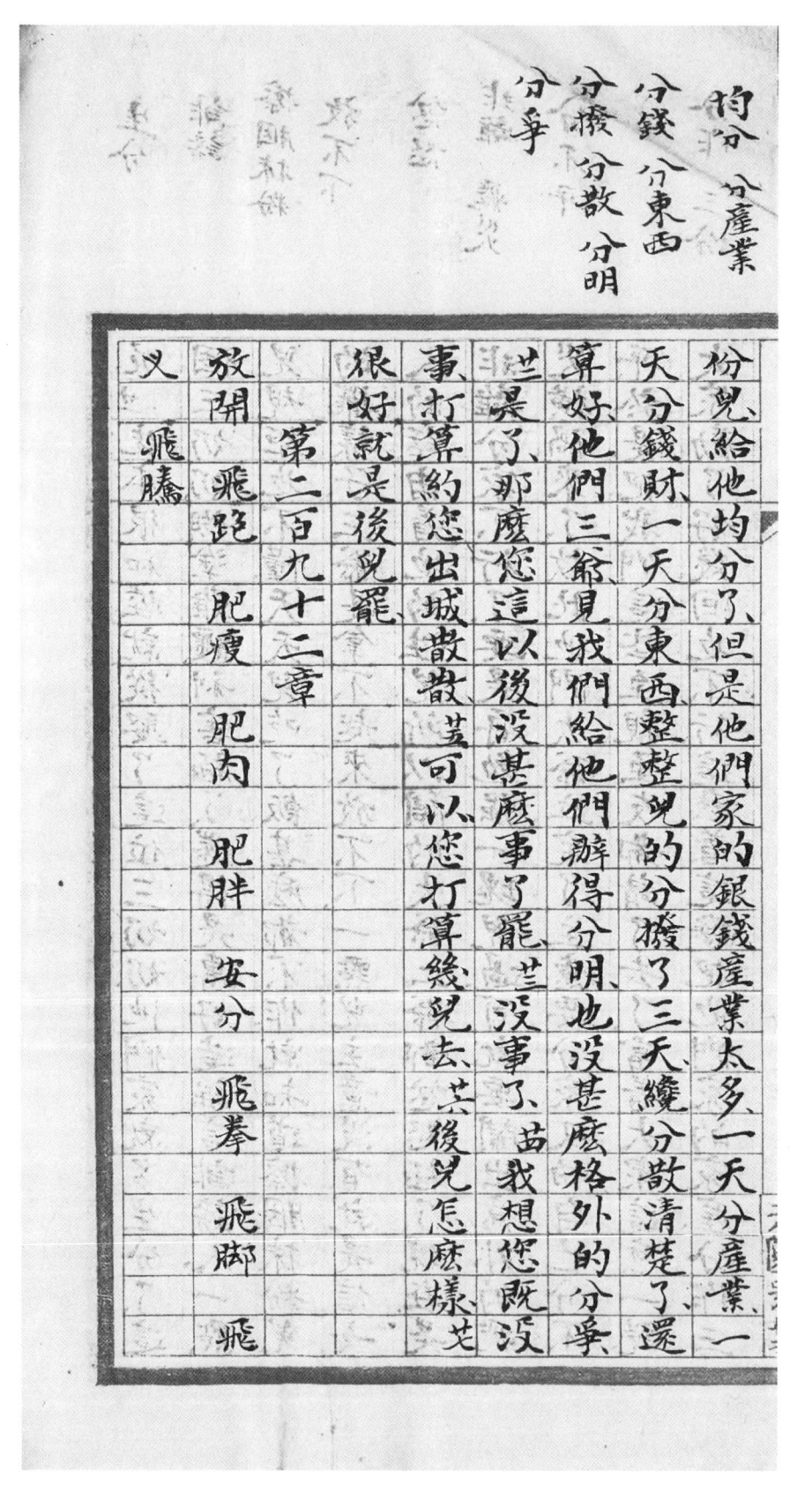

份兒、給他均分了、但是他們家的銀錢產業太多、一天分產業、一天分錢財、一天分東西、整整兒的分撥了三天、纔分散清楚了、還算好、他們三爺、見我們給他們辦得分明、也沒甚麽格外的分爭、廿二是了、那麽您這以後沒甚麽事了罷、廿三沒事了、廿四我想您既沒事、打算約您出城散散、廿五可以、您打算幾兒去、廿六後兒怎麽樣、廿七很好就是後兒罷、

第二百九十二章

放開　飛跑　肥瘦　肥肉　肥胖　安分　飛拳　飛腳　一飛
又　飛騰

下 1-166b

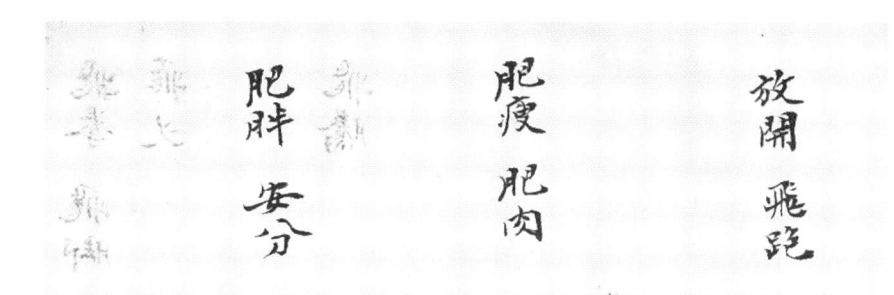

放開　飛跑
肥瘦　肥肉
肥胖　安分

你上那兒去、這麼放開步兒飛跑、二我上街、給我們老爺買肉去、三買肉去、幹甚麼這麼忙、四我們老爺等着吃哪、五為甚麼不早一點兒買來、務必等到臨要吃纔買、是甚麼緣故、六本來廚子先買來了、但是我們老爺要的是肥瘦兒、他不知道、買的竟是肥肉、沒有瘦的、我現在是另買去、七莫成廚子不知道你們老爺的脾氣嗎、八這個廚子是新來的、所以他不知道、九怎麼你們那兒那個肥胖的廚子散了嗎、十是散了、十一為甚麼散的、十二因為他不安分散的、十三怎麼是他在外頭惹了甚麼事了麼、十四倒沒在外頭惹事、這個廚子、他本來是個街上耍拳脚賣藝的、他自從到我們宅

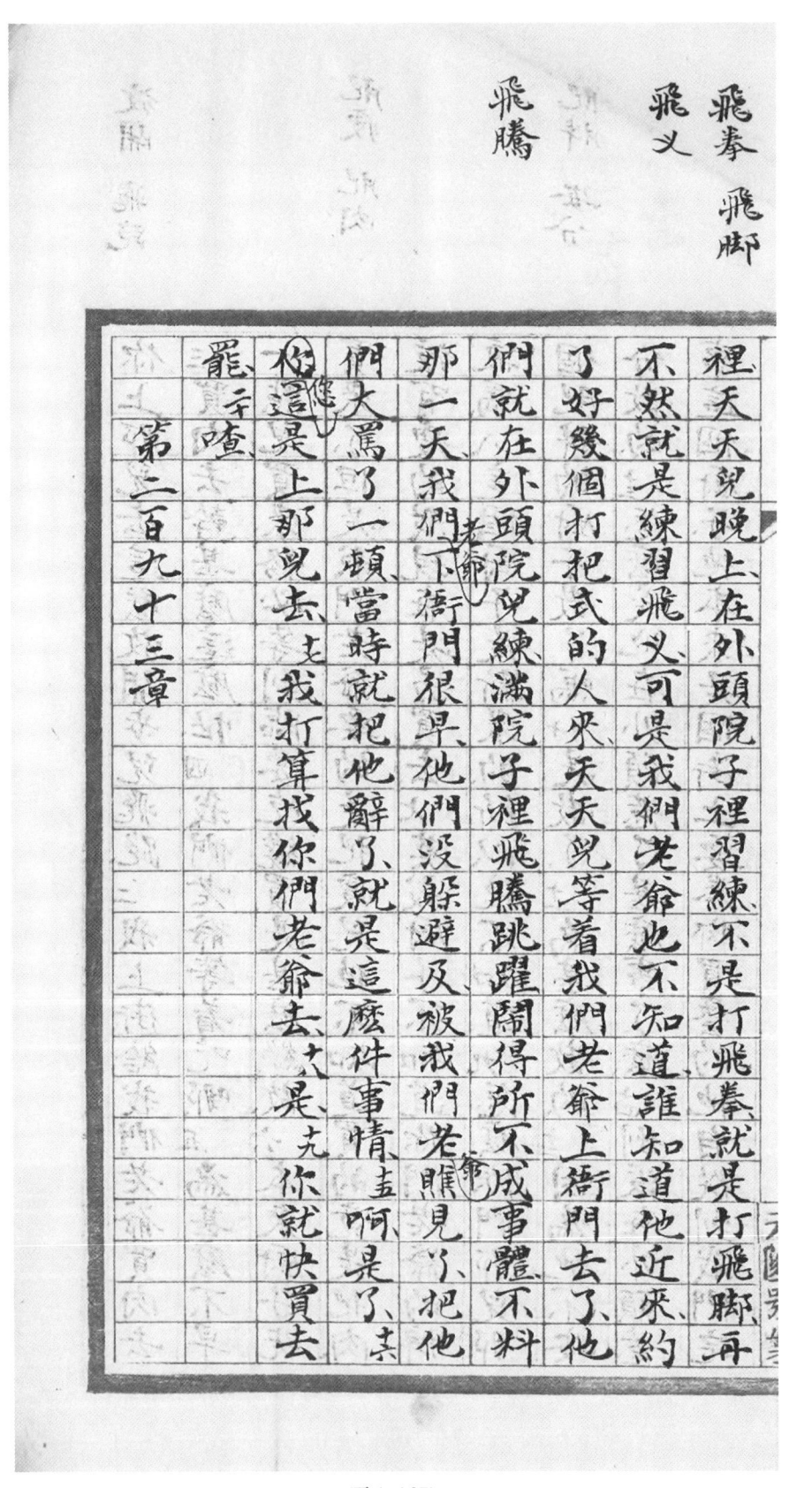

二百號

下 1-167a

飛拳　飛脚
飛义
飛騰

裡、天天兒晚上、在外頭院子裡習練、不是打飛拳、就是打飛脚、再不、然就是練習飛义、可是我們老爺也不知道、誰知道他近來、約了好幾個打把式的人來、天天兒等着我們老爺上衙門去了、他們就在外頭院兒練、滿院子裡飛騰跳躍鬧得所不成事體、不料那一天、我們老爺下衙門很早、他們沒躲避及、被我們老爺瞧見了、把他們大罵了一頓、當時就把他辭了、就是這麼件事情、十五啊、是了、十六您這是上那兒去、十七我打算找你們老爺去、十八是、十九你就快買去罷、二十喳、

第二百九十三章

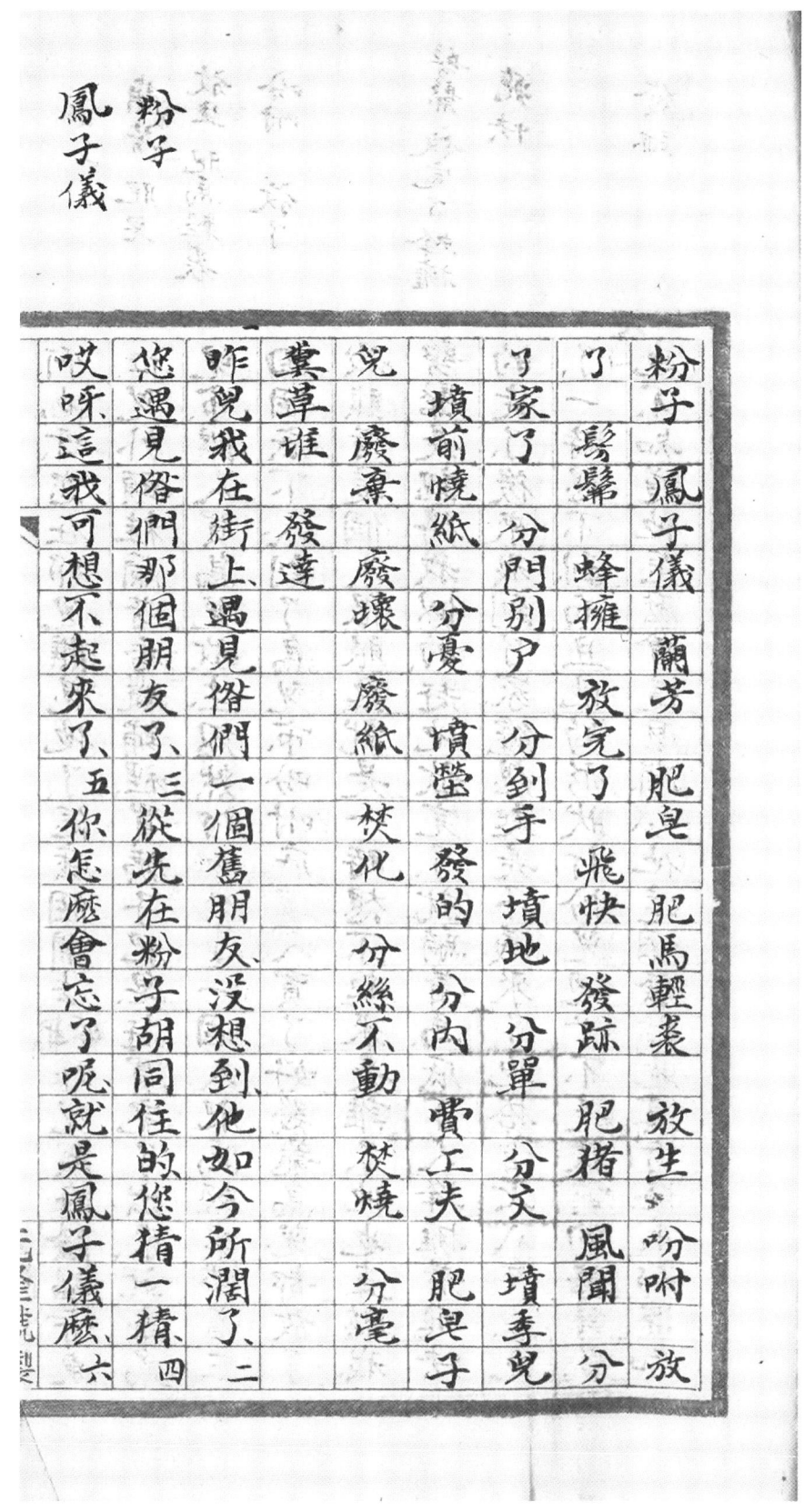

下 1-167b

粉子
鳳子儀

粉子 鳳子儀 蘭芳 肥皂 肥馬輕裘 放生 吩咐 放
了 鬆鬆 蜂擁 放完了 飛快 發跡 肥豬 風聞 分
了 家了 分門別户 分到手 墳地 分單 分文 墳季兒
墳前燒紙 分憂 墳塋 發的 分内 費工夫 肥皂子
兒 廢棄 廢壞 廢紙 焚化 分絲不動 焚燒 分毫
糞草堆 發達

昨兒我在街上、遇見偺們一個舊朋友、沒想到、他如今所潤了、二
您遇見偺們那個朋友了、三 從先在粉子胡同住的、您猜一猜、四
哎呀、這我可想不起來了、五 你怎麼會忘了呢、就是鳳子儀麼、六

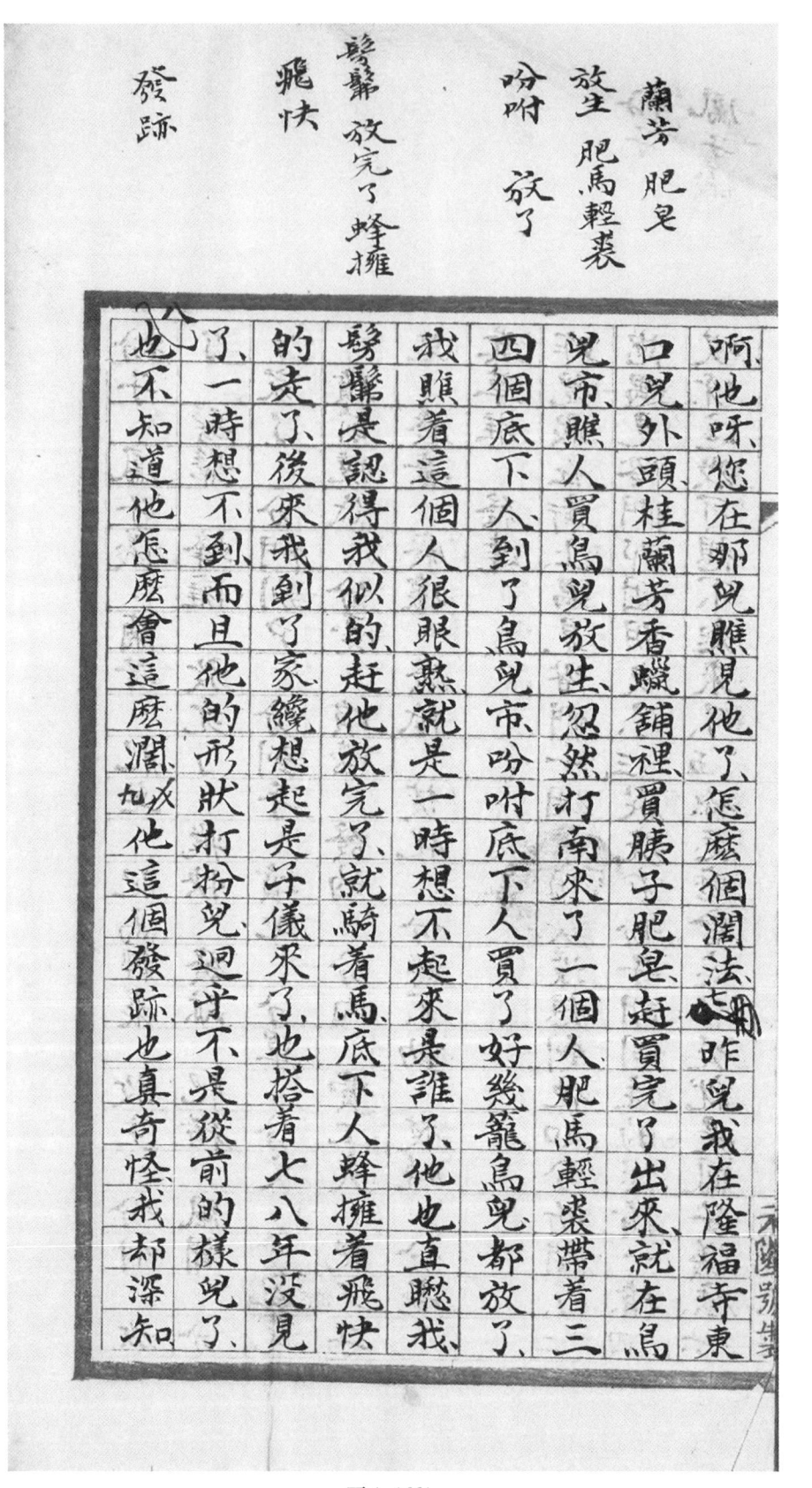

下 1-168a

蘭芳　肥皂
放生　肥馬輕裘
吩咐　放了
髣髴　放完了　蜂擁
飛快
發跡

啊、他呀、您在那兒瞧見他了、怎麽個濶法、七 昨兒我在隆福寺東
口兒外頭桂蘭芳香蠟鋪裡、買胰子肥皂、趕買完了出來、就在鳥
兒市、瞧人買鳥兒放生、忽然打南來了一個人、肥馬輕裘帶着三
四個底下人、到了鳥兒市、吩咐底下人買了好幾籠鳥兒都放了、
我瞧着這個人很眼熟、就是一時想不起來是誰了、他也直瞧我、
髣髴是認得我似的、赶他放完了、就騎着馬、底下人蜂擁着飛快
的走了、後來我到了家、纔想起是子儀來了、也搭着七八年沒見
了、一時想不到、而且他的形狀打扮兒、迥乎不是從前的樣兒了、
八 也不知道他怎麽會這麽濶、九 又他這個發跡也真奇怪、我却深知

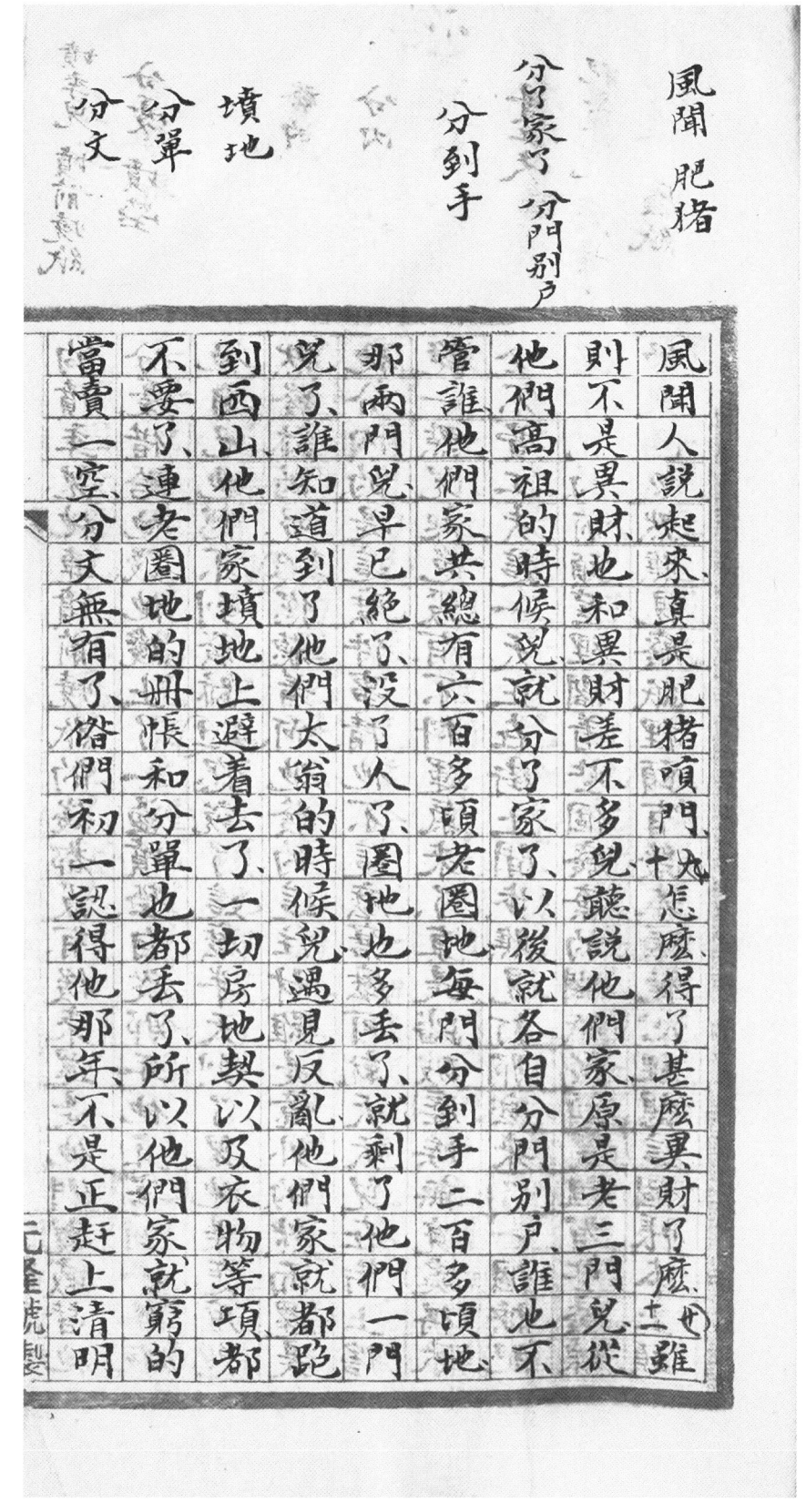

下 1-168b

風聞　肥猪

分了家了　分門別戶

分到手

墳地

分單

分文

風聞人說起來、真是肥猪噴門、怎麼得了甚麼異財了麼、雖
則不是異財、也和異財差不多兒、聽說他們家原是老三門兒、從
他們高祖的時候兒就分了家了、以後就各自分門別戶、誰也不、
管誰、他們家共總有六百多頃老圈地、每門分到手二百多頃地、
那兩門兒、早已絕了、沒了人了、圈地也多丟了、就剩了他們一門
兒了、誰知道到了他們太翁的時候兒遇見反亂、他們家就都跑
到西山、他們家墳地上避着去了、一切房地契以及衣物等項都
不要了、連老圈地的冊帳和分單也都丟了、所以他們家就窮的
當賣一空、分文無有了、偺們初一認得他那年、不是正趕上清明

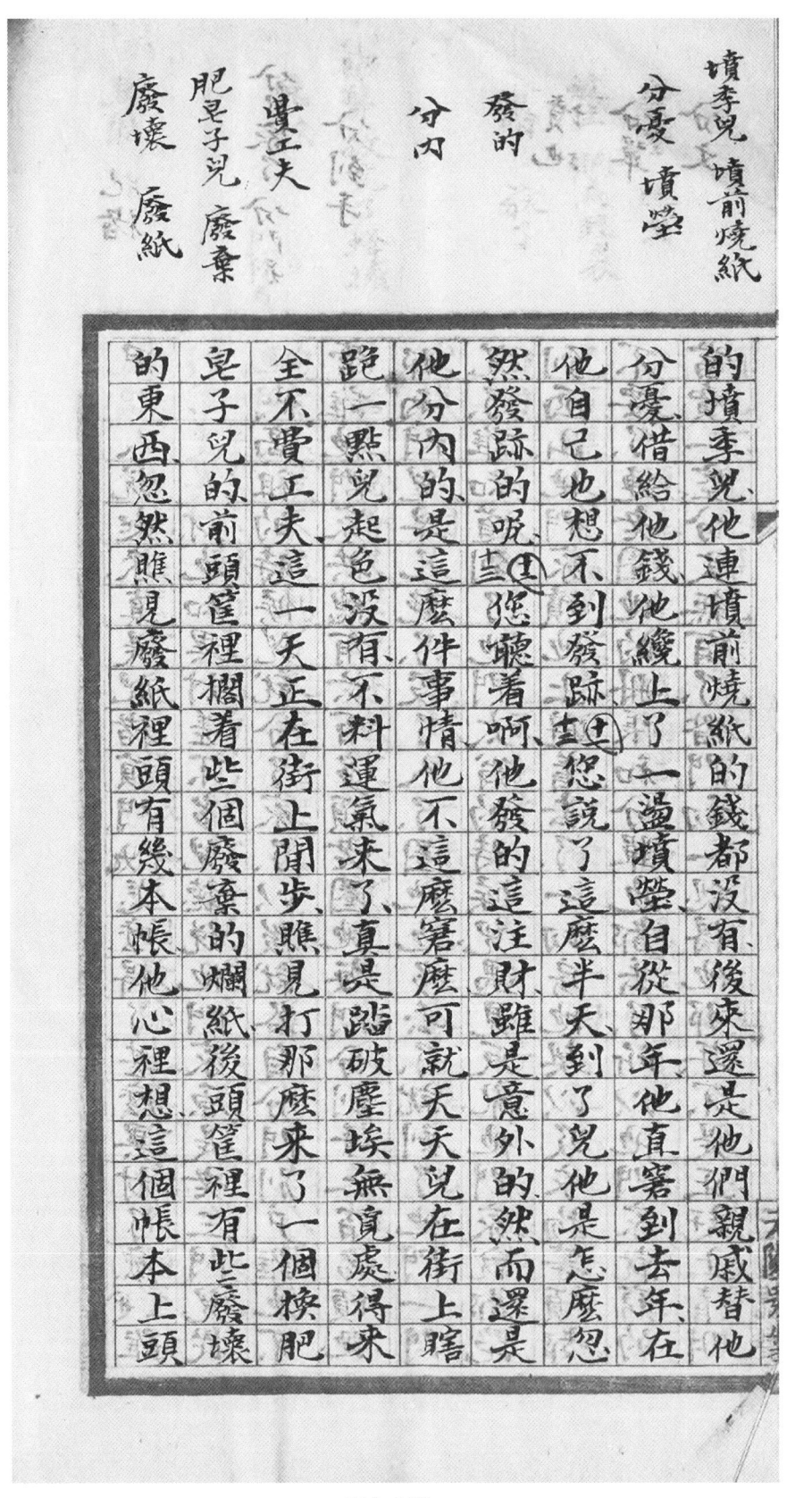

元隆號製

下 1-169a

墳季兒　墳前燒紙
分憂　墳塋
發的
分內
費工夫
肥皂子兒　廢棄
廢壞　廢紙

的墳季兒、他連墳前燒紙的錢都沒有、後來還是他們親戚替他
分憂、借給他錢、他纔上了一盪墳塋、自從那年他直窮到去年、在
他自己也想不到發跡(十一)您說了這麼半天、到了兒他是怎麼忽
然發跡的呢、(十二)您聽着啊、他發的這注財、雖是意外的然、而還是
他分內的、是這麼件事情、他不這麼窮麼可就天天兒在街上瞎
跑一點兒起色沒有、不料運氣來了、真是踏破塵埃無覓處得來
全不費工夫、這一天正在街上閒步、瞧見打那麼來了一個換肥
皂子兒的、前頭筐裡擱着些個廢棄的爛紙、後頭筐裡有些廢壞
的東西、忽然瞧見廢紙裡頭有幾本帳、他心裡想這個帳本上頭

下 1-169b

焚化
分絲不動
焚燒
分毫
糞草堆
發達

都是字攙在這臟紙裡豈不造罪、莫若我花幾個大錢買来把他焚化了、豈不是好、這麼着他就叫住換肥皂子兒的、拿起帳本兒一瞧、原来是整整齊齊兒分絲不動的五本帳、於是就花了二百錢買妥了、赶拿到家裡、剛要焚燒他們令正可就說你倒細瞧瞧、要是有用的呢、他聽了這話、於是就一細瞧、敢情這五本帳原来就是他們家丟的圈地冊帳、分毫不錯、他立刻就樂的了不得、後来不到倆月的工夫、把二百多頃地、都找回来了、從此他立意行善、所以他昨兒買鳥兒放生、

十四 啊、我說呢、俗語兒說的好、糞草堆還有個發達呢、這就應了他了、

十五 是的、

下 1-170a

分手
風箏
風帽　風領
貴眼　分別好歹

第二百九十四章

分手　風箏　風帽　風領　貴眼　分別　好歹　分路　肥
的瘦的　緋紅　敞開　肺腑　倒糞　廢話　風冷　分生
風息　風清月朗　分派　一封信　分府　分發　封上　菲
儀　封套　貴事　分內之事　封印　風寒
昨兒咱們分手之後、您又到了那兒、二我沒上別處去、就到了灯
市口兒、給我們家孩子們買了幾個風箏、就手兒在帽鋪、買了個
風帽、倆小孩子了的風領兒、本還打算到洋貨店、買點兒材料兒、因
爲天太晚了、黑影子下來了、瞧材料兒太貴眼分別好歹實在是

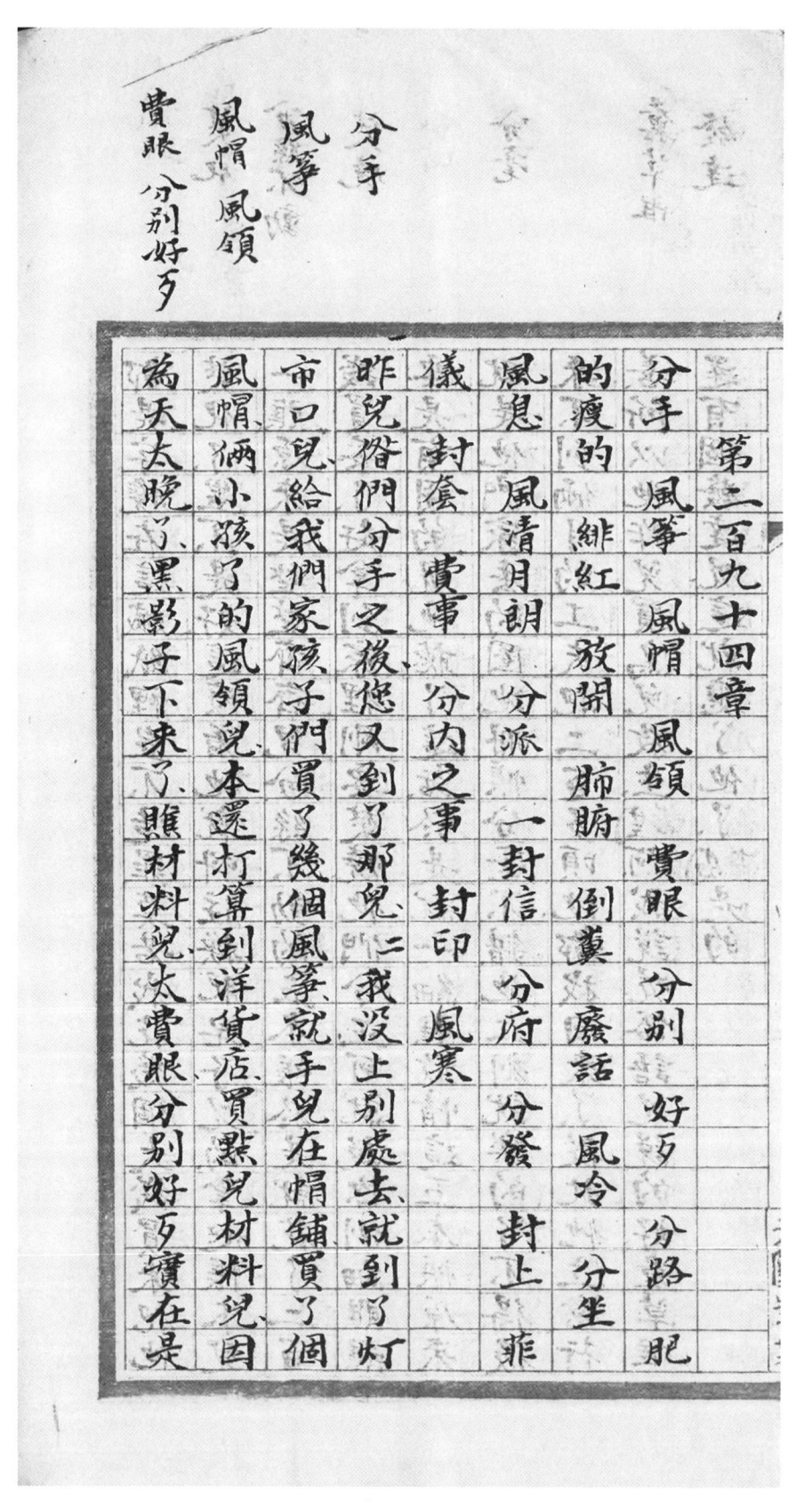

下 1-170b

分路
肥的瘦的
緋紅
放開
肺腑
倒糞　風冷
廢話

不容易、故此趕緊回家了、您昨兒打那麽就回家了麽、三沒有、我
昨兒於偺們分路之後、又遇見我們舍親、他一定拉我喝酒去、這
麽着、我們倆就到了天街樓、要了些個酒、肥的瘦的要了點子肉、
您是知道的、我的酒量兒是不行的、纔喝了一壺、我的臉就緋紅
了、我們舍親、他是能喝的、見了酒肉、就放開了量兒這麽一吃一
喝、前半路兒和我說了好些衷腸肺腑的話、後来喝的大醉、竟是
来回倒糞、所説的全是些個廢話、我瞧着光影不妥、而且外頭風
冷的利害、又下起大雪来了、恐怕再待一會兒就不好走了、所以
好容易設法勸着他不喝了、於是就叫跑堂兒的僱了倆車、我們

下 1-171a

分坐
風息
風清月朗
分派
一封信
分府分發
封上

倆分坐着、各自回家了、四您到了家有甚麼時候兒了、五有十下兒多鐘了、那個時候兒已經風息了、雪也住了、又待了一會兒、我睡覺的時候兒風清月朗、實在是好、不過就是冷的利害、可是您昨兒說今兒有事要分派我、是甚麼事情、六我前幾天聽說您要下天津、現在有給通州的一封信、打算求您順便給帶了去、七使得、可不知道您給誰帶信、八給李公館帶了去、九這位李公他當甚麼差使、十他是個候補分府、分發江蘇、他本是通州人、去年丁憂、現在是在籍守制、十一是了、那麼您就趕緊把信寫得了封上交給我帶了去就得了、您還帶東西不帶、十二東西倒不帶、不過因為

下 1-171b

菲儀

封套　費事

分内之事

封印

風寒

他們今年一周年有一點兒菲儀求您連信一塊兒帶了去、十三可以的、他在通州甚麼地方兒住、十四在磁器胡同、十五是了、您千萬在封套兒上寫清楚了、免得找着費事、十六那是一定的、不過就是多耽悞您的工夫、十七那兒的話呢、一則順便打那麼過、二則也是我分内之事、應當効勞的、您何必這麼套話、您那一時寫得了、就給我送了去、就得了、十八您打算幾兒起身、十九也就是這三兩天、怎麼說呢、是因為離年太近了、封印前必得赶回來、二十是、可是有一樣兒、現在正在三九裡頭、外頭風寒太利害、您千萬多帶點兒衣裳、廿一那是自然的、

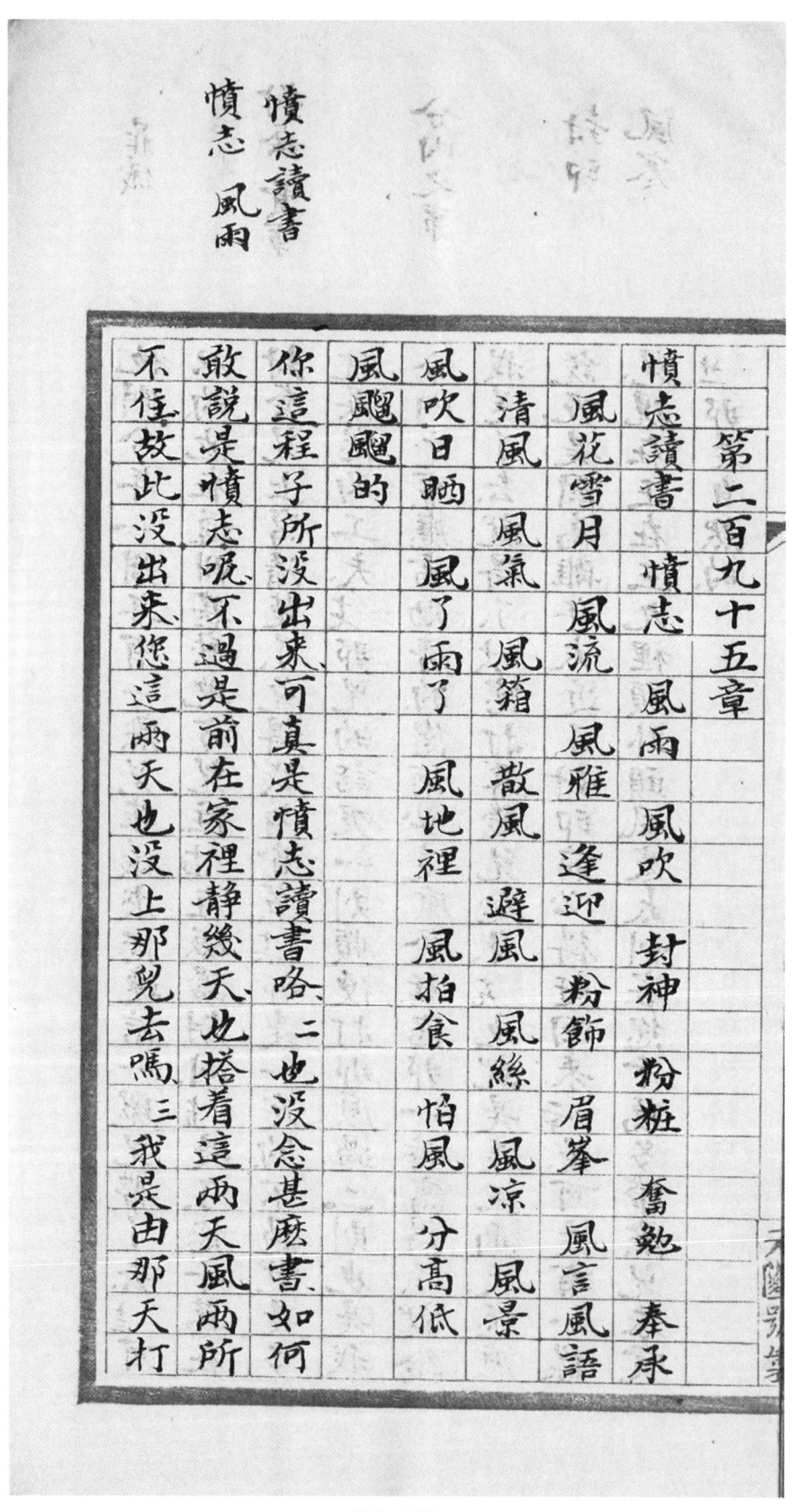

下 1-172a

憤志讀書
憤志　風雨

第二百九十五章

憤志讀書　憤志　風雨　風吹　封神　粉粧　奮勉　奉承
風花雪月　風流　風雅　逢迎　粉飾　眉峯　風言風語
清風　風氣　風箱　散風　避風　風絲　風涼　風景
風吹日曬　風了雨了　風地裡　風拍食　怕風　分高低
風飀飀的

你這程子所沒出來、可真是憤志讀書咯、二 也沒念甚麼書、如何敢說是憤志呢、不過是前在家裡靜幾天、也搭着這兩天風雨所不住故此沒出來、您這兩天也沒上那兒去嗎、三 我是由那天打

下 1-172b

風吹
封神　粉粧
奮勉
奉承
憤志
風花雪月

衙門回來、叫風吹着了、所以也老没上那兒去、可是你竟在家裡、作甚麼呢　四　不過是看看閑書解解悶兒　五　看甚麼書哪、六　看封神演義、和粉粧樓、七　你為甚麼看這宗樣兒的書呢、一點兒益處没有、與其看這些個、莫如看點兒正經書、况且你現在正是奮勉用功的時候兒、要是這麼竟看閑書、將來豈不躭悞了嗎、我是嘴直、不會奉承、你可千萬別惱我、八　這是那兒的話呢、咱們這樣兒的交情、您這是教道我、我此後一定憤志正書、斷不看這些了、九　你明白、就得了、還有一句話、不但書要看正經的、連詩文也是如此、別竟在那風花雪月上用功夫、總得務些經濟學問、我每見如

下 1-173a

風流
風雅
逢迎　粉飾
眉峯
風言風語
清風
風氣

今這些念書的、作得幾篇空泛文章、吟得幾首歪詩、遂自命為風流名士、其實於實在學問、一點兒没有、這個樣兒的人、他雖然自己以為風雅、我是斷瞧不起他、要是叫他作了官、既無實學、他能給國家辦甚麼、不過會逢迎上司、辦官事就會粉飾敷衍、不用提别人、就拿我們那個同寅的李眉峯論罷、他不是吃了這個虧了嗎、聽别人風言風語的說、他這回被參、就因為他不學無術、現在鬧的功名也丢了、錢也没了、兩袖清風、艱苦萬狀、要是當初學點兒實在本事、如何能壞官呢、十 您說的是、可是您纔說您叫風吹了、您身上覺着怎麼樣、土 腦袋有點兒疼、我疑惑是受了風氣了、

下 1-173b

風箱
散風　避風
風絲　風凉
風景
風吹日晒
風了雨了　風地裡

並且到了晚上、喘的很利害、就彷彿拉風箱似的、昨兒找人看了看、他說是不要緊、吃服劑散風的藥就好了、可就是得在家裡避避風、別出去、十二是了、本來今年的天氣實在是冷暖無常、十幾天前有一天、忽然一點兒風絲兒也沒有、直彷彿夏天、這兩天又風涼的太利害、又如深秋的風景、所以人容易受病、十三可說的是哪、所以這兩天凡人於飲食起居、總得小心、然而可也看是甚麼人咯、比方那些個做小買賣兒的、和賣苦力氣的、整天的在街上風吹日晒、他也凍不着、也熱不着、真是天養人、十四他們是整天家在外頭慣了、甚麼風了雨了、全不理會、我常瞧見他們在風地裡吃喝、

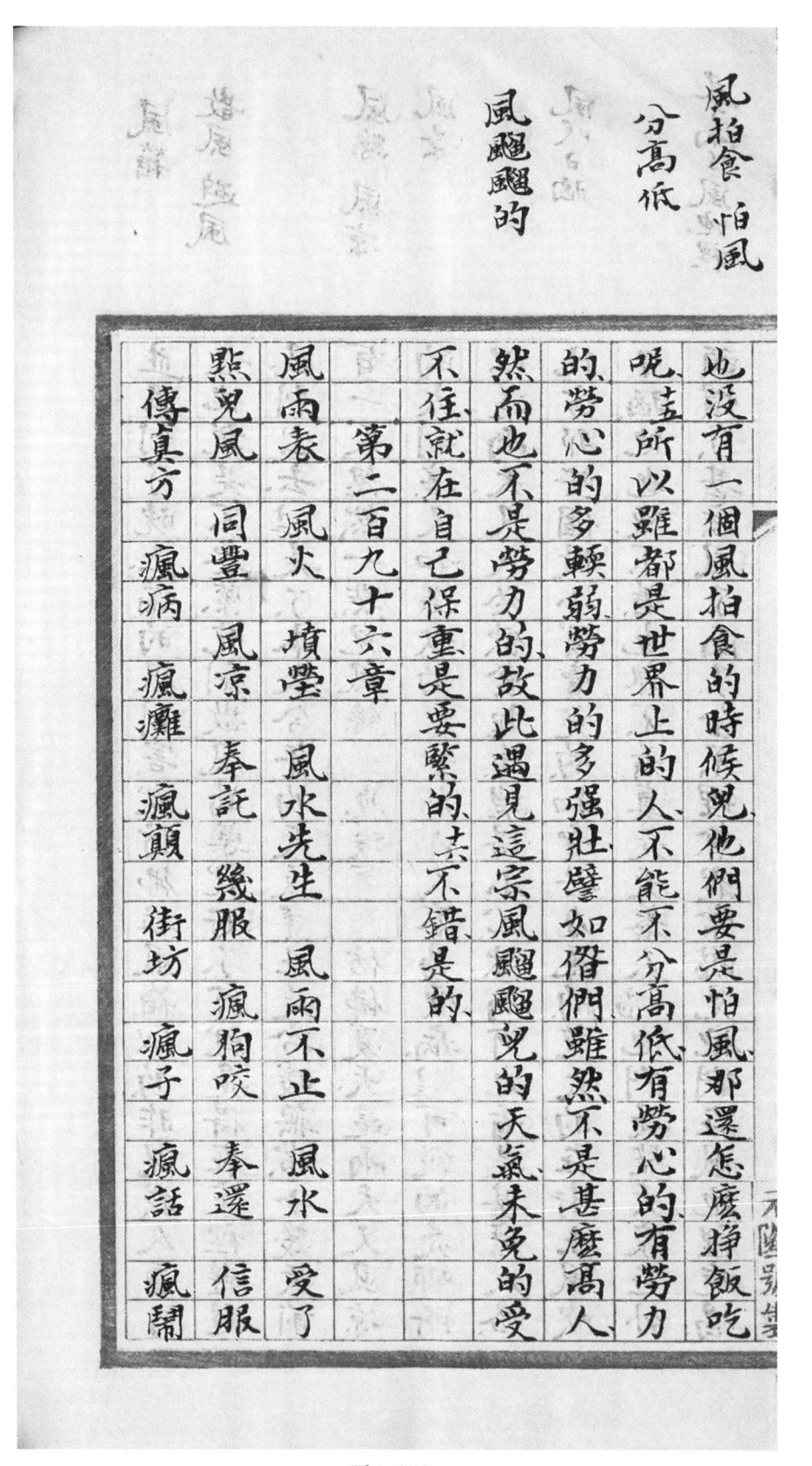

下 1-174a

風柏食　怕風

分高低

風䬙䬙的

也沒有一個風柏食的時候兒、他們要是怕風、那還怎麽掙飯吃

呢、去所以雖都是世界上的人、不能不分高低、有勞心的、有勞力

的、勞心的多軟弱、勞力的多强壯、譬如俗們雖然不是甚麽高人、

然而也不是勞力的、故此遇見這宗風䬙䬙兒的天氣、未免的受

不住、就在自己保重是要緊的、去不錯、是的、

第二百九十六章

風雨表　風火　墳塋　風水先生　風雨不止　風水　受了

點兒風　同豐　風凉　奉託　幾服　瘋狗咬　奉還　信服

傳真方　瘋病　瘋癱　瘋顛　街坊　瘋子　瘋話　瘋鬧

下 1-174b

風雨表
風火
墳塋
風水先生風水
風雨不止
受了點兒風 同豐

瘋了 不瘋了 妙峰山 逢四 逢單 逢雙 風濕 風
癬 粉麵子 粉紅 粉似的 粉面 蜂螫狗咬 不妨

一今兒天氣熱極了、大概是要下雨、二我也想是要下雨、您沒看看風雨表麼 三沒看我那個風雨表不準了 四我今兒還打算要出城買藥去呢這麼熱怎麼去、五買甚麼藥、六買治風火牙疼的藥、七怎麼您牙疼麼 八我本沒有牙疼的病、就皆因上月、修理墳塋、我同着風水先生去看風水、那一天風雨不止、我怕關在城外頭、這麼着就着了點兒急、又受了點兒風、赶到了家、牙就疼起來了、差不多有一個月了、所沒好、昨兒同豐錢舖掌櫃的告訴我說海

風凉
奉託
瘋狗咬
幾服　奉還
信服　傳真方
瘋病　瘋癱　瘋顛
街坊　瘋子　瘋鬧

岱門外頭、四條胡同、有一家賣治牙疼的藥、靈極了、所以我今兒打算買去、看罷、如果後半天兒不下雨、再風凉點兒、我就去一遛、九 您要是去、我奉託您順便給帶點兒藥來、十 您要帶甚麼藥、十一 您解花兒市走的時候兒、那兒有個賣藥的攤子、他賣的治瘋狗咬的藥很好、求您給買幾服来、用多兒錢、明兒再奉還、十二 是了、您交給我了、怎麼您倒信服擺攤賣藥的、據我想、多半兒是傳真方兒賣假藥、十三 也不盡然、近来固然是誆騙人的多、獨這個攤子、他的藥是極真、極有靈驗、甚麼治瘋病的、治瘋癱瘋顛的、各樣兒的藥、沒有一樣兒不靈的、我們街坊家有一個瘋子、天天兒瘋鬧、竟

下 1-175b

瘋話　瘋了
不瘋了　妙峯山
逢四　逢單
逢雙　風濕風癬
粉麪子
粉紅
粉似的
粉面

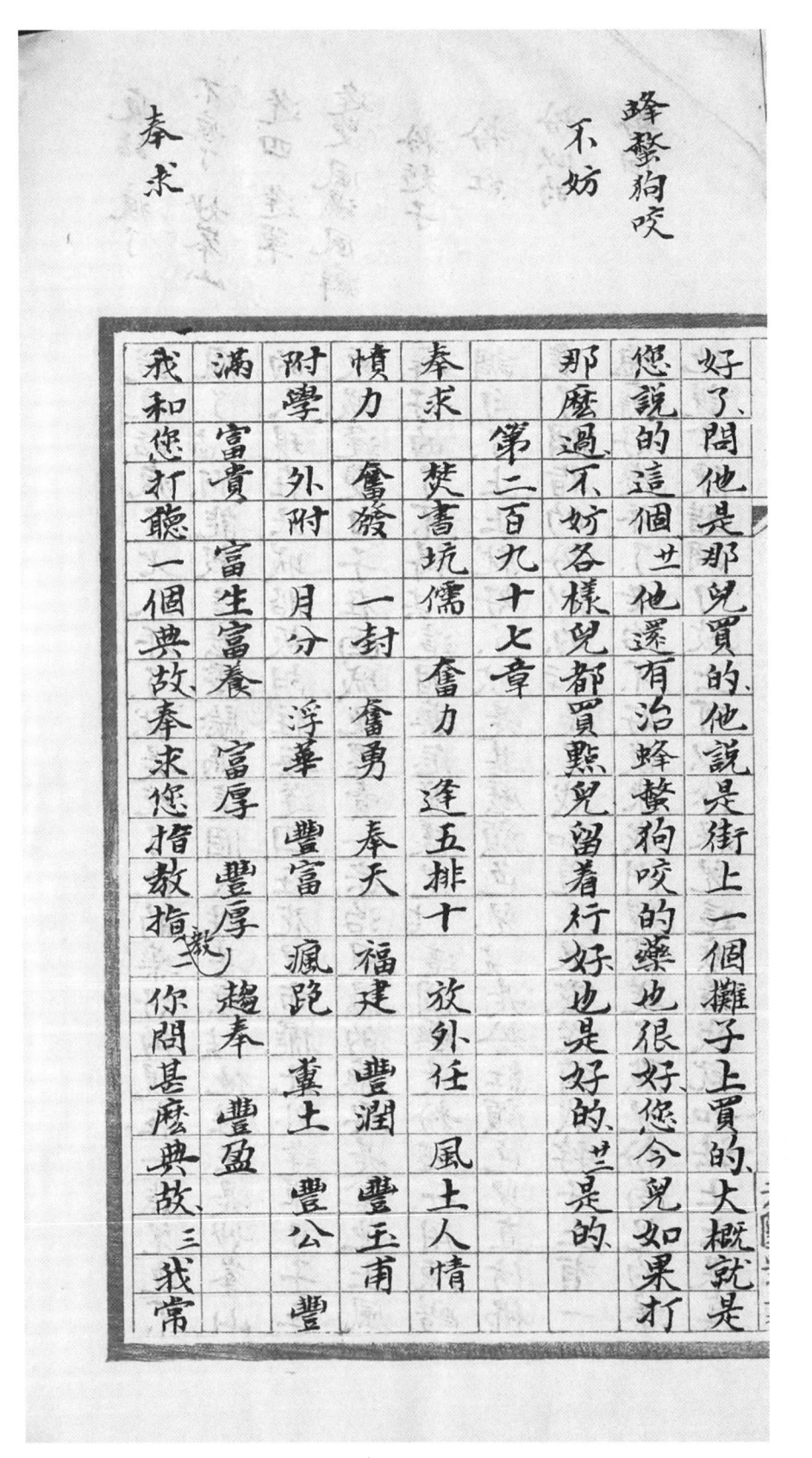

說瘋話、瘋了七八年了、就是吃了他的藥好的、現在一點兒也不、瘋了、啚啊、能彀這麽靈驗嗎、這個人姓甚麽、圭他姓王、是妙峯山的人、現在北城船板胡衕住、每逢四在花兒市擺、此外逢單日子在東城、逢雙日子在西城、他還賣一宗治風濕的藥、要是拿他上風癬、好的了不得、主這個藥怎麽樣兒、圭這個藥是粉麪子、用陳醋調勻了、上上就好了、大是甚麽顏色兒、九是粉紅顏色兒直彷彿攙了胭脂的粉似的、亍是了、我知道了、很靈、從前我脖子上有一塊癬、好幾年了、老治不好、後來我們親戚送了點兒粉面兒的藥、他說拿陳醋調勻敷上、可以除根兒、這麽着、我就如法上上、果真

蜂螫狗咬
不妨
奉求

好了、問他是那兒買的、他說是街上一個攤子上買的、大概就是
您說的這個廿他還有治蜂螫狗咬的藥也很好、您今兒如果打
那麼過、不、妨各樣兒都買點兒留着行好也是好的、廿是的、一

第二百九十七章
奉求　焚書坑儒　奮力　逢五排十　放外任　風土人情
憤力　奮發　一封　奮勇　奉天　福建　豐潤　豐玉甫
附學　外附　月分　浮華　豐富　瘋跑　糞土　豐公　豐
滿　富貴　富生富養　富厚　豐厚　趨奉　豐盈
我和您打聽一個典故、奉求您指教指教二你問甚麼典故、三我常

下 1-176b

焚書坑儒
奮力
逢五排十
放外任
風土人情　奮發
憤力

聽見人說焚書坑儒、這是誰的事情、四　這你都不知道、就無怪你作點兒甚麼、沒有典故咯、這是秦始皇的事情麼、我說一句話、也不怕得罪你、論你也不是不奮力用功、但是你只知道在時文試帖上用心、一切經史子集上全沒涉獵過、此外不過是逢五排十作作課、就算完了、這如何能有實在學問呢、也不但你是這麼着、就連中會過的、也都是除詩文以外、一切全不知道、迨至一入官途、或是一放外任、不必說致君澤民的道理、茫然不解、就是本地的風土人情、都在所不知、真是可愧、我勸你以後、總要奮發精神、多多涉獵、雖然現在務舉業、不能不憤力於詩文、倘遇稍有閒空

下 1-177a

一封　奮勇

奉天

福建　豐潤

豐玉甫

附學　外附

兒、就於有用的書上勤加觀覽你如果肯照這麼辦、有三二年的工夫、就大有可觀了。五 您說的是、我就因為不知道甚麼、故此連一封通順的信都不能寫別的更不必說了、從此我真得奮勇念書、六 你現在從着那位老夫子哪、七 從先是一位奉天的老師、後來因為他老人家選了福建知縣就改從了一位豐潤縣的老師、現在還是從着這位老師哪、八 你們這位老師姓甚麼、九 姓陳是個舉人、十 他在那兒設帳、十一 就在我們本胡同兒豐玉甫家設帳、我在那兒附學、十二 同窗幾位、十三 連本家兒學生和外附、通共我們是三人、十四 本家兒這位有多大了、十五 他今年十九歲了、和我同歲

下 1-177b

月分

浮華 豐富

瘋跑

糞土 豐公

豐滿 富貴

富生富養 豐厚

趨奉

不過比我小月分、[十六]必聰明罷、[十七]聰明雖然聰明、但是於念書上
不大很行、[十八]怎麼、[十九]他很好浮華、也搭着家裡豐富、未免驕養慣
了、不好用功、整天家不上學、竟出去瘋跑、錢是由着性兒花、真是
揮金如糞土、[二十]這位豐公不管他麼、[廿一]管是管、無奈他天天兒上
衙門、在家的時候兒少、管的不能周到、可惜他那個相貌長的很
豐滿、他要是肯用功、比我強多了、[廿二]我告訴你、大凡這些富貴人
家兒的少爺們多半是這麼着、自幼富生富養、所聞所見、都是豐
厚的、所以就不知物力艱難了、及至大了、未免的就拿錢不當錢、
再有那些小人趨奉他、故此甚麼沒出息兒的事、都作的出來、斷

下 1-178a

富厚
豐盈

沒有一個肯念書的、就是我纔說的那些官途人們、多半是由這
富厚出身、赶到作了官、是甚麼都不知道、所以我勸你要着實的
用正經功夫、況且咱們一個窮措大、家道素不豐盈、若不學一點
兒經濟學問、日後拿甚麼給國家出力、我這話說的是不是、豈是
是、我以後謹遵您的教訓

第二百九十八章

風不順　忿恨　四王府　糞廠　糞車子　糞坑　糞筐　大
糞　推糞　粉裝兒　粉地　粉碎　糞蛆　逢着　每逢　福
氣　縫補　諷刺　府上　豐阜　縫縺補綻　縫口子　縫線

下 1-178b

風不順　忿恨
四王府　糞廠
糞車子　糞坑
糞筐　大糞
粉裝兒　推糞
粉地　粉碎
糞蛆

增福　心服　服不服
你今兒是那股子風不順、臉上帶着忿恨的樣子、二　咳、別提了、真是喪氣極了、我纔打四王府柵欄兒過、走到離糞廠兒不遠兒有一個掏茅厠的、推着輛糞車子、解糞坑那邊兒過來、那糞筐裡、滿滿兒的一下子大糞、又有一個人、抱着個粉地兒的磁花瓶磁粉裝兒甚麼的、打糞車子旁邊兒過、那個推糞的没留神、可就把那個人的花瓶給碰掉了地下了、摔了個粉碎、那個人就不答應了、於是就把糞車子給踢倒了、流了滿街的稀屎、弄的糞蛆滿處爬這個時候兒、我正走在那兒、一個没留神、踹了一鞋子底的稀屎、

下 1-179a

逢着
每逢
福氣
縫補
諷刺

我這雙鞋、是頭一天上脚兒、您說喪氣不喪氣、三那你怨誰呢、總怨你自不小心、要是我逢着這個事、就赶緊的遠遠躲着走、誰叫你務必的打那兒走呢、四還得是怪了、我每逢穿上新鞋、或是換件新衣裳、總要出杈兒、也不是甚麼緣故、或者是沒福氣穿新的、五可誰叫你愛乾淨呢、這就是好講究的報應、六那麼要按您這麼說、世界人就不應該好乾淨了、七那也不然、你是過逾好講究了、就拿你的衣裳說罷、贜一點兒或是破一點兒、你就不要了、要是在別人、有破的地方兒縫補縫補還可以穿、就是偶然贜一點兒洗一洗、拾掇拾掇、也沒甚麼穿不得的、我也不是諷刺你、也是

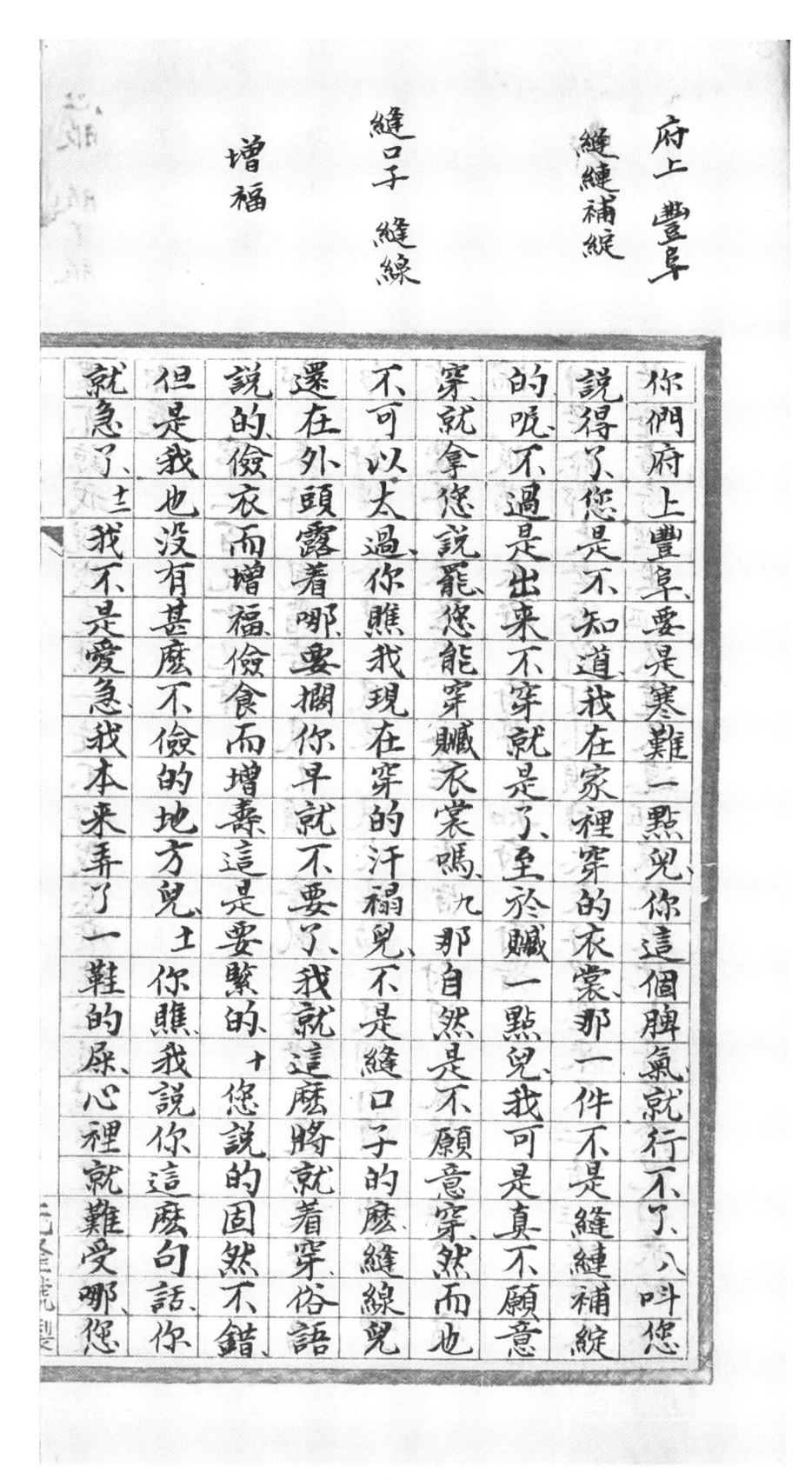

下 1-179b

府上　豐阜
縫縺補綻
縫口子　縫線
增福

你們府上豐阜、要是寒難一點兒、你這個脾氣就行不了、八 呌您說得了、您是不知道、我在家裡穿的衣裳、那一件不是縫縺補綻的呢、不過是出來不穿就是了、至於髒一點兒、我可是真不願意穿、就拿您說罷、您能穿髒衣裳嗎、九 那自然是不願意穿、然而也不、可以太過、你瞧我現在穿的汗褟兒、不是縫口子的麽、縫線兒還在外頭露着哪、要擱你早就不要了、我就這麽將就着穿、俗語說的、儉衣而增福、儉食而增壽、這是要緊的、十 您說的固然不錯、但是我也沒有甚麽不儉的地方兒、十一 你瞧、我說你這麽句話、你就急了、十二 我不是愛急、我本來弄了一鞋的屎、心裡就難受哪、您

下 1-180a

心服　服不服

酆

還不諒我說我這麽一片不好、我怎麽能心服十三你愛服不服隨
你罷、

第二百九十九章

酆　奉拜　風霜若　風不順　等風　鋒快　逢凶化吉　福
命　封疆　念佛　風浪　風吹草動　風調雨順　豐熟　豐
收　豐年　奉差委　奉差　奉旨　封河　風聲　撫台　腐
儒　服滿　奉守　府尊　知府　府署
回老爺、酆大老爺新打外頭回來来拜望您来了、二請、三喳請大
老爺書房裡坐、四久違久違、五彼此彼此、大哥您幾兒回來的、六

下 1-180b

奉拜
風霜苦
風不順　等風
鋒快
逢凶化吉
福命　封疆
念佛

我上月二十六到的、本打算一到就来奉拜、因為道兒上受了點兒風霜苦況、到家就病了幾天、所以来遲了、七那兒的話呢、您道兒上還倒平安、八道兒上受了點兒虛驚、九受了甚麼驚了、十有一天在船上、風不順、這麼着就找了一個地方兒灣住、在那兒等風、誰知道那個地方兒是個賊窩兒、赶到夜裡、忽然打岸上来了一羣賊、手裡都拿着鋒快的刀、我就嚇的了不得、幸而船老板有點兒能耐、把衆賊給赶跑了、算是沒丟甚麼、十一這就是逢凶化吉、遇難成祥、您的福命真不小、將来必作封疆大吏、十二那兒敢作這個妄想呢、現在能脫了這場難、我就念佛、十三後来怎麼樣、十四後来

下 1-181a

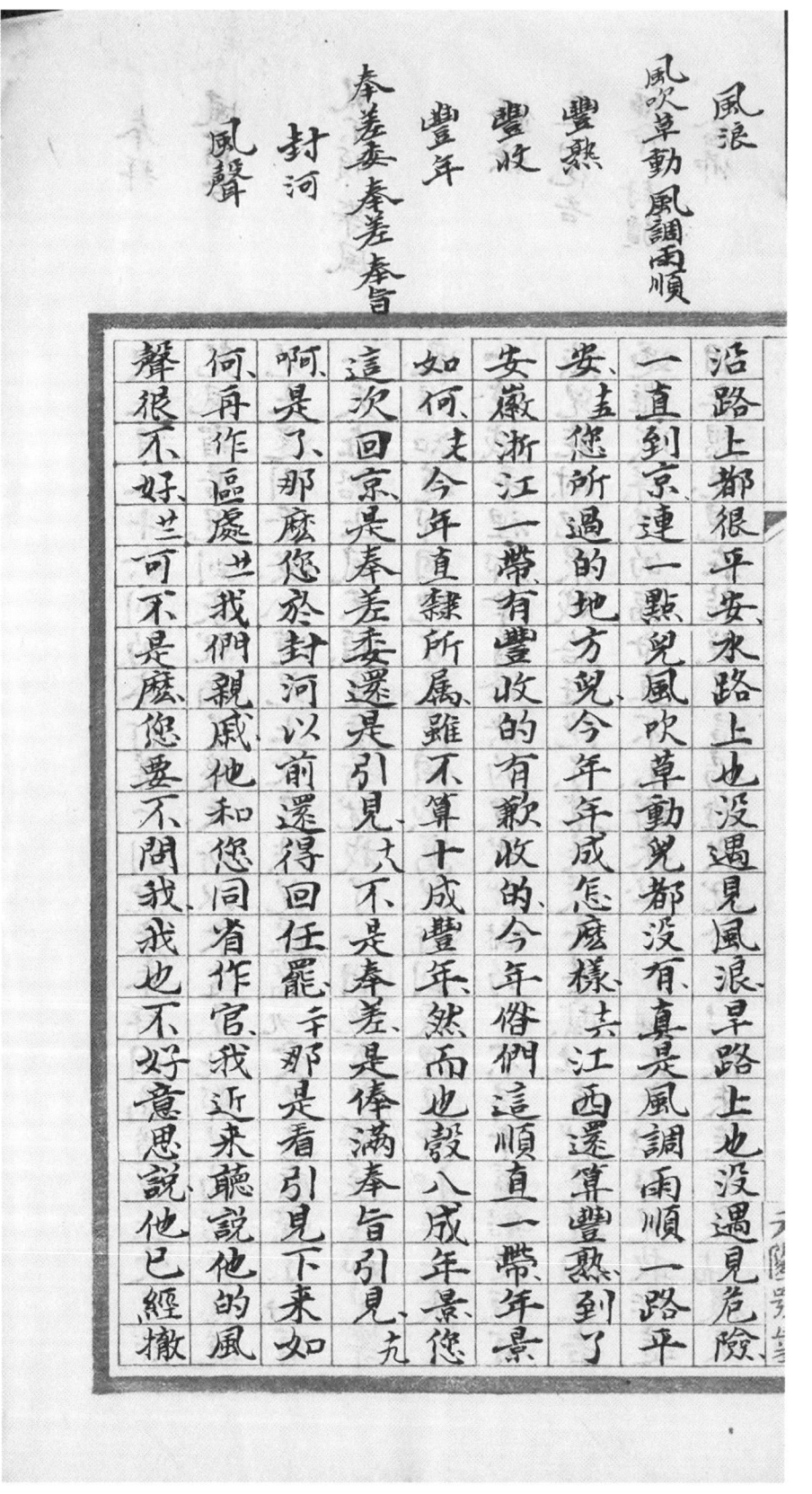

風浪
風吹草動　風調雨順
豐熟
豐收
豐年
奉差委　奉差　奉旨
封河
風聲

沿路上都很平安、水路上也沒遇見風浪、旱路上也沒遇見危險、一直到京、連一點兒風吹草動兒都沒有、真是風調雨順一路平安、主您所過的地方兒今年年成怎麽樣、去江西還算豐熟到了安徽浙江一帶、有豐收的有歉收的、今年偺們這順直一帶年景如何、支今年直隸所屬雖不算十成豐年、然而也彀八成年景、您這次回京、是奉差委還是引見、大不是奉差、是俸滿奉旨引見、啊、是了、那麽您於封河以前還得回任罷、辛那是看引見下來如何、再作區處、兰我們親戚他和您同省作官、我近來聽說他的風聲很不好、兰可不是麽、您要不問我、我也不好意思說他已經撤

九

下 1-181b

撫台

腐儒　服滿

奉守　府尊

知府　府署

任了、現下在省裡住着哪、廿三因為甚麼撤的任、有虧空沒虧空、廿四因為賑濟的事情、他辦理不善、有人在撫台衙門裡把他告下來了、所以纔撤任、至於虧空一節、大概總有萬金、據我想他這個功名、怕不妥了、廿五那個人本是個腐儒、又是個左脾氣、他這回服滿二次出去、我極力的勸過他、我早已就知道他這個官、斷不能久、他雖然不貪、但是他那些個底下人、一定不能奉守主人的規矩貪贓受賄、均是難免的、大概府尊也不大喜歡他罷、廿六可不是麼不、但知府不喜歡他、就連府署的底下人們也都嫌他、廿七那麼說他這個功名、一定丢了、可惜可惜、廿八是的、天不早了、我也要走了、

下 1-182a

芫忙甚麼呢、再談會子罷、二十不了、我還要到別處去呢、改日見罷、
廿那麼我就不留了、那麼偺們改日見廿二是改日見

第三百章

蜂螫　豐盛　蜂窩　螞蜂　蜂王　螞蜂窩　蜂房　蜂針
奉教　福音　佛爺　佛像　奉行　佛教　相彷　奉事　神
佛　臥佛　佛寺　佛門弟子　指佛穿衣　賴佛吃飯　佛祖　佛
門　拜佛　佛事　諷誦　佛經　奉懇

您那手上怎麼腫了、二這兩天真是不順、叫蜂螫了、昨兒晌午、我
打豐盛胡同我們親戚那兒回来走到二門洞兒瞧見有一個大

蜂螫
豐盛

下 1-182b

蜂窩　螞蜂
蜂王
螞蜂窩
蜂房
蜂針

螞蜂窩、在地下扔着、有好些螞蜂圍着飛誰知道他見有人打那麼走、就有兩三個螞蜂飛過来、追着我這麼一路大螫後来有一個頂大的也飛了来了、個兒大極了、大概是一個蜂王、利害極了、也螫了我一下兒幸爾我跑的快、不過把手背螫了、三這個螞蜂窩怎麼會在地下呢、大概是有人淘氣故意弄下来的罷　四我問過他們、却倒不是淘氣是因為我們東隔壁兒也不是配了一料甚麼藥、内中用大蜂房一個、聽見說我們二門上有一個螞蜂窩很大、所以打發人来把他弄下来了、誰想就把他惹翻了、他就圍着那兒来回的飛、見了人就螫　五哎呀、這蜂針可利害的很、要是

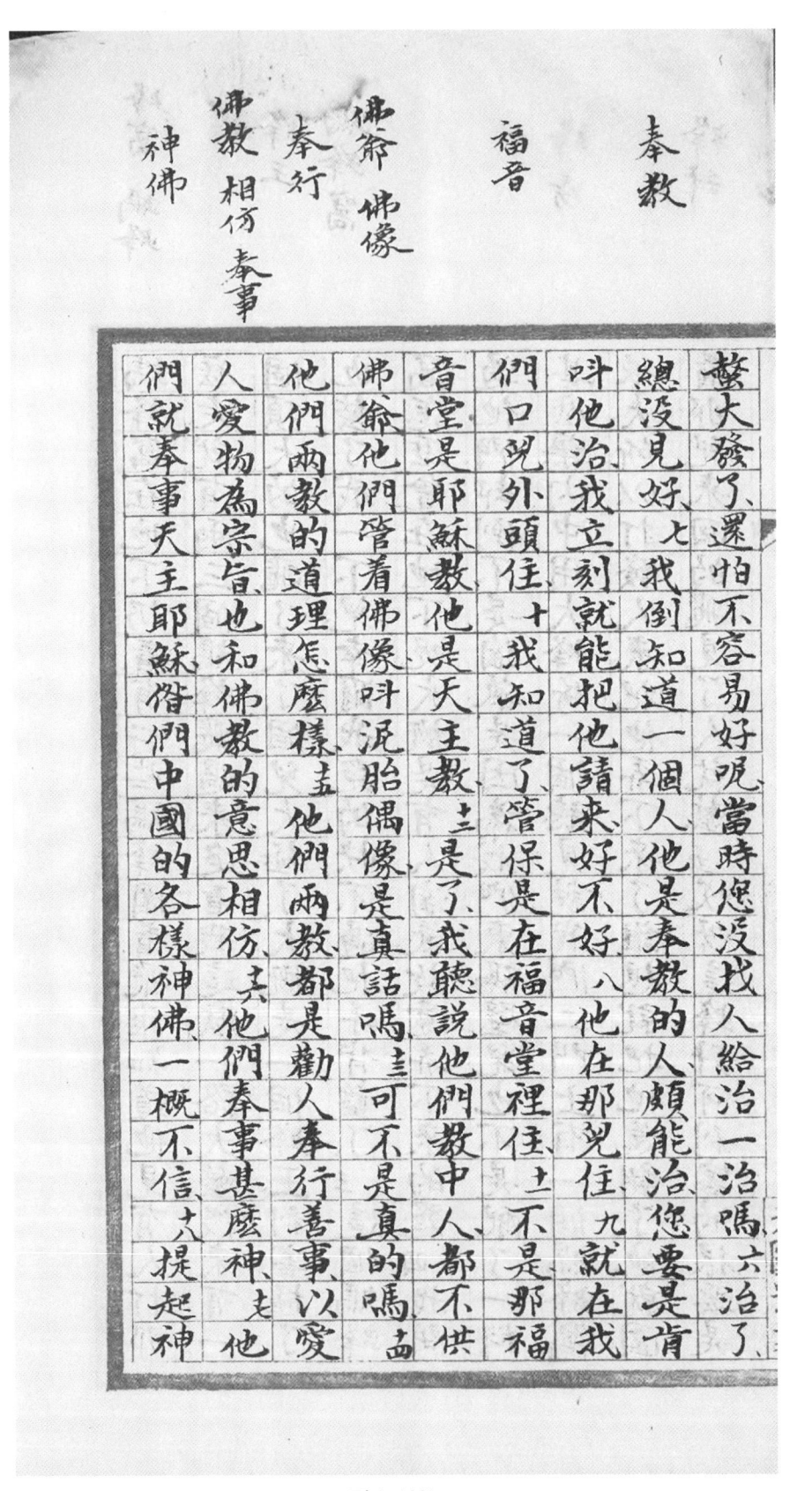

元峯號製

奉教

福音

佛爺　佛像

奉行

佛教　相彷　奉事

神佛

犛大發了、還怕不容易好呢、當時您沒找人給治一治嗎、六治了、總沒見好、七我倒知道一個人、他是奉教的人、頗能治、您要是肯叫他治、我立刻就能把他請来、好不好、八他在那兒住、九就在我們口兒外頭住、十我知道了、管保是在福音堂裡住、十一不是那福音堂、是耶穌教、他是天主教、十二是了、我聽說他們教中人、都不供佛爺、他們管着佛像叫泥胎偶像、是真話嗎、十三可不是真的嗎、十四他們兩教的道理怎麼樣、十五他們兩教、都是勸人奉行善事、以愛人愛物為宗旨、也和佛教的意思相彷、十六他們奉事甚麼神、十七他們就奉事天主耶穌、偺們中國的各樣神佛、一概不信、十八提起神

下 1-183b

臥佛寺

佛門弟子

指佛穿衣賴佛吃飯

佛祖　佛法

佛門　拜佛

佛事

佛來、我有一件事要問您、十九甚麼事、二十我聽說京西有個臥佛寺、您逛過沒有、廿一逛過、廟大極了、景緻很好、廿二多咱們哥兒倆去一盪、廿三可以、要去、就索性把那一帶的大廟、都逛一逛、廿四那更好了、聽說那些個廟裡的和尚、都濶極了、狂的了不得、廿五不錯、都很有錢、廿六我想他們、是佛門弟子、又不作官、又不作買賣、那兒來的錢呢、廿七不過是指佛穿衣、賴佛吃飯、借着佛祖的光兒、誆哄施主們的錢罷咧、廿八那麼他們懂得佛法不懂呢、廿九要是懂得佛法、還不失佛門的規矩、現在這些和尚、雖然終日拜佛念經、其實不過仗着給人作點兒佛事、弄了錢來過日子、他懂得甚麼、並且還有

元隆號製

下 1-184a

諷誦佛經

奉懇

無惡不作的、手這麼看起来、他們所諷誦的佛經、大概那裡頭的
意思、他一定不明白罷、丗不明白、他還不、如奉教和天主教的人
哪、就是我纔那會治蜂螫的人、他就很明白彼教的宗旨、人極善
良、比上這些和尚、真是強多了、荳既是這麼着、我就奉懇你給請
一請罷、荳可以、您這兒略候一候、我這就去、苗勞您駕罷、荳好說
好說

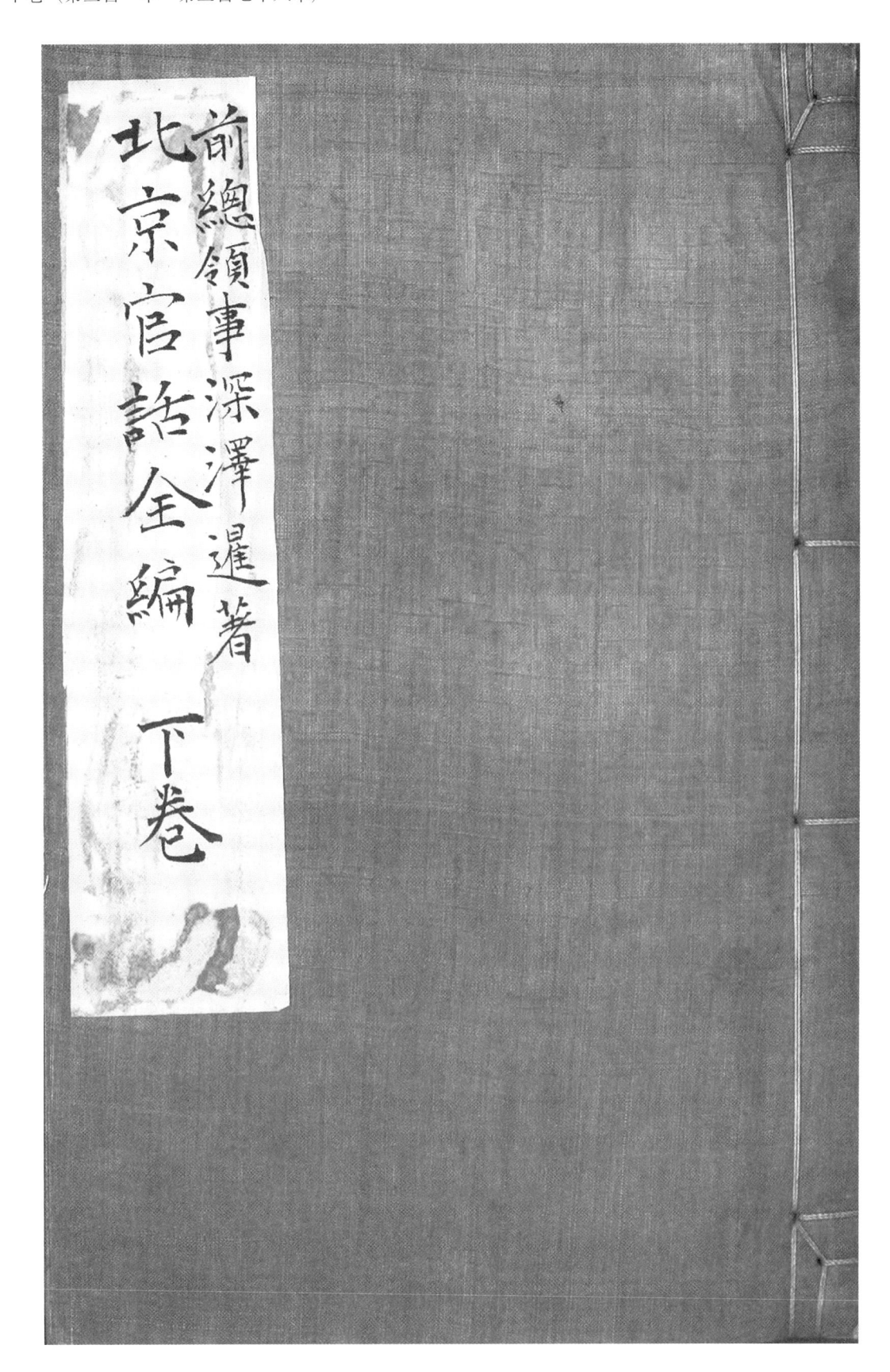

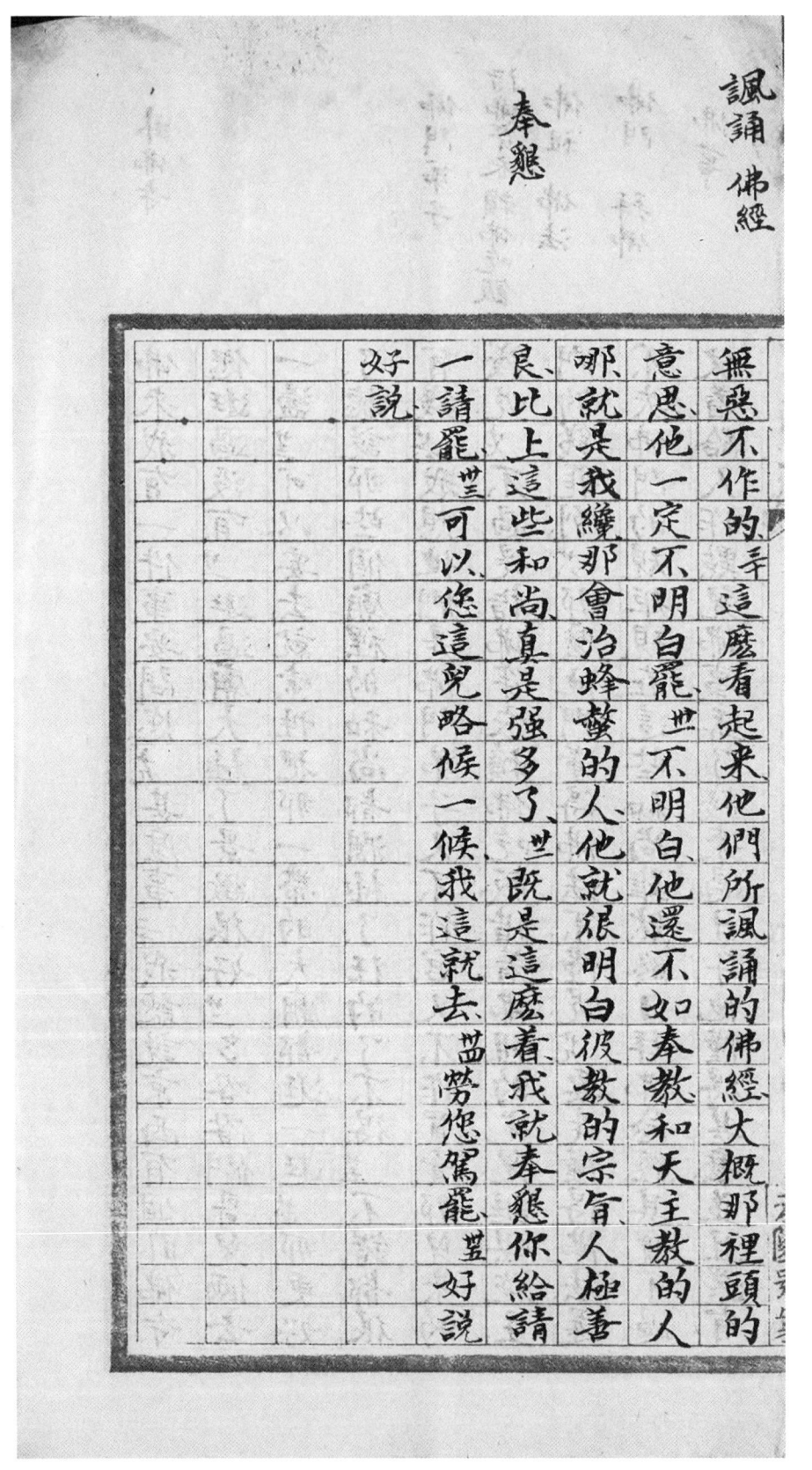

下 1-184b

下 1-185a

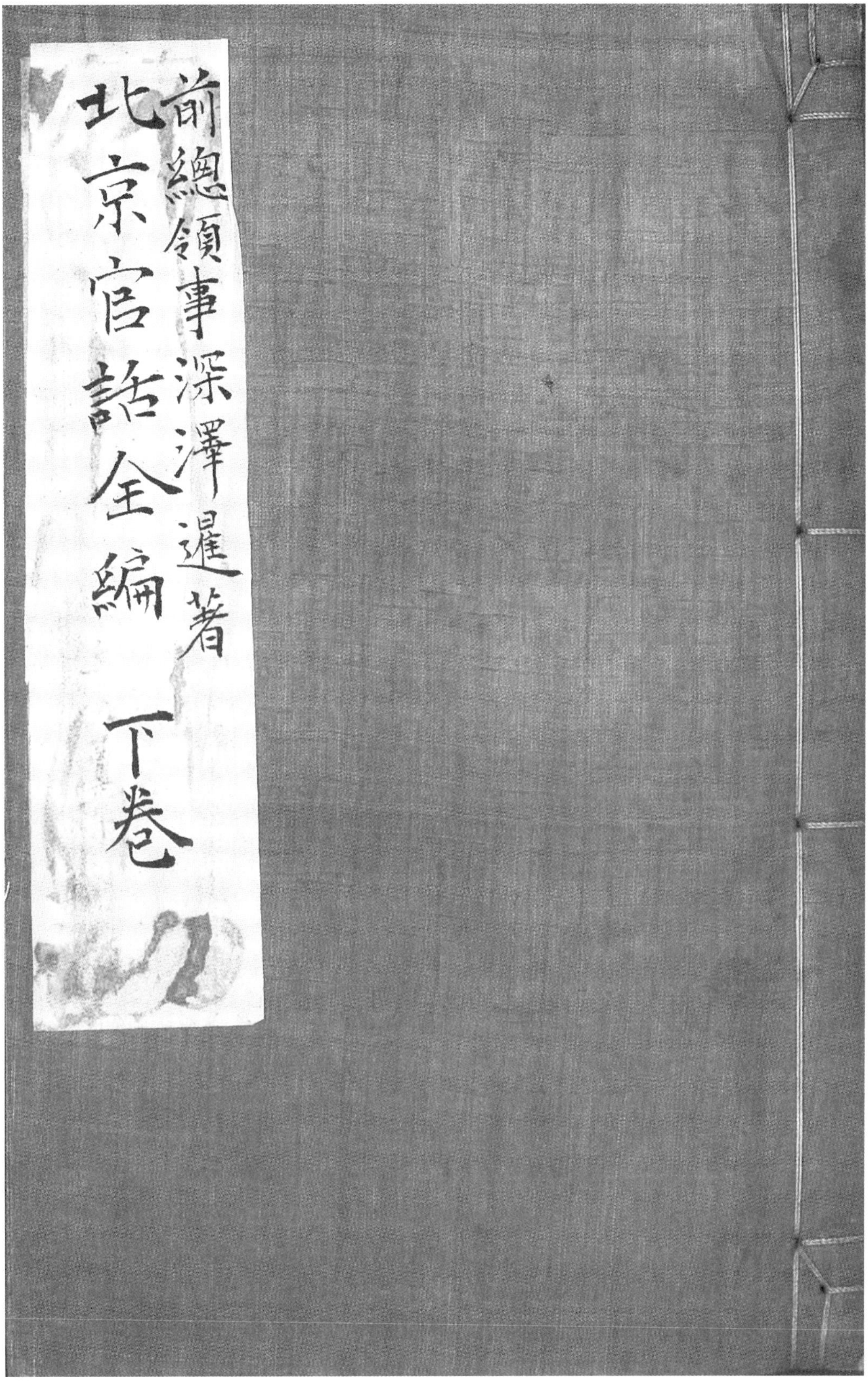
前總領事深澤暹著
北京官話全編　下巻

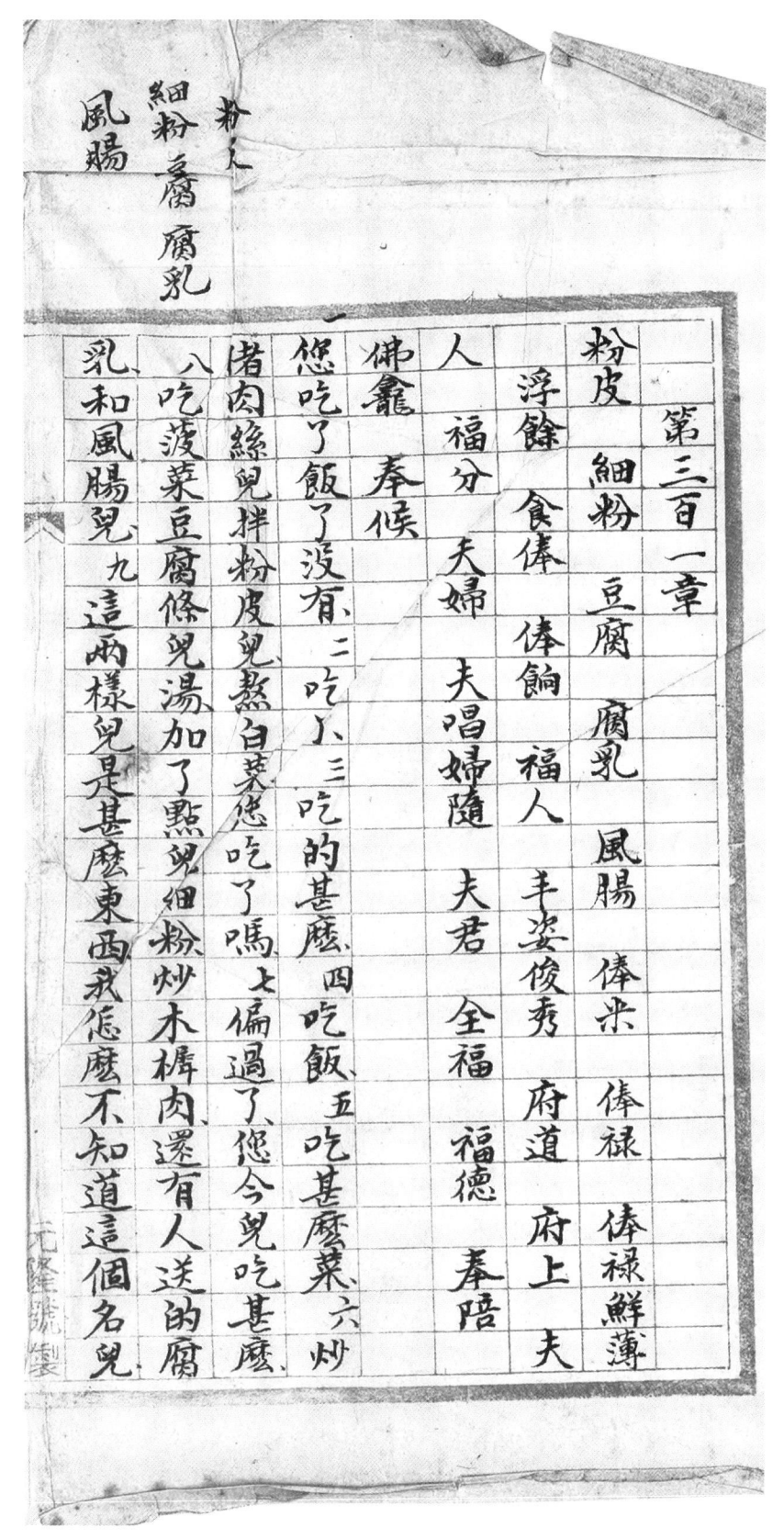

粉皮
細粉　豆腐　腐乳
風腸

第三百一章

粉皮　細粉　豆腐　腐乳　風腸　俸米　俸祿　俸祿鮮薄
浮餘　食俸　俸餉　福人　丰姿俊秀　府道　府上　夫
人　福分　夫婦　夫唱婦隨　夫君　全福　福德　奉陪
佛龕　奉候

一您吃了飯了沒有、二吃了、三吃的甚麽、四吃飯、五吃甚麽菜、六炒
豬肉絲兒拌粉皮兒、熬白菜您吃了嗎、七偏過了、您今兒吃甚麽、
八吃菠菜豆腐條兒湯、加了點兒細粉、炒木樨肉、還有人送的腐
乳、和風腸兒、九這兩樣兒是甚麽東西我怎麽不知道這個名兒

下 2-1a

俸米　俸祿

俸鮮薄

浮餘

食俸

俸餉

福人

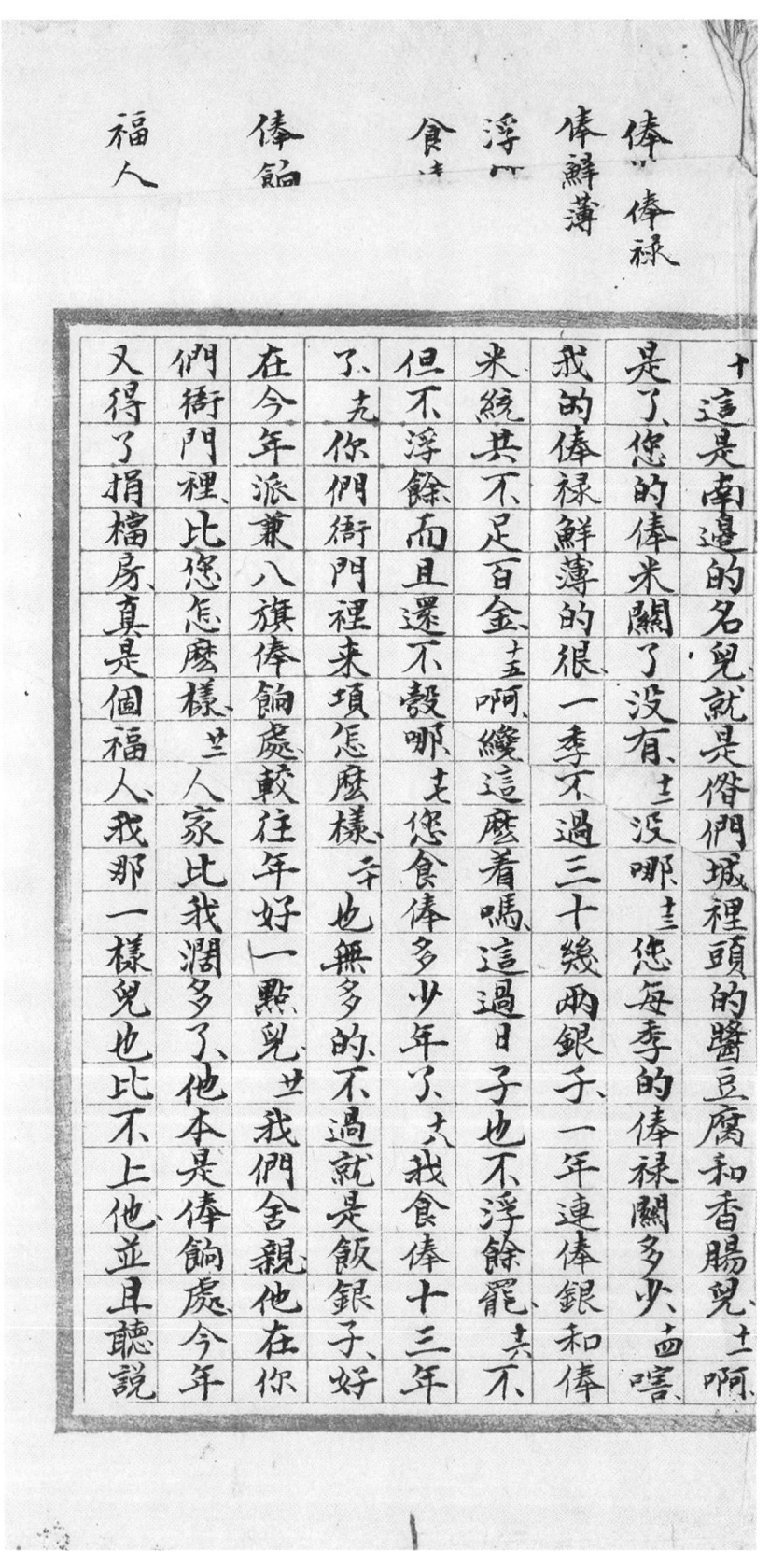

十 這是南邊的名兒、就是咱們城裡頭的醬豆腐和香腸兒、十一 啊、是了、您的俸米關了沒有、十二 沒哪、十三 您每季的俸祿關多少、十四 嘻、我的俸祿鮮薄的很、一季不過三十幾兩銀子、一年連俸銀和俸米統共不足百金、十五 啊、纔這麼着嗎、這過日子也不浮餘罷、十六 不、但不浮餘、而且還不穀哪、十七 您食俸多少年了、十八 我食俸十三年了、十九 你們衙門裡來項怎麼樣、二十 也無多的、不過就是飯銀子、好在今年派兼八旗俸餉處、較往年好一點兒、廿一 我們舍親他在你們衙門裡、比您怎麼樣、廿二 人家比我潤多了、他本是俸餉處、今年又得了捐檔房、真是個福人、我那一樣兒也比不上他、並且聽說

下 2-1b

丰姿俊秀
府道
府上
夫人
福分 夫婦 夫唱婦隨
夫君
全福

他的令郎、現在也有了差使了、廿三可不是麼、他去年中的舉、今年分了個工部、那個孩子、比他們太翁又精明多了、本來生的丰姿俊秀、而且又心地聰明、我想他當幾年將來必放府道、廿四那是一定的、論起來我們還是個遠親哪、廿五府上和他們家是怎麼個親戚、廿六令親的夫人、和我們內兄的夫人、是姑舅姐妹、和舍下不也是親戚嗎、廿七啊、敢則還有這麼層親戚哪、我都不知道、我們舍親他這夫人福分也不小、老夫婦很和睦、真是夫唱婦隨、要論他待夫君、實在一百裡挑不出一個來、跟前五男二女、也都不小了、誰也沒這樣的全福、廿八是的、您這兩天上衙門沒有、廿九沒上衙門、卅

下 2-2a

福德
奉陪
佛龕
奉候

沒上衙門、竟作甚麼呢、卅一天天兒吃完了早飯兒上福德庵兒聽
書去、卅二您今兒去不去、卅三去、卅四我打算奉陪您去、可以不可以、卅五
可以的、但是有一件、我還有點兒小事總得辦完了、纔能去哪、打
算請您先去在那兒稍等、我隨後就到、卅六甚麼事這麼忙、卅七前兒
我們相好的他們街坊家有一個佛龕要賣、說是楠木的、我打算
要買、約定了今兒一下兒鐘、到他們那兒看去、卅八啊、是了、那麼我
就先告假、我在福德庵兒奉候就是了、卅九就是就是、您就先請、偺
們回頭見、

第三百二章

下 2-2b

縫窮的

夫子　府學

縫窮的　夫子　府學　縫衣裳　縫的　丰采　丰韻　浮薄

丰儀　福善禍淫　奉天府　福州　逢州　逢縣　府縣官

防堵　奉屬　鋒鏑　浮言　麩料　每逢　車夫　奉送

否則　有福

俗語說的、縫窮的撒尿抽冷子、這句話、敢情真是不錯的 二 您怎麽忽然想起這句話來了呢 三 我倒不是無緣無故的忽然想起來的、是昨兒從我們老夫子那兒回來、走到府學胡同遇見這麽件事、纔想起這句話來了、四 是了、您可以細細兒的說一說、五 說起來可笑極了、有一個縫窮的女人在一個小鋪兒的門口兒給

[illegible]虎製

下 2-3a

縫衣裳
縫的
丰采
丰韻
浮薄
丰儀　福善禍淫

人縫衣裳、我正走在那兒、他可沒瞧見我、以為是沒有人、冒然把
縫的那件衣裳、扔下、跑在一個人家兒的影壁後頭蹲下去就撒
尿、猛抬頭瞧見我了、臊得甚麼似的、也不是撒完沒撒完、就赶緊
的站起來了、那個神色很驚慌了不得、您說可笑不可笑、六 這也
是街上常有的事、不足為奇、可是我聽說你們老夫子、跟前一位
世兄丰采絶倫、讀書過目成誦、今年多大歲數兒了、七 今年十七
歲了、去年就中了舉了、說起他來也真是少有、論丰韻遠勝潘安、
論才情不讓子建、雖則年輕、行動却很厚重、一點兒浮薄的氣脉
沒有、昨兒我見他比原先越發出落得丰儀出衆了、天道福善禍

下 2-3b

奉天府 福州 逢州
逢縣 府縣官
防堵
奉屬 鋒鏑
浮言

謠、是萬不錯的、我們老夫子平生多作善事、廣育人才、所以有此佳兒 八是的、您這兩天在衙門聽見甚麽新聞沒有 九就聽說奉天府那兒馬賊鬧的利害、並且還勾結着一個福州來的賊匪、逢州搶州、逢縣搶縣、那兒的府縣官、被他殺了好幾個了、現在偺們城裡頭、也要派兵防堵哪、您沒見說嗎、十聽見說了、我想這股賊他也不過為的是搶擄、若果能趕緊的勦除、大約還不碍的、十一碍是不碍、然而奉屬的人民遭這場鋒鏑死之之苦、也就可憐極了、至於說城裡頭派兵一節、那是外頭的浮言、並沒有這麽件事情、十二這還好、要是城裡頭一有兵事、那不糟了嗎、十三是的、您今兒上

下 2-4a

麸料　每逢

車夫

奉送

衙門不上、十四不去、您有甚麽委辦的事嗎、十五沒事、我倒是打算借
您的車坐一天、十六可以的、怎麽您的車收拾去了嗎、十七不是是因
爲近來麸料貴的利害、我又沒甚麽多差使、不過每逢當月的日
子坐一坐、此外竟是白閒的、每月連養活牲口和車夫、總得二百
吊錢、所以前兩天連牲口帶車、連鞭兒遮賣了、把趕車的也辭了、
十八賣了多少銀子、十九賣了一百八十兩銀子、二十價兒還可以、但是
以後要有點兒急事出去、可就不方便了、二十一那也是沒法子的事、
只可再作打算罷、現在我家裡還有一盤大鞍子、兩套車圍子、也
沒用處了、打算奉送給您用、二十二據我想、您留着他、等後來再要拴

下 2-4b

否則
有福

車的時候兒也可用的否則把他賣了也可得幾兩銀子 芸 那賣幾何錢大可以不必至於說留着後来用我還不知道後来能拴車不能呢即或有福坐車這些個東西擱到那時候兒也就壊了您要不嫌是舊的明兒我打發人給您送了去就是了 茁 您既一定要賜給我我也不敢再推辭了就此謝謝 芸 這點兒東西您何必謝呢

第三百三章

蜜蜂 賜福 封官 父子 福祿 同福館 阜城園 福申之 服制 服中生子 佩服 腐爛 撫字 府考 府案首

蜜蜂

賜福　封官　父子

福祿

同福館

覆試　富貴在天　附生　富貴人　福蔭　副榜　姓富

撫標　副將　富足　舒服　福祿壽　駙馬　查封　封鎖

封門　封條　封皮　封禁　開封府　撫院　奉公守法　奉

旨

一你昨兒上那兒去了、二聽戲去了三你怎麼這麼愛聽戲呀、四告訴您罷我聽上戲直彷彿吃了蜜蜂兒屎了、五都聽的是甚麼戲、六多了、我都記不清楚了、有賜福、有王玲封官、有父子會、還有甚麼全家福祿、別的都是新戲、我都不認得了、七昨兒在家裡吃的飯、在外頭吃的飯、八在外頭吃的、九那個飯館子吃的、十同福館

下 2-5b

阜城園
福申之　服制
服中生子
佩服
腐爛
撫字

兒、十一 怎麼在西城吃飯去呢、在那兒聽的戲、十二 阜城園、十三 那怨得呢、平則門外頭聽戲、自然是西四牌樓吃飯咯、我知道咯、你必是同着西華門住的福申之聽戲来着、十四 您又猜錯了、您想想他服制未滿如何能聽戲呢、十五 你是不約他、要是約他、他一定去、十六 甚麼緣故、十七 他今年不是得了一個孩子嗎、你給他算一算、他是服中生子、不是這樣兒的事、他既忍心做他怎麼會不肯聽戲、十八 啊、敢則他是這麼個人哪、我從此斷不佩服他了、難為他怎麼念書来着、居然竟會中了、十九 那也不過是伏着幾篇腐爛墨卷罷咧、有甚麼真實學問、二十 像這宗人要叫他出去作官、斷不能撫字黎民

下 2-6a

府考

府案首　覆試

富貴在天　富貴人

附生

福蔭　副榜

的、苎你還不知道呢、他那書簡直沒念通、他小考的時候兒、府考的那一場、是找人替去的、所以取了個府案首、覆試也是找的人、赶到院考、雖然他自己去的、可是在外頭作得了、傳遞進去的、所以誆了一個秀才、鄉試帶着幾本墨卷文章進去的、可巧都遇見了、所以又居然中了一個舉人、人家那個有手筆的、竟會不中、這就是死生有命、富貴在天、你若是個富貴人的命、一定是要中會、您要不該發達、就連個附生也中不出來的、他是命好、又倚賴祖上的福蔭、所以纔能這麽着、要論他的學問、别說中舉人、就是副榜也不能中、苎是的、苎那麽你昨兒同着誰聽的戲、苗同着我們

下 2-6b

姓富
撫標
副將
富足
福祿壽
舒服
駙馬　查封　封鎖
封門

一位長親去的、廿五這位怎麼稱呼、廿六姓富廿七在西城住罷廿八是在西城住、廿九現在當甚麼差使、卅現在沒差使了、原先是廣東撫標叅將、後來陞了副將去年卸事回的京、卅一宦囊可以罷、卅二雖然不算十分富足、然而也還可以的、卅三這位今年高壽、卅四六十八歲、卅五這可真算是福祿壽俱全的人了、昨兒的戲聽了令親了罷、卅六不錯、連飯都是我們親戚請的、卅七昨兒你真舒服極了、比我真有天淵之別、卅八您昨兒上那兒去了、卅九我昨兒累極了、隨着堂官到林駙馬胡同查抄家產去了、整整兒的查封了一天、該封鎖的封鎖、該點數兒的點數兒、趕到查完了、封門的時候兒天已經黑了、點

下 2-7a

封條
封皮
封禁
開封府、撫院
奉旨
奉公守法

着燈貼的封條、赶回家定更以後了、罒一我說呢今兒早起、我上齊化門、打那麼過瞧見一家兒的大門上貼着封皮我還納悶兒呢、甚麼事把門封禁了呢、敢則是查抄了、這家是甚麼差使、因為抄家、罒一他是河南開封府知府因為虧空四萬多銀子官項、被撫院查出來奏參了、奉旨查抄家產備抵、罒二哎、這個人胆子真不小、竟敢虧空這麼些銀子、罒二可說呢、如今的官、像這樣兒的多極了、有幾個奉公守法的也總得這麼辦幾個後來的官、纔可以知所警懼、不然、還不知鬧的甚麼地步了、罒二是的、

第三百四章

下 2-7b

鳳仙花
工夫
府上都好　託福
奉命
覆信　奉憲

鳳仙花　工夫　府上都好　託福　奉命　覆信　奉憲　副
都統　府尹　伏天　屬伏　十分　浮雲　順天府　浮来暫
去　俸薪　俸米　封口信　一封　查封　覆音　囑咐
一大哥今兒不上衙門麽、二上衙門、三怎麽這時候兒還沒走哪、四
吃了飯、剛要穿衣裳可巧我們親戚打發人給送了兩盆鳳仙花
兒来、我瞧着底下人擺好了、可就躭悮了半天的工夫、故此還沒
走哪、您這是從那兒来、五打家裡来、六府上都好啊、七是托福都
好、前者奉命委辦的那件事情、我前兒到了敝友那兒、託他給打
聽打聽、今兒早起纔給我覆信、説是這件事是奉憲特交的不容

元鑒號製

下 2-8a

副都統

府尹

伏天

屬伏　十分　浮雲

易挽回了、我登時就着急的了不得、左思右想、好容易想起一個法子來、我們有一位老世交姓文、現在是正藍旗副都統、他於這宗事很能辦、打算回頭到他那兒求他給設法辦一辦、您想怎麼樣、八那敢則好極了、我早已知道這位文大人他和順天府尹至好、他要肯為力、這件事是千妥萬當的了、那麼就求老弟給轉託一託罷、九是、我回頭趕緊就去、十您也不必這麼忙、這兩天太熱的利害、直彷彿伏天似的、等那天涼快再去、好不好、十一好是好、但是我恐怕多躭悞一天就難辦了、十二這天雖然是熱、究竟還沒屬伏哪、也不至於十分熱、不過就是短雨、好在今兒天上常有浮雲、

下 2-8b

順天府
浮來暫去
俸薪
俸銀 俸米
府尹 封口信一封
查封

太陽也曬不着、正好今兒去倒是還有一樣兒您得把這件事的始末告訴明白我我好轉達文公、主那是自然的、當初這件事我也不深知、後來聽說有人把我們舍親在順天府告下來了、這纔知道、是這麼件事、我們舍親挪移這筆官項的時候兒本是浮來暫去借用幾天、等他的俸薪養廉一下來、赶緊就如數清還的、誰想到這次傳放了呢、既是俸銀俸米都不能到手、叫他拿甚麼来繳還呢、故此就躭悮了、現在就求您給他說說、轉求文公赶緊給府尹送一封封口信去、內中要託他設法挽回、府尹如果答應了、就不至於查封他的家産了、您想這麼辦妥不妥、客也只好是這

下 2-9a

覆音　囑咐

麼辦了、我這就去、您別送了、十五可是、您若辦的有點兒端倪、千萬
賜一覆音、免得舍親提心吊膽的害怕了、十六是是、您不必囑咐、我
必盡心辦去、十七是、勞您駕罷、十八喳、您請回、偺們明兒見、十九是明兒
見、

第三百五章

浮住　副領事官　夫妻　浮貴　佛照樓　浮來暫去　豐富
敷衍　埠頭　開埠　埠口　浮橋　知府　赴省　復元
浮華　富人家　富戶　富商　富家子弟　富裕　甫到　福
地　服水土　信服

下 2-9b

浮住
副領事官
夫妻
浮費

我聽說您上了一盪天津、幾兒回來的、二昨兒回來的、三您上天津、有甚麼貴幹四我是去瞧瞧舍姪五怎麼令姪在天津呢嗎、六他從三月裡就去了、七在那兒有甚麼事麼、八一去的時候兒不過是進一進、就在舍親那兒浮住着、現在倒是有了館了、九居停怎麼稱呼、十英國領事府、十一是辦文案、是教書、十二辦文案、兼着教副領事官念書、十三這好極了、家眷去了沒有、十四去了、十五那麼令姪在那兒現在開銷不小罷、十六可不是麼、我們舍姪夫妻倆、兩個孩子、還有倆底下人、共總六口人、大概每月、總得開銷五十餘金罷、十七怎麼這麼大開銷、大概總有浮費的地方兒、十八浮費倒沒有、就

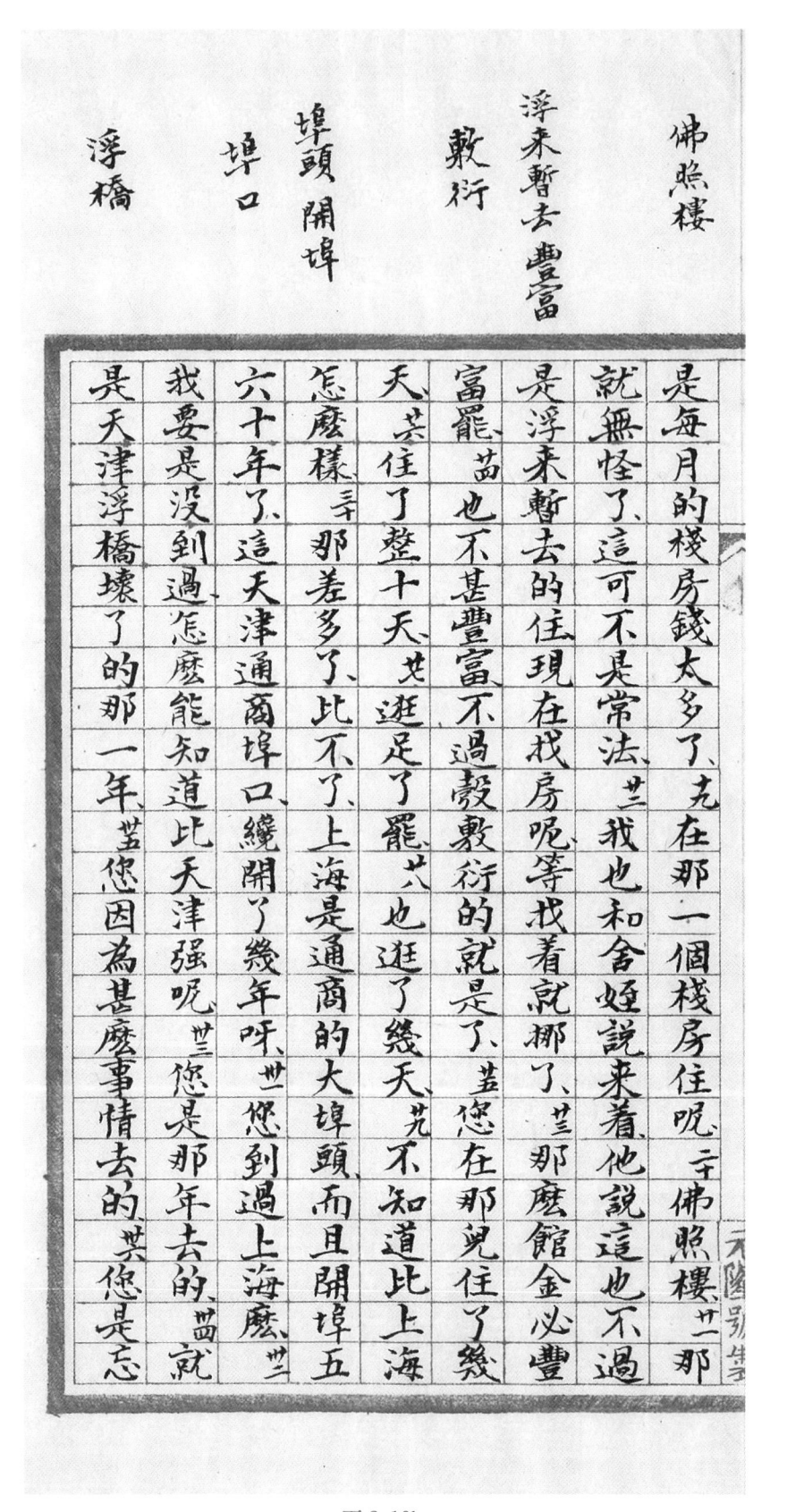

下 2-10a

佛照樓

浮来暫去豐富

敷衍

埠頭　開埠

埠口

浮橋

是每月的棧房錢太多了、廿九在那一個棧房住呢、三十佛照樓、卅一那就無怪了、這可不是常法、卅二我也和舍姪說来着、他說這也不過是浮来暫去的住、現在找房呢、等找着就挪了、卅三那麼館金必豐富罷、卅四也不甚豐富、不過彀敷衍的就是了、卅五您在那兒住了幾天、卅六住了整十天、卅七逛足了罷、卅八也逛了幾天、卅九不知道比上海怎麼樣、四十那差多了、比不了、上海是通商的大埠頭、而且開埠五六十年了、這天津通商埠口、纔開了幾年呀、卌一您到過上海麼、卌二我要是沒到過、怎麼能知道比天津強呢、卌三您是那年去的、卌四就是天津浮橋壞了的那一年、卌五您因為甚麼事情去的、卌六您是忘

下 2-10b

知府 起省
復元
浮華 富人家
富戶 富商
富家子弟
富裕
甫到 福地
服水土

了、那年我們本家的族叔分發了江蘇知府我送他起省、不是打
上海過麼、艼是了、我想起来了、我本也打算同您去逛一盪来着、
後来因為我病纔好、還没復元兒所以纔没去、是不是、咒對了、咒
聽說上海那個地方兒浮華的很、大概那兒富人家兒多罷、罒要
論本地富戶、有是有、也不見很多、不過是富商大賈都聚集在那
兒、而且是往各省必經之地、過客中有那些富家子弟、見那兒的
繁華、未免都多盤桓幾天、所以顯着比別處富裕、據我看也不過
爾爾、甫到的那一兩天實在是有趣以為是福地、赶住些日子、慢
慢兒的也就視同平常了、而且我在那兒不大服水土、飲食之間、

下 2-11a

信服

也不甚合式罷、我知道您素來是不願離北京的、所以看着上海不好、我就不然、罷您是沒去過、所以纔這麽羨慕、像您的脾氣在那兒住不了三天、一定就厭煩了、罷叫您説得了、罷您不信、等日後遇便去一盪、您就信服我的話了、

第三百六章

中伏　舒服　浮水　浮躁　服侍　十幾封　封筒　封口　護封　服您　浮着　服藥　扶鸞　福壽　符咒　符節　扶乩　符合　畫符　父親　服中納妾　父母　無負　福自天來

下 2-11b

中伏
舒服
浮水
浮躁
服侍　十幾信
封筒　封口
護封
服您

冷在三九、熱在中伏、這句話是萬不錯的、今兒是中伏的第二天、您瞧熱的還了得、又沒有個凉快舒服的地方兒、要出城到河裡洗澡去罷、我又不會浮水、在家裡又悶的難受、可怎麼好呢、二這可沒有法子、據我想是因為你性情浮躁、所以覺着分外的熱、要是把心定一定兒、在那兒靜靜兒的坐一會子、自然就好了、你瞧我打吃了飯、服侍家嚴睡了晌覺、就寫信起、直寫了十幾封信、並且家裡沒底下人、我自己上街買的封筒、又挨次兒的在封口上打了護封圖章、這算是到現在纔完事、這麼累、我也不像你那麼熱、三您實在善於自處、我真服您了、我也知道心定自然凉、無奈

元奎號製

浮着
服藥
扶鸞
福壽
符咒
符節　扶乩
符合
畫符

我的心、老在上頭浮着、定不下去、我想吃點兒甚麼藥、把心定一定、怎麼樣 四 咳、不必混服藥、就是靜養、 五 是、承您指教、可是我和您打聽、我聽說您這貴胡同兒、有一個會扶鸞的、不知道是那個門兒、 六 你打聽這個幹甚麼、 七 我打算問問、我將來福壽怎麼樣、 八 咳、這些符咒的事情、不過是不可信、縱然有靈的時候兒、與所問的事若命符節、我想究竟不足憑、況且近來扶乩的、更是假事、多半是藉此以歛錢財、連一回與事符合的沒有、至於我們胡同兒這個設壇的、尤其可惡之至、别說是假的、就是真會畫符念咒、真能請得下仙來、也不必理他、他那個人至不孝、 九 怎麼個不孝

下 2-12b

父親
服中納妾、父母
無負
福自天来

呢、十他父親死了還沒過一年哪、他就弄了個屋裡人、你想他這
不是服中納妾嗎、這樣兒的人、他既心無父母、還有甚麼大理頭、
兒、我勸你千萬别理他、十您說的是、人是總得於倫常上無負、自
然福自天来、要像他這個行為、日後必無好報、十這話是極了、

第三百七章

服侍您　服侍的　芙蓉花　五蝠　扶起来　不服　服從
伏地　腹中　油瓶兒倒了都不扶　不服說　忘恩負義　負
心賊　俯伏　負恩　彷彿　縛鷄之力　鳳凰　鳳陽府　曲
阜　府衙門　賦性　腐氣　守分　婦科　婦人　浮沉　祖

服侍您 服侍的
芙蓉花
五蝠
扶起來
不服

父 他父親 服毒 哺乳 父母 伯父 撫育 撫養 果
腹 俯就 五服 知府 赴任
您怎麼又換了管家了、二可不是麼、三那個王管家爲甚麼散的、
他服侍您服侍的不好麼、四那倒沒甚麼不好、不過是懶惰的利
害、前幾天有人送給我點兒芙蓉花兒我叫他拿到書房裡插在
那個五蝠捧壽的花瓶裡頭、不料他插花兒的時候兒沒留神把
帽筒給拐躺下了、給躺下了、也不要緊、你倒是把他扶起來就得
了、他竟自不管、後來還是我瞧見了、說他他還不服拿話頂撞我
這麼着把他罵了一頓不要他了、本打算要把他送到衙門裡責

下 2-13b

服從
伏地　腹中
油瓶兒倒了都不扶
不服説　忘恩負義
負心賊
俯伏　負恩
彷彿

他幾下兒因為他服從多年、所以纔饒了他、叫他去了、真是便宜他、十年前他原是要飯兒的、因為他常在我的門口兒要飯、我瞧他可憐、他又伏地磕頭、求我賞他碗飯吃、所以纔留下他伺候書房、這幾年腹中挂了老米油了、脾氣也大了、懶的油瓶兒倒了都不扶、還得是不服説、真是忘恩負義、到今兒想起來我心裡還氣悶哪、五 這個東西可真是負心賊、要不是您用他他早就餓死了、如今自己有錯兒、就該當俯伏認罪、竟敢頂撞、真是負恩之至、無怪您不要他、那麼您現在雇的這個新管家比他怎麼樣、六 這個還倒老實、不過是我看那個人、臉上彷彿是個念過書的人、大概

縛鷄之力
鳳凰　鳳陽府　曲阜
府衙門
賦性　腐氣
守分

手無縛鷄之力、恐怕叫他幹粗重的事、一定不行、七您没問過他麽、八問過了、他說念過書、因為學而未成、後来就跟官出外了、甚麽鳳凰城咧、鳳陽府咧、山東曲阜縣咧、府衙門縣衙門、他都跟過、九那麽這個人是個大手了、他在城裡頭跟主兒如何行呢、十我也是這麽想来着、也曾和他說過、我這兒的事、可是甚事不能比外任官、你肯這麽小就麽、他說他素来賦性庸愚、而且甚是腐氣、不會隨機應變、雖然跟了幾年外任官、都不喜歡他、所以現在很願意在京裡跟主兒、據我看他却是個守分的人、在我這兒倒很相宜、昨兒個我和他閒說話兒、聽他那話言話語中、大概是他還

下 2-14b

婦科 婦人
浮沉
祖父 他ヽ父親
服毒 哺乳
父母 伯父 撫育 撫養

懂得點兒醫道哪、十一何以見得呢、十二是這麼件事、我們賤内現在不是病了麼、因為這個、他就講究起来了、婦科的病、怎麼難治、婦人的脉、怎麼難診、怎麼是浮沉、怎麼是遲數、議論了好大半天、因此我纔知道他明白醫術、十三這麼看起来、這個管家、一定不是下流的人、您没問他當初他們家是做甚麼的嗎、十四問過他、他說他們家、祖上原是作官、到了他祖父、就是作買賣了、他父親因為買賣作虧空了、就服毒死了、那個時候兒他還在哺乳的時候兒哪、後来他父母雙亡、就仗着他的伯父撫育他、撫養他到十歲送他在義學念書、赶到他十六歲、正要送考、他的伯父就死了、他家裡

下 2-15a

果腹　俯就

五服　知府

赴任

又沒產業、窮困難堪、衣不遮體、食難果腹、所以他纔俯就跟主兒的這條道兒、去啊、是了、我想這個人很可憐、你以後倒別拿他當底下人待、倘能便中提拔提拔他、也是好事、去您說的是、我也打算這麼着、可不知道他的書念通了沒有、要他念通了、現在倒有一件兩全其美的事情、我有個出五服的本家新近放了知府了、定規月初起身赴任、現在要請一個教讀的先生、教他們少爺、我打算給他湊合這件事、您想好不好、去那好極了、您赶緊就問問您這個管家、他要是自揣可以勝任、您就成全成全他、去是的、我回來就問他這容易辦、

下 2-15b

輔臣
福相
弗學 弗能 弗措

第三百八章

輔臣　福相　弗學　弗能　弗措　撫掌　哈哈大笑　督撫

奉旨　覆命　覆審　覆奏　俯首默思　髣髴　復舊　府

上　輻條　赴宴　腹痛　赴席　腹疼　腹脹　附體　畫符

附身　一道符　冲服　這個符　服下去　腹內　復生

婦女　肚腹　腑臟　服法

昨兒我在令親輔臣那兒、看見他們令郎、那個小孩兒長的實在是福相、我問他念書沒有、他說念書哪、又問他念甚麼書、他說念中庸纔念到有弗學學之弗能弗措也的那一段兒了、我瞧他也

元鎣號製

撫掌　哈哈大笑
督撫
奉旨　覆命
覆審　覆奏
俯首默思　髣髴

不過五六歳就能念到中庸、而且都記得、實在是好孩子、二那個
孩兒真是好、您還不知道哪、他很愛笑話人、去年有一回、我在他
們那兒瞧報念錯了一個字、他聽見了、立刻就撫掌的哈哈大笑、
我瞧他將来必定中會、督撫都是有望的、您昨兒見輔臣沒問他
他們衙門裡、那件奉旨覆審的案子、現在覆命了没有、三問他来
着、他說這案、還没審有確供哪、月内怕不能覆奏、我問他的時候
兒他俯首默思了半天、那個樣子、髣髴是很為難的似的、大概這
件事、有點兒掣肘、您這兩天衙門裡有甚麼事、四我這兩天没上
衙門、五竟在家作甚麼呢、六閒着没事、七為甚麼不出去逛逛呢、

下 2-16b

復舊
府上
輻條
赴宴 腹痛
赴席
腹疼 腹滿 腹脹

八我本願意出去、無奈我的腿自好了以後、老沒復舊、一走道兒就累的了不得 九 您府上現放着車、爲甚麼不坐、十 還提車呢、我的車、新近翻了、把車輪子上的輻條棍兒摔折了、現在擱在車鋪拾掇去了、還沒得哪、十一 是了、十二 您近来沒聽見有甚麼新聞沒有、十三 沒聽見別處有甚麼新聞、就是我們東街坊、新近有一件事、很奇怪、有一天他到朋友家赴宴、赶到回家之後、就腹痛起来了、請大夫看、都看不出是甚麼病来、他們家裡都想、既是赴席就病了、必是菜裡有甚麼毒了、這麼着、可就打發人上他朋友家問去、赶到了那兒一問、同席之人都沒病、別說是腹疼、連腹滿腹脹都沒

附體

畫符

附身 一道符 沖服

服法 這個符

服下去 腹內

復生

婦女

肚腹 腑臟

有、他們這纔不以為是吃了毒物了、但是肚子一陣比一陣疼的緊、後來都背過去了、他們家都嚇的魂不附體、正在呼吸之間、有人薦了一個畫符的來、他看了就說沒有甚麼大病、不過是有寃鬼附身、他給了一道符、叫他們焚了灰、用無根水沖服、他們立刻照着他說的服法、把這個符燒成灰吞了、可也真奇怪、服下去、不大會兒兒工夫兒、就覺腹內一陣響、立刻疼就止住了、竟自還醒過來、居然復生了、您說奇不奇、[illegible]據我說這都是沒憑據的事、萬不可信、大半是婦女愛信這些個、至於貴街坊、大概也沒甚麼大病、必是着點兒涼、又加上酒飯、以致腑臟不受、肚腹疼痛、那兒有

下 2-17b

腐朽　佩服

甚麼邪祟呢、十五您說的是極了、

第三百九章

腐朽　佩服　納福　敷施　撫躬自問　敷布　福安　伏祈

伏乞　伏惟　俯准　俯允　俯察　伏望　俯賜　重複

縛住　斧削　有負　伏思　伏查　伏想

我今兒來、請教一件事情、二甚麼事、三求您把稟帖的程式指教

指教、四您不是有尺牘麼、何必問道於盲、五咳、我有的尺牘、都是

腐朽不堪的老尺牘、不合時趨、您於此道、頗稱老手、我是素所佩

服的、千萬別吝教、六這也沒甚麼甚難的、我先把大概的式樣說

下 2-18a

納福　敷施
撫躬自問　敷佈
福安　伏祈　伏乞
伏惟

一說、凡稟帖的起頭兒、都是用敬稟者、竊某某怎麼受恩、怎麼感
戴、用四個字一句、或用四六亦可、底下就用恭維某某大人怎麼
納福、怎麼榮任、怎麼敷施、先用四字句兩句、底下用排聯、或兩聯、
三聯、四聯、五聯、均可、又用四字句兩句收住、以後就是自述了、怎
麼撫躬自問無能、怎麼抱愧、怎麼作官沒甚麼敷布設施、也是用
四字句、或兩四句、六句、均可、再後就說怎麼相隔路遠、怎麼想念、
末了兒用叩請福安、伏祈鈞鑒收住、或恭請鈞安、伏乞垂鑒、都可
以的、伏乞二字、或改伏惟、亦可、這是大概的樣子、至於話頭兒字
面兒、那就在自己酌量着用了、〻您說的是、但是這不過是尋常

下 2-18b

俯准 俯允 俯賜 俯察
伏思 伏查 伏想
伏望 重複
縛住
斧削
有負

稟帖、可以用之於請安致賀、可不知道敘事的信、又該當怎麼個樣子、八大致也都不差甚麼、但那敘事的信、不用排對句子、至於那裡頭應用字面兒也不過是那些個、有所干求的則用甚麼務祈俯准、或如承俯允、或伏望俯賜成全、譬如荷俯察、等話頭兒要是自己有甚麼意見則用伏思或伏查或伏想某某事、總之既要委婉周到、又要清晰簡明、意思不可重複、九是是承您指教、十還有一節、用筆總要靈動、不可叫規矩束縛住、若是太拘執就板重討厭了、十一是的、我打算要作幾個、求您一為斧削、您肯賜教不肯、十一有甚麼不肯的、但是我於此道也非甚通、寔恐有負所託、十二您

元隆號製

下 2-19a

副使

這幅畫兒

這是太謙了、

第三百十章

這幅畫兒　副使　婦人　富足　衣服　燕蝙蝠　南服　蝠
鼠　覆反　林鳳翔　受縛　輔弼　伏誅　輔佐　扶持　附
和　附近　洪福　小孩兒　哺養　哺哂　茯苓　孩子　膚
肌　孩童　附會

您這幅畫兒是新買的麼、二是、三是那兒買的、四是買一個人家兒的、五誰家的、六是我們親戚他們相好的家裡的、他原是通政司的副使、七怎麼還至於賣畫兒呢、八此公久已不在了、現在他

下 2-19b

婦人 富足 衣服
燕蝙蝠 蝠讀虎
南服
蝠鼠
髮反 林鳳翔 受縛
輔弼

們家就剩了婦人女子了、家道又不富足、不但是畫兒連衣服都賣了好些了、 九 咳實在可憐、我瞧瞧畫的是甚麼、 十 畫的是一個人走道兒前頭飛着一個燕蝙蝠、您瞧瞧怎麼樣、 十一 好的很今兒提起燕蝙蝠來、我問您一件事情、您到南服去過、聽說南邊管着蝙蝠叫蝠鼠、是真的嗎、 十二 是真的、 十三 您在南邊作了多少年的官、 十四 前後共十五年、 十五 怎麼、 十六 我先本是在廣東、後來調到山東在山東二年髮反又調回廣東、那時候兒正是林鳳翔受縛的時候兒、我在南邊雖然是作官、終日提心吊胆的怕、好容易纔脫過這步難來了、 十七 好在那時候兒國家有好輔弼、外邊又有好將帥、所

伏誅　輔佐
扶持
附和　附近
洪福　附會
小孩兒　哺養
哺咂
茯苓

以逆首伏誅、輔佐中興、俗語兒說的、牡丹花兒雖好、還得綠葉兒
扶持、要不是曾左諸公、也就可危的很了、太是的、您回京大概有
十年了罷、九有十幾年了、主我聽說鬧長毛兒的時候兒、南幾省
多有附和從賊的、廿豈但有、所有附近一帶的人、全都與賊勾結、
幸賴朝廷洪福齊天、雖然各處附會長毛兒的不少、到了兒成不
了事、廿是、可是有一件事、要問您、只顧說閒話、就忘了、廿甚麼事、
茁去年您那兒的小孩兒缺奶、拿甚麼哺養的、茁先是尋的羊奶、
承在洋咂兒裡、擱在他嘴上、叫他哺咂、無奈他不吃、後來没法子
了、就貼茯苓糕乾、共這個糕乾、在那兒賣、共就是新開路兒西口

下 2-20b

孩子

膚肌　孩童

兒外頭路西的那個小糕乾鋪兒的最好、您打聽這個幹甚麼、大
因為舍姪媳婦他跟前的小孩子、現在奶不穀吃的、所以和您打
聽、兒那您就叫他們買這個糕乾用開水和了、給他吃、實在有益
處、要是吃的久了、可以生膚肌、於懷抱兒的孩童最相宜、幸是是、
回來我就叫他們買去、

第三百十一章

復信　扶助　符前言　孩氣　青蚨　覆載之恩　見復　附
送　孩提　師傅　敎復　姓傅　副貢　還在　還有　還不、
知道　輔助　還罷了　輔仁　富貴花　腹稿　付諸丙丁

復信

扶助

符前言

咳　扶桑　賦詩　復生　三復

大哥、昨兒我打發人給您送了封信来、還有五十吊錢的票子、您都見了嗎、二不錯、都收到了、因為昨兒我没在家、所以没寫復信、實在勞駕的很、您不過用了那麼倆錢兒、就這麼忙着、還作甚麼、況且咱們倆人、非同泛泛、彼此都應當扶助、老弟真是太拘泥了、三不然、兄弟借的時候兒、説的是月內還、故此昨兒送了来、以符前言、四太拘太拘、可是昨兒那個信、是誰寫的、五怎麼不明白麼、六極明白、極商決、書法也很好、我看不像閣下的手筆、七我昨兒也是没在家、臨出門之前、告訴小兒叫他寫的、其實連我都不知

下 2-21b

孩氣
青蚨　覆載之恩
見復　附送
孩提
師傅
敦復　姓傅　副貢
還在
還有

道寫了些個甚麼、大概總免不了孩氣、八不孩氣、他寫的是前承
慨借青蚨大衍之數、使弟得蘇涸轍、擬以覆載之恩、誠非過也、玆
特照數歸趙、希即查收見復為幸、後頭寫着附送青蚨五十緡、真
是簡而明、他今年多大了、九今年十四歲了、十這可真是少有、十
四歲人、離孩提之時尚在未遠、居然就能作這樣的說帖兒、將來
必成大器、現在他在那兒用功哪、師傅是那一位、十一他現在崇正
義塾、敦復齋念書、先生姓傅、是個副貢、十二怎麼還在中齋呢、十三聽
說司事打算要把他調在克咸齋、就因為沒缺、所以沒挪齋、十四那
義學裡、不是還有個拔萃大齋麼、十五有是有、但是那齋現在沒先

下 2-22a

還不知道

輔助

還罷了　輔仁

富貴花

腹稿

付諸丙丁

咳

生、還不知道多喒纔能請着呢、十六是了、十七倒是有一件可喜的、那
敦復雖是中齋、好在他們幾個窗友彼此互相輔助、却是很好、十八
這還罷了、曾子說的、君子以文會友、以友輔仁、既有益友、也是不
可多得的、十九是的、可是我新近聽說您作了一首題富貴花的詩
很好、您可以拿出來給我捧讀捧讀、二十我那拙作、如何算得詩呢、
而並且也沒有稿子、廿一怎麼作的時候兒是腹稿麼、廿二不是已經
寫出草稿兒來了、後來我自己看着太不成詩、故此把他付諸丙
丁了、廿三咳、可惜、您還記得不記得、廿四不記得了、倒是有一首詩、好
極了、是一位東瀛的朋友作的、題是泊楓橋、我可以背給您聽聽、

下 2-22b

扶桑
賦詩　復生
三復

並好好、請您就背、共這首詩是七絶、家在扶桑路萬重、吳山楚水
渺茫蹤、孤舟一夜楓橋下、腸斷寒山寺裡鐘、些好的很我從先聽
人說東瀛講究賦詩、却没見過、今聽這首詩、真是唐人復生、今人
三復不厭、艾這比看我的詩不強麼、先各有佳處您是不肯賜教
罷咧、辛這是那兒的話呢、

第三百十二章

包袱　副爺　付託　付寄　副帥　哈密　付與　副欽差
付去　付給　咳嗽　好一點兒　好像　好些　大好　好天
孩子　哈達門　仆倒在地　復返　好了　好不好　好是

包袱　副爺　付託
付寄　副帥
哈密　付與
副欽差
付給　付去
咳嗽　好一點兒
好像　好些　大好　好天

好　海上方　好極了　富國强兵　訃聞　父命
你那包袱裡、是甚麼東西　二　這是左營李副爺付託我代寄的一
包信、三　往那兒付寄的、四　要寄到西路張副帥的軍營裡、五　是你
自己去麼、六　不是、是因為我有個朋友、要上哈密作買賣、付與他
順便帶了去、七　是了、我也有封信、要寄到副欽差明大人那兒去、
託你付給你這個朋友、煩他順便代為付去、可以不可以、八　這容
易、有甚麼不可以的呢　九　那麼你在這兒等等兒、我到裡頭把信
拿來、十　是、十一　這是一封信、老駕老駕、十二　是是、可是您這兩天咳嗽
好一點兒没有、十三　好像是好些兒、還不見大好、因為昨兒是個好

下 2-23b

孩子 哈達門
復返
仆倒在地
好了 不好 好是好
海上方

天、我吃完早飯兒、就帶着孩子們出了哈達門了、打算順着城根
兒、到前門溜達溜達、誰知道去而復返、沒溜達成、 十四 甚麼緣故呢、
十五 我是剛一出城、就咳嗽起來了、脚底下沒勁兒、幾乎仆倒在地、
這麼着、我就不去了、帶着孩子們赶緊回家了、 十六 昨兒我聽人說、
有人給了您一個治咳嗽的偏方兒、您沒試試嗎、 十七 沒有、 十八 為甚
麼不試試呢、早早兒的好了不好嗎、 十九 好是好、但是我瞧那是個
海上方、恐怕治不了病、所以沒用那個方子治 二十 是了、那麼您這
貴恙豈不要躭悞了麼、 廿一 不要緊、過幾天就好了、你這兩天、竟在
家作甚麼呢、 廿二 我這兩天是竟在家裡看書哪、 廿三 看甚麼書呢、 廿四

下 2-24a

好極了　富國强兵

訃聞

父命

不過是些個時務書、廿五那好極了、瞧這個書、可以明白富國强兵的法子、很有益處、那麼偺們那個老朋友那兒素事、你没去嗎、廿六没去、廿七怎麼、是没給你送訃聞去嗎、廿八送了去了、但因為他們這位死者是時令症故的、故此奉父命不叫我去、廿九那就是了、三十天不早了、我也不坐着了、卅一忙甚麼呢、卅二這個信我赶緊得送了去、要是一躭悞就費事了、卅三那麼你不坐着了、卅四不坐着了、改日見、卅五改日見、

第三百十三章

很奇怪　寡婦　婦德　婦言　婦容　婦工　好看　很明白

下 2-24b

很奇怪
寡婦　婦德　婦言
婦容　婦工　很明白
好看　很好　丈夫
婦道　夫唱婦隨

很好　丈夫　婦道　夫唱婦隨　婦節　福命　不好　照、
拂　還可以　復活　還以為　服滿　和他　還見他　老婦
人　富翁　女孩兒　海甸　哈吧狗　寒苦　復又　罕見
一篇賦　好得很　罕有　阜有　媳婦　耗費　負債　償還
行市　行情　還算是　寒鴉　還有事
新近我聽見人說一件很奇怪的新聞、二甚麼新聞、三說是西城
也不是甚麼胡同兒、住着一個老寡婦、他年輕的時候兒、於婦德
婦言婦容婦工這四樣兒上、很明白、而且長得極好看、出嫁後、待
他丈夫也很好、頗盡婦道、真是夫唱婦隨、後來他丈夫死了、他又

元隆號製

下 2-25a

婦節　福命　不好
賙拂　還可以
復活　還以為
服滿
和他
還見過　老婦人　富翁
女孩兒　海甸　哈吧狗

謹守婦節、不肯多走一步兒、誰想這樣兒的人、福命偏不好、孤苦伶丁、没人賙拂、窮的没飯吃、年輕的時候兒還可以給人做點兒針線活、將就糊口、赶到老了、耳聾眼花、就甚麼都不能幹了、鬧的滿街上要飯兒吃、新近死了、地面兒上報了官、過了兩天官纔去驗尸、驗了之後、正在要埋葬之間、不料他死而復活、我先還以為是謠言、昨兒有西城住的我們一個親戚、因為服滿、補了知縣、到我家磕頭來了、我就和他打聽這件事、他告訴我說這個事是真的、不是謠言、並且他還見過這個老婦人、哪說他當初是一個富翁的女孩兒、在海甸住、自幼兒知書識字、最愛養活哈吧狗兒、後

下 2-25b

寒苦
復又
罕見
阜有
媳婦 耗費 負債
償還

来給了西城住的一個念書的、不幸半路守寡家裡寒苦極了、近
幾年竟仗着乞討度日、上月忽然死在街上了、不意死了三天、復
又活了、這兩天、西城都吵嚷編了、您怎麼没聽見說呢、四 啊、這事
可真罕見、我想可以把這一段事情、作一首詩、或一篇賦、以記其
奇、怎麼樣 五 好得很、那您一半天就可以作出来、這本是罕有的
事情、您要是作得了、可千萬給我捧讀捧讀、六 那是自然的、您今
兒這是打那兒来、七 打前門外頭阜有金店回来、八 您上金店有
甚麼事情、九 是因為今年為小兒娶媳婦的事、太耗費了、鬧的負
債累累、無法償還、故此找出幾樣兒金飾来、到他那兒賣去、十 現

行市　行情　還算是
寒鴉
還有事

在金子的行市、怎麼樣、圭今年金子的行情、還算是平和、圭是了、
圭吹呀、了不得了、寒鴉兒都過了、天快黑了、我該走了、咱别走、吃
了飯去罷、圭不咖了、我還有事哪、一半天再見罷、去就是一半天
見、

第三百十四章

還到　海面　海風　寒冷　海口　海船　海晏　上海　害
怕　很有趣　海濶天空　海無邊　海上　黑水洋　海市
很奇怪　亥刻　翻來復去　腹悶　海裡頭　好看得很　希
罕　航海　很不是　海鹹河淡　海水　黑下　哈哈的笑

下 2-26b

還到
海面 海風
寒冷 海口 海船
海晏 上海

海邊 海沿 海島 離海 海濱 海龍 海味 海參 海
菜、納罕兒 海角天涯 父母官 無負 負君恩 負民望
汗顏 官囊 飢寒 莫大之福 府道 好了 蝦蟆 父
母 俯畜 俯仰 念佛 還有一個 還沒来 到府上
一您是幾兒回来的、二我是大前兒個到的、三路上還倒平安哪、四
路上倒都平安不過是走到海面上、覺着險一點兒而且海風利
害、寒冷的很、赶到了大沽海口、纔畧好一點兒、五怎麼您是坐海
船来的麼、六不是中國的海船、是火輪船、七是那一個船、八我坐
的是海晏、九那麼您是又到了上海麼、十可不是麼、十一您在船上、

害怕
很有趣
海濶天空　海無邊
海上
黑水洋　海市
很奇怪
亥刻　翻来覆去
腹悶　海裡頭
好看的很　希罕

害怕不害怕、十三有風的時候兒有一點兒害怕、要是遇見風平浪静、在船面兒上看一看、倒很有趣、真是海濶天空、一望無際、十三是的、俗語説的、江無底海無邊、是萬不錯的、您在海上遇見風了麽、

十四上船的第二天、遇見風了、好在不大會的工夫就過去了、赶到過黑水洋的時候兒倒很平静、十五聽説海面兒上常有海市蜃樓、您看見過没有、十六没看見過、倒是看見一樣兒很奇怪、有一天晚上、那時候兒有亥刻、我在艙裡躺着、翻来覆去的、所睡不着、覺着腹悶的了不得、這麽着、我就上船面兒上敞快敞快、瞧見那海裡頭、彷彿是萬道金蛇、来回抽掣、實在好看的很、以為是希罕的事、

下 2-27b

航海
很不是 海鹹河淡
海水
黑下
哈哈的笑
海邊 海沿

赶第二天我問一個同船的客、他說、老兄、您必是初次航海、所以不知道這很不是甚麼奇事、您沒念過千字文兒上海鹹河淡的一句麼、我說念過、與這個甚麼相干、他說海水既是鹹的、自然是那裡頭有鹽、您瞧見的那個金蛇、就是鹽水的浪花、因為黑下瞧着、所以彷彿是一道一道的金光、我問他白日裡、也是那麼着麼、

去他說白日也是那麼着、但是白日、天是亮的、所以顯不出那個光采、那時候兒、旁邊兒有一個客、聽了這話、直哈哈的笑、以為是謊話、據我想他說的却有理、大不錯、他說的有理、我就常說海外甚麼事情沒有、並且常聽見老年人講究那海邊兒海沿兒上或

下 2-28a

海島

離海　海濱

海龍　海味　海參　海菜

納罕兒

海角天涯

父母官　無負

負君恩　負民望

汗顏　宦囊　飢寒

是海島裡各樣兒奇怪事情、奇怪物件、都有、但是咱們京裡的人、住的離海太遠、連海濱都沒到過、如何能知道呢、不必說别的、就拿穿的皮草裡的海龍、吃的海味裡的海參、以及各樣兒的海菜、咱們就知道穿、就知道吃、其實這些個物件、活着的時候兒誰也沒見過、要是瞧見、還不定怎麼納罕兒呢、您出這邊外甚麼海角天涯、都到過了、甚麼眼都開過了、雖然在外頭、不是甚麼大官、究竟也是父母官、可以算得無負此生、十九 咳、我這邊外、寔在愧極了、上負君恩、下負民望、今兒又承您過譽、真叫我汗顏、二十 您這次宦囊怎麼樣、廿一 我是胆子小、不敢貪財、那兒有甚麼宦囊呢、幸免飢

下 2-28b

莫大之福　府道

好了　蝦蟆　父母

俯畜

俯仰　念佛

還有一個　還沒来

到府上

寒、便是莫大之福了、廿二等着日後放了府道、那就好了、廿三那不是癩蝦蟆想吃天鵝肉麽、那兒敢那麽指望呢、不過是上有父母在堂、下有妻子之累、所以不能不因貧而仕、以為仰事俯畜之資、若日後稍有寸進、叫我俯仰無憾、我就念佛了、非分之求是斷不敢的、廿四是、您説的不錯、您這次解餉来、就是您一個人麽、廿五不是、還有一個同寅的、他還沒来呢、大約一兩天也就到了、廿六是了、廿七我要告假了、偺們三兩見、廿八是、我一半天到府上瞧你去、廿九不敢當、不敢當、三十應當的、卅一别送别送、卅二請了請了、

第三百十五章

復興　喝醉　海量　拂人之性　負敗　汗流滿面　汗津津

的　汗溻子　汗溻了　哈哈　酣睡　酣醉　半酣　喊叫

酣飲　哈息　㤥眼　復新　還熱鬧　害酒　亥正　寒涼

利害　黑胳星　半憨子　憨頭郎　好些個　海子　海棠果

憨厚　好多了　却還　黑墨烏嘴　含碜　好處　很好

好吃懶做　可恨　不可恨　含糊　好幾次　海關　至好的

海棠花　好看　工夫　涵容　涵養　含怒　和我　海罵

好日子　父骨母肉　欺負　好說話　和悠　那兒的好

寒暑表　和別人　好歹　很知道　瑞蚨祥　就好　好歹不

下 2-29b

復興　唱醉
酒量
拂人之性
負敗
汗流滿面　汗津津的
汗溻子　汗溻了
哈哈　酣睡　酣醉
半酣　哈息　喊叫

等
昨兒個您在復興樓吃飯、在座有多少位　二我們八個人、三有唱醉了的沒有、四有好幾個醉了的哪、我也醉了、五您素來是海量、怎麼也會醉了呢、六他們大家極力勸酒、我又不肯過於拂人之性、一讓就唱、並且打了幾個通關、連連的負敗、所以唱的太太發了、後來醉的汗流滿面、身上也是汗津津的、把汗溻子叫汗溻了個精濕、真是出醜、七別人也有大醉的麼、八怎麼沒有呢、昨兒的哈哈大了、有伏在桌子上酣睡的、有酣醉如泥、掉在桌兒底下的、有酒已半酣、直打哈息、還喊叫着要酒的、有拿着酒鍾子對嘴兒

元峰號製

下 2-30a

酣飲
㤥眼
復新　還熱鬧
害酒
亥正
寒涼　利害
黑胳星

酣飲的、就有一位、沒肯多喝、也沒醉、九這位怎麼這麼有煞手呢、十他是因為㤥眼剛好、所以不敢多喝、不然、也醉了、十一那麼您昨兒這個聚會、比偺們那一年在上海復新園的那一局、還熱鬧了、十二也就差不多了、十三您今兒害酒了沒有、十四倒沒有、十五那麼您回家不早了罷、十六不早了、有亥正多了、十七您回家後就歇着了麼、十八歇着了、因為昨兒晚上、寒涼的利害、一到家就睡了、可是您怎麼知道、我上復興楼了、十九我昨兒找您来了、有一個一臉、黑、胳星兒長的舉舉兒的管家出来、荅應的門、他告訴您說我来了沒有、二十他沒告訴我說您找我、我這個底下人糊塗極了、簡直的是個半

下 2-30b

廿憨子 好些個
憨頭郎
海子 海棠果
憨厚
却還 好多了
黑墨烏嘴 含糝 好處
很好 好吃懶作
可恨不可恨 含糊

憨子、廿我昨兒一来他就說、我們老爺也不知甚麽事、又同好些個人上復興樓了、我瞧他就是個憨頭郎兒似的、估量着他必沒告訴、廿這是怎麽話說呢、叫這個東西給躭悞了、廿他是那兒的人、廿他是海子的人、原先他就在我們胡同兒裡、賣海棠果兒是我瞧着他很憨厚、所以叫了他来使喚、在這兒也一年多了、雖然糊塗點兒、然而却還可靠、現在好多了、一来的時候兒臉上黑墨烏嘴兒的、實在含糝、不過是有一樣兒好處就是人還勤謹、廿那就很好、比我的底下人强多了、我的底下人們、沒有一個不好吃懶作的、您說可恨不可恨、廿這就是那麽件事情不能不含糊、您

下 2-31a

好幾次　海關　至好的
海棠花　好看
工夫
涵容　涵養
含怒　和我
海罵
好日子

要是一定叫真兒、那就糟了、就拿我家這些個底下人說罷、就悮事有好幾次了、春天的時候兒、海關上一個至好的朋友、聽說我家的海棠花兒開的好看、可就上我家來了、打算要看一看、可巧他來的時候兒、我正在茅廁哪、誰想這幾個底下人、竟自告訴人說我們老爺、現在沒工夫見客、於是人家就走了、您說這不是得罪人嗎、幸而這個朋友有涵容、算是沒惱、我要是沒涵養的、一定含怒而去、從此就和我絕交了、芝後來您沒說說他們嗎、艾我從茅廁一出來、問他們、他們是你我對推、被我把他們海罵了一頓、要不因為那天是家父的好日子、我早就不要他們了、我真不明

下 2-31b

父骨母肉
好說話
欺負 利害
和您
那兒的好 寒暑表
和别人 好歹
好歹不等 很知道
瑞蚨祥
就好

白這些個人也是一樣的父骨母肉所生、怎麼就蠢到這個分兒上、真叫人無從索解、 廿九總而言之、是咱們好說話兒所以受他們的欺負、要是利害一點兒、他們一定不敢這麼着、 三十可是、您昨兒找我、是有甚麼事罷、 卅一我是要和您打聽一樣兒東西不知道那兒的好、 卅二甚麼物件、 卅三寒暑表、我昨兒先和别人打聽來着、他們都說、各洋貨店都有、並且這個東西、也沒甚麼好歹、據我想、總是好歹不等、您素來於這些洋貨上很知道、故此又來和您打聽打聽、 卅四這有甚麼難處呢、您要買、就到前門外頭新開的瑞蚨祥洋貨店、那兒的就好、我要是早知道您要買、昨兒上復興樓吃飯、順

還要

便就給您帶一個来了、可惜可惜、豈不要緊、我今兒還要出前門
呢、回頭我自己就買了、

第三百十六章

很熱　汗衫　害熱　寒風　寒氣　害冷　寒熱　寒暑　寒
戰　寒食　還這麼　出汗　寒毛　害病　哈喇布　海帶
馥香　孩子　傅粉　小孩兒　寒儒　漢人　漢軍　候補
候補縣　漢文　好得利害　好學　還是　寒士　好容易
還得　何苦　還在　好熱鬧　時候　何妨　罕言　寒家
好說　好笑　絲毫　合得来　候着

下 2-32b

很熱
汗衫　害熱
寒風　寒氣　害冷
寒熱
寒暑
寒戰　寒食　還這麽
出汗　寒毛
害病

這兒的天氣真是沒準兒、昨兒晌午、我進城買東西、回來覺着很熱、把衣裳全脫了、只穿着一件汗衫兒、還害熱的了不得、赶到今兒早起、忽然颳了一陣寒風、立刻就寒氣逼人、把棉襖穿上、還害冷、不知道是甚麽緣故、這麽寒熱不定、二 南邊的天氣向來是這個樣兒、不能像北方寒暑都有一定的、我今兒早起、脫了衣裳洗臉、冷的我直打寒戰兒、論時令已經過了寒食了、還這麽冷、真是時令不正、三 這麽忽冷忽熱、叫人受病、怎麽說呢、就像昨兒那個熱、是人都要出汗、一出汗、寒毛眼兒就開了、一個不小心叫涼風鑽進去、就得害病、四 可不是麽、昨兒您進城買甚麽去了、五 到洋

哈喇布　海帶
馥香
孩子
傅粉
小孩兒
寒儒
漢人　漢軍
候補　候補縣

貨店、買了一疋哈喇布、還到南貨店買了點兒海帶菜、然後到馥香楼京飯館子找一位朋友、說了會子話兒、就回来了、六帶着令郎去的麼　七不是、是帶着我們内姪去的、八那就是了、九您怎麼知道我帶着孩子去的、十是因為我們同棧住的一位他也進城了、他回来說、在新北門瞧見您帶着一個面如傅粉的七八歲的小孩兒、進城去了、故此我以為您帶着令郎逛去了、十一是了、您同棧住的這位貴姓、十二他姓鄉、十三啊、是那位寒儒不是、十四不是那位是漢人、他已經上蘇州就幕去了、這位是偺們京裡的漢軍旗人、現在是要到南京候補去、十五是甚麼前程、十六候補縣、十七他怎麼認

下 2-33b

漢文　好得利害
好學　還是寒士
好容易
還得
何苦還在　好熱鬧
時候　何妨

得我呢、十八您不是有一天上棧裡找我說話兒去嗎、他看見您了、
赶你走了、他問我來着、我就都告訴明白他了、所以他認得您、十九
他的漢文怎麼樣、二十他的漢文好得利害、這個人極好學、現在在
棧裡、還是天天兒看書呢、廿一他是甚麼底子、廿二他本是寒士出身
由舉人就教、由教官好容易纔得的候補縣、我們原在京裡就認
得、現在同棧實在是難得的、廿三他打算多偺起身、廿四大概還得住
些日子罷、廿五何苦還在上海住着、豈不耗費嗎、廿六他是好熱鬧兒、
又是初次到上海、那兒肯不多盤桓幾天呢、廿七等那天我再到棧
裡找您說話兒的時候兒、要赶上他不出去、何妨請過他來、我會

下 2-34a

罕言 寒家
好説 好笑 絲毫
合得来
候着

一會、十八可以您見了他、您就知道這個人不錯了、十九他不至於那麽罕言寡笑的瞧不起人嗎、二十他原是寒家、那兒能瞧不起人呢、並且他是好説好笑、絲毫的習氣没有、廿一他既是這麽好脾氣、那就與我合得来咯、明兒我就到棧裡找您去、廿二就是、明兒我在棧房候着您、

第三百十七章

還有 孩兒見識 害臊 害羞 孩兒似的 蒿子 好心 好意 好酒色 好話 毫釐 害你 號咷大哭 好心 寒心 何苦来 好酒 好色 漢奸 好花錢 好喜 毫不容

下 2-34b

還有孩兒見識
害臊　害羞

含冤　負屈　還嗔着　耗費　毫不相干　好事　恨怨　橫
監　為好　哼　不服　好幾個人　喝酒　喝的　黑了　喝
茶　橫躺監卧　哼哼唧唧的　哼哈　橫行霸道　哼哼　還
說　很不怕　好漢子　何嘗　毫無干涉　毫無過犯　好名
何能　好脾氣　和誰　河沿　杭州　好嫖　頂好　好人
好善惡惡　和他　翰林　翰林院　吃喝嫖賭　好打　好
鬧　好性情　豪奴　好意　㨔髮　何敢　涵量
你這麼大人、真是還有孩兒見識哪、也不害臊、我都替你怪害羞
的、二我又怎麼了、三您想想、我早起就說了、那麼句話、你就那麼

元隆號製

孩兒似的萬子　好酒色
好心好意　好話　毫厘
害你　號咷大哭　好心
寒心
何苦來　好酒好色
漢奸　好花錢
好喜
毫不容　含寬　負屈
還嗔着　耗費
毫不相干　好事

孩兒似的、流了萬子了、我本是好心好意、勸你不要好酒色、那也是好話、毫厘害你的地方兒沒有、沒想到你聽了我的話、竟自號咷大哭起來、真是拿我的好心當作驢肝肺了、真叫我寒心、　四　您這是何苦來呢、我多偺好酒好色来着、也不是那個漢奸、在您跟前兒、給我造這些謠言、你就信以為真了、若說是好花錢倒是有之的事情、至於酒色一節、寔在我不好喜、您聽了人家的話、不問虛實、就數落人、毫不容情、您想想、我含寬負屈到甚麼分兒上了、您還嗔着哭呢、　五　我嗔着你作甚麼、你好喜酒色、不好喜酒色碍我甚麼事、就是耗費、也是花你的錢、與我毫不相干、總怨我好事、

下 2-35b

恨怨　横豎
為好
哼
不服
喝酒　好幾個人喝的
罷了　喝茶
横躺豎卧
哼哼唧唧的
哼哈
横行霸道

多嘴勸你、招你恨怨、日後無論你怎麽樣横豎我絶不勸你了、六我並不是嗔您勸我、就是您勸我、也是為好但是我實在没有那些荒唐事、所以我纔和您分辯、七哼、這話我不信、你説你没有這個事、我若不説一個對證、你也不服、有一天你同着朋友在碎葫蘆兒喝酒、你們好幾個人、都喝的大醉、那個時候兒已經黑了、你們大家就都上了堂名兒了、聽説一進門兒、也没喝茶、也没吃烟、就都横躺豎卧的睡下了、你睡在夢中、還哼哼唧唧的唱、赶到三更天、都醒了、也不是因為甚麽、大家就哼哈的鬧起来了、後来一個個的横行霸道、把堂名兒折毀了個土平、還把一個人打的直

下 2-36a

哼哼　還說　很不怕
好漢子
何嘗　毫無干涉
毫無過犯
毫厘
好名　何能
好脾氣
和誰

哼哼、第二天人家要告你們、你還說哪叫他告去、我很不怕、好漢
子作了好漢子當、這有甚麼要緊呢、這些個事是誰做的呢、難道
也與你毫無干涉嗎、八 您這話是聽誰說的、真是寃枉寃哉、何嘗
有這個事、我雖然不敢說我平生毫無過犯、然而我於這些沒出
息的事情上、却是毫厘不敢亂作、必是有壞人在您面前給我進
這些讒言了、求您細想一想、我是這樣兒人不是、你原先常說我
太拘執、太好名、您想既是又拘執又好名、如何能走這邪道兒呢、
我知道我向來不是好脾氣、常常兒的得罪人、所以纔有這謠言、
九 你也不必這麽說、我先問你、你這程子都是和誰在一塊兒來

下 2-36b

河沿 杭州
好嫖 頂好
好八 好善惡惡
和他 翰林 翰林院
吃喝嫖賭
好打 好鬧 好性情
豪奴

着、十我這程子常上西河沿店裡去、因為新近有從杭州来的一個遠親、他是進京引見来了、現在住在西河沿店裡、我常去找他說話兒、除此之外、竟是在家。十一他好嫖嗎。十二他不好嫖、他是個頂好的好人、並且這個人、好善惡惡、至於别的嗜好、更是一點兒也沒有了、倒是和他同店住的一個人、是個翰林、在翰林院當編修、春天告假回籍修墓、現在回来了、在店裡住着、是整天的出去吃喝嫖賭無所不為、聽我們親戚說、他好打好鬧、實在不是好性情、近来還帶着些個豪奴鬧堂名兒来着。十三啊、是了、我這就明白了、我聽人說的那喝醉了鬧堂名兒的事、大概就是這件事、這麽看

好意　據髮
何敢　涵量

起來、倒是我錯疑你了、你千萬別怪我、十四那兒的話呢、您纔責我、
也是好意、別說是責我幾句、您就是據髮打我、也是為顧我、我何
敢怪您呢、您也別多心、十五就是、偺們彼此涵量、十六是是、

第三百十八章

學好　害人利己　害人　害不成人　害己　害命　害死人
害處　皓首　函信　海船　候補　旱路　海風　很大
很怕　利害　海灣　海賊　兇橫　喊叫　還算是好　皓月
大海　皓白　黑烏烏的　海岸　好運氣　還不定　漢口
行家　還受了　好好的　豪橫　飢寒　旱澇　豪富　還

下 2-37b

學好　害人利己　害人

害不成人　害己

害命　害死人

害處

皓首

函信　海船

好　寒難　何況　不好　蘇杭　旱災　杭州　很好　好多

的　好不好　好好

為人在世、總要學好、萬不可作害人利己的事、要是存害人的心將來害不成人、反倒害己、這是一定的理。二　這話不錯、就拿那圖財害命的說罷、他為奪人的錢財、先害死人、赶到被人拿住、沒有一個不償命的、這宗人、真是糊塗極了、一見了利、就把害處都忘了、三　是的、您提起這圖財害命來、我告訴您一件事情、真是活到皓首、沒見過的、新近我們舍親、接着他們本家打外頭寄來的一封函信、內中說、他們在海船上、受了一番大驚、四　令親上甚麼地

下 2-38a

候補
旱路
海風　很大
很怕　利害　海灣
海賊
兇横　喊叫
還算是好
晧月　大海　皓白
黑烏烏的

方兒去了、受了甚麼驚了、五是這麼件事情、他是廣東候補知府
帶着家眷由京一起身、在旱路上就遇見一個險兒、還不要緊、後
来也不是由甚麼地方兒就上了海船了、有一天海風很大、船家
很怕的利害、這麼着、就把船停泊在一個海灣子裡、不料半夜
裡有十幾個海賊、手裡拿着槍刀、就上了他們的船了、一個個都
兇横的了不得、他們也不敢喊叫、這麼着、就任着這些個海賊把
行李財物都搶了去了、還算是好、僅止傷財、沒傷人、赶到賊走了
以後、他們這纔敢出来到船面兒上一瞧、皓月當空、一片大海皓
白無際、就瞧見遠遠兒的、有好些個小船兒黑烏烏的奔那邊兒

下 2-38b

海岸
好運氣 還不定
漢口 行家
還受了
好好的
豪横
飢寒
旱澇 豪富
還好 寒難 何況 不好

海岸兒去了、他們明知道是這羣賊也不敢追、您說可怕不可怕、六他們還算好運氣呢、不然還不定有命沒命哪、有一年、我們相好的、上漢口去、他還是走路的行家呢也是半道兒遇見賊了、丢了東西不算、還受了傷了、幾乎把命也丢了、後來算是經地方官、把這股子賊、都拿住了、七我想這些個賊、原本也是好好的人、怎麽一作了賊、就這麽豪横、大胆子、這麽拿這麽殺、並且沒有一個漏網的、到了兒是不怕、真是奇怪、八這也不奇、究屬是為飢寒所致、這二年賊盜多的緣故、都因為是四鄉裡、連年的旱澇不收、豪富的還好、寒難的就過不了咯、何況南邊各省、近年更是不好咯、

下 2-39a

蘇杭　旱災
杭州
很好　好多的
好不好　很好
好好

昨兒看新聞紙那上頭說蘇杭一帶、旱災鬧的利害、現在各地方
官、都辦賑哪、九不錯、我也看見了、可是我聽說現在又出了杭州
白話報、很好、像這個報要是愚民看了、必有好多的益處、您看見
過沒有、十我沒見過、不知道偺們京裡有賣的沒有、十一沒有、我倒
看見過京話報、十二這個報好不好、十三很好、等多偺我拿來給您看
看、十四好好、

第三百十九章

旱烟　咳嗽　很不好　很多　不好吃　黑龍江　好幾斤
好歹　很貴　很少　白鶴　大聚恒　萬亨公　也好　合算

下 2-39b

旱烟 咳嗽
很不好 很多 不好吃
黑龍江
好幾斤 好歹 可惜
很貴 很少

合口 何必 何在乎 發行 好些 好東西 漢瓦 不
大好 漢玉 漢朝 好古玩 很難 好述傳 何如 很是
何等 何至如此 何曾 很不能 合我的式 合式
大哥您怎麼又改了吃旱烟了、二 我是因為這程子竟咳嗽、不敢
吃潮烟了、所以纔改的、三 您吃的是高葉子嗎 四 不是、近来的高
葉子很不好、到了舖子買去、雖然給的很多、實在是不好吃、我現
在吃的是關東葉子、五 啊、是了、我記得您那年、打黑龍江回来、送
給我好幾斤關東烟、那時候兒、我也不知道好歹、可惜全送了人
了、這時候兒聽說關東烟很貴、並且真的很少、您現在吃的是還

白鶴
大聚恒　萬亨公
也好　合算
何必　合口　何在乎
發行
好些
好東西

是那年帶来的呀、是現買的　六是現買的、那個早就沒有了、七在那個鋪子買的、八在單牌樓、白鶴兒乾菓子鋪的隔壁兒、那個小烟兒鋪買的、九為甚麼不買大聚恒的、再不然萬亨公的也好、何必單買小烟兒鋪的、並且小烟兒鋪的烟、也不合算、十那倒是小節、何在乎這點兒上、我就為吃着合口就得了、要講合算、是烟兒鋪都不合算、總還是關東烟局子的好、但他是發行的地方兒、非十斤二十斤、他不賣、我能吃多少、買那麼好些、吃不了、也是白擱着、所以倒不如零買、十一是的、十二可是我聽説您近来竟買古玩哪、十三可不是麼、但是也沒有甚麼好東西、十四都買了些個甚麼、十五前

下 2-40b

漢瓦　不大好　漢玉
漢朝
好古玩
很難
好述傳　何如
很是
何等　何至如此

纔天買了一塊漢瓦不大好昨兒買了一個漢玉圖書却還下的去　十六您怎麼知道他是漢朝的玉呢據我想也不過是人那麼說罷了有甚麼考驗呢　十七您是不好古玩所以不知道若論這裡頭的講究也很難哪我也不過是看個大概等明兒我把這兩樣兒東西拿來您看看就知道我買的不假了　十八就是我倒要領教領教　十九您這程子沒事作甚麼消遣　二十看閒書　廿一看甚麼書哪　廿二看好述傳　廿三這些個小說兒實在沒甚麼意思何如看看聊齋比這個强多了　廿四您這話說的雖然很是但則我於文理不深聊齋是何等的書恐怕我看不下來　廿五叫您說得了何至如此您是不愛

下 2-41a

何曾
恨不能
合我的式　合式

看、就是了、要是愛看、斷不至於看不下來、共我何曾不愛看呢、我
現在恨不能是書都能看纔好哪、無奈是真不行、所以我也不但
是聊齋不能看、凡稍微有點兒文理的書、都不合我的式、我所合
式的、不過就是小說兒、芒您這話未免太過、要是您不能看文理
的書、那我就算一個字也不認得了

第三百二十章

好幾年　豪傑　行伍　很有　豪氣　好體面　好武藝　翰
墨　好字　好畫　號令　好天氣　不好天氣　合口同聲
好的　和平　和顏悅色　和甚麼人　和他　好極了　河南

下 2-41b

好幾年 豪傑
行伍 很有 豪氣
好體面 好武藝 翰墨
好字 好畫
號令
好天氣 不好天氣

號叫 子恒，好雖是好 合宜 和順 豪强 恨惡 恨
不得 合心 合意 說他好 和睦鄉里 橫行霸道 很少
是好 和他 好好

您瞧、我交了好幾年的朋友、除了您之外、所沒交着一個真正豪傑、沒想到新近於行伍中、得了一個良友、這個人很有豪氣、極好體面、並且一身的好武藝、這是論武事、若是講到翰墨的事情、他又寫得一筆好字、畫得一筆好畫兒、真是文武全才、現在他是個總兵、於營務頗能實力講求、營規整肅、號令嚴明、他要是一個令下來、說是要操演、無論是好天氣、是不好天氣、他是風雨勿阻、一

下 2-42a

合口同聲
好的
和平　和顏悅色
和甚麼人　和他
好極了　河南　號叫
子恒
好雖是好
合宜
和順　豪強　恨惡

定操演、所以自上游以至屬下、和他的親友、沒有不合口同聲說
他好的、還有一樣兒最難得的、這個人雖然作武官、他的脾氣是
極和平、無論和甚麼人說話、或是辦點兒事、沒有一回不和顏悅
色的時候兒、新近我已經和他換了帖了、二 啊、這好極了、這一位
是那兒的人、三 他是河南人、四 他怎麼稱呼、五 他姓陳、號叫子恒、
六 這一位有多大歲數兒、七 他今年四十二歲、就有一樣兒他好
雖是好、可惜作了武官了、要是作一個文官、我想比作武官還更
合宜哪、七 甚麼緣故呢、八 是這麼着、他這個人、您是沒見過說話
行事和順極了、一點兒豪強武夫的氣習沒有、他常說他恨惡極

下 2-42b

恨不得　合心合意
說他好　和睦鄉里
橫行霸道
狠少
是好
和他
好好

了武官了、恨不得一朝作一個文職、纔合心合意哪、聽說不但是營中人人說他好、就是在家鄉的時候兒也能和睦鄉里、並沒有橫行霸道的時候兒、您說像這樣兒的人、如今還有麼、九您說的不錯、現在別說是武官、就是文官、像這樣兒的也很少、多喒您給我引見引見、十可以的、等那一天、我把你們二位約在一塊兒、偺們大家談一天、十一那敢則是好、您打算幾兒約會、十二就在這三五天罷、我今兒問問他去、看他那一天有工夫兒、等我和他定準了、我告訴您一聲兒、怎麼樣、十三好好、就這麼辦罷、

第三百二十一章

下 2-43a

好風俗　温厚　横逆

豪俠

好風俗　温厚　横逆　豪俠　温和　好人　不好人　好風

氷　好幾十人　打夯　夯號　夯歌　壕溝　海龍王　横死

横三豎四　何故　何不　何以　很往後　合夥　和人

好幾萬　好容易　合攏起来　恒産　很苦　横財　黒墨糊

眼亨通　很不少　恆心　好日子　黒道日　耗費　很毒

和尚　合道理　黒白　可恨　昊天

一聽説南邊好風俗、人情温厚、不像北邊這麼横逆、是真的麽。二這也未盡然、那是看地方兒、南邊的地方兒大了、雖然人多温厚、凉薄的也在所不免、北邊也是如是、也有豪俠的、也有軟弱的、也有

下 2-43b

温和
好人不好人
好風水
好幾十人 打夯
夯號 夯歌
壕溝 海龍王
横死

温和的、不能一概而論、總而言之、南邊也有好人、也有不好人、北邊也有好人、也有不好人、 三 聽您這麽一說、我明白了、可是我還聽見人說、南邊人、於住房或是塋地、專講究好風水、您到過南邊、果真是這麽着嗎、 四 這倒是真的、那一年那兒的一個紳士、買了一塊地、蓋房子、已經都動了工了、天天兒好幾十人打夯、離我的公館不遠兒、他們那兒嚷夯號兒、念夯歌兒、我們那兒聽得真真兒的、忽然一天停了工了、後来一打聽、敢則是因為前面兒有一道壕溝、又五里地外、有一座海龍王廟、聽見風鑑先生說、這兩處都於這塊地不相宜、若是蓋上房子、人住着、必出横死的事、故此

横三豎四
何不
何故
何以　很往後
和人　合夥
好幾萬
好容易　合攏起来

就停了工了、這塊地算是白買了、所有預備磚石木料、就那麼横三豎四的白扔着、也不要了、看着實在可惜、五 這個紳士也真糊塗、這些個東西既是不用、何不把他賣了、要不然把他找他方兒收起来也好、何故這麼白扔着、豈不是暴殄天物、像這樣兒的人、後輩何以能好、六 誰説能好呢、不必很往後、就是現在他這人也不過是眼前快樂、有一年他和人合夥作買賣、叫人把他的銀子寃了、好幾萬、後来把買賣也收了、竟該人家的有一萬多銀子、好容易纔還清了、我給他算過、連開買賣帶還人、前後合攏起来、扔了有五六萬銀子、這個人將来一定要受罪、七 他家裡都有甚麼

下 2-44b

恒產　很苦
橫財　亨通
黑墨糊眼
很不少
恒心
好日子　黑道日
耗費　很毒

產業、八他家裡一點兒恒產沒有、他本来是很苦、就因爲南邊那年反亂、他得了一注橫財、起那麽大運亨通、就發跡了、沒想到不、過幾年、黑墨糊眼的把銀子全蹧蹋了、可笑他這二年事情不好、他不說自己鬧的、老恨怨房子的風水不好、您說可笑不可笑、九像這樣兒的人、也不獨南邊、偺們北方也很不少、我們有一個親戚、就是這麽着、他幹甚麽都是一點兒恒心沒有、獨信風水、他是守不可破、要是上那兒去、必得挑好日子、遇見黑道日子、斷不出門、還有一樣兒、於錢財上、大處不算小處算、該花錢的不花、不該花錢的胡耗費、待人很毒極了、窮親戚苦朋友們、不用想他幫助

和尚 合道理

黑白

可恨

昊天

一個兒要是遇見和尚道士、他是成千動百的佈施、越不合道理的事越信、就這麼好歹不知、黑白不分的、誰要說一句老媽媽論兒、他是奉若神明、真是又可笑又可恨、十 這樣兒的人天下都有、實在無術足以悟之、不知昊天怎麼竟生這樣兒的糊塗人、十一這總是不念書不明理的緣故、不可怨天人、但凡念一念書、稍明一點兒理、一定不能如此、十二不錯、您說的是、

第三百二十二章

黑乾枯瘦　黑夜　黑姑冬　合眼　黑瘦　纔好　好東西

好景況　合好　悍婦　好混悵人　橫骨頭　橫行　狠心

下 2-45b

黑乾楛瘦
黑夜
黑姑冬
合眼 黑瘦
纔好 好景況

恒勁 閤家 何堪 和睦 閤家歡樂 合理 和氣 合規
矩 黑心 好喝酒 喝足了 哼哈 黑鬍 喝湯 合該
何況 何在 後来 好大 横眉立目 何干 何用 含忍
含笑 含淚 涵容 哼咳 横事 痕跡 恨怒 好極了

你這程子是怎麽了、這麽黑乾楛瘦的不是有甚麽病嗎、二我倒沒甚麽不舒服、不過是這程子事情太多、黑夜白日的累、天天兒晚上、總得鬧到一下兒多鐘纔睡覺、黑姑冬兒的就得起来、還有通夜不合眼的時候兒、就這麽累的、所以臉上顯着黑瘦、三你也別竟這麽累、也得自己保養纔好啊、你們府上、正是好景況、又不

好東西
合好　悍婦　好混帳人
橫骨頭　狠心
橫行　恒勁
閨家
何堪
和睦
閨家歡樂

是甚麼艱難、總得想法子多吃點兒好東西、或是吃點兒補藥、補
一補、千萬別心疼錢、四　您說的是、可是近來您貴街坊、他們公母
倆合好了沒有、五　別提了、這個悍婦、好混帳人、沒有一天不鬧的、
天生來的橫骨頭、狠心賊、甚麼都不怕、裡兒表兒全不講、一味的
橫行欺壓丈夫、可恨他們這個男的、也太軟弱、一點兒恒勁沒有、
由着他女人鬧、所不敢管、我閨家好好兒的、叫他攪的我這麼整
天的不安靜、何堪再往下忍受、我說了、下月叫他找房搬家罷、六
您這個街坊、真是少有、世界上夫妻不和睦的也有、可沒見過這
個樣兒的、再者人家房東清門靜戶、本是個閨家歡樂的日子、叫

下 2-46b

合理　和氣
合規矩　黑心
好喝酒
喝足了　號地
哼哈　黑麪
喝湯　合該
何況
後來　何在

他這麼攪擾也太不合理了、況且居家過日子、惟有和氣可以致祥、要像這麼終日吵鬧、那日子還過的起来嗎、七可說的是哪、你還不知道呢、還有不合規矩的事情了、這個黑心女人好喝酒、常常兒的把酒喝足了、就呼天號地的哭他們家的男人、一聲兒也不敢哼哈、去年冬天、有一天下大雪、他們家喫黑麪湯、大家都吃、獨他不吃、單要作白麪湯吃、那個時候兒他婆婆已經吃完了麪了、正在那兒喝湯哪、也是合該惹氣、可就說你瞧、連我這麼大歲數兒還没錢買白麪喫哪、都得將就着吃黑麪、何況你小小兒的年紀、後来有了錢、要吃甚麼都行、何必争在這一時、這大下雪的、

好大
橫眉立目 何干
何用
含忍 含笑
涵容
哼咳
含淚
橫事
痕跡

叫你男人那兒弄錢去買吃、他聽了這話、就好大的不自在、立刻就橫眉立目的、對他的婆婆說、我要吃白麪、與你何干、我男人有錢買、沒錢買、何用你管、我偏要吃、你有甚麼法子、誰想他男人不但含忍着不說、他待了一會兒、還含笑去央告他說、你千萬別生氣、老太太是老背晦了、求你涵容他一點兒就得了、這個女人到了兒是不答應、直鬧了一天、氣的他們老太太哼咳的躲在西屋裡含淚坐着、你說可氣不可氣、八 真是可氣、照這麼着、他家將來必出橫事、那就是叫他早早兒搬家就是了、九 對、就是這個主意、十 可是一樣兒、您要是和他們說的時候兒、可別露出嫌他的痕

下 2-47b

好極了

好不好　十分好
行貨　黑暗

跡來上你放心、我自然有法子攆他斷不能惹他恨怒上那就好
極了、

第三百二十三章

好不好　十分好　行貨　黑暗　裕順和　號碼　實號兒
和氣　好處　號頭　號衣　好手藝　黑墨　合夥　合式
很鮮艷　黑碌碌的　很難看　合局　很好　何事　後門
很作臉　和他　賀壽　賀喜　後半天　還得　說合　合同
您瞧我買的這件皮襖好不好、二可以的、不算十分好、三您瞧那
兒有毛病、四我瞧着筒子却不是行貨兒、不過是面子有點兒黑、

元奎號製

裕順和
號碼
實號兒　和氣
好處
號頭
號衣
好手藝

暗、您是在那兒買的、五我在四牌樓北邊兒、裕順和估衣鋪買的、六多兒錢、七十二兩銀子、八不貴、九他那兒倒是不欺人、號碼兒沒有虛的、都是實碼實號兒、並且他們鋪子的人、作買賣都很和氣、還有一件好處、他們的衣裳全是原當兒、不折不改、有時候兒連當鋪的號頭兒還帶着呢、十他那兒管做新衣裳不管、十一管是管、但是這兩天可不行、十二甚麼緣故呢、十三現在他們給神機營做號衣、哪、大概得出了月兒纔能做完了哪、怎麼您要做衣裳麼、十四可不是麼、十五我記得您不是交楊裁縫嗎、怎麼又要在估衣鋪做衣裳呢、十六他那兒現在用的夥計、所沒有好手藝、新近我叫他做

下 2-48b

黑墨
含磣
合式 很鮮豔
黑碌碌的 很難看
合局 很好 何事
後門

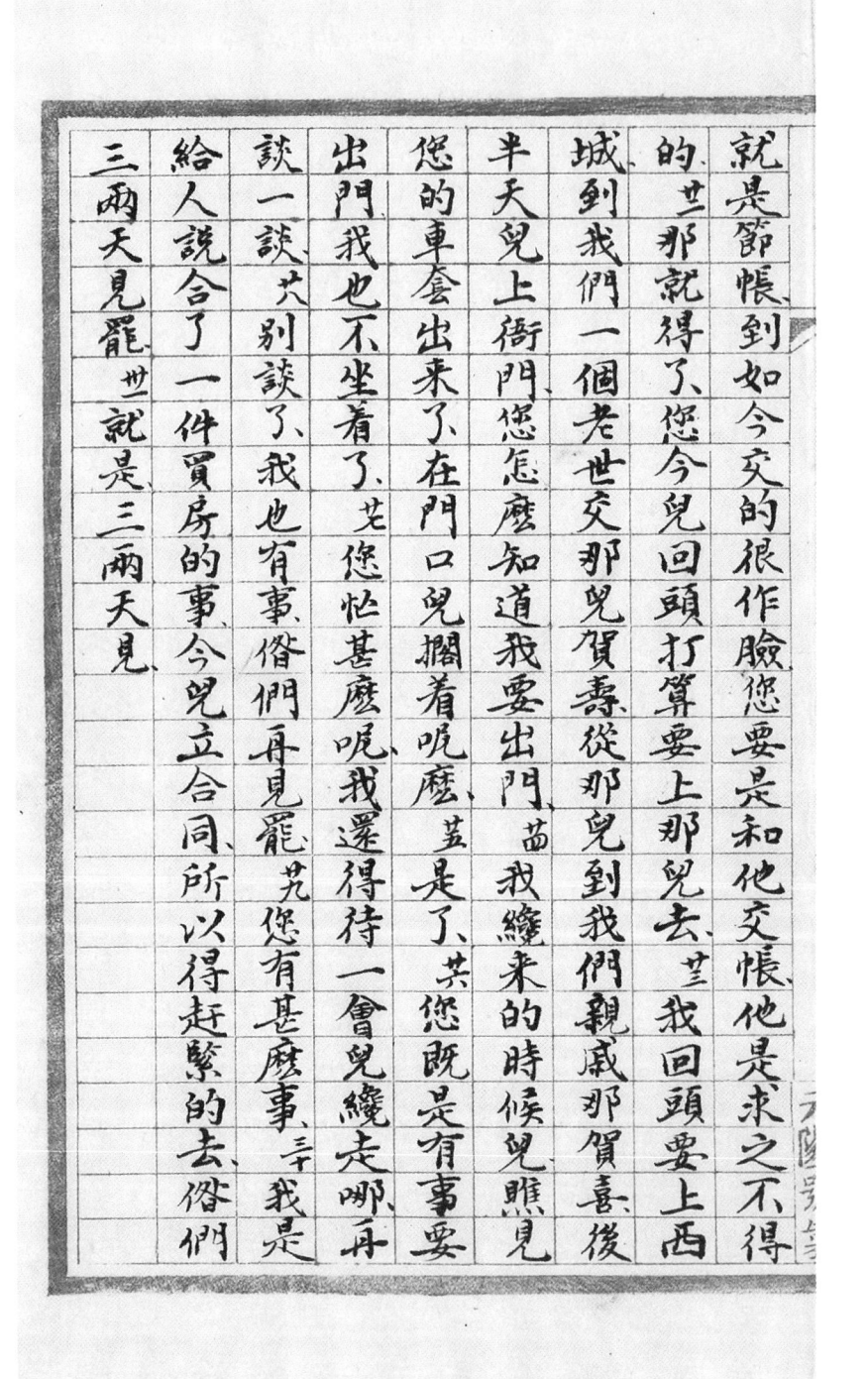

了幾件衣裳全做壞了、有一件棉襖大襟上給弄了一塊黑墨點、子、穿上含磣極了、還有我們姑娘的一件荷花色的坎肩兒、不但做的不合式而且把顏色兒都給弄走了、很鮮豔的顏色兒給弄的黑碌碌的、很難看、我打算從此永不叫他做衣裳了、故此要在估衣鋪做、十五既是這麼着、等着裕順和把號衣做完了、我同您到他那兒、您要做甚麼衣裳可以告訴他們、我管保做的款式樣子都合局、十六很好、但是有一件、我要問您、十七何事、十八好比我要和他交買賣、交長了的時候兒、打算和他交節賬、行不行、十九那有甚麼不行的呢、從先在後門住的我們一個親戚、是我給他們引薦的、

就是節帳、到如今交的很作臉、您要是和他交帳、他是求之不得的、廿一那就得了、您今兒回頭打算要上那兒去、廿二我回頭要上西城、到我們一個老世交那兒賀壽、從那兒到我們親戚那賀喜、後半天兒上衙門、廿三您怎麼知道我要出門、廿四我纔来的時候兒瞧見您的車套出来了、在門口兒擱着呢麼、廿五是了、廿六您既是有事要出門、我也不坐着了、廿七您忙甚麼呢、我還得待一會兒纔走哪、再談一談、廿八別談了、我也有事、偺們再見罷、廿九您有甚麼事、三十我是給人說合了一件買房的事、今兒立合同、所以得赶緊的去、偺們三兩天見罷、卅一就是、三兩天見、

下 2-49b

很熱鬧
後檔車 唱道子
賀慶 好似
何足

第三百二十四章

很熱鬧 唱道子 賀慶 好似 後檔車 何足 含笑 含
恨之後 御河橋 相好的 河邊 哼呵哼的 恆久 恒
情 黑風 哼哈二將 忽然間 衡山 恒山 説合 和息
和息呈子 何足掛齒 何為 如何 和美 和好

你們衙門、昨兒有甚麼事、很熱鬧、門口兒擱着五六輛四塊玻璃兒的後檔車、唱道子的聲兒接連不斷、彷彿是有甚麼賀慶的事情、又好似新堂官到任的樣子 二 您怎麼會忘了麼、昨兒不是封印麼、六堂都上衙門了、也不單是我們衙門、各衙門俱各如是、何

含笑
含恨
之後
御河橋 相好的 河邊
哼呵哼的
恒久
恒情

足說異、三哎喲、是呀、您瞧我如今可真糊塗了、怨得我昨兒個問人、人都對着我含笑不荅呪、我昨兒見他們不告訴我、我心裡還頗有含恨之意、今兒聽您這麼一說、這纔明白了、真是可笑、四您昨兒問誰来着、五先是在你們衙門門口兒問了幾個人、之後我走到御河橋、遇見一個相好的、我們倆在河邊兒上立談、我也問他来着、他也是對着我哼呵哼的不說、鬧的我直解昨兒悶到今兒、我想我準是不能恒久了、不然怎麼這麼糊塗呢、六這不要緊、常有瞧見甚麼、一時想不起是甚麼事情来、這也是人的恒情、這總因為事情多的緣故、二則也是心裡不靜、我也常有這樣兒的

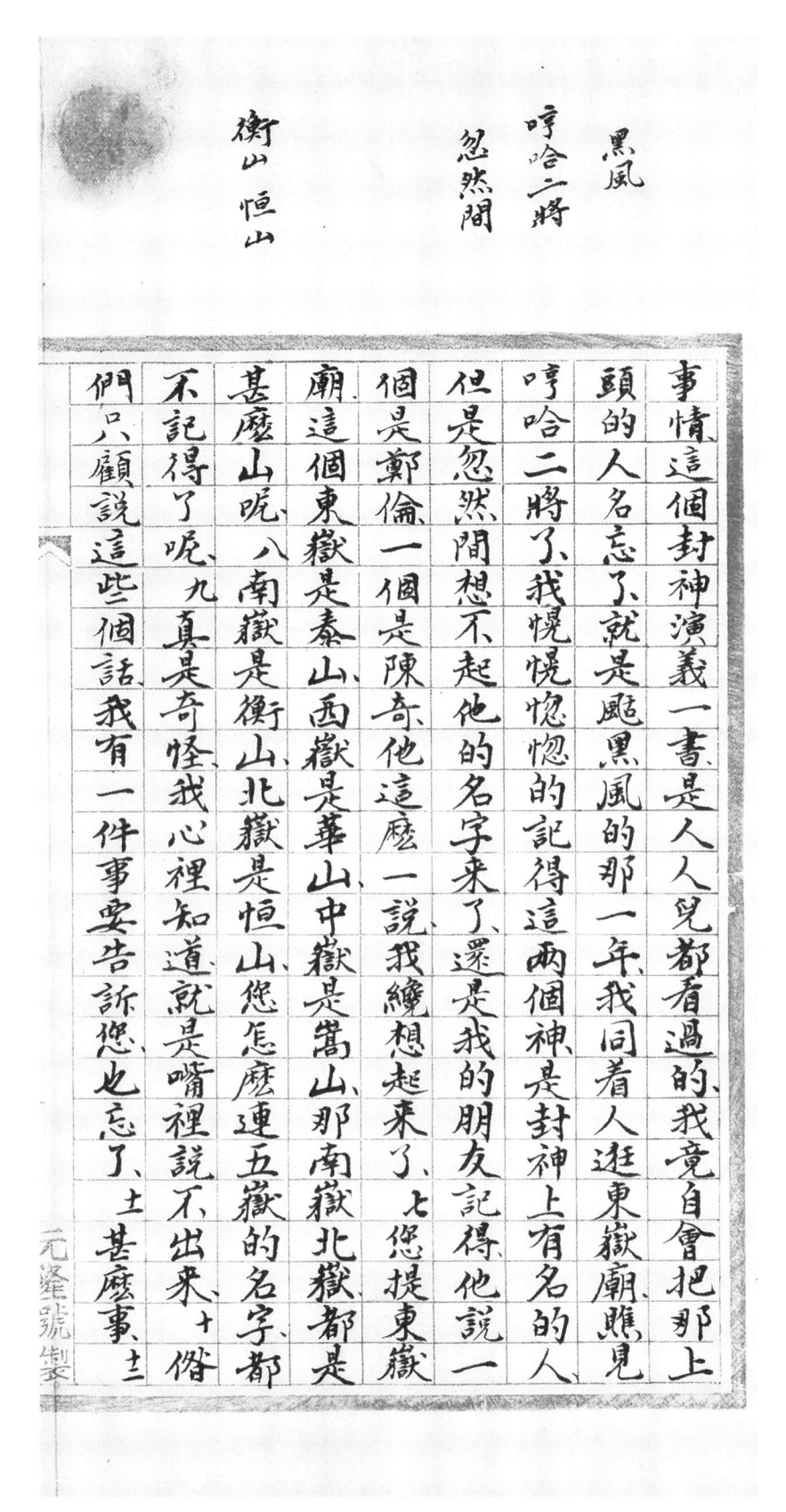

下 2-50b

黑風
哼哈二將
忽然間
衡山 恒山

事情、這個封神演義一書、是人人兒都看過的、我竟自會把那上頭的人名忘了、就是颳黑風的那一年、我同着人逛東嶽廟、瞧見哼哈二將了、我恍恍惚惚的記得這兩個神、是封神上有名的人、但是忽然間想不起他的名字来了、還是我的朋友記得、他說一個是鄭倫、一個是陳奇、他這麽一說我纔想起来了、七 您提東嶽廟、這個東嶽是泰山、西嶽是華山、中嶽是嵩山、那南嶽北嶽都是甚麽山呢、八 南嶽是衡山、北嶽是恒山、您怎麽連五嶽的名字都不記得了呢、九 真是奇怪、我心裡知道、就是嘴裡說不出来、十 偺們只顧說這些個話、我有一件事要告訴您、也忘了、十一 甚麽事、十二

元隆號製

下 2-51a

説合
和息　和息呈子
何足掛齒
何為
如何
和美　和好

我們舍親、上次託我轉託您給説合的那一件事、昨兒他来告訴
我那個事、他們兩下、已經和息了結了、原告兒的和息呈子也遞
了、現在都没了事了、他託我見您替他道謝、十三這何足掛齒呢也
不費我甚麼、不過是見見那邊兒説幾句話、實在是不費之惠、何
為言謝、十四這也是應當的、要不是您給他們調處、他們兩下裡、如
何能和美呢、他們現在既然是和好如初、自然總得道謝、十五這實
在是多禮、十六那兒的話呢、

第三百二十五章

時候　候許久　等候　候着　不候　候你吃飯　賀賀　何

下 2-51b

時候　候許久　等候
候着　喝着
不候
候你吃飯

可　忽然　猴兒　衚衕　和厚臣　荷包　和我一同　很慢
後溝　河道　赫　荷蘭國　赫赫有名　河路　河出漕
河岸　河堤　河淺　河深　河身　河口　河溝　河灣　好
了　好官　赫赫　喝酒　喝啞吧酒　六合　四季花　胡說
喝一大杯、不服　不能喝　不喝　胡謅　十全福　厚待
你怎麽這時候兒纔來、我們大家都候許久了、二叫諸君等候實
在不安之至、諸君何必候着、就可以先慢慢兒的喝着、省得大家
等得怪厭煩的、三那兒有不候的道理呢、別說是大家都還不餓
呢、就是餓了、也不能不候你吃飯、四這是甚麽緣故呢、五你想、今

元隆號製

下 2-52a

賀賀　何可
忽然　猴兒衚衕
和厚臣　荷包
和我一同　很慢
後溝
河道赫　荷蘭國

兒是大家特意請你、給你賀賀、何可以先吃呢、六 這諸位是太拘
泥了、我本打算早来来着、因為順便到了我們親戚那兒、躭悞了
會子、赶住這麽来的時候兒、走到半道兒、忽然遇見猴兒衚衕住
的和厚臣、他是打前門荷包巷子買東西回来、和我一同走定了、
他又走的很慢、我是心裡直着急、又不好催他、又不好躲開、直膩
了我半天、好容易走到後溝口兒上、纔分手、這我纔抓了一輛車
来了、七 你纔説到了令親那兒是那位令親在那兒住、八 就是從
先作過河道總督的赫顯廷麽、他現在交民巷荷蘭國府的西邊
兒路南的大如意門兒裡住、九 啊、就是他呀、我知道此公、他本是

下 2-52b

赫赫有名　河路
河出漕　河岸　河堤
河淺　河深　河身
河口　河溝　河灣
好了
好官　赫赫
唱酒
唱啞吧酒
六合　四季花　胡說

個赫赫有名的人、把河路辦的很好、那年河出漕、把河岸河堤都沖壞了、別人都束手無策、幸虧他設法、把河淺的地方兒全挑挖深了、河深的地方兒把河身又開濬寬了、至於相通的別的河口兒以及旁邊兒的小河溝了、和河灣兒都疏通好了、此公可真算是一個好官、十 您也知道他麼、十一 這樣兒的聲名赫赫的人、誰不知道呢、十二 依我說、你們二位別竟談不唱酒了、再者偺們就這麼唱啞吧酒、也沒趣兒、或是豁幾拳、或是行個酒令兒比這麼悶着頭兒唱、不好麼、十三 很好、就這麼辦罷、偺們倆先豁一拳、来来、道 十四 六合連、十五 四季花、十六 胡說你輸了、十七 我怎胡說了、十八 原是四季紅

下 2-53a

唱一大杯　不服
不能唱　不唱
胡謅
十全福
厚待

你説四季花不是胡説嗎罰你唱一大杯、十九那個我不服我不能
唱、二十不唱不行、廿一你們二位先别爭論聽我説、廿二就是您怎麽説
廿三據我説、雖然没有叫四季花的、可是有這樣花兒、不能算胡謅、
然而拳上又没有這麽叫的、也不能算贏、莫若算没譁另譁罷、廿四
這倒公平、偺們就另来、廿五三元、廿六七巧、廿七獨占、廿八五魁手、廿九快到
了、三十十全福、卅一了不得、你的拳真利害、我輸了、卅二這你還不唱嗎、
卅三我唱我唱、卅四哎呀天不早了、我要告假了、卅五你今兒也不吃不
唱、怎麽就忙着走呢、偺們大家再打一個通關、好不好、卅六承諸位
的厚待、我可真是酒醉飯飽了、就此謝謝、卅七不敢當、不敢當、卅八諸

下 2-53b

何往 後門 荷花
後街
合共

位請留步、別送別送、兌請了請了、

第三百二十六章

何往　後門　荷花　後街　合共　後頭、湖南　湖北　厚
道　合得來　候選　厚禮　候爺　胡哩嗎哩、寒喧的話
後半天　說合　後兒　戶部　戶部尚書　囫圇吞棗　似乎
後悔不及
您這時候兒、意欲何往、二我要上後門、看荷花兒去、三怎麼就是
您一個人兒去麼、四同着我們鋪子的人、還有後街上南紙店的
幾位、五那麼今兒有十幾位罷、六我們今兒合共十七個人、我走

後頭
湖南
湖北
厚道　合得来　候選
厚禮　候爺
胡哩嗎哩

的快、他們還都在後頭、沒走到呢、您今兒穿着公服、是要上那兒去、七 我今兒是出城、到湖南會館拜客去、八 是拜誰去、城外頭有甚麽朋友、九 是因為我從先在湖北的時候兒、交了一位湖南朋友、這個人很厚道、我們倆人頗合得来、他原是候選同知、新近選上了、故此他進京引見来了、就住在會館裡了、昨兒承他送了我一分厚禮、並且親身拜我一盪、可巧我上恩候爺那兒畫稿去了、也沒見着、所以我今兒回拜他去、十 您就是出城拜客、是還有別的事呢、十一 沒有別的事、十二 啊、那麽您得甚時候兒回来、十三 那却不敢定、要是見着、就得多談一會子、不能胡哩嗎哩的說幾句寒暄

下 2-54b

寒暄的話
後半天
說合
戶部 後兒
戶部尚書
囫圇吞棗
似乎 後悔不及

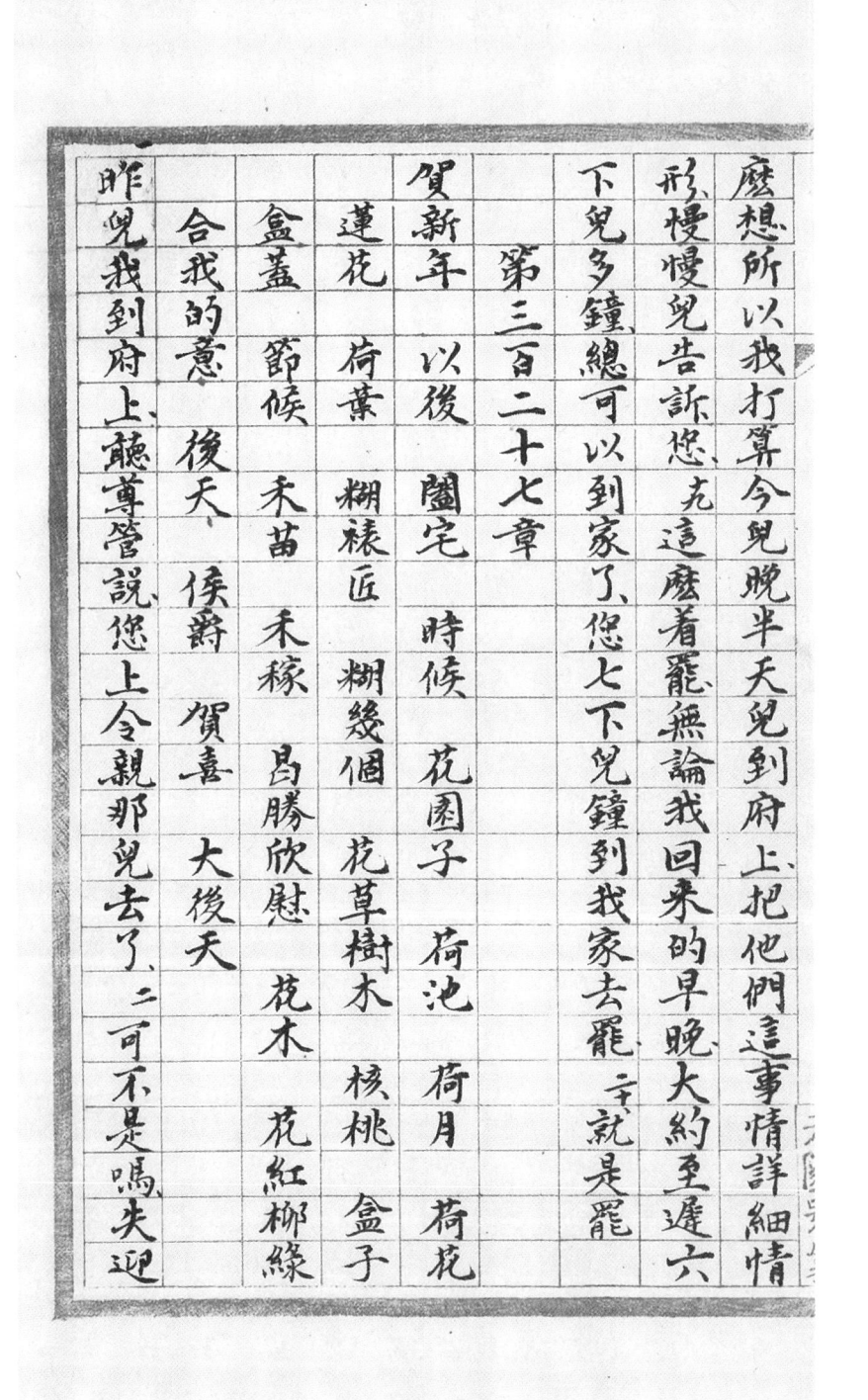

的話、就算完了、若是見不着、可就回来的快、您打聽這個、是有甚麼事情麼、我是打算後半天、看完了荷花回来、要到府上、和您商量一件事、甚麼事、是因為我有一個遠本家、因為地畝的事和人打了官司了、有人出来說合了會子、也沒說合好、現在過了戶部了、已經傳了後兒過堂、他知道令親現作戶部尚書、打算求您給託一託、不知道可以不可以、那到沒甚麼不可以的、但是一節、您得把這案子的起頭兒到了兒的情形、細細兒告訴明白我、纔行哪、若是囫圇吞棗兒的不說明白了、我就冒然去託他似乎不妥、倘或事情壞了、那時候兒就後悔不及了、我也是這

麼想所以我打算今兒晚半天兒到府上、把他們這事情詳細情
形、慢慢兒告訴您、充這麼着罷、無論我回來的早晚、大約至遲六
下兒多鐘、總可以到家了、您七下兒鐘到我家去罷、辛、就是罷

第三百二十七章

賀新年　以後　闔宅　時候　花園子　荷池　荷月　荷花
蓮花　荷葉　糊裱匠　糊幾個　花草樹木　核桃　盒子
盒蓋　節候　禾苗　禾稼　呂勝欣慰　花木　花紅柳綠
合我的意　後天、　侯爵　賀喜　大後天
昨兒我到府上、聽尊管說、您上令親那兒去了、二可不是嗎、失迎

下 2-55b

賀新年
以後
闔宅 時候
花園子
荷池 荷月 荷花
蓮花 荷葉

失迎、三 怎麽令親那兒有事嗎、四 沒事、我是打正月賀新年去了
一盪、以後就總沒得去、到現在有半年多了、所以我昨兒去望看
望看、五 令親他們闔宅都好啊、六 都好、七 您昨兒甚麽時候兒回
的府、八 昨兒在他們那兒吃的飯、回家有九下兒多鐘了、九 在那
兒竟談来着嗎、十 那兒竟談哯、是因他們有個花園子、園子裡有
荷池、現在正當荷月、荷花盛開、所以逛了半天兒因此就鬧晚了、
十一 您提荷花、我有一件事要求您、不知道可以不可以、十二 甚麽事、
請説一説、十三 現在快到七月十五了、小孩子們向来都弄甚麽蓮
花燈、荷葉燈、作為玩藝兒、我們那兒的孩子們昨兒都和我要、我

糊裱匠　糊幾個
花草樹木　核桃
盒子
盒蓋

想買的都不大好、打算叫糊裱匠給糊幾個蓮花燈、就是荷葉燈
没地方兒弄去、打算求您和令親那兒尋點兒来、十四這算甚麼呢、
我明兒打發人、到他們那要些個大荷葉来、給您送了去就是了、
十五那好極了、令親的花園子裡、點綴的必好罷、十六可以的、各樣兒
花草樹木都有、最好的是那棵核桃樹接的核桃大極了、而且好
吃、今兒早起他們給我送了一盒子去、回頭我打發人給您送點、
兒去嚐嚐、十七不必了、您得了多少呢、再要給我送、您要吃就没有
了、十八無妨、他們送来的多、把盒子都裝滿了、盒蓋兒都蓋不上了、
先那麼您就賜一點兒、十九您昨兒到舍下、必有要緊的事情、廿倒

下 2-56b

節候
禾苗
禾稼 曷勝欣慰
花木
花紅柳綠
合我的意 後天
候爵 賀喜
大後天

不是甚麼要緊的事情、是因為新近我同着朋友出城、逛了一遍野景兒很有趣兒、打算再約您逛一遍、苎 這很好、現在的節候、正是禾苗茂盛之時、我正想同着朋友出城、逛一逛青兒、看一看農田的禾稼、您今兒約我、使我心曷勝欣慰、您打算逛那兒去、苎 我打算約您上四平台逛去、因為現在正是花木繁盛的時候兒、那兒的山景、一定是花紅柳綠的好看、您想怎麼樣 苗 好、正合我的意、偺們那一天去好呢、苙 我想偺們後天去、好不好、共 後天不行、因為我們舍親新近襲下候爵來了、我後天上那兒賀喜去、大後天怎麼樣、艺 大後天可以的、苁 那麼偺們就大後天見罷、艽 就是、

二元隆號製

下 2-57a

齁鹹

咱們大後天見、

第三百二十八章

齁鹹　齁腥　齁臭　厚薄　後悔　褐衫　核算　合算　合式　合身　合體　齁氣息　糊塗　齁味兒　胡鬧　猴兒似的　厚重　往後　胡椒　齁酸　齁臊　胡說霸道　胡言亂語　胡弄　以後　後來　後漢　湖色　湖縐　蝴蝶梅　花樣　虎骨　護書　糊窗　糊棚　糊墻　裱糊匠　胡跎　胡行

一張順、二喳、三你回来告訴廚子、今兒的菜、別弄的那麽齁鹹的、還

下 2-57b

齁腥　齁臭
厚薄
後悔
褟衫
核算　合算　合式
合身　合體
齁氣息
糊塗

有昨兒晚上的那個魚、弄的齁腥齁臭實在是難吃、炒肉片兒也是厚薄全有、太是不留心了、今兒要是再像昨兒那個樣兒我一定不要他了、你要告訴明白他叫他小心、免得後悔、四是我這就告訴他去、五嘿、你回來、六喳、七昨兒你說要買一件褟衫、我纔核算了一核算、買現成兒的、不但不合算、而且不合式、不如買材料兒叫裁縫做倒合身合體、你想怎麼樣、八老爺說的是、九那麼今兒吃了飯兒您上前門、就把材料兒買了來、十喳、十一哎喲這屋是燒了甚麼了、這麼齁氣息的、您快瞧瞧罷、十二是順兒在屋裡燒字紙哪、十三順兒、你這個糊塗東西怎麼在屋裡燒字紙呢、弄的這麼

齁味兒　胡鬧
猴兒似的
厚重
往後
胡椒　齁酸
齁臊

齁味兒的、真是胡鬧、還不快拿到院子去燒呢、快把門開開、出出味兒罷、十四喳、十五順兒、十六喳、十七你怎麼老這麼跳跳竄竄猴兒似的、你不會慢慢兒的走嗎、你瞧王老爺使喚的書僮兒有多麼厚重、你怎麼老不跟人家學呢、起今兒往後你要改着點兒纔好哪、十八是、十九老爺飯得了、是就擺呀、是等等兒、二十得了、就擺罷、二十一是、二十二拿點胡椒面兒來、二十三喳、二十四今兒這個醋溜白菜醋太多了、齁酸齁酸、這羊肉也不好吃、到嘴裡齁臊、你拿了去叫廚子問一問、這怎麼吃呀、二十五廚子說這兩天没有好羊、各鋪子裡都是這麼着、他說他昨兒回過老爺、老爺一定要吃羊肉、所以纔買了這個肉來、二十六其他

下 2-58b

胡說霸道

胡言亂語

胡弄

以後　後來

後漢

這真是胡說霸道、我多喒一定要吃肉來着、他也沒告訴過我這兩沒好羊、你把他叫來、廿七老爺、廚子來了、廿八你纔剛和順兒胡言亂語的說了些個甚麼話、我多喒一定要吃羊肉來着、廿九是老爺沒要吃羊肉、我纔剛和順兒說的話、是胡弄着他玩兒來着、沒想到他就信了、今兒的羊肉、實在是我貪價兒賤、所以上了擋了、求老爺寬恕罷、以後再不敢買這樣兒的肉了、三十那就是了、後來千萬不可再這麼樣了、若是再不改、我可就不要你了、卅一是、卅二老爺我現在要出前門、買做褂衫的材料兒去、您還買別的東西不買、卅三你順便到打磨廠兒二酉堂書鋪把我那天配套的後漢書取

湖色　湖縐　蝴蝶梅
花樣
虎骨　護書
糊窗
糊棚　糊墻
裱糊匠
胡跑

來、再到綢緞店買一尺湖色湖縐來、要蝴蝶梅花樣兒的、嵒老爺、
甚麼是湖縐、荳你怎麼連這個都不知道、就是洋縐、正名兒叫湖
縐、艾是、老爺就是這個、還要別的不要、艽你再在同仁堂藥舖買
他五貼虎骨膏、艾是、兕那護書裡夾着二十兩銀票、你拿了去除
了買那幾樣兒東西、剩下的找回現銀子來、罕是、老爺不買糊窗
戶的冷布麼、罡今兒東西太多了、怕你拿不了、並且還有糊棚糊
墻的銀花紙、也都沒有哪、那等着叫裱糊匠一齊包了去就得了、
罡那麼沒別的事、我就要走了、罡沒別的事你去罷、快回來別借
着買東西、滿處胡跑去、罟是、我買了東西、赶緊的就回來、斷不敢

下 2-59b

胡行

禾田　禾黍

禾穗

胡行亂跑去、罣那就是了、你快去罷、

第三百二十九章

禾田　禾黍　禾穗　鋻湑　涸轍　湖廣　餬口　餬　胡作

非為　畫符念咒　呼風喚雨　狐朋狗黨　狐仙　畫供　化

緣之後　江湖　葫蘆　後来　胡思亂想　呼息之間　後

末尾　護身符　狐假虎威　虎背雄腰　鬍鬚　胡鬧　後日

胡琴　候我

這程子雨可足了、我昨兒出城、瞧見禾田上都透了、那些禾黍也

都熟了、自從昨兒這麼一晴、更好了、再能多晴幾天、把禾穗兒多

磴溝
涸轍
湖廣
餬口
餬 胡作非為
畫符念咒 呼風喚雨
狐朋狗黨 狐仙

曬曬、可就有十分年成了、二是的、我昨兒也出城了、到了西山看見山底下、磴溝水全滿了、今年可實在是莊稼人的造化了、三本來今年、可以實在得這麼豐收、纔可以稍蘇涸轍、您瞧去年天下旱潦地方兒很多、平和者還就是湖廣地方、北幾省雖然不至太甚、然而人民也多有不能餬口者、所以鬧的無知的小民、胡作非為的很多、推原其故、大半是因為餬不上口、四是的、您這兩天、沒聽見外頭有甚麼新聞沒有、五聽見一件新聞、六甚麼新聞、七聽說新近拿住了一個妖言惑衆的老道、他會畫符念咒、呼風喚雨、赶到了刑部、供出好些狐朋狗黨來、並且還拉出一個頂狐仙的

下 2-60b

畫供
化緣之後 江湖
葫蘆 後來
胡思亂想
呼息之間
後來尾

瞧香的老婆子来您聽說了沒有、八聽見我們舍弟說過了、這個
案子、還是我們舍弟他們司裡問的呢、九啊是了、那麼這個老道、
定了罪沒定呢、十已經畫供了、還沒定罪哪、十一大概得定個甚麼
罪呢、十二這個罪輕不了、這個老道他前幾年有命案、大概得過鐵、
十三都審出來了麼、十四都審出來了、十五您細細兒說一說、十六是這麼
着、這個老道、從先是化緣之後、是在江湖上、背着個葫蘆賣藥、常
常兒的也給人治病、後來有一個鄉財主的兒子、因爲胡思亂想
的得了相思病了、命在呼息之間、可巧遇見這個老道、給了點兒
藥吃、就好了、後來尾這個鄉財主、就送許多銀子、並且給他這麼

下 2-61a

護身符　狐假虎威

虎背熊腰　鬍鬚

胡鬧

後日

一傳名、於是他的名聲就大了、到處給人治病、連官宦家都請他治病、由此他就以為官是他護身符、就狐假虎威的、無惡不作、這個東西生得虎背熊腰、滿臉的連鬢鬍鬚、兇橫的了不得、他又勾引一個瞧香老婆子、終日裡妖術邪法的胡鬧、他們還用毒藥害死過人哪、您說這個東西該死不該死、十七這些事情都是審出來的麼、十八可不是麼、十九這個瞧香拿住了麼、二十還沒拿住哪、廿一據我說現在雖沒拿住、將來總是要拿住的、廿二是的、您這回頭還上那兒去、廿三不上那兒去、廿四衙門裡當月是幾兒、廿五後日是我當月的日子、廿六那麼今兒明兒都沒事罷、廿七沒事、廿八既是沒事我還想起

下 2-61b

胡琴
候我

這兩天晴天同您再逛一盪野景兒您把胡琴兒和笛都帶上、偺們再帶點兒酒和菜、在城外頭找一個清雅地方兒唱一唱唱一唱、豈不有趣、先好好、偺們就明兒個去罷是我找您、是您找我、卅您在府上候我罷我明兒早早兒的吃了早飯找您去就是了、廿就是就是、

第三百三十章

厚味　齁苦　花瓶　後邊　畫着　蝴蝶　茶壺　忽然　忽畧　互相爭鬧　呼呼睡了　呼喚　忽忽　呼喊　後後　花生　呼天叫地　後嫣　後婚　後續　胡纏　老虎　護庇

厚味

齁苦

花瓶

後邊畫着蝴蝶

茶壺

忽然　忽畧

後母　胡鬧八鬧　花錢　後老婆　横肉　花枝　猴兒精

笑話　胡鬧　胡攪　好日子　好不了

昨兒個晚上我吃的厚味太多了、我纔一起來就喝的了不得你給我沏點兒釅茶喝可也別太釅了、要是太釅了、可就齁苦的不能喝了、二是請問您茶葉那兒擱着了、三在裡頭屋裡條桌上、花瓶的後邊兒那個畫着蝴蝶兒的磁罐子裡有龍井茶、你就抓點兒那個茶葉沏上就得了、四是、五老爺、茶沏来了、您嘗嘗、喝得喝不得、六可以喝、你把茶壺就擱在桌子上罷、我各人倒着喝、你去罷、七嗻、八喲、你瞧、我忽然把要問你的一件事情忽畧過去、九您

下 2-62b

互相爭鬧
呼呼睡了
呼喚
惚惚 呼喊
後後
花生
呼天叶地 後媽

要問甚麼事情、十昨兒夜裡、我聽見隔壁兒、彷彿是互相爭鬧的聲音、是為甚麼事情、我本要叶人出去瞧瞧他們、又多呼呼睡了、我白呼喚了半天、他們都沒醒、你聽見了沒有、十一我從睡夢中、恍恍惚惚的聽見、彷彿有人呼喊、以為是有了賊了、所以赶緊就起来了、到了院子一瞧、並沒有賊、又在前前後後都瞧遍了、也沒有、後来又細細兒的一聽、這纔聽明白了、敢則是隔壁兒的打架了、十二隔壁兒誰打架呢、十三您知道隔壁兒賣花生的王二格呀、昨兒夜裡呼天叶地嚷的就是他、十四他為甚麼嚷呢、十五他的後媽打他来着、十六王二格他父親不是光棍子嗎、多喈又續娶了、十七今年春

後婚　後續
胡纏　老虎
護庇　後母
胡鬧八開
花錢　後老婆
横肉　花枝
猴兒精　笑話

天、他因為家裡沒人照管、所以娶了一個後婚兒、他這個後續的老婆、利害極了、整天家胡纏混攪的、真是個母老虎待王二格尤其不好、好在王二格他父親明白、不由着他的性兒、就是昨兒夜裡、要不是王二格他父親護庇着王二格、還不定他這個後母把他打成甚麼様兒呢、十八 啊、敢情王二格的父親近来比從先好多了、從先他竟是胡鬧八開的、永遠不做一點兒正經事、並且愛花錢、沒想到他會改了、他這個後老婆兒有多大歲数兒了、十九 有四十多歲、長的一臉横肉、可是打扮的花枝招展、擦了一臉的怪粉、彷彿是個老猴兒精、您要是瞧見、一定要笑話的、二十 這麼看起来、

下 2-63b

胡鬧
胡攪 好日子
好不了

王二格他父親、也是糟啊、自己光光的不胡鬧了、無故的又弄了這麼個狐狸精來、在家裡這麼胡攪、這還能有好日子過嗎、并斷好不了了、并你聽、外頭管保是叫門哪、你快出去瞧瞧罷、要是有客來、你就告訴說我沒在家、并是、

第三百三十一章

喉嚨 鬍子生 猴子 猴腮 花面 花旦 吼的一聲 斷
后 囫圇吞 厚顏 西華門 後半天 筋 胡吹亂打 時
候 花錢 胡打亂敲 破狼破虎 花子 好像 餓虎撲食
後裔 後代 後嗣子孫 後嗣 光前裕後 後人 後世

下 2-64a

喉嚨
鬍子生　猴子
猴腮　花面
吼的一聲　花旦
斷后　囫圇吞

胡行亂作　後輩　後場

我聽說您這程子竟聽戲哪、大概是又到了名角兒了、二可不是嗎、聽了幾天、雖然新到了幾個角兒、唱的喉嚨都不好、就有一個鬍子生、還可以的、唱的有點兒像楊猴子、然而那個面貌很難看、尖嘴猴腮、所不是樣兒、還有一個唱大花面的、一出臺簾兒就吼的一聲、可真有條大嗓子、無奈是沒臺風兒、再其次、就是一個花旦兒、算是下得去的、三說了半天、到底是那班子啊、四是永勝奎、五咳、敢則您聽的是小班兒呀、有好老旦沒有、六沒有、雖然聽過一回斷后、那個老旦都很不好、嗓音既壞、而且吐字兒是囫圇吞

下 2-64b

厚顏
西華門
後半天　笏
胡吹亂打
時候
花錢
胡吹亂敲

一點兒也聽不出來、難爲他真是厚顏極了、還得意哪、七 按我說聽小班兒還不如聽票戲哪、如今城裡頭這些個二黃票、唱的都不錯、新近在西華門行人情、他們那兒就請票來着、唱的很好、後半天兒唱了一個滿床笏、好極了、不但唱的好、連文武場的傢伙、都打的極好、並不像尋常的票上、那麼胡吹亂打的、簡直的和班子一樣、我說了、赶到今年八月、給我們小兒娶媳婦兒的時候兒、一定請二簧票、熱鬧熱鬧、既省得花錢、又唱了大戲、你想好不好、八 好是好、可是要請票、可就得請好的、別請那胡打亂敲的票、九 那是自然的、十 可別像我們親戚、那纔是笑話兒呢、去年給他們

下 2-65a

破狼破虎

花子

好像　餓虎撲食

後裔　後代

後嗣子孫　後嗣

光前裕後

後人

老太太辦生日、請了一檔子票、這些個票友兒破狼破虎的直是一羣花子、沒有一位衣履整齊的、唱的不好、先不必論、就瞧他們吃飯、已經不害臊到萬分了、一見了酒飯、好像餓虎撲食、真是現透了眼了、後來我打聽是那兒的票、他們說這個票頭當初他的根兒很不俗、他還是一個中堂的後裔哪、土怎麼中堂的後代會玩兒票、這可真是自甘下流了、據我想這位中堂當初不定作了甚麼損陰壞德的事了、所以後嗣子孫落的唱戲、不然他的後嗣必能光前裕後、斷不至如此下賤、主您說的不錯、所以為人在世、無論作官為宦、以及士農工商、作事總得給後人留點兒地步、自

下 2-65b

後世　胡行亂作
後輩　後場

已果能行善、後世必出好人、要是胡行亂作、不必等到後輩、恐怕
連自已都沒有好後場了、主 誠然誠然、

第三百三十二章

後生　厚臉　花寃錢　琥珀　花言巧語　胡謅　滑嘴　滑
舌　改了話　胡要價　花了　滑石　珊瑚　我的話、後頭
偲的話　佃戶　花名冊　候人　猴兒胡同　鏡湖　壞東
西　花翎　猴形　猴像　狡猾　話敗人　互相来往　呼喚
壞處　呼来喚去　壞人　胡吹混嗙　說大話　懷揣　壞
意、　護短　話不投機　護着　話語　互相　互換　後輩

元鑑號製

下 2-66a

後生 厚臉
花寃錢
琥珀
花言巧語 胡講
滑嘴 滑舌 改了話
胡要價 花了

忽然
您這個小後生真是厚臉、常常兒叫人挖苦、也不害臊、你瞧、誰像你這麼愛花寃錢買這些個廢物、有甚麼用處、而且也不值這麼些個錢、二 您說不值、我叫別人瞧過了、人家都說這是真正好琥珀、不是假的、並且我買的時候兒玉器鋪說這件東西有人給過三兩銀子、他們沒賣、還說要是假的、他們情愿受罰、三 得了、你別聽他們的花言巧語的胡講了、那個賣玉器的不是滑嘴滑舌的寃人、你要是真罰他、管保他又改了話了、還有那些賣古玩的、沒有一個不是胡要價兒的、那一年我花了二兩銀子、買了一堀圖

下 2-66b

滑石
珊瑚 我的話
後頭 您的話
佃戶 花名冊 候人
猴兒胡同 鏡湖
花翎

書、我當玉石買的、我叫他他們同行人給瞧、都說是不、錯、過了一年多、纔瞧出来是塊滑石圖書、你說上的檔還小嗎、至於那些個珊瑚子翡翠甚麽的、偺們更看不、出真假来了、你要是不、信我的話、上檔的日子在後頭哪、四 我怎麽不、信您的話呢、今兒買這件東西不、過是我偶然愛上了、所以纔買了来、五 可是我昨兒叫你寫佃戶的花名冊子、你說你要上茶館兒去候人、没工夫兒寫、到了兒是候誰呀、是有甚麽事情、六 是因為猴兒胡同鏡湖大哥、他託我一點兒事情、叫我在茶館兒等赶我去了、不、是别的事、是叫我同他上前門、一塊兒到翎子鋪、給他瞧、一枝花翎、七 你作甚麽

下 2-67a

壞東西 猴形
猴像 狡猾 話敗人
呼喚
互相來往 壞處
呼來喚去
壞人
胡吹混嗙 説大話
懷揣 壞意 護短
話不投機

還和那個壞東西來往呢、他那個人長的就那麼猴形猴像的狡猾極了、而且狂妄太甚、背地裡又愛話敗人、用不着的人、他永不理人家、他要是用着這個人了、就是隨便兒呼喚、一點兒禮貌沒有、誰要是和他互相來往、只有壞處、沒有好處、要是我斷不受他這麼呼來喚去的、我説你竟受人冤、你總不服、八 叶您這麼一説他所成了個極不可近的壞人了、據我想他那個人、不過是好胡吹混嗙、説大話、還不至於懷揣甚麼壞意、您是好這麼懷疑、就是了、九 你這個人、真是護短、我的話你總不入耳、俗語説的話不投機半句多、絶不説你了、也不勸你了、隨你的便罷、十 您瞧、您又有

下 2-67b

護着 話語
互相
互換 後輩 忽然、

了氣了、我並不是護着他您的話語我並非不入耳、我想我不大
的歲數兒、常得罪人幹甚麼、並且我父親和他父親彼此互相知
交、又互換過帖、到了我們倆作後輩的、更不可以忽然絕交了、總
細想一想、我說的對不對、土你這麼說叫我也沒法子了、

第三百三十三章

囫圇睡 狐狸 火爐 窗戶 糊的 囫圇 忽忽悠 呼吸
頭暈眼花 花兒市 胡大夫 胡亂 虎狼 護衛 隨扈
扈從 扈從的 候伯 護城河 戶部 歡喜 籌畫 以
後 壞了 互相推委 那一回 談話 歡暢 似乎

囫圇睡
狐狸　火爐　窗戶
糊的
囫圇
忽忽悠　呼吸
頭暈眼花
花兒市　胡大夫

您是怎麼了、着了涼了罷、二可不是麼、我是前兒晚上回來乏極了、也沒脫衣裳就那麼囫圇睡了、夜裡着了點兒涼、三您也沒蓋被窩嗎、四我想身上穿着狐狸皮襖屋裡頂旺的一個火爐子窗戶又糊的嚴嚴兒的、不至於涼、所以沒蓋甚麼、五這個樣兒的冷天、如何可以囫圇個兒睡的呢、現在身上覺着怎麼樣、六身上覺着酸疼、腦袋發暈、彷彿是打忽忽悠似的、嘴裡呼吸氣兒也不勻、還有點兒氣喘、七您也沒叫人瞧瞧嗎、八叫人瞧了、吃了一劑藥、不但沒見效、反倒覺着頭暈眼花的利害了、九您找誰看的、十找花兒市東頭兒住的胡大夫看的、十一哎您怎麼叫他看呢、他所不

下 2-68b

護衛
隨扈
扈從　扈從的
候伯
護城河

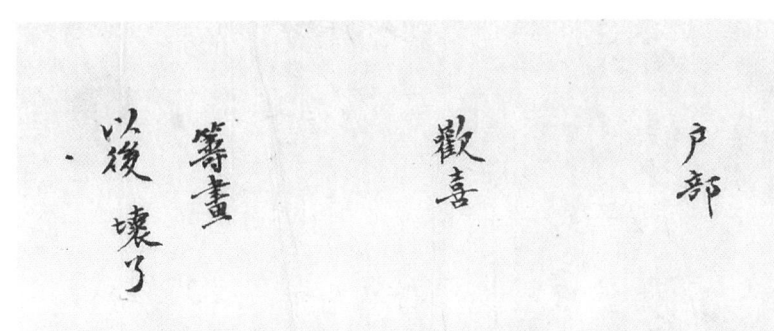

懂得醫道、不過胡亂開一個方子、就知道要錢、並且不管人的身子强弱、一味好用虎狼之劑、除了他、後來還叫別人瞧了沒有、十二 沒有、今兒早起、我們親戚說、他們有一個相好的醫學很好、不過他現在是在王府裡當護衛、不出來行醫、我已經求他給請了、還不知道肯來不肯來呢、十三 是了、可是您前兒是上那兒去了、回來那麼乏困、十四 新近不是皇上上東陵嗎、我們有隨扈的差使、前兒是扈從皇上回來、所以乏透了、十五 啊、這個扈從的差使不是都是他們王公候伯、差使麼、怎麼您也走這個差使呢、十六 這也沒一定準規矩、十七 是了、我昨聽說、新近有御史奏請明年春天挑挖護城

户部

歡喜

籌畫

以後　壞了

河、不、知道有這麽件事情没有、大 有這麽件事、但是這個摺子上去、旨意是交部議、還不、知道户部怎麽議呢、大概月底月初、就可以知道了、先 像這個監修護城河的差、您派得着派不着、辛 派是派的着、但是我想這個事要是議准了、還有許多的人可派、哪大概也輪不、到我我也不大歡喜這宗差使、廿 這是甚麽緣故呢、人家還有設法謀幹這個差的哪、您怎麽倒不、願意呢、廿 這個責任很重、一則我没有這個才幹、二則倘或挑挖的不、好將來總得賠修、我那兒能籌畫這項錢呢、那年修城墻的工程、不、是派了好幾個人嗎、内中也有我、誰想修得了、以後還没有三年哪、就壞了、趕

下 2-69b

互相推委
那一回　談話
歡暢　似乎

到旨意下来、叫承辦的、和監修的、賠修了、他們大家就互相推委
起来了、好容易大家商量着、公攤了幾千銀子、纔賠修好了、我自
從那一回怕極了這宗差使了、苎是了、哎呀、㑚們談話兒工夫太
久了、您大概也乏了、我要走了、苗不要緊、您坐着罷、㑚們說了這
會子話兒、我心裡倒覺歡暢、頭暈似乎是好一點兒、苎雖然您是
這麼說究竟也不可太累了、我明兒再来、共怎麼一定要走、芸是、
共那麼我就不敢再留了、芫明兒見罷、

第三百三十四章

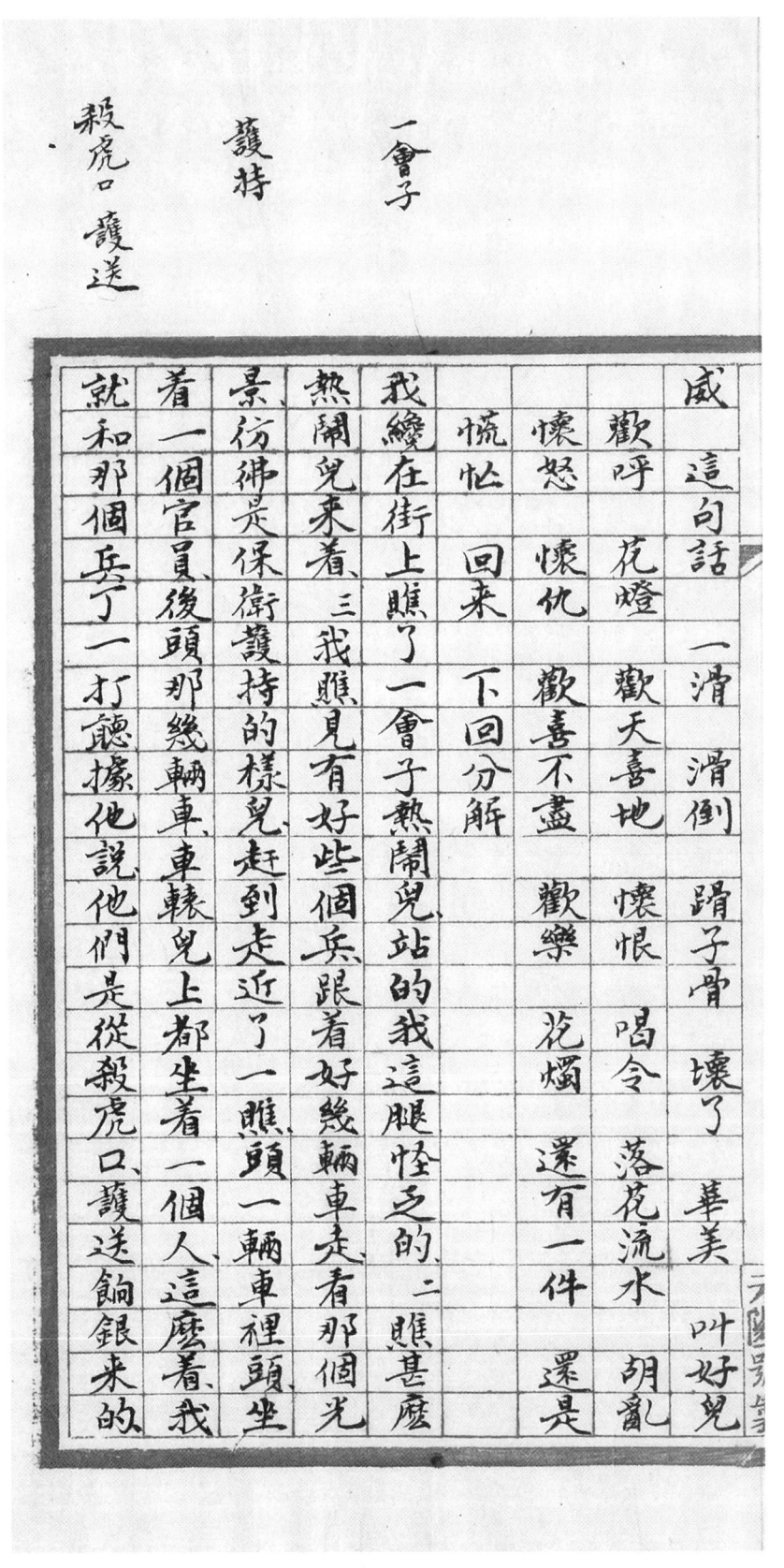

一會兒　護持　殺虎口　護送　話頭兒　花轎　花紅　虎

一會子

護持

殺虎口　護送

威　這句話　一滑　滑倒　蹭子骨　壞了　華美　叶好兒

歡呼　花燈　歡天喜地　懷恨　唱令　落花流水　胡亂

懷怒　懷仇　歡喜不盡　歡樂　花燭　還有一件　還是

慌忙　回来　下回分解

我纔在街上瞧了一會子熱鬧兒、站的我這腿怪乏的、二瞧甚麼熱鬧兒来着、三我瞧見有好些個兵、跟着好幾輛車走、看那個光景、彷彿是保衛護持的樣兒、赶到走近了一瞧、頭一輛車裡頭、坐着一個官員、後頭那幾輛車、車轅兒上都坐着一個人、這麽着、我就和那個兵丁一打聽、據他說、他們是從殺虎口、護送餉銀来的、

下 2-70b

話頭兒
花轎
花紅
虎威
這句話
一滑 滑倒

四這也是常事、不算甚麼熱鬧兒、你打聽他作甚麼、五你聽啊、我還沒說完哪、你就批評、攪我的話頭兒、六那麼你快說倒是怎麼個熱鬧兒、七是這麼件事情、他們那些車正在甬路上走着、打對面兒來了個娶媳婦兒的、没想到花轎走近了、被那頭一輛車給碰翻了、把新姑娘給扔出来了、這麼着、那個娶送親的人就不答應了、把赶車的揪住、這麼一路好打、幾乎打出花紅腦子来那車上坐着的官、赶緊從車上跳下来、這麼一發虎威、大聲罵說、你們可真是要反了、竟敢打我的車夫、我把你們全送衙門、這句話没說完、不防脚底下一滑、就滑倒了、整個兒摔到甬路底下的溝裡

踝子骨　壞了
華美
叫好兒
歡呼　花燈
歡天喜地
懷恨　唱令
落花流水
胡亂　懷怒懷仇

去了、把踝子骨也摔壞了、把身上穿的很華美的衣裳也弄成黑的了、旁邊兒看熱鬧兒的人、瞧見這個樣兒不由的都笑了、內中有些個無賴子、和那些土包乘勢就齊聲這麼一叫好兒、那個喧嚷歡呼的光景、就如同燈節兒看花燈的時候兒那麼熱鬧、那個官瞧見這些個人、這麼歡天喜地的起鬨、又羞又氣、不由的羞惱成怒懷恨萬狀、於是就唱令兵丁向眾人亂打、並且把那個娶媳婦兒的人、也打了個落花流水、那娶媳婦兒那邊兒的眾人、見這個解餉的官這麼胡亂打人、也都人人懷怒、個個懷仇、於是也就上前打起來了、我瞧到這兒、因為站的腿乏了、就去了、後來就不

下 2-71b

歡喜不盡
歡樂 花燭 還有一件
花紅 還是
慌忙 回来
下回分解

知道怎麼樣了、你說這不是個大熱鬧兒嗎、八你瞧着是熱鬧自然是歡喜不盡就只是那娶媳婦兒的那家兒可太難受了、把一個極歡樂的花燭美事、給攪鬧的不成樣兒況且還有一件、這花紅彩轎翻了、不吉祥還是小事、最難的是新媳婦兒打轎子裡折出来、這個亂子大了、我想他們兩下裡、一定要涉訟、九我也想必要成訟、可惜我慌忙回来了、也沒瞧個下回分解、十這也不要緊、遇便打聽打聽、就可以知道水落石出了、十一不錯、是的、明兒我再上街的時候兒一定要打聽打聽

第三百三十五章

下 2-72a

化
恒利　花旗布

化　恒利　花旗布　汗褟兒　花布　花兒　花的　花洋布
户部　花衣　皇上　花廳　華麗　懷疑　户口　説話兒
話匣子　還乍麼　換衣裳　壞事　隨後　之後　户冊
花椒　黄花兒魚　滑溜　花生　核桃　合口味　合我的式
煳　鶻苦　胡桃　核仁　話説　話叨叨　胡説　胡同兒
畫的　畫匠　畫兒　畫畫兒　畫了　畫工　畫拉　壞了
畫師　花草　花卉　畫畫　一句話　畫山水　畫花卉
您這洋布是那兒買的、怎麽這麽好啊、二我這是在齊化門大街
恒利洋貨店買的、三這叫甚麽布、四這叫花旗布、五您打算做甚

下 2-72b

汗褟兒　花布
花兒　花的
花洋布
戶部　花衣
皇上　花廳
華麗

麼衣裳用、六打算拿他做褲子汗褟兒用、七這宗布也不是有花布沒有、八大概沒有有花兒的、要是要花的、那就是買别的樣兒花洋布、九是了、那麼您這是打齊化門來嗎十我不過就到齊化門大街買布、沒出城、十一可是我請問您、今兒是甚麼日子、我纔從戶部門口兒走、瞧見他們上衙門的、都穿着花衣必有個緣故、十二你都忘了、今兒不是皇上的萬壽嗎、十三是是、我忘了、十四今兒花廳兒胡同住的你們令親、他們那兒、是有甚麼事情嗎、我瞧見他門口兒車馬盈門、出來進去的人、都穿的很華麗、熱鬧極了、若說是娶媳婦兒罷、又沒掛綵子、若說是聘姑娘罷、我是知道的、他家又

下 2-73a

懷疑
戶口
說話兒
話匣子
還怎麽　換衣裳
壞事

没姑娘我心裡很懷疑、到了兒是甚麽事情呢、去今兒是他們那兒老太太生日、去啊、是了、你今兒怎麽没去拜壽、支我今兒本打算去来着、因為我們敝友求我到他家裡、替他對一對他們旗下的戶口冊子、我打一清早就去了、直對到晌午、纔對完了、他又留我吃飯吃完了飯、他直知我滔滔不斷的說話兒、我又不好居然就走、他是越說越高興簡直的開了話匣子了直談到大平西、他纔教我、我那早晚兒我還怎麽好去拜壽呢、而且又得回家換衣裳那麽一鬧、可就更晚了、所以我索性今兒不去了、大那你們令親要是惱了、豈不壞事了嗎、尤那也没法子、好在他也不至於惱怎

下 2-73b

隨後
之後
户册
花椒　黄花兒魚
滑溜　花生　核桃
合口味　合我的式
糊黏苦　胡桃

麼說呢、今兒一清早、我已經打發人、把壽禮送了去了、隨後就叫我們內人、帶着我們姑娘去了、他們走了之後、我就到敝友那兒去了、果真一對户册、就鬧到這早晚纔完事、亍你今兒在令友那兒吃飯、吃甚麼來着、廿吃花椒醬拌麪、酒菜兒是醬汁黄花兒魚、滑溜鷄片兒、還有一碟兒鹽水煮的鹹花生、一碟兒炸核桃仁兒、廿今兒這個吃兒、你吃的必合口味、芏很合我的式、可惜就是核桃炸糊了、吃着黏苦的、苗得了、别胡桃了、據我想這就很好了、你這麼挑自然是這些吃的裡頭很講究了、我問這個炸核桃、有個名兒、你知道不知道、苫我怎麼不知道、叫炸桃酥、共核桃還有個

胡桃　核仁
話說
話叨叨　胡說
胡同兒　畫匠
畫的　畫兒　畫畫兒
畫了　畫工
畫拉　壞了
畫師　花草　花卉

名兒是甚麼、廿五那我可不知道了、廿六叫胡桃、桃仁兒又可以叫核
仁、你連這個都不知道、還挑甚麼、廿七您這麼說、我寔在沒甚麼話
說了、廿八可是、咱們倆只顧這麼話叨叨似的胡說、我倒忘了一件
事、廿九您忘了甚麼事了、卅新近我們胡同兒裡搬來了一個畫匠、
畫的很好的畫兒、比別的畫畫兒的強的多、我叫他給畫了一張
山水兒、雖然是匠家派、然而畫工很細、頗可以禄得、我打算求你
給題一題、可以不可以、卅一我題的如何行呢、而且我的字近來都
畫拉壞了、卅二你別推辭、明兒我就送來、卅三您要不嫌含碜、我就題、
這個畫師、他於花草兒上、畫的怎麼樣、卅四花卉、翎毛、草蟲兒、大概

下 2-74b

畫畫 一句話
畫山水
畫花卉

都下得去聽說他在如意館、艽那一定可以的、明兒我買一張好貫宣、求您託他給畫畫、該多少筆資、我聽您一句話、艽可以的、您就買紙罷要是買了來、給我送了去就得了、或是畫山水、或是畫花卉、可千萬在那紙上寫明白了、艽那是自然的、

第三百三十六章

花開 花香 韶華 花亭子 衆花 環繞 會樂 畫圖

胡煥章 換帖 三槐堂 還帳 換錢 說着話兒 還了

換了 換票子 護軍 護國寺 花園 花欄 花台 花木

花洞子 花神 畫橋 牡丹花 花朵兒 花王 恨不能

花開 花香 韶華
花亭子 衆花環繞
會樂
畫圖 換帖
胡煥章 三槐堂
還帳 說着話兒
換錢、還了 換了

唱茶 唱酒 葫蘆幌子 緩步 灰台兒 花籬 槐樹
歡悦 花搭 緩步當車
這天氣可暖了、昨兒我出城逛了逛野景兒、實在有趣得很瞧見花開滿樹、草遍春郊、真是鳥語花香韶華靡麗、遠遠兒的瞧見有一座花亭子衆花環繞更是好看、二您真是會樂的怎麼有這樣兒的雅興也不攜帶攜帶我呢 三我昨兒本是到德勝門、給人送畫圖去、没打算逛逛、趕送了畫圖之後、在那個大街上、遇見我們換帖的胡煥章、他上三槐堂書鋪還帳、順便上錢鋪換錢、所以我們倆人就一同溜達、一面說着話兒、趕他把帳還了、把錢換了、我們

下 2-75b

換票子
護軍
護國寺
花園
花木 花洞子 花欄
花台 花神 畫橋
牡丹花

倆正要分手、忽然他們親戚打那麽来了、也是到錢鋪換票子、這麽着、我們三人就坐在錢鋪的板櫈上閒談、可巧昨兒都没事、所以我們就商量着出城了、四 是了、這位胡公不就是當過護軍叅領那位麽、五 不是、當過護軍叅領的、那是在護國寺那兒住的德俊卿、這個胡煥章他是漢人、現在是會試 六 啊、可是昨兒没到三貝子花園兒瞧瞧麽 七 没有、這個花園子的名兒我還不知道哪、八 這個花園子、也叫可園、可惜您不知道、没順便進一進、那裡頭的景緻好極了、各樣兒的花木都有、有花洞子、有花欄花台、有花神廟、並且有山有水、還有畫橋、要是到牡丹花開的時候兒那花

下 2-76a

花朵兒　花王
恨不能
唱茶　唱酒
葫蘆幌子
緩步
灰台兒　花籬

朵兒開的大極了、真可稱為花王、實在好看、這個花園子、那一年我逛過一盪、到如今想起来恨不能就去纔好哪、九 您説的這麼好、等那一天咱們倆人去一盪、十 可以的、您昨兒出城在那兒唱的茶、十一 沒唱茶倒是在城外頭唱酒来着、十二 在那個酒鋪兒唱的酒、十三 在一個村莊兒上的小酒鋪兒唱的、我們先沒打算在外頭唱酒、因為我們都走乏了、想要找個地方兒歇歇腿兒、後来遠遠兒的瞧見樹林子那邊兒露着一個葫蘆幌子来、知道是個酒鋪兒、這麼着、我們就緩步往那麼走着、赶走近了一瞧、是三間土房、外頭砌着幾個灰台兒、搭着一架葦子的天棚、四圍都是花籬、又

下 2-76b

槐樹

歡悦

花搭

緩步當車

有幾棵槐樹、有幾個鄉下老兒在（那）兒唱酒、真是雅趣之至、於是我們三人、也找了一個乾净台兒坐下、要了酒来一唱、雖然不是好酒好菜、却也倒很有意思、由這個逛法是很好、我也最歡悦這麼逛、後来甚麼時候兒進的城、主進城有六鐘多了、到今兒身上還覺着有點乏呢、夫怎麼昨兒也没花搭着坐一坐車嗎、主我們昨兒是緩步當車、竟是遛達、大那自然是要之的、

第三百三十七章

桃花　龍華　緩一天　花落　還帶着　花瓣　緩慢　還罷了　換新的　花生餅　不會　花婆　賣花兒　滑骨頭　荒

桃花　龍華
緩一天　花落
還帶着
花瓣

唐　糊塗　化外　換的　龍華寺　換了　換了罷　換易
花街柳巷　壞名　胡跑　還俗　還罷了　還願　換上　煥
然一新　還去不去　畫押　花押
現在桃花兒開了、您沒到龍華看一看去嗎、二我打算要去、但是
這兩天事情忙極了、所沒工夫兒去、三您要是這時候兒不去、恐
怕再緩一天兩天的、花落了、可就看不着了、四是的、您去過沒有、
五去過好幾遍了、昨兒我還帶着孩子們去逛了一回呢、瞧見滿
地的花瓣兒已經有點兒謝上來了、您要是打算去、可就是今兒
個或是明兒個再遲就沒甚麼意思了、六是的、我想大概明兒沒

下 2-77b

緩慢
還罷了
換新的
花生餅 不會
花婆 賣花兒
滑骨頭 荒唐
糊塗 化外 換的

甚麼事、或者可以去、您昨兒去、是坐馬車去的、還是坐轎子去的、
七 我是坐家裡的東洋車去的、八 坐東洋車走的豈不太緩慢麼
論您那個車、還罷了得但是您那個車夫、可真不行、九 現在不是
那個車夫了、已經換新的了、十 怎麼那個散了麼、十一 散了、那個人
他原先本是個賣花生餅的、並不會拉東洋車、因為他女人是個
賣花婆常在我們門口兒賣花兒他瞧見我那兒的車夫散了、他
就直磕頭請安的、求着把他男人薦了來了、誰知道這個東西是
個滑骨頭好吃懶做、拉車既不行、幹事又很荒唐、並且糊塗不說
理、如同化外野人、所以我不要他了、這新換的這個車夫、却很好、

元鑒虎製

下 2-78a

龍華寺 換了
換了罷 換易
花街柳巷
胡跑 壞名 還俗
還罷了 還願
換上
煥然一新
還去不去

不但拉車拉的好、而且懂規矩、十二是了、聽說龍華寺的和尚換了、
是真的麽、十三大概是換了罷、十四為甚麽換易、您知道不知道、十五聽
說是原先那個和尚、他竟愛在花街柳巷上胡跑、不守僧規、這個
壞名兒嚷嚷到官耳朵裡了、所以奉官勒令還俗了、十六那龍華寺
香火怎麽樣、十七還罷了、得每到這開廟的季兒燒香的還願的、整
天的絡繹不絕、今年更好了、自從換上這個和尚、把這個廟拾掇
得煥然一新、所以今年去的人、比往年更多了、您明兒去了、就知
道了、十八您明兒還去不去、十九不去了、二十您又沒事、為甚麽不再逛
一遍呢、廿一我倒不是不願意去、因為我給人管了一件買地的事

下 2-78b

畫押 花押

情、定規的明兒個寫字兒畫押、赶到他們立了契、畫了花押、諸事都完了、我想一定不早了、斷不能再上那兒去了、就是這麼着、那可真不能去了、也只可等明年再逛罷、是的、

第三百三十八章

回来 話條子 回家・愰愰兒 還有 還不到 回府 歡欣 還上 換班 慌慌不定 惶恐 話長了 慌亂 回頭 喚他們 還債 恒和 換錢 慌手冒脚 換銀子 長和 大院兒 黄蜂糕 懷念 慌速 還不知道 懷裏一慌張 黄字 黄昏 懷中 套話 護照 還給

回来
護照　還給
話條子　回家
愰愰兒　還有
還不到
回府
歡欣　還上
換班

您今兒回来的這麼早、大概是館上沒甚麼事罷 二可不是麼、今兒在館上不過辦了一張護照、還給學生講了幾個話條子、就没了事了、所以我就回来了、往常回家總得四下兒鐘愰愰兒遇見事多、還有到五下兒鐘回来的時候兒呢、今兒還不、到三下兒鐘哪、您這是上那兒去、三我今兒是要求您一件事、打算到府上又怕您這個時候兒不能回府、故此在這街上繞灣兒等到了時候兒再去没想到遇見您了、真叫我歡欣之至、您現在是還上別處去呀、是就回府呢 四我回家不上那兒去了、您既是要到舍下、偺們一同走好不好、五是是、六我算計着、您今兒是換班兒的日子、

下 2-79b

慌慌不定　惶恐

慌亂

回頭

喚他們

還債

怎麽這麽閒在呀、七我本是今兒該上班兒因為忽然出了點兒意外的事、故此我也沒上班兒去、我今兒找您來就是為這個事、八我瞧、你臉上彷彿是慌慌不定似的、有甚麽惶恐的事、何妨先說給我聽一聽、九這個話長了、我現在心裡很慌亂一時說不明白、況且街上也不是說話的地方兒等回頭到了府上我慢慢兒的告訴您、十就是就是、十一您稍候、我喚他們来把書房門開開、十二喳喳、十三請請、十四是、十五請坐請坐、十六是、十七来呀、十八喳、十九倒茶、二十大哥別周旋了、廿一我也沒周旋、不過是沏點兒茶您今兒是甚麽意外的事找我、請說一說、廿二是這麽件事、今兒早起家嚴因為要還債、

下 2-80a

恆和
換錢　慌手冒脚
換銀子　長和大院兒
黄蜂糕　懷念　慌速
還不知道　懷裡
慌張
黄字

就交給我二百兩銀票、叫我上恆和錢鋪給破一百五十兩的零
票、那五十兩都換錢、這麼着我就慌手冒脚的拿着這張銀票上
街了、心裡想着、回頭換銀子之後、就手兒到長和大院兒、給家嚴
買點兒黄蜂糕、誰想到心裡只顧懷念着這個、一慌速可就把那
張銀票丟了、彼時還不知道呢、赶到了恆和、在懷裡一摸、銀票沒
了、纔知道是丟了、我知道您和恆和相好、打算掛失票、求您給作
個保可以不可以、廿三您向来不是這樣兒的慌張的人、咊今兒是
怎麼了、掛失票也不難、給您作保也可以、但是一層、您可得記得
號頭兒、廿四號頭兒却記得、是黄字第三百二十一號、廿五那就好辦

下 2-80b

黄昏

回来

懷中　套話

了、趁着天早、偺們這就去、早辦早放心、省得鬧得黄昏没日頭的、

共是是、可就有一樣兒、您剛回来、還没歇一歇兒哪、這又大遠的

同我出去、我寔在懷中不、安、芝得了、您别說套話了、偺們走罷、共

是是、那麼就勞動您罷、

第三百三十九章

花船　灰心失志　灰心　歡心　這麼回　壞極了　患難

慘的慌　户科　花消　禍患　回拜　歡蹦亂跳　黄風　黄

砂　黄了　灰土　皇城　昏過去　灰鼠皮　黄土　黄帶子

灰塵　送回　黄旗　那回　還元　回祿　花用　緩急

花船

灰心失志

灰心

歡心

這麼回 壞極了

患難 慘的慌

凍餒之患　憂患　懷想　患得　患失　黃金　揮棄　餬口

荒唐　弄壞了　悔之晚矣　壞刑　悔恨

聽說南邊有花船、您到過南邊、您瞧見過沒有、二瞧見過、三您到那船上坐過沒有、四沒坐過、五您為甚麼不坐呢、六這都是熱鬧人坐的、我在南邊的時候兒正在灰心失志之際、如何有這個高興呢、七您在南邊有甚麼可灰心的呢、八我不說您也不知道我那年上南邊、原是出於不得已、並不是歡心樂意的、願意出外、九這是甚麼緣故呢、十是這麼回事情、那幾年舍下的家運壞極了、連連的經些個患難的事情、到如今想起來、還慘的慌哪、那時候

下 2-81b

戸科
花消
禍患
歡蹄亂跳
回拜
黄風 黄砂 黄了
灰土 皇城
昏過去 黄土
灰鼠皮 黄帶子

兒、先嚴正當戸科給事中、家裡有個車、養活着一個牲口、每月的花消用度雖大然而外頭有些個地租兒再加上先嚴衙門的進項、也就可以敷衍了、誰料家運該敗了、這個禍患、就這屢屢的来、先是把歡蹄亂跳的個騾子倒了、一時要買騾子、又買不着、沒法子、先嚴上衙門、只好是僱個車去、有一天家嚴上北城回拜人去、也是坐着一輛僱的車、那時候兒正趕上颳黄風下黄砂、天都黄了、颳的街上灰土、對面瞧不見人、走到皇城根兒、這個趕車的可就把車趕翻了、先嚴從車上摔下来了、都摔昏過去了、沾了滿身的黄土、身上穿的灰鼠皮掛子也撕了、幸爾遇見我們街坊、黄帶

下 2-82a

灰塵　送回
黄旗　那回
還元
回祿　花用
緩急
凍餒之患　患難

子慶四老爺坐着車從那麽来瞧見了、他就叫他的跟班兒的把先嚴攙起来、把身上的灰塵撢净了、然後扶上他的車、給送回我們家来、把那個赶車的給交了黄旗的廳兒了、先嚴就從那回摔了、後来養了倆月纔好了、直到半年多纔還元兒之後冬子月、舍下又遭了回回祿、赶到第二年先嚴先慈相繼去世、又花用好些個銀子、我從那麽就受了罪了、家計也甚拮据、雖然有幾家親友、但是沒有一家可以緩急相通的、因此就打算出外游幕、以免凍餒之患、可巧有一個廣東的事、好在我還有一位患難的朋友、他雖則也在困境、却可以帮一個人力、於是我就他轉託人纔給我

下 2-82b

憂患　懷想
患得　患失　黄金
揮霍　餬口
荒唐
弄壞了　悔之晚矣
懷刑
悔恨

薦上了、您想我那個時候兒、正是從憂患中出来、心裡所懷想的、沒有别的、不過都是些個患得患失之心、縱然得一個可以掙黄金過北斗的事情、也不敢任意揮霍、何况那個事不過僅能餬口、一點兒餘光沒有、如何敢作游蕩荒唐的事呢、再則這些個事情、也不是偺們幹的、倘或鬧出點兒事来、把正事弄壞了、那可就悔之晚矣、上是的、孔夫子說的、君子懷刑、是至要緊的、您能這麼自己謹守檢束、所以至今沒有悔恨的事、真叫人佩服、上承您過奬、

第三百四十章

畫餅充飢　換一個　謊話　荒疏　虎嘯　患病　不遑　還

畫餅充飢

換一個

謊話

是　黄腫　黄皮刮瘦　黄瘦　餛飩　黄泉路　懷抱　多少
回　悔改　謊言　黄河　荒草　皇歷　黄道日　婚姻　會
親友　荒唐　洪水　洪字　黄岡　宦門　徽州　宦途　宦
家　慧性　造化
有一個對字、很難對、我說出来、您對一對、二是甚麼對字、三出的
是畫餅充飢、我想了半天、總想不出對甚麼好、四這有甚麼難的、
就對望梅止渴、豈不好麼、五好是好、但這句是人家早已對的、要
另換一個新鮮的、六那我可不能了、七聽說您素来善於對對字、
怎麼這個會不能對呢、八這是誰說的這個謊話、我本来於對對

下 2-83b

荒疎

虎嘯

患病　不遑

還是

黄腫

黄皮刮瘦　黄瘦

字一道就不行、近来功夫荒疎更是不行了、九還有一個對字也是老對不上、十又是甚麼、十一出的是虎嘯生風、十二這個却不甚難、可以對一句俗語就很好麼、十三對那句俗語、十四對龍行有雨、怎麼樣、十五好、十六得了、偺們別竟講究對字了、我有一件小事奉求前兩天本要到府上因為舍弟患病家裡離不開人、鬧的我朝夕不遑、所以沒得去求您、現在他稍好一點兒這件事也得辦了、十七怎麼令弟又病了麼、是甚麼病、十八還是那個陳病、但是他身上又添上黄腫了、好容易從昨兒個纔見點兒好、臉上還是不好看、十九我瞧他素来不病的時候兒就那麼黄皮刮瘦的、現在自然是更黄瘦

下 2-84a

餛飩
黃泉路
懷抱　多少回
悔改　謊言
黃河

了、他飲食上怎麽樣、𢆉他不想吃甚麽、筭是昨兒晚上、好容易勸着他纔吃了半小碗兒餛飩、我瞧他這個病、不容易好、終久是黃泉路上的人、丗您也給他請個大夫治一治、丗怎麽不治呢、這個藥吃多了、無奈老不能大好、據我想藥雖治病、不能治心、他心裡窄的利害、總不肯放開懷抱、永遠好盤筭事、我勸了他有多少回了、他到了兒是老不悔改、可叫我有甚麽法子呢、我這絕不是謊言、您瞧他平常、永遠沒有喜笑顏開的時候兒、苎據您這麽說他這可真是笑比黃河清了、雖然他是這個秉性、您還是想法子、請個高明大夫、給他治治、苗那是自然的、苙可是您纔是有甚麽事

下 2-84b

荒踈

荒草

皇歷

黃道日

婚姻　會親友

荒唐

要叫我辦、共是這麼件事、因爲舍姪的書、近来荒疏的太利害了、心裡如同長了荒草似的、新近請妥了一位老夫子、我打算要擇一個上好的日子、叫他上學、昨兒看了看皇歷、月内連一個好日子没有、您於這些事上素来極講究、要求您給挑一個入學吉日、

乞 這也没甚麼大講究的、不過是個黃道日子就得了、您把皇歷拿来我瞧瞧、共 給您看、先 二十四就很好、辛 這個日子好嗎、廿 您瞧這個日子上、不是有上官、入學、結婚姻、會親友嗎、您是怎麼瞧的、廿 哎喲、我昨兒瞧錯了、現在四月、我瞧到六月裡去了、真是荒唐、得了、就是這個日子罷、廿 您請的這位老夫子、姓甚麼、甾 他這

洪水　洪字　黄岡
宦門
徽州
宦途　宦家
慧性
造化

個姓很新鮮、姓洪水的洪字、他是黄岡人、聽説他原是宦門之後、苎現在是個甚前程、苂他是癸未會元、可惜沒㸃、現在是歸班知縣、苂是了、這麼看起来、比原先前那位徽州老夫子強多了、苎那位學問原也不錯、但是入過宦途的人、總免不了宦家習氣、所以和偺們相處、不能甚水乳、苂是的、如今既得這樣兒的老夫子、我想令姪慧性過人、從此專心用功、將来必大有進境、實在可喜可賀、罒這也看他的造化了、我不過盡我的心力罷了、至於成敗我也不敢預計、罒是的、

第三百四十一章

下 2-85b

懷鬼胎

回子

懷鬼胎 回子 化險為平 壞鬼 謊騙 回信 畫蛇添足
歡顏變怒 昏暗 恍然大悟 来回 悔之於後 廻環
緩腳 回話 回復 回天 挽回 回思 回想 遲緩 慌
慌忙忙 回轉 荒唐之言 壞了醋 回不過脖兒 話柄
喚醒迷途 悔改前非 回心轉意 回轉 晦氣 緩着辦
會元 緩氣 緩限 黃口孺子 黃瓜 從緩 昏迷 混蛋
悔悟 壞到底 回報
那件事、也不是辦的怎麼樣了、我心裡老彷彿是懷鬼胎似的、恐
怕不妥當您這一半天、要是有工夫、求您再到回子營兒打聽打

化險為平
壞鬼
謊騙　回信
畫蛇添足
歡顏變怒
昏暗
恍然大悟
來回　悔之於後

聽、二 這倒不、用再去打聽了、我前兩天已經又去催了一遍了、據他們說、這件事大概可以化險為平了、不至於再有變動了、即或有壞鬼出來生事、也不要緊、他們已經應的妥而又妥的了、據我想大概他們斷不是謊騙我、現在只可以靜候他們的回信、若是緊跟着再去打聽、倒彷彿是畫蛇添足了、而且要是太催緊了、倘若他們歡顏變怒、於事反不相宜、您想一想、我這話對不、對、三 您慮的很是、您要是不說、我心裡所昏暗着哪、還打算求您立刻就去打聽哪、纔聽您這麼一說、我這纔恍然大悟、四 是這麼着、凡事不可太躁急、總要來回的細想、與其悔之於後、不如慎之於前、比

下 2-86b

廻環　緩脚
回話　回復
回天　挽回
回思　回想
慌慌忙忙　遅緩
回轉　荒唐之言
壞了醋　回不過脖兒
話柄
喚醒迷途

方這件事情、我要是不廻環的細想一想、就這麼不緩脚的一催問、不但聽不見回話、恐怕把他們催惱了、他們一回復、那時候兒就是有回天的手段兒、也怕無法挽回了、那可怎麼好呢、我的為人、是這麼着、無論誰的事、也無論甚麼事、一概都要回思回想、稍有一點兒不妥當、斷不敢慌慌忙忙的作、即或稍遅緩一點兒、也不致把事鬧的不能回轉、我說句荒唐之言、您可別惱、這件事我若是按着您的主意辦去、一定弄壞了醋、回不過脖兒來、這件事壞了、還是小事、此後可就留下話柄兒了、　五　不錯不錯、我這個急性子、可真是要不得、今兒要不是您這麼喚醒迷途、還不知道把

元隆號製

下 2-87a

悔改前非
回心轉意　回轉
晦氣
緩着辦
緩氣　會元
緩限
黃口孺子
黃瓜
從緩

這件事鬧到甚麼樣兒呢、從此一定得悔改前非的、六哼、您要是果真回心轉意、把這個毛病兒改了、您的運氣也必回轉過來了、斷不至於像先前那麼晦氣了、就拿您現在這件事情說罷、要是起初信我的話、慢慢兒的緩着辦、大概也不至於鬧到這分光景、您偏要不緩氣兒的催、您記得那一回、偺們在會元堂吃飯的時候兒、我那麼勸您緩限、您到了兒不肯聽、您還說哪、我這件事不能叫他這麼一個黃口孺子給我這麼躭悞着、他總得一個月之內給辦好了、那個時候兒、不是有黃瓜院兒住的劉敬齋也在座嗎、他也勸您從緩商量、您也不答應、到今兒這件事妥了嗎、七我

下 2-87b

昏迷混蛋悔悟
壞到底
回報

也不知道、當時我怎麼那麼昏迷簡直的彷彿混蛋、如今可悔悟了、大概現在要是不催他們、或者還不至壞到底罷、八要是不催逼還不至於甚糟、您就靜候着、終久必有個好回報、九那麼我遵命就是了、

第三百四十二章

滑流流的　畫畫的　不會　官話　回去　換衣裳　換衣服
不像話　京話　喚頭　喚他来　話樣兒　難着不會　會
若不難　皇帝　說話　要畫的　回答　皇宮　宦官　揮毫
回来再說　揮筆　徽墨　會做　輝光　灰色　湖筆徽墨

元峯號製

滑流流的　畫畫的

不會

官話　回去　換衣裳

換衣服

不像話　京話

會不會

這是一張甚麽紙、這麽滑流流的、是畫畫的麽、二你怎麽近来説話、更彷彿鄉下人了、三怎麽了、四為甚麽不説滑流流兒的畫畫兒的、偏要把兒字兒去了、彀多麽難聽啊、五我向来説話、就是拙嘴鈍腮的、叶在説的好聽可實在不會、六雖然是這麽説、我想你也不是不會、實在是因為在外省年分多了、説慣了、所以一張嘴兒就是外省的官話、就拿昨兒説罷、咱們倆要出城、你要回去換衣裳去、你對我説的是換衣服去、這就不像京裡人的話、七難道這不像話麽、八不是不像話、不過是京話這麽説的少、還有那一

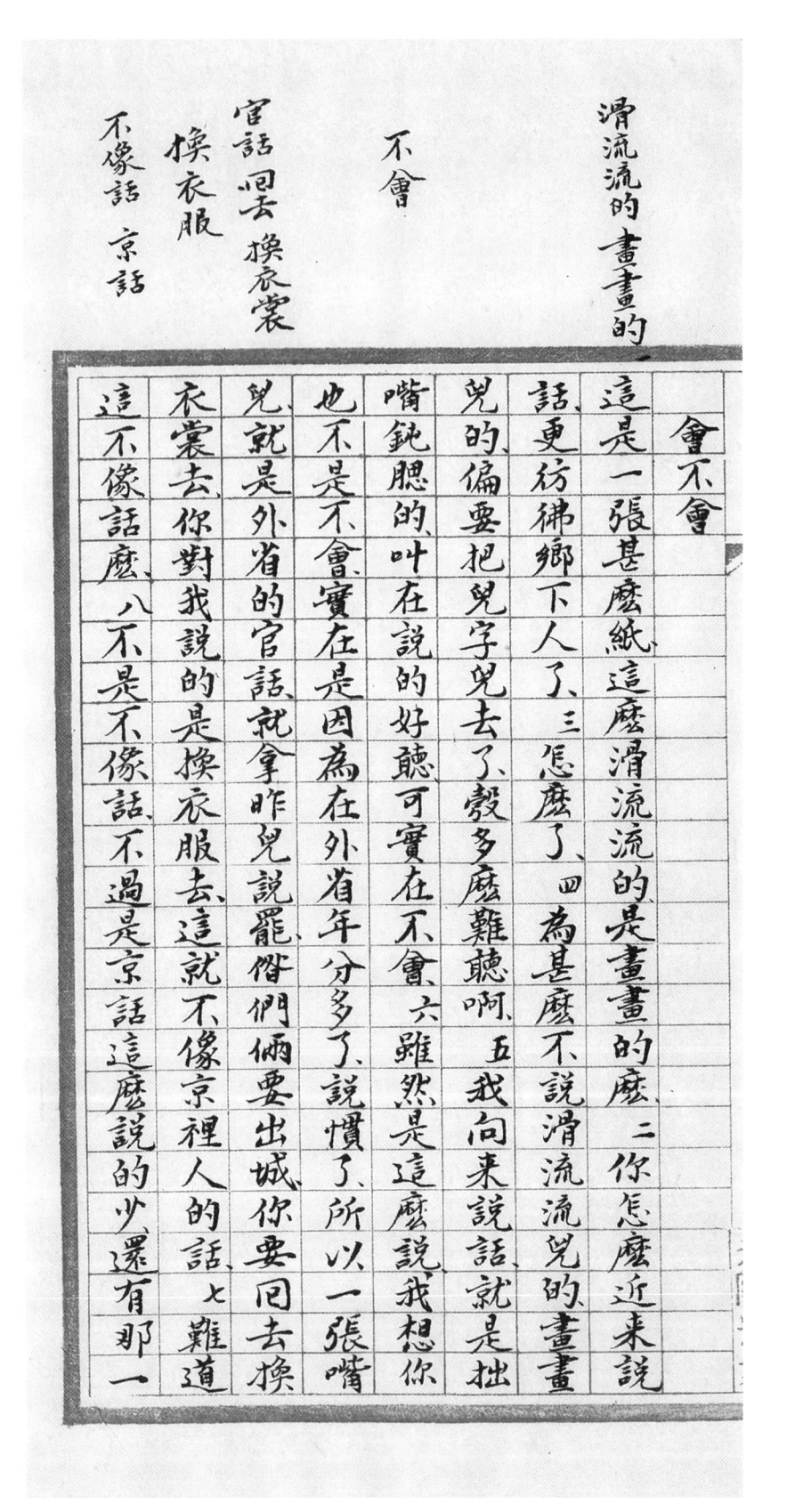

下 2-88b

喚頭
喚他来
話樣兒
難者不會
會者不難
皇帝
說話

天、你上我這兒来、正赶我剃完頭、那個剃頭的走了、把喚頭落下了、我要叫底下人給他送出去、你說不必給他送了、喚他来給他就得了、這個話樣兒也不常聽見、九那麼該當怎麼說呢 十你就說叫他来、就得了麼、有甚麼難處呢 土是這麼着、難者不會、會者不、難、您想着很容易、是因為您老在京裡、二来您又專在這上頭留心、我是自幼兒就出了京了、在那個山高皇帝遠的地方兒那麼些年、永遠聽不見京話、怎麼說得好呢、土你這說的却是凡事日親日近、日遠日疏、何況是說話呢、然而可是有一件、既是明知道自己的話不好、可就得留心改着點兒、不然可就真成了外省

三元堂號製

下 2-89a

要畫的
回答
皇宮　官官
揮毫　回來再說
揮筆
徽墨

的人了、十三那是自然的、可是纔剛我問您這張紙、是要畫的不是、
您只顧和我講論說話的事情、到了兒沒告訴我是幹甚麽的紙、
十四哎喲這可是我忘神、你所問的我倒沒回答、真是下不去、這張
紙、是我們親戚拿來的、原來是皇宮裡頭的一個官官、求他轉託
我給寫大字、我剛纔正打算要寫、可巧你來了、十五啊、是了、那麽您
就請揮毫罷、我在旁邊兒瞧着、也學一學、十六我現在不寫了、回來
再說罷、十七這是甚麽緣故、您是怕我瞧着寫、學了揮筆的法子去
呀、十八這是那兒的話呢、我要是怕你瞧、我也不告訴你了、倒是因
為墨他們沒研好、要叫他們再研一研、十九是了、這個墨是徽墨嗎、

下 2-89b

會做
輝光
灰色
湖筆徽墨
會不會

廿是我告訴你無論那兒用的墨、都是徽州的、別處不會做不過是有個好歹之分就是了、好的寫出字来有輝光不好的、再遇見不、吃墨的紙寫出来不但發暗、而且彷彿是灰色的似的、難看極了、廿怨得人家都說湖筆徽墨呢、我今兒可明白了、那麼做筆別處會不會呢廿可是墨雖是必得徽州的、筆可不是必得湖州的、別處也都會做、不過就是湖州的筆頂好就是了、廿是了、

第三百四十三章

化廣膠　化不開　不化　化開　化膠　花盆子　壞地方
黄檀　黄楊　黄生生的　怎麽會　滑車　要的慌　會子

下 2-90a

化廣膠
化不開　不化　化開
化膠　花盆子
壞地方

還個價兒　還錢　還債　破壞　黃蠟　黃銅　黃楊木　槐
子　成化　還在　羅皮褥子　羅皮　環兒　回憶　混買
悔過　換貨　揮洒　皇天　祜佑　花花世界　花在　花錢
化齋　化錢　化布施　善會　荒亂　不肯花　叫化　蝗
虫
你那兒幹甚麼呢、二我這兒化廣膠哪、三怎麼這麼半天呀、四老
化不開麼、五你瞧你彀多麼固執不化擱點兒熱水就化開了、六
是、七你化膠幹甚麼、八有一個花盆子的座兒壞了、我要粘上、九
弄這麼些膠作甚麼、十壞地方兒多了、膠少了不彀、十一是了、那個

下 2-90b

黄檀 黄楊
黄生生的 怎麽會
滑車
要的慌
會子 還個價兒
還錢

座兒是個甚麼木頭的、十二不知是黄檀木的是黄楊木的、瞧着那麽黄生生的我認不出来十三不是你的東西麽怎麽會自己不知道是甚麼木頭的呢、十四是新解古玩鋪買来的、十五拿来我瞧瞧、十六您瞧就是這個、十七啊、這是黄檀的、你没瞧見過嗎、往往兒的人家的風門子上、安的那個滑車子、不是黄檀木做的嗎、這個座兒、就是那個木頭的、十八這個木頭好不好、十九可以的、你這個多兒錢買的、二十三吊錢、廿一不貴、他起初跟你要多兒錢、廿二他和我要的慌可不、小、他要二十吊錢我本不要了、他説您既瞧了會子、也還個價兒、您别竟聽我要、俗語説的漫天要價就地還錢、這麽着我就説

下 2-91a

還價　破壞　黄蠟　黄銅　黄楊木　槐子　成化

還價兒你不惱啊、他說、你瞧值多少給多少、您只請還個價錢就是給一個大錢也斷沒有惱的理、這麼着我就給他兩吊五百錢、他不賣、後来又添了五百錢、他就賣了、可惜這個東西太破壞的利害了、䒭這個東西很好、依我說你別自己粘、把他送到小器作裡叫他們給拾掇拾掇、從新再燙上黄蠟、那可就成全起来了、䒭您說的不錯、可是我記得前年、您買過一件甚麼東西来着、後来有人說是假的、是有這麼件事不是、䒭有、豈止一件東西、好幾樣兒東西、全買上檔了、一個小金爐兒是黄銅的、一個黄楊木筆筒、是楊木用槐子水刷的、還有一個成化年的磁碗、也是假的、這都

下 2-91b

還在
貛皮褥子 貛皮
環兒 回憶
混買
悔過
換貨
揮洒
皇天 祜佑
花花世界 花在

是前年的事、再往前說上的檔還多哪、現在有幾樣兒還在着哪、就有一個貛褥子、是真貛皮的不是假的、此外還有一對翡翠環兒是真的、剩下別的東西全都是假的了、現在一回憶那些年、也不是怎麼那麼愛混買、可惜了兒的銀錢、全白扔了、這就打去年可真悔過了、甚麼也不買了、 共 您這還是買了東西了、不算白扔錢無論真假貴賤、總還是拿錢換貨、有這個東西在、您瞧我們親戚、那纔叫扔錢呢、專好施捨、可惜有用的銀錢、就那麼隨便揮洒、 艺 你這話不對、施捨是好事、將来必得皇天祜佑、況且處在這花花世界之上、肯把銀錢花在施捨上、原是一個行善的好人、你怎

下 2-92a

花銭　化齋　化銭
化布施　善會
荒亂
不肯花
叫化
蝗虫

麼説他是扔銭呢、共嗳、他這好施捨、並不是濟貧救苦、他是專愛
在僧道身上花銭、甚麼和尚化齋、道士化銭、或是那兒修廟化布
施、或是那個廟裡善會、他聽見這些個事、真肯成百動千的捨銭、
要是有親友困住了、和他借銭、或是荒亂年頭兒有那些難民来
到京裡、沿街啼飢號寒、他是一個大銭不肯花、至於平常在街上
遇見乞丐叫化的、他更是不發慈心了、別説給銭、連瞧也不瞧、那
一年順直一帶鬧蝗虫、把莊稼吃的顆粒無存、通州有他們一個
親戚就被災了、於是到京裡来找他借倆銭兒、他竟自不理人家、
您説可恨不可恨、共這個人可真不算好的、

下 2-92b

第三百四十四章

花兒廠子　花兒匠　花匠　菊花　花心　花蕊　花兒洞子
花草　毀壞　荒地　那回　荒空　荒郊　荒村　會同
會合　文會　約會　會集　聚會　黃酒　葷素　花糕　葷
腥　葷菜　松花　冷葷　回回教　好一會子　昏黑　回回
幌子　回裏　昏花　昏亂　黃泉　惛迷　魂飛天外　穢
污　幌疼　幌好　回頭　回來　回去　黃酒　患處　會館
會試　拜會　槐花　稀滑　滑了個觔斗　回家　幾回　滙
票

元峯號製

下 2-93a

花兒廠子　花兒匠
花匠　菊花
花心　花蕊
花兒洞子
花草
毀壞
荒地　那回
荒空

您昨兒上那兒去了、二我昨兒出城、到了花兒廠子、找花兒匠、三找着了沒有、四找着了、五找花匠幹甚麼、六我家裡有幾盆菊花、開的不大好、花心兒花蕊兒、也不知是甚麼緣故、都乾了、我找他來給拾掇拾掇、七是了、大概今年的菊花都不大好、前幾天、我們街坊、他們花兒洞子裡的菊花、也是全壞了、八我想總是今年的時令不好、不但是花草、城外頭的莊稼也不大收成、我於九月九那一天、出城登高去、瞧見地裡的莊稼全都毀壞了、遠遠的瞧着、直彷彿荒地也搭着前半年被那回水災冲了幾個村子、百姓大半都搬到別處去了、所以荒空的地很多、離城不過三四里、就成了

下 2-93b

荒郊 荒村
會同 會合
文會
約會
會集
聚會 黄酒
葷素 花糕 葷腥

荒郊野外了、真是冷落荒村、蕭條萬狀 九 您九月九登高、是一個人去的、還是會同朋友去的呢 十 我們會合好些個人去的、十一 都是誰、十二 有我們親戚、有我們文會上的、還有敝本家、有二十多人哪、十三 怎麼約會了這麼多人呢、十四 我們倒也没特意定約會兒、是因為九月九那天、是敝本家那兒一位族叔的生日、大家都是拜壽去了、吃完了早席、天很早、並且那一天天氣很好、又是重陽節、所以大家就商量着登高去、因此就會集了這麼些人、要是打算聚會、一定是不行的、十五 還帶了些酒菜去没有、十六 帶了一罈子黄酒、五斤燒酒、菜是葷素全有、還帶了兩匣子花糕、十七 葷腥兒都帶

葷菜
松花　冷葷
回回教
好一會子　昏黑
幌子　回回
回裏　昏花

些個甚麼、十八葷菜帶的是燻鷄、香腸兒、火腿、燒鴨子甚麼的、再者
就是炒醬瓜兒、晾肉、鮝魚、以及松花、鴨子兒等類、十九這都是些冷
葷、没有别的麼、二十没有别的了、這也不過喝點兒酒、應應節、而且
大家已經就酒醉飯飽了、帶多了不能吃、那不是白費事嗎、您九
月九那天上那兒去了、廿我那天是同着倆回回教的朋友、登高
去了、在土城兒逛了好一會子、赶到進城天已就昏黑了、各鋪戶
都下了幌子了、這麼着我們就在單牌樓找了個回回館兒吃的
飯、廿二那麼那天吃的盡興不、盡興、廿三倒没甚麼不盡興的不過是
那天我喝多了一點兒往回裏走着的時候兒眼睛有點兒昏花、

下 2-94b

昏亂
惛迷　黄泉
魂飛天外
穢汚
愰疼愰好
回頭
回来回去　黄酒
患處

看不清道兒、心裡也覺着昏亂、一個沒留神跌了個大觔斗、當時就摔的惛迷了、幾乎命赴黄泉、把那倆朋友嚇的魂飛天外、赶緊扶起我来、待了好大半天、我這纔明白過来了、廿四身上摔傷了沒有、廿五不過就把腦勺子震了一下兒、手腕子擱了、把衣裳弄的穢汚的了不得、廿六衣裳倒不要緊、就是摔這一下兒實在危險現在好了沒有、廿七這兩天腦勺子算是不疼了、就剩了手腕子愰疼愰好、廿八您等一等兒我回頭到裡頭給您拿點兒治跌打損傷的藥来、您回来帶回去用黄酒調勻了、敷在患處、三五天就好了、廿九這個藥叫甚麼名兒、三十這個藥就叫跌打損傷藥、沒有名兒是廣東

下 2-95a

會館　會試
拜會
槐花　稀滑
滑了個觔斗
回家
幾回　滙票

會館住的一個會試的、他送給我的丗啊是了、您怎麼認得這位廣東朋友呢、丗是因為我們衙門一個同寅的他是廣東人就住在會館裡、那年我拜會他去、那天正赶上下雨、會館院子裡泥水本多、又加上一地的槐花兒腳底下稀滑、我一上臺階兒就滑了個觔斗、把波稜蓋兒磕破了、當時他們同館住的一個會試的聽見我摔破了、所以立刻叫人給送過一包藥來說是用黄酒調敷上就好了、當時我就如法上上了、果然就不疼了、後來回家之後又上了幾回就所好了、他給了我一大包哪、去年前門外頭滙票莊的掌櫃的還和我尋了點兒去哪、丗那麼就求您賜給我點兒

下 2-95b

罷、廿四是是、您稍候、我到裡頭給您拿去、廿五勞您駕罷、廿六您瞧、這是一包麪子藥、您回去就如法敷上就好了、廿七承賜承賜、廿八那兒的話呢、

第三百四十五章

黃連　會過日子　荒年　還清　黃村　幻術　惶迫　惶擾

挂懷　會見　彗星　魂不附體　或吉或凶　婚娶　歡悅

恐惶　轟轟烈烈　喜喜歡歡　婚嫁　悔罪改過　開懷

剗出去了　昏迷不醒　第多少回　回數　混世魔王　混飯吃　混日子

黄連
荒年　會過日子
還清　黄村
幻術
惶迫
惶擾
掛懷　會見
彗星

一我聽説您這程子、竟聽書哪、二 可不是麽、我也是黄連樹下彈琴苦中作樂、三 您這是甚麽話、四 您想想現在將過兵燹之後、今年又是荒年、諸物昂貴、我本不會過日子、關的債負還沒還清哪、四外的賊匪、又紛紛作亂、再加上近來黄村那兒又出來一個妖道、他倚仗着幻術、惑亂人民、不知道多喒纔能過太平日子呢、這個惶迫的時候兒、我偏愛去聽書、豈不是苦中作樂嗎、五 可是這麽着、您就是不聽書、能免得了這些個惶擾的事麽、所以莫若給他一個全不掛懷、聽天由命、昨兒在我們相好的家行人情、席上會見一位懂得天文的、他説現在天上出了一個彗星、主三二年間

下 2-96b

魂不附體
或吉或凶
婚娶 歡悅
恐惶 轟轟烈烈
喜喜歡歡 婚嫁
悔罪改過 開懷
劃出去了

還有刀兵、在座的他們都害怕、就有嚇的魂不附體的、當時就不吃不喝了、我就說或吉或凶、是大衆的事情、怕會子也是沒法子、不過是自取煩惱、諸位今兒既是來行人情、就論今兒的事情、況且主人婚娶大喜的日子、偺們該當說些吉祥歡悅的話、纔是道理、要是偺們先這麼着、別人席上聽見了、也都這麼悚懼恐惶的、這不把人轟轟烈烈、喜喜歡歡的婚嫁大事、給攪了嗎、他們聽了這話、這纔都悔罪改過、從新開懷暢飲起來了、要是您也在座、我想一定沒有這個樣子、六 我是向來不懂得甚麼叫愁煩、永遠是得過且過、就以現在論罷、要是別人還肯聽書嗎、我就是劃出去

惛迷不醒
第多少回 回數
混世魔王
混飯吃 混日子

了、到了算、現在且聽我的書、何必惛迷不醒的儘自愁悶呢、七這
話說得是可是說了半天、到了兒您聽甚麼書呢、八聽前部說唐、
九現在說到第多少回了、十纔聽了一兩天、回數還不多、現在正
說到瓦崗寨程咬金作混世魔王了、十一說的怎麼樣、十二不見好、十三
這也不過解解悶兒罷了、好怎麼樣歹怎麼樣、十四是的、說書的不
過藉此混飯吃、聽書的大可以藉此混日子、却也很好、兒却多少
憂慮、十五是的、

第三百四十六章

皇恩　黄馬掛　火藥　火繳　會匪　毀傷　燬焚　皇上

下 2-97b

皇恩　黄馬褂

火藥

洪福　皇天后帝　悔罪　皇家　恵下　麾下　恵愛　會面

轟城　昏夜　火把　火光　輝煌　轟蹦了城　魂魄　劊

子　混殺　混跑　活命　紅了眼了　渾身上下　活提　活

拿　轟死　昏頭　昏膛　揮兵　昏過去　搭回　昏昏沈沈

渾厚　活佛　化凶為吉　還元　回書　回京　洪恩　會

能　紅頂　渾身　活不了

我聽人說老伯大人在外頭、大獲勝仗、現在蒙皇恩賞穿黄馬褂子、所以我今兒特来給您道喜、二實在勞您駕了、家嚴自去年帶兵出去、因為軍器火藥等項、多不能接續、以致老没得手、算自今

元逢號製

下 2-98a

火礮
會匪
毀傷　燬焚
皇上洪福
皇天后帝　悔罪
皇家　惠下
麾下　惠愛　會面

年由上海辦了些洋槍火礮這纔得手、三這股賊是從那兒來的、四起初不過是些個游勇、後来勾結上會匪了、所以鬧大了、到處刼殺各村莊兒被他們毀傷的没一處完好的、房屋也都給燬焚了、實在利害、幸仰賴皇上的洪福、皇天后帝的庇佑、連得勝仗、所有大股賊匪都悔罪投誠了、就剩了些個小股兒的賊没能淨盡、大約不久也就可以一律肅清了、五實在可喜可賀、這次獲勝、固然是皇家的洪福、然而也賴老伯的調度、並且老伯素来惠下、為懷所有麾下的兵將没有一個不蒙惠愛的、一朝與賊會面、誰不、奮勇向前呢、可是我聽説老伯於打仗的時候兒還受了一回驚

下 2-98b

火礮　轟城
昏夜　火把
火光　輝煌
轟蹋了城　魂魄
劐子　混跑　逃命
紅了眼了　混殺
渾身上下　轟死

險有這麽件事嗎、六不錯、是有的、七是怎麽個險呢、八是這麽件事、就是上月、大股的賊佔據一個縣城、把守的很嚴、家嚴打算用火礮轟城、這麽着、可就在城的四圍架起好些尊礮、来那個時候兒正在昏夜之間、雖然灯毬火把的、然而城上有多少賊、也看不清楚、趕到把四下裡的礮、都點着了、就看見四面火光輝煌、礮聲震耳、好大半天的工夫纔轟蹋了城、把那些賊、嚇的魂魄都沒了、就從破墻劐子裡、往城外頭紛紛混跑、想逃活命、官兵瞧見賊出來了、就紅了眼了、於是就赶上前去、一路混殺、那些賊是走頭無路、有渾身上下全被傷的、有被刀殺的、有被槍礮轟死的、有被官

元峰號製

下 2-99a

活捉活拿　昏頭
昏腦　摔兵
昏過去
搭回　昏昏沉沉
渾厚　活佛
化凶為吉　還元
回書　回京

兵活捉活拿的、還有跑的昏頭昏腦摔倒了、被人踹死的、家嚴於這個時候兒、只顧摔兵、斬殺、一個沒留神、可就從馬上掉下來、摔昏過去了、幸爾手下的兵、眼快瞧見了、趕緊上来三四個人、把家嚴搭回營盤去了、在營盤裡、直昏昏沉沉的躺了四五天、纔明白過来了、後来又過了些日子、這纔大好了、您說這個險兒還小嗎、

九　吉人天相、像老伯那樣兒的存心渾厚、無異活佛、雖然偶遇危險、一定化凶為吉、現在老伯在營盤裡、身體精神大概都還元兒了罷、

十　可不是、我上月寄了一封稟帖去、新近纔接奉家嚴的回書、說是現在很好、叫家裡不必惦念、並且說不久就可以撤兵回

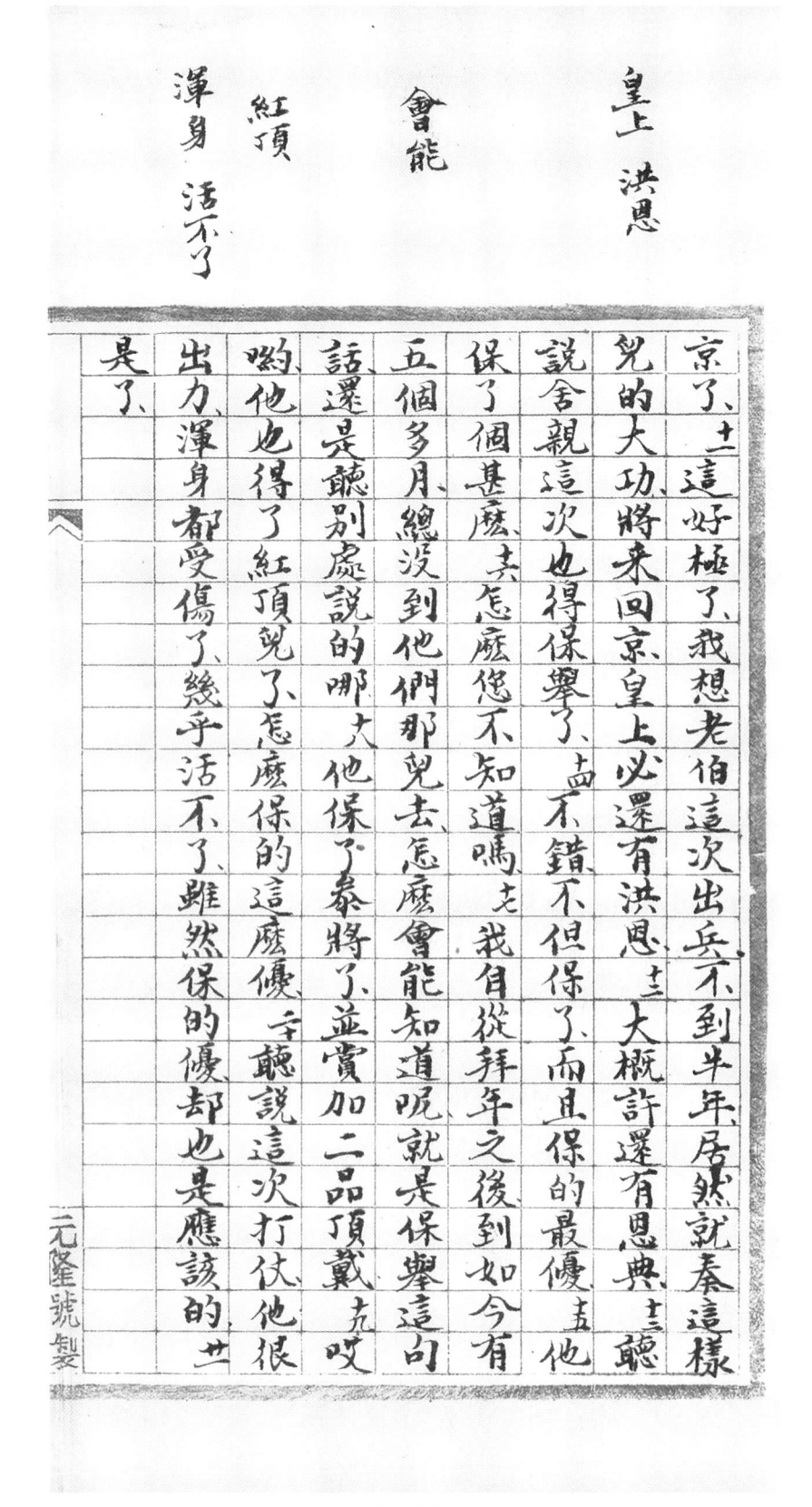

下 2-99b

皇上 洪恩
會能
紅頂
渾身 活不了

京了、十一這好極了、我想老伯這次出兵、不到半年、居然就奏這樣
兒的大功、將来回京、皇上必還有洪恩、十二大概許還有恩典、十三聽
説舍親這次也得保舉了、十四不錯、不但保了、而且保的最優、十五他
保了個甚麽、十六怎麽您不知道嗎、十七我自從拜年之後到如今有
五個多月、總沒到他們那兒去、怎麽會能知道呢、就是保舉這句
話、還是聽別處説的哪、十八他保了參將了、並賞加二品頂戴、十九哎
喲、他也得了紅頂兒了、怎麽保的這麽優、二十聽説這次打仗、他很
出力、渾身都受傷了、幾乎活不了、雖然保的優、却也是應該的、廿一
是了、

元隆號製

下 2-100a

回稟惠老爺 火腿
回片子 帶回去

第三百四十七章

回稟　惠老爺　火腿　回片子　帶回去　回老爺　會議

會審　上回　混賬東西　紅事　會府　紅寶石　夥計　賄

賂　滙源樓　約會兒　活計　回子絨　兩三回　回絨　一

回　紅的　紅洋布　黄油　紅棗　紅糖　回頭　或是　灰

線　灰鼠　混說　着了火　火燒　灰燼　着火　火場　灰

頭土臉　惛了　哄騙　或者　哄孩子　還你

回稟老爺、惠老爺打發人給您送了火腿來了、請您瞧瞧、二啊、我

瞧瞧留下罷、你到書房拿我一個回片子交給他帶回去、再拿四

下 2-100b

回老爺

會議

會審

㫖 混賬東西

紅事

會府

紅寶石

吊錢的票子賞他、叫他回去、替說道謝、三 喳、回老爺、回帖子交給他了、賞錢也給了他了、他說給您謝賞、四 可是、你沒問他惠老爺今兒上衙門不上、五 問他来着、他說他們老爺今兒衙門裡有會議的事情、得去、並且說今兒還得上宗人府會審案子呢、六 是了、今兒是那個底下人来的、是上回来的那個混賬東西不是、七 不、是那個、是去年偺們這兒辦紅事的時候兒、叫来幫過忙兒的那個、八 啊、是他呀、現在他走了沒有、九 沒走哪、十 那麽你出去問問他、今兒會府的是那一案、他知道不知道、十一 奴才問了他了、他說是這麽一案、一個宗室在前門玉器鋪、因為買紅寶石、打起架来

下 2-101a

夥計　賄賂
滙源樓　約會兒
活計
回子絨
兩三回　回絨
一回　紅的

了、把鋪子的一個夥計打死了、掌櫃的得賄賂、私和人命、被苦主
告了、前四五天過的部、主是了、你出去告訴他叫他回他們老爺
知道、明兒個滙源樓的約會兒千萬早一點兒去、這兒還有一匣
活計、是我前兩天、和他們那兒借了來作樣子來着、今兒叫他帶
回去、交給他們老爺、說遲悞他們老爺用、主是老爺沒別的話了、
主沒別的話了、你就交給他去罷、主喳、回老爺、回計交給他了、夫
可是我問你、你還記得不記得去年你買的作鞋面子用的回子
絨、是那兒買的、主去年買了兩三回回絨哪、一回買的青的、一回
買的藍的、後來又買了一回紅的、都不是一個鋪子買的、您問的

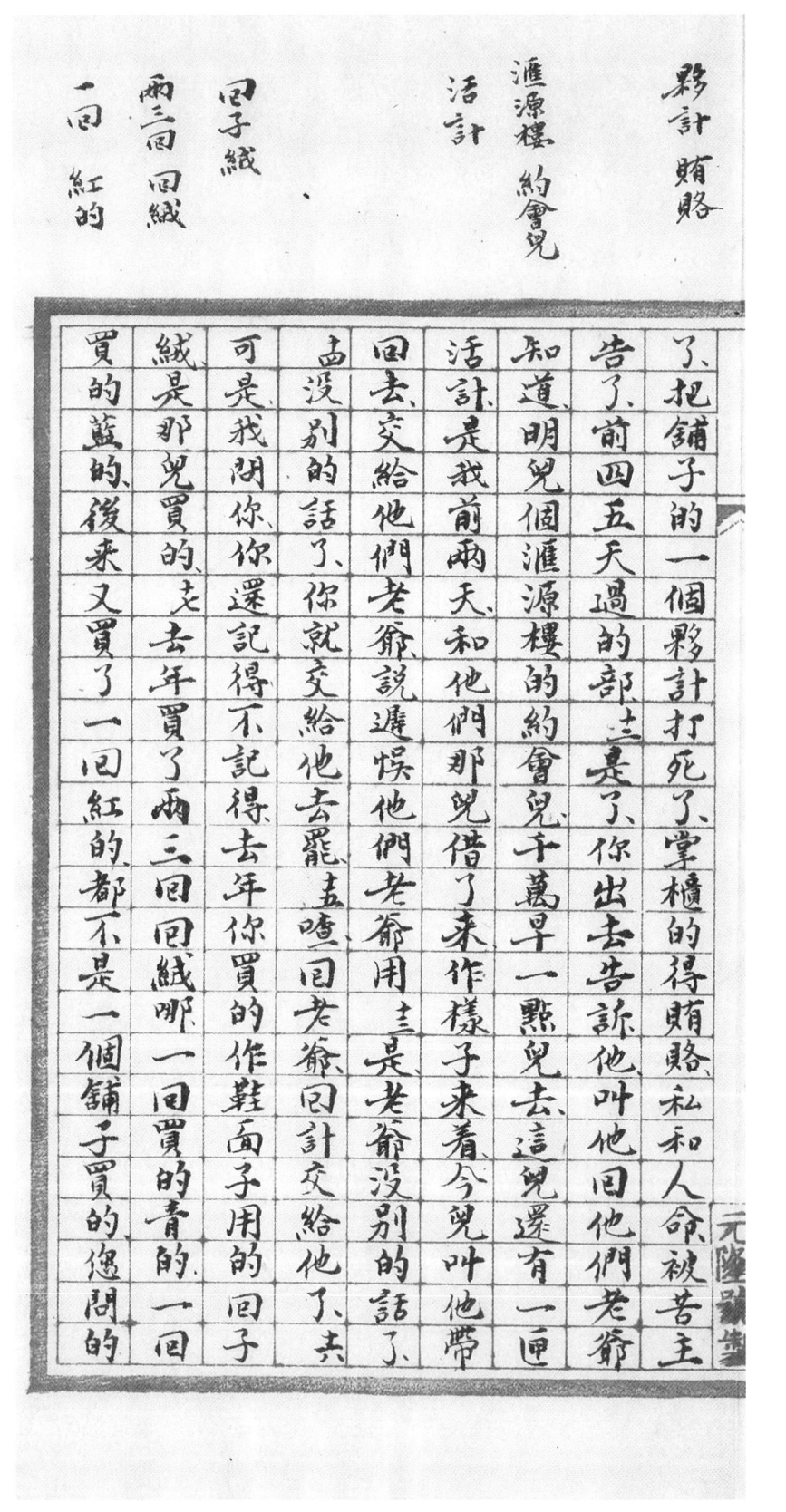

下 2-101b

紅洋布
黃油 紅棗 紅糖
回頭
或是
灰線
灰鼠
混說

是那一回、大我現在問的是青的、九那是前門買的、亍啊、是了、你吃了飯了沒有、廿吃了、苎那麼你現在就出盪前門、給你這五十吊錢的票子、你給買四尺青回子絨、十尺紅洋布、從達子館過的時候兒買一斤黃油、再到乾菓子鋪、買一斤紅棗兒、二斤紅糖、苎是、您昨兒不是說要買辮繩兒嗎、苗不錯、我倒忘了、那你回頭在天成縧子鋪、給買一根三股兒的辮繩兒来、或是在荷巷子買也使得、可千萬瞧準了、別買那灰線的、還有一樣兒東西、我記得鮮魚口兒、一個帽鋪裡、有很好的灰鼠立領兒、你今兒就手兒去、給買一條来、苙哎喲、那鮮魚口兒帽鋪可没了、其混說、怎麼没了、芒

元隆號製

着了火
火燒　灰燼
着火　火塲
灰頭土臉
惛了
哄騙　或者
哄孩子
還你

老爺、您忘了嗎、新近不是鮮魚口兒着了火了麼、那一帶的鋪子、全都被火燒了、成了灰燼了、那兒還有帽鋪呢、先你瞧、我如今的記性兒所不行了、着火的第二天、我還去瞧火塲来着、那天颳大風、颳的我灰頭土臉、到了家好容易纔洗浄了、怎麼今兒會忘了呢、真是惛了、先那麼要是别處買、行不行、手那也使得不過是得瞧準了、别叫他哄騙了、世是、世還有一樣兒、或者大柵欄兒、或者荷包巷子、瞧有甚麼哄孩子的玩意兒、你給買幾樣兒、大概那錢也彀了、如果是短點兒、你先給墊上、你回来我還你、世足彀了、您要是没别的事、我這就去了、苗没别的了、你去罷、

下 2-102b

第三百四十八章

回来 還是 回旗 迴避 皇仁 鬼混 毀謗 混了一年
活動 活潑 潑潑的 宦海無邊 回頭是岸 悔恨 回心
或可 混頭 火輪船 火輪車 或是 會審衙門 會審委
員 會訊 或早或晚 穢氣 灰土 穢污 混亂 混水
混扔 獲住 火災 火油 着了火 火紙 起火 火盆
紅泥 火爐 哄屋子 火星 烘烤 大禍 着火 火燭
紅茶 獲利 嘻嘻哈哈 火鐘 紅了 紅紫 救火 鬨嚷
豁喇一聲 魂靈 火烟 火滅 火苗 南貨 起的火

回来
還是　回旗
迴避　皇仁

貨物　火葬　火險　大火　火焚　貨財　豁然　保火險
貨償　不戒於火　這麼回　混想　夥計　放火　間或火
起　火場　引火　火種　倘或
您是幾時回来的、二我是二十三那天到的京、三您這次回来是
有差、還是引見呢、四也不是差使、也不是引見、是告病回旗的、五
您作着好好兒的外任、為甚麼又告病呢、況且前些年您屢次迴
避、由去年好容易纔得補缺、這時候兒正該當勉圖上進、以報皇
仁、沒想道您竟自告病了、據我想這個主意實在打錯了、六咳、您
還不知外省的事呢、公私一切沒有一件不難辦的、我自去年補

下 2-103b

鬼混
毀謗 混了一年
活動
活潑潑的
宦海無邊 回頭是岸
悔恨 回心、或可
混頭
火輪船

這個缺、原想着替國家出點兒力、不願意敷衍鬼混、誰知道外省自上司以至屬員、都是敷衍了事、忽然有一個實事求是的、大家羣起阻撓掣肘、毀謗紛来、叫你進退維谷、我自到任以来、整頓了一年、不但無功、而且有過、我的為人、本来迂腐、又不會活動、又不會應酬、要叫像人那麼活潑潑的、斷乎不能、所以我這麼一想、宦海無邊、回頭是岸、實在是外頭沒個大混頭兒、與其後来鬧出亂兒来悔恨難追、莫若趁早兒回心、或可以保全終始、因為想到這兒、所以我纔告病回来了、 七 您這次回来、走了多少日子、 八 通共走了不到十天、就是在上海多住了幾天、我是上月初八上的火

元奎號製

下 2-104a

火輪車

或是

會審衙門

會審委員

會訊

或早或晚

輪船、初九開行、十二到的上海、直住到這個月十九、纔又上火輪
船、二十二到塘沽、歇了一夜、二十三坐火輪車進京、九一路上還
倒平安罷、十還算是平安、十一是了、可是我和您打聽一件事、不曉
得您知道不知道、十二甚麼事、十三我聽見人説上海那兒各舖戸或
是住家兒的、若是有詞訟的事、都歸一個會審衙門管、您在上海
住了幾天、知道不知道、十四知道、十五這個衙門、是個甚麼官、十六是個
會審委員、所有租界上打官司的、都歸他問、若是華人和洋人打
官司、委員就得和洋員會訊、十七啊、聽説租界上很乾净、十八可不是
麼、街上一點兒穢物都没有、那是天天兒有人拾掇、或早或晚他

下 2-104b

穢氣
灰土 穢汚 混亂
混水 混扔
獲住
火災
火油 着了火 火紙
起火
火盆 紅泥

瞧見那兒有穢氣的東西、趕緊就撮開、可是這麼着、無論是住家兒的、是鋪戶、不准把灰土和穢汚的物件、在馬路上混亂拋棄也不許把混水倒在馬路上、若是有人在馬路上隨便把髒東西混扔、叫巡捕瞧見、必把這個人獲住、輕則罰錢、重則送捕房押起來、因此租界上極乾淨、尢是了、我還聽人說上海常鬧火災、是真的嗎、亍這話不假、廿甚麼緣故呢、廿這個緣故、可不止一樣兒了、有因爲把火油燈碰倒了、着了火的、有因爲吃水烟把點剩下的火紙頭兒隨便扔在地板上因此起火的、還有到了冬天的時候兒、因爲太冷、住家兒的、大半都攏上一個火盆、或是用炭生一個紅

元隆號製

下 2-105a

火爐 烘屋子 火星
烘烤 大禍
着火
火燭、
紅茶
獲利 嘻嘻哈哈
火鐘

泥小火爐兒烘屋子、一個不小心、那個炭的火星兒一爆、掉在床上、或是挨着帳子、立刻就着了、而且那個地方兒濕潮到了陰天的時候兒、不差甚麽的東西、總得用火烘烤、稍一粗心、就是大禍、苗芏您在上海、不過浮来暫去、又没久住、怎麽知道的這麽詳細、雖然是在那兒幾天兒、我可是經過這個事情了、他們那管着火、叫火燭、就是我剛一到的第三天晚上、我吃完了晚飯、正和一個同棧住的茶葉客人閒談、聽他講究甚麽紅茶咧、綠茶咧、又是甚麽茶獲利、甚麽茶無利、我們倆正在那兒嘻嘻哈哈的說的高興、忽然聽見外頭鐺鐺的一陣打鐘的聲兒、棧房的人就說了不得

下 2-105b

紅了　紅紫
救火　鬨嚷
豁喇一聲
火烟　火苗　魂靈
火滅
南貨　起的火
貨物　火葬　夥計
火險　大火

了、這是火鐘、又是那兒鬧火燭了、這麽着我們就赶緊出去一瞧、紅了半邊天、照的棧房裡樓窗、都成了紅紫顏色兒了、耳朵裡就聽見一片救火的聲音、再加上人聲鬨嚷猛然間又聽得豁喇一聲、彷彿是房子落了架了、眼瞧着火烟突突的直往上冒、火苗兒很旺、那光景離棧房很近、把我的魂靈幾乎嚇丟了、好容易到了兩下兒多鐘、火滅了、我心裡纔定規了、第二天早起一打聽、纔知道是棧房的西邊兒一個南貨店起的火、燒了有上萬銀子的貨物、還有一個夥計也入火葬了、實在可憐、並那麽這個鋪子糟了、共還算好、這個南貨店、保了八千銀子的火險、雖然遭了這回大

火焚 貨財
豁然、
保火險
貨價
不戒於火
這麼回

火、火焚了些貨物個傷了點子貨財、還不至於大虧損艽甚麼是火險、怎麼又不虧損、艽您聽我細細兒告訴您、您就豁然明白了、這原是外國的法子、上海地方兒有一宗行、叫作保險行、凡有房產財物、都可以上那個行裡保火險、甚麼叫保火險呢、比方您有甚麼鋪子、貨價值多少銀子、就可以到保險行、叫他按這多少銀子数兒出一個保、再把這多少銀子作出利錢來、您就把這利錢給他、就算保火險了、此後如遇不戒於火、或是因別人家失火、被其連累上、給燒了、那保險行立刻按着原保多少銀子、如数給您多少銀子、就是這麼回事情、艽是了、據我說這個保險的事情、很

元隆號製

下 2-106b

混想　放火　間或　火場　火起　引火　火種　倘或

不好、幸怎麼、世如今人心不古、沒有一個不混想發財的人、要是自己的東西不值甚麼錢、他偏要保許多銀子、到後來他自己放火燒了、就圖得保險銀子、我想也必有這樣兒的事情、世間或也有、然而也少得很、哪怎麼呢、是這麼着、他們那保險行、一保險的時候兒、總先查看你的東西、然後纔能出保、趕到果真遇事了、他又細細查驗火場裡、火起自何處、有甚麼引火之物、裡頭是下了火種兒沒有、都要細查明白、倘或看出是放的、他不但不賠銀子、而且還要罰呢、世那就是了、

第三百四十九章

元隆號製

紅鋪鋪的　鴻
回来了
生火

紅鋪鋪的　鴻　回来了　生火　貨　甚麼貨　紅貨　紅毛
疑惑　俏貨　貨頭兒　獲得　貨高　紅運　貨物　夥伴
花梨　紅木　劉嚐　混鬧　混星子　活不長　禍害　火
票　火性　獲罪　禍福　回頭　紅纓　紅花　哄堂　回去
夥吃夥騙　紅帶子
您喝了兩盅兒罷、二您怎麼知道我喝了酒了、三我瞧您臉上紅
鋪鋪的所以我知道、您在那兒喝的、四在前門外頭東鴻泰茶館
兒喝的、五喲、這麼早您都打前門回來了、我們這兒纔起来、還沒
生火呢、您這麼早出城、有甚麼要緊的事嗎、六有一點兒事、却不

下 2-107b

貨、
甚麽貨　紅貨
紅毛　疑惑
俏貨
貨頭兒　獲得　貨高
紅運　貨物
夥伴　花梨
紅木

甚麽要緊、七甚麽事、八是因我們鋪子裡、昨兒買了點兒貨、今兒一黑早、到市上賣去、九您買着甚麽貨了、是紅貨麽、十不是紅貨是買了一個紅毛表、價兒大一點兒我疑惑打了眼了、所以忙着到市上賣一賣看、誰想到倒是件俏貨、賣了個大價兒、十一想來是貨頭兒好、纔能獲得大利哪、俗語說的、貨高價出頭、是萬不錯的、可是一樣兒、也得運氣好、那個走紅運的人、買賣貨物大概總吃不了虧、要是走背運的、那可就沒準兒了、從先我們鋪子裡一個夥伴兒、用了六兩銀子、買了一張花梨八仙桌子、以為是俏貨、誰想拿到鋪子裡、大家一細瞧、敢情是個紅木的、並不是花梨、不過

下 2-108a

劉嘴
混鬧
混星子
夥吃夥騙
紅帶子　活不長
禍害
火票

值三二兩銀子、那就是走背運、所以纔上了這麼個大檔、主不錯、有這麼件事、那不就是你們鋪子那位劉嘴子的夥伴兒幹的麼、主不錯、是他、客他刻下在那兒哪、主別提了、這個人現在竟混鬧哪、所不像先前了、近来聽說他和天津的一個混星子、一塊兒打連連、整天家在南城外頭摔圈兒弄套兒的賺人、夥吃夥騙、這裡頭還有一個紅帶子、給他們出主意、他們作出来的、都是活不長的短命事、他自己也不想想、自己本是個買賣人、放着本分生意不做、竟和這一類人在一塊兒、平白的禍害人、怎麼能好呢、昨兒風聞他、被提督衙門飛籤火票的拿了去了、大概是訛人訛出亂

下 2-108b

火性
獲罪　禍福
回頭　紅纓
紅花
哄堂

子来了、十六原先我瞧這個人、很老實、我還常說他太懦弱了、一點兒火性沒有、人雖罵他、他都不言語、沒想到他會變成這麼個人、這如今被衙門拿了去了、一定是犯了大罪了、要是安分守己的做買賣、如何能獲罪呢、真是禍福無門、惟人自召、瞧起這個来、實在可怕、十七是的、您這回頭還打算上那兒去、十八我打算上四牌楼帽鋪、買一頂紅纓帽、十九您的帽子不少了、怎麼還買呢、二十我的帽子雖多、沒有一頂得樣兒的、並且纓子的顏色兒全發紫了、彷彿藏紅花的顏色兒、難看極了、赶明兒這個初六、我們掌櫃的聘姑娘、他再再的求我給送親、我要戴一頂舊帽子、豈不招人哄堂大

回去

紅紙

笑、所以要買一頂、廿那就是了、廿那麼我也就不坐着了、改日見

罷、兰您回去、苗別送別送、兰您請罷

第三百五十章

紅紙　混雜　紅土　混充　哄出去　貨真價實　紅單　紅

白　鴻禧　火鐮　洋火　火茸　火石　會打、火打着了

火紙　自來火　西藏　取火　火鏡　火球　西國　西洋

西法　希奇　火力　平西

您這時候兒上那兒去呀、二我出城買一張紅紙去、三買紅紙那

兒都有、何必必得城外頭呢、四我是要買硃砂箋、城裡頭紙鋪的、

元隆號製

下 2-109b

混雜　紅土
混充　哄出去
貨真價實　紅單
紅白
鴻禧
火鐮　洋火
火茸　火石　會打
火打着了
火紙　自来火

常是真假混雜、並且多半用紅土子刷的、混充硃砂箋、把買主哄出去完是了、實在不如城外頭大南紙鋪的、不但沒有假紙、而且是貨真價實、像偺們常用的紅單帖咧、紅白帖套咧、沒有一樣兒不好的、五您不是買了對字紙了嗎、作甚麼又買呢、六上回買的不彀、還短一張大門上貼的鴻禧、所以得找補一張、七是了、那麼您這是特為買對字紙出城了、八不錯、九還有別的事沒有、十還要買一把火鐮、十一現在洋火用着很方便、比用火鐮强多了、用火鐮還得有火茸子火石、而且得會打、及至把火打着了、還得點着了火紙纔能行呢、那兒有自来火省事呢、十二雖然這麼說、然而要

下 2-110a

西藏
取火
火鏡　火球
西國
西洋

是在風地裡、究竟不如火鐮、況且我買火鐮不是自己用、是因為
我們舍親奉派西藏出差、快起身了、我是買了送他的、十三那就是
了、可是提起火鐮来、我還聽說有兩樣兒取火的東西、我沒見過、
要請教請教您十四這兩樣兒叫甚麼、十五火鏡兒火球兒、十六啊、這兩
樣兒呀、這都是玻璃一類的、把這個東西對着太陽、就可以取火、
十七要是陰天、怎麼樣、十八那就不行了、十九據我說、到了兒是不如自
来火、二十那是自然的、可是這麼着、偺們沒和西國通商的時候兒、
那兒有自来火呢、不用這個、用甚麼、廿一是的、我想西洋人實在比
偺們中國人聰明、就拿這自来火說罷、真是巧奪天工、廿二也不但

元隆號製

下 2-110b

西法 希奇
火力
平西

是自来火、無論製造甚麼物件、總是西法好、沒有一樣兒不希奇的、兰我看他們無論作甚麼、大半是用火力、又快又好、茜可不是麼、哎呀、天不早了、太陽都平西了、偺們改日再談罷、茔您出城、芸喳喳、一半天見、

下 2-111a

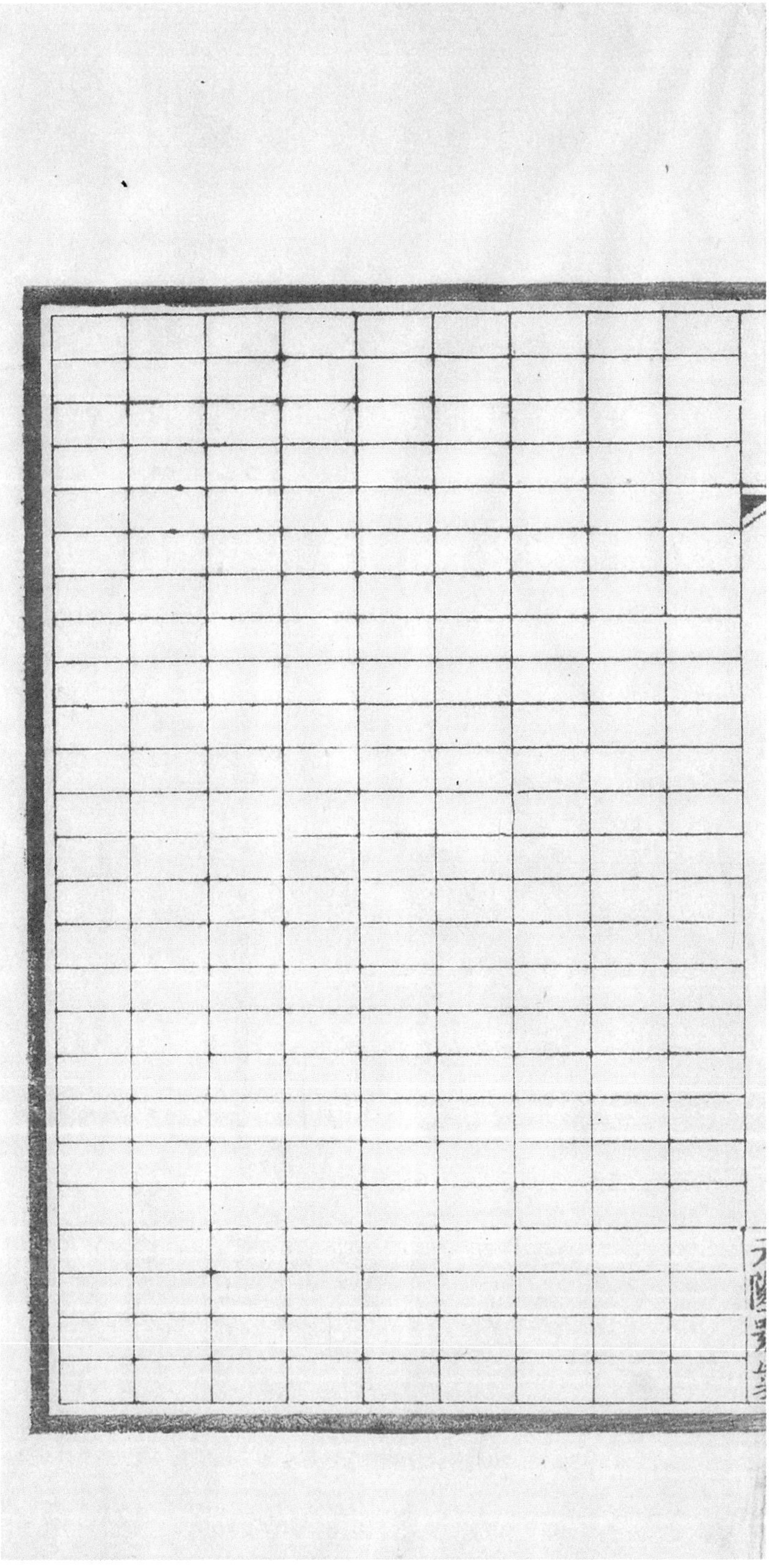

下 2-111b

活了
癨亂之病

第三百五十一章

活了　癨亂病　火上加油　活過　西方　稀飯　稀溜溜的
硬頭貨　稀爛爛飯　稀拉拉的　稀稠火旺　姓希　西城
偏西　西邊　昔年　醫學　喜歡　習學　細心　希圖
回生　活世壽人　濟世活人　活套　希罕　細細　或用歧
黃　或是　回春　和緩
怎麼這一程子、總沒見您納、您是上那兒去了嗎、實在渴想的很了、
二 哎呀我這纔算是活了、幾乎和老弟不能見面兒、三 大哥這話、
是從那兒說起、四 我月裡頭得了一場癨亂病、又叫大夫給治錯

下 2-112a

火上加油
活過來了
西方
稀飯稀溜溜的
硬頭貨
稀粥爛飯
稀拉拉的

了、吃了他的葯、直如同火上加油、不但不見好、反倒壞了、更吐瀉
的利害了、後來算是遇見一個好大夫一劑葯、我這纔活過來了、
要不是這個大夫、我早就往西方去了、還能和老弟見面兒麼、　五
啊、敢則您病了、我實在不知道短去望看、　六　那兒的話呢、　七　那麼
現在大好了、　八　大好了、可是飲食上、還不能照常、天天兒不過吃
點兒稀飯甚麼的、早起喝半碗兒藕粉、還是得稀溜溜兒的、稠的
還不行、　九　那是自然的、您這纔好、總是胃軟、硬頭貨是萬不可吃
的、就這麼稀粥爛飯兒的、將養着很好、過些日子、慢慢兒的、就照
舊了、可是要喝粥也不可太稀拉拉的、稀稠總要勻溜纔好哪、　十

下 2-112b

稀稠
火旺
姓希 西城 偏西
西邊
昔年
黌學
喜歡 習學 細心
回生 希圖

是的、十一那麼現在還吃葯不吃呢、十二吃哪、是因為這個大夫說我還是上焦火旺、他給我配了點兒葯、叫我天天兒早起吃吃個一月廿天的、內裡的火退淨了、就可以復元兒了、十三是了、這個大夫可真不錯、他姓甚麼、在那兒住、十四姓希在西城羊肉胡同住、十五偏西偏東、十六西邊兒、十七偺們這兒請他、可真不近、十八可不是麼、十九是在太醫院不是、二十他不在太醫院、聽說他這行醫也是昔年衆親友一力叫他出來的、他本是一個黌學中的朋友、很有學問、素來最喜歡醫道、人又聰明、故此醫道習學的很精、而且看病很細心、真有起死回生的手段兒、他這個出馬、並不是一味的希圖錢財、

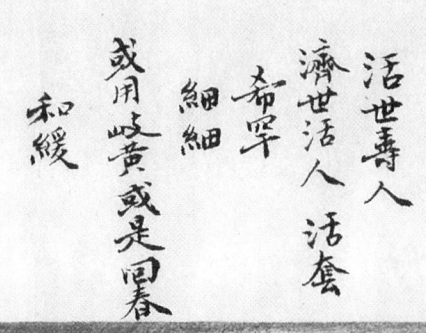

元隆號製

下 2-113a

活世壽人
濟世活人　活套
希罕
細細
或用岐黄或是回春
和緩

實在是一半濟世、我現在打算酬謝他一塊匾額、芏是了、您打算用甚麼文詞呢、芏我今兒来就是為這個、要和老弟商量、打算求您給擬一擬、芏那尋常活世壽人、以及濟世活人的那些通俗活套子的話、都太俗了、總要希罕新奇的、然而又得恰當、不要牽强纔好、苗是的、芸這倒很難了、等我細細兒想一想、芸是芒有了、這麼着罷、或用岐黄妙術、或是妙手回春、再不然就用功同和緩這三個您挑一個用、就是了、艽是是這三個都很恰、艽據我想、您就用妙手回春、還稍切一點兒、芋是就用這個罷、若您駕芏好説好説

下 2-113b

貨單 貨到了

第三百五十二章

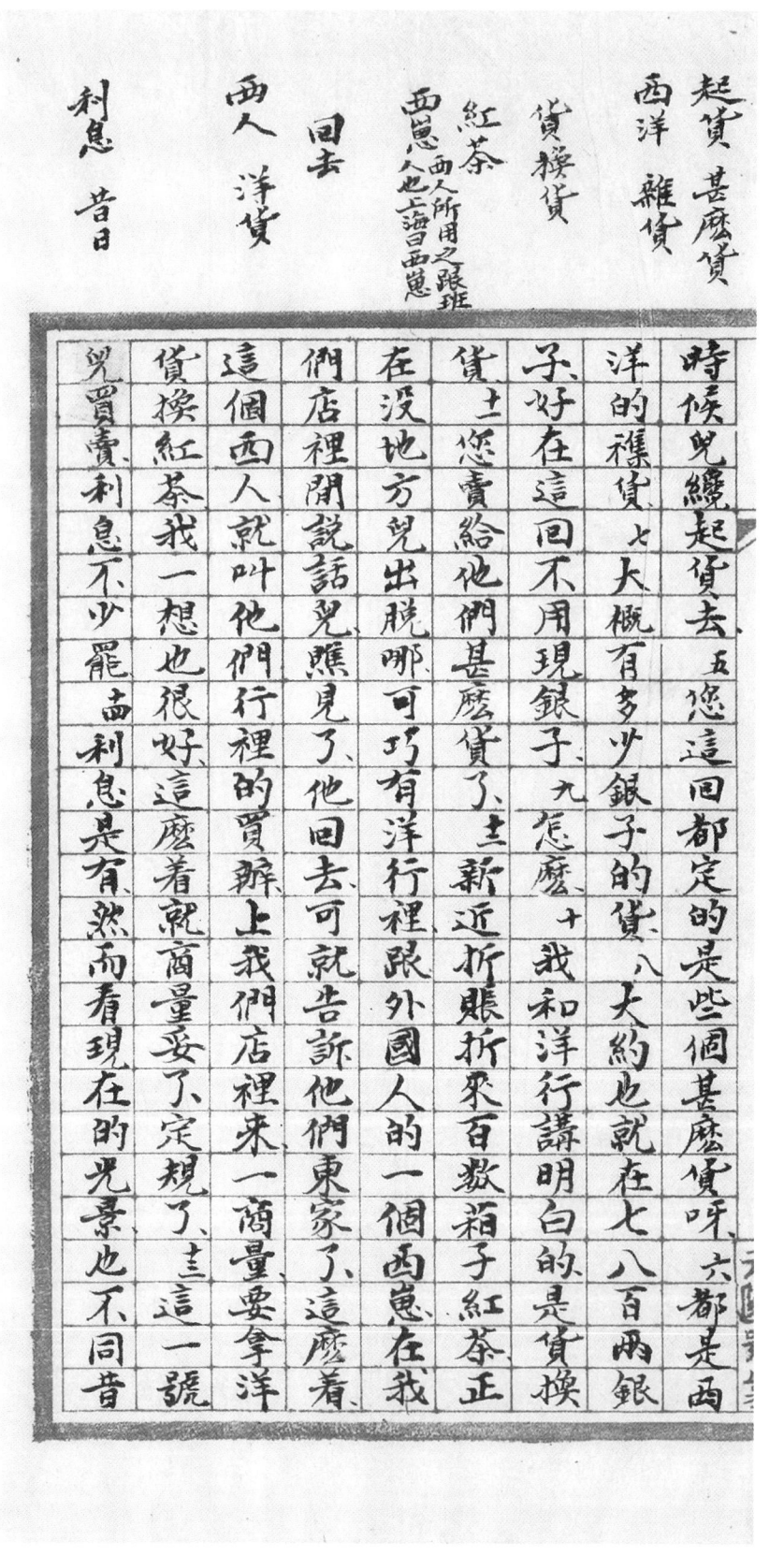

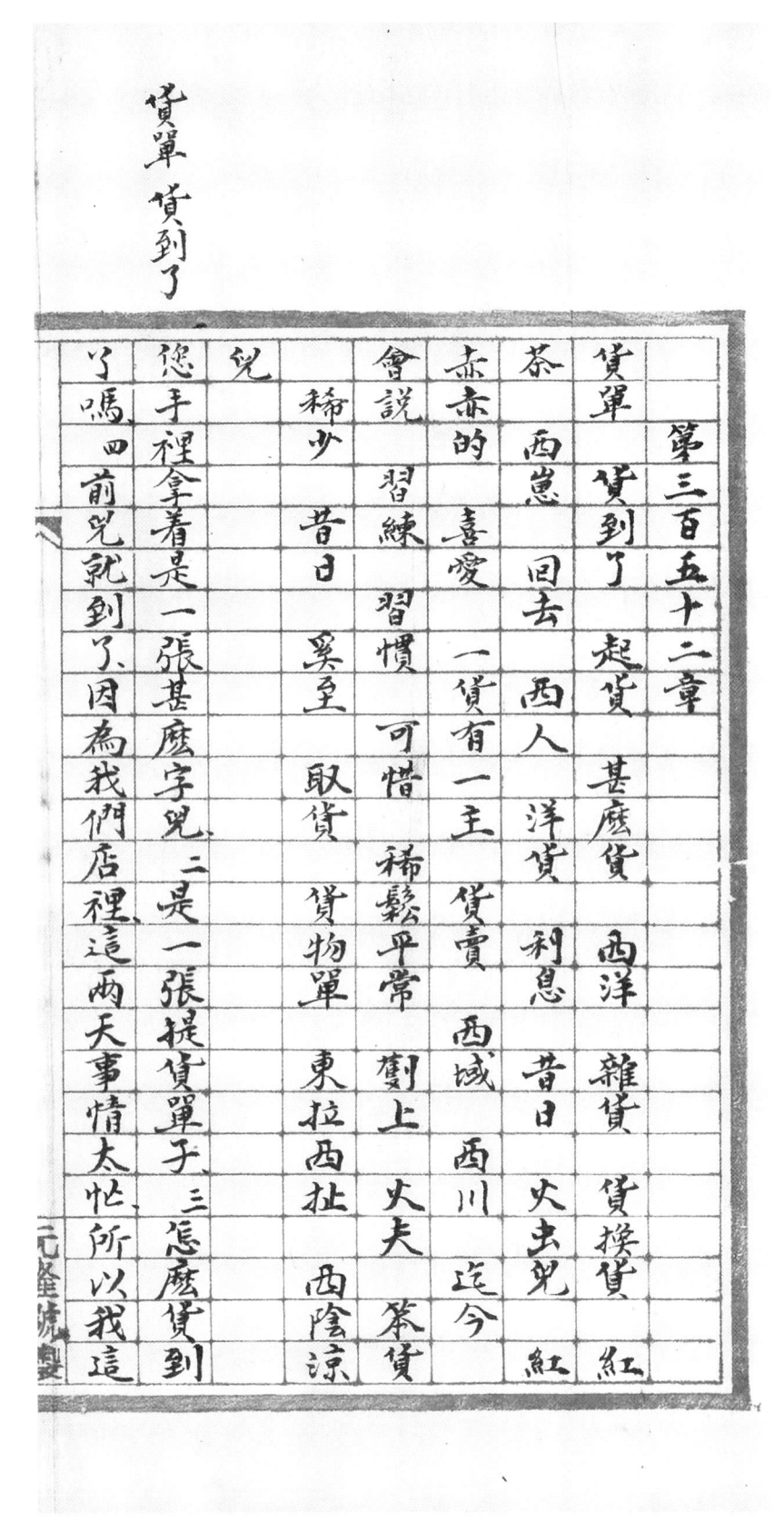

貨單 貨到了 起貨 甚麼貨 西洋 雜貨 貨換貨 紅

茶 西崽 回去 西人 洋貨 利息 昔日 火虫兒 紅

赤赤的 喜愛 一貨有一主 貨賣 西域 西川 迄今

會説 習練 習慣 可惜 稀鬆平常 劃上 火夫 茶貨

稀少 昔日 奚至 取貨 貨物單 東拉西扯 西陰涼

兒

您手裡拿着是一張甚麼字兒、二是一張提貨單子、三怎麼貨到了嗎、四前兒就到了、因為我們店裡、這兩天事情太忙、所以我這

起貨　甚麽貨
西洋　雜貨
貨換貨
紅茶
西崽 西人所用之跟班人也上海曰西崽
回去
西人　洋貨
利息　昔日

時候兒纔起貨去、五您這回都定的是些個甚麽貨呀、六都是西洋的襍貨、七大概有多少銀子的貨、八大約也就在七八百兩銀子、好在這回不用現銀子、九怎麽、十我和洋行講明白的是貨換貨、十一您賣給他們甚麽貨了、十二新近折賬折來百數箱子紅茶正在没地方兒出脱哪、可巧有洋行裡跟外國人的一個西崽在我們店裡閒說話兒瞧見了、他回去可就告訴他們東家了、這麽着、這個西人就叫他們行裡的買辦上我們店裡來一商量要拿洋貨換紅茶我一想也很好、這麽着就商量妥了、定規了、十三這一號兒買賣、利息不少罷、十四利息是有、然而看現在的光景也不同昔

下 2-114b

火虫兒
紅赤赤的
喜愛
一貨有一主
貨賣
西域　西川
迄今

目了、恐怕也是火虫兒的屁股沒甚麼大亮兒、十五是了、可是我請問您這個紅茶據我想也不大甚麼好喝而且沏出来紅赤赤的顔色兒也不好看、怎麼西國人單喜愛這個呢十六這就是俗語說的一貨有一主、别的茶他們也不認十七那麼要是給他們龍井蓮心各樣兒好茶、他們喝不喝十八您這問的實在可笑、貨賣識家、要是把這些個茶給他們、他們如何認呢、雖白給他他也不要、十九是了、您在上海這兒作買賣有多少年了、二十哎呀、這一說可不少的年分了、我自從那年、打西域回来、到了西川、由西川回来、然後就到上海来的、迄今算起来、差不多也有十三四年了、廿一啊、聽說在

元盛號製

會説　習練

習熟　習慣

可惜

稀鬆平常

剗上

上海作買賣總得會説外國話、您也會嗎、廿二也畧畧兒的習練過
但是説的不好、廿三昨兒我聽見一個人説外國話、説的極好、那他
是怎麼學的怎麼那麼習熟呢、廿四那是常説習慣成自然了、廿五是
了、我現在也打算學學外國話可惜我到這兒不過纔倆月的光
景、不認識人、不知道那兒有教外國話的、廿六那您倒不必專找教
外國話的先生、如果真要學不妨天天兒到我們鋪子裡説説講
講我的外國話、雖然是稀鬆平常、要是眼面前兒的話、都還可以
教、廿七那敢則好那麼我就剗上一年半載的工夫、跟您學一學、廿八
這容易、像您的聰明、我管保一學就會、您瞧連我們這兒的一個

下 2-115b

丈夫　笨貨
稀少
昔日
奚至
取貨
貨物單　東拉西扯
西陰凉兒

丈夫、那樣兒的笨貨兒、跟我學了不到一年、現在他的外國話、滿可以說、何况您呢、艽我想像這麼學的快的人也很稀少、况是我近來竟顧買賣的事情、記性大不如昔日、您瞧罷、叫您着急的日子、在後頭哪、亍叫您說得了、奚至如此、丗哎喲、我只顧拉着您說話兒、就悞您取貨了、您快請罷、改日再談罷、我要不瞧見您手裡的貨物單兒、還不知道東拉西扯的、談到甚麼時候兒呢、丗不要緊、不忙、西陰凉兒纔下來、還不晚、丗算了罷、改日再見、甾那麼我就失陪了、一半天見、芏是是

第三百五十三章

稀瘦 係屬
吸一口烟 西陵
吸烟
話樣兒 稀少

稀瘦 係屬 吸一口烟 西陵 吸烟 話樣兒 稀少 不
吸 習俗 吸食 嬉笑 不喜 洗澡 洗澡水 洗臉盆
洗臉水 洗一洗 噫嘻 嬉戲 洗臉 戲言 習染成性
喜好 喜悅 喜孜孜的 喜容 喜樂 喜色 喜笑 喜怒
喜事 喜酒 西賓 席上 作戲
昨天吾偶晤令親、看他面上焦黃、而且稀瘦、係屬何故、二 伊向日
本就吸一口烟、適者又復歸自西陵、想是太受辛苦、以致舊病復
發、故而黃瘦、三 怎麼彼尚吸烟麼、四 很不但吸烟、而且其癮甚大、
五 像你們二位說的這個話樣兒、真是稀少、吃烟就完了、必要吹

下 2-116b

不吸
習俗 吸食
嬉笑 不喜
洗臉盆 洗一洗
洗臉水 洗澡 洗澡水
洗臉 嬉戲 噫嘻

文咂字兒的、說吸烟、還說吸一口烟、誰吃烟不吸呢、真是文墨人兒、與習俗不同、據我說這麽說還粗俗、必得說吸食洋烟、可就合局了、六 得了、您别混挑字眼兒了、人家這兒閒說話兒你也攙在裡頭嬉笑、你既不喜聽文話、那我就要說俗語了、聽着、你瞧你那一臉的泥、還不快拿洗臉盆弄一點兒水來洗一洗呢、要是沒洗臉水、那兒有我洗澡剩下的洗澡水、倒點兒來、你也可以洗臉、乃竟放着正事不作、可在這兒戲嬉、噫嘻、真叫我末如之何也已矣、

七 說着說着、您又撰起文來了、依我說、你後來把這個文收一收兒罷、像這麽一說就是文話、那不通文的、還怎麽和您交談呢 八

戲言
習染成性
喜好
喜悦
喜孜孜的 喜容
喜樂
喜色

我這也不過是偶爾戲言一兩句兒、多偺又永遠説文話来着、九
我也說句文話、您是習染成性自己不覺罷了、十我倒不是不覺、
我是見甚麼人、說甚麼話、今兒我是因為這位大哥、他喜好文話、
他每遇見人和他說話、稍有一點兒不文雅、他不但心裡不喜悦、
而且要鄙薄的、若是人和他說文話、他便喜孜孜的、滿臉都是喜
容、你瞧他纔剛一見面兒就問我說昨天我偶遇令親、這句話、文
到那兒去了、我若不用文話答對、他一定要鄙薄、我故此我纔用
文話回答、你瞧他聽了、立刻就喜樂的了不得、不料你又聽不慣
又挖苦了這幾句、你瞧他臉上又一點兒喜色都沒了、十一您這個

元隆號製

下 2-117b

喜笑　喜怒
喜事　喜酒
席上　西賓
作戲

人可真是能言、您愛說文話、偏說我愛文話、並且我那時都是喜笑言閑的、多咯又像您說的這麽喜怒無常的來着、（主）那麽您作甚麽一見面兒就問一句文話呢、（主）這卻有個緣故、因為今兒我們舍親那兒辦喜事、我今兒到那兒去吃喜酒、同席上有一位當西賓的、他是南邊人、彼此叙談之間、聽他吐囑很文雅、並沒一句粗俗的話、故此我也就逢場作戲的和他用文話叙談、誰知道說了半天、說順了嘴兒了、剛一見您的面兒、不知不覺的、竟自也問出一句文話來、（客）啊、那就是了、

第三百五十四章

元逢號製

西葫蘆　稀罕

惜錢

惜身

西葫蘆　惜錢　稀罕　惜身　媳婦　稀爛　古稀　膝下

惜老憐貧　惜福　襲受　以迄　嬉遊　希望　可惜　西湖

西湖景　襲官　襲爵　細小　細講　熙和　喜詒　錫恩

喜自天來　禧慶　希望　欣喜　下塲　希冀　喜出望外

喜新厭故　徙移　喜愛　誶話

您吃了飯了、二吃了、你吃了、三吃了、四你今兒吃的是甚麽、五吃

西葫蘆餡兒的煮餑餑、六西葫蘆都下來了、可真是稀罕物兒、我

都不知道、要知道早已就買了、無論多貴我是斷不惜錢的、七那

是自然的、您這麽大年紀、總宜保養惜身、是第一要緊的、保養一

下 2-118b

媳婦　稀爛　古稀　膝下　惜老憐貧　惜福　襲受　以迄　嬉遊

道、又在飲食、您今兒早飯、吃的甚麼、八今兒我們小兒和兒媳婦兒、他們給我熬了點兒肉、熬的稀爛、我就着吃了兩碗飯、九總的食量、還倒可觀、差不多兒年屆古稀的人、可真不能這麼着、又仗着我兄弟他們賢夫婦、能彀這麼膝下承歡、曲盡孝養、真是難得的福氣、像您這造化、都因為您素來行善、濟急救苦、惜老憐貧、所以纔獲這樣兒的好報、十這你可誇揚太過了、行善我如何敢說呢、不過是不敢作大惡罷了、並且我一點兒不知道惜福、自幼年襲受祖父的餘蔭、以迄而今、並未受過絲毫艱苦、整年整月的飽食煖衣、除了閒逛嬉遊之外、一點兒正事不作、未免受享太過、每

下 2-119a

希望　可惜
西湖
西湖景
襲官
嬉遊　襲爵　細小

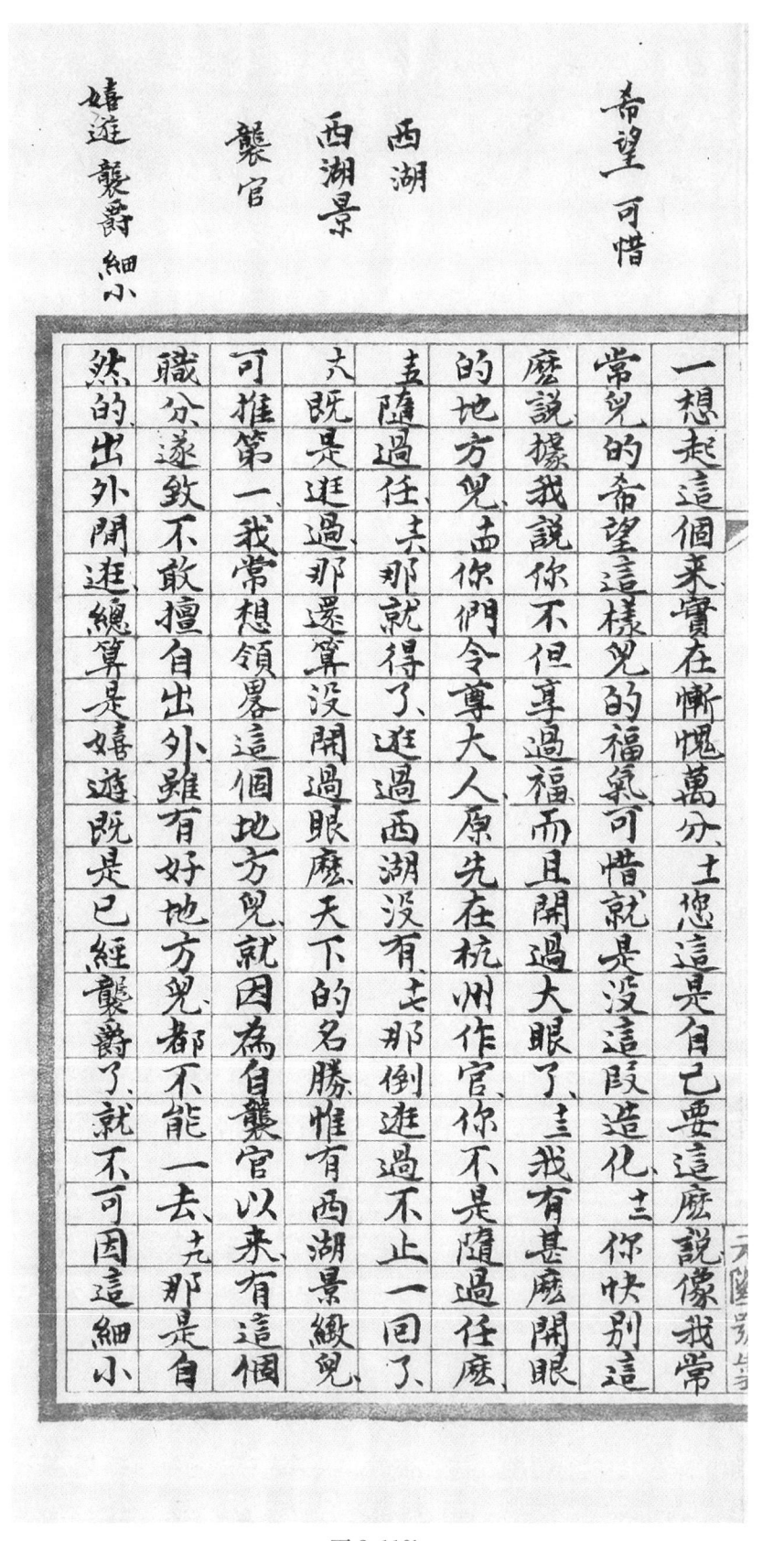

一想起這個来、實在慚愧萬分、十一您這是自己要這麽說、像我常常兒的希望、這樣兒的福氣、可惜就是没這段造化、十二你快別這麽說、據我說你不但享過福、而且開過大眼了、十三我有甚麽開眼的地方兒、十四你們令尊大人原先在杭州作官、你不是隨過任麽、十五隨過任、十六那就得了、逛過西湖没有、十七那倒逛過不止一回了、十八既是逛過、那還算没開過眼麽、天下的名勝、惟有西湖景緻兒、可推第一、我常想領畧這個地方兒、就因為自襲官以来、有這個職分、遂致不敢擅自出外、雖有好地方兒、都不能一去、十九那是自然的、出外閒逛、總算是嬉遊、既是已經襲爵了、就不可因這細小

下 2-119b

細講　熙和
喜詔　錫恩
喜自天來
禧慶
希望
欣喜　下場
希冀
喜出望外

之事、曠悞職守、況且您雖是竟在京裡、沒出過外、然而那時候兒我聽家嚴細講起來、說您自幼兒生在熙和之世、而家道又在興旺之時、皇上那年頒喜詔、又屢次錫恩於府上、真是喜自天來趕到晚年、更是重重禧慶、總而言之、您是自幼至老、全是順境、一點兒艱苦沒受過、要是在別人、早就狂起來了、您獨能這麼謹慎持守、實在叫人佩服、我後來一定跟您學、希望趕上您一半兒我就欣喜不盡了、〒這有何難呢、你今年不是下場嗎、一個中會了、豈不比我强嗎、廿那兒敢那麼希冀呢、如果真要是應了您的吉言、那我可真喜出望外了、廿可是有一樣兒、你要是中會以後、可還

喜新厭故　徙移

喜愛　諱話

要照這時候兒、這麼樣兒的操守、千萬別喜新厭故、志向徙移、也不可自滿、如果肯照我這話行、不但赶上我、而且一定比我强多了、⿱艹三您這是喜愛我、所以這麼誇奬我、苗您瞧、我這絕非諱話、後来你就知道了、芸那麼就借您的吉言罷、

第三百五十五章

嬉笑　惜光陰　習字　或大或小　希聖　希賢　下去　希破　細點兒心　西街坊　西遊記　洗冤　希　西城　劇賄　細察　稀奇　下不來　細微　關系　戲園　聽戲　戲班　戲子　洗心　戲館　戲報　戲樓　出息兒　媳婦　混

嬉笑 惜光陰
習字、或大或小
希聖 希賢 下去
希破 細點兒心
西街坊 西遊記

鬧 細説 瞎胡鬧 下賤 悉知 下賤人 下處 瞎鬧
瞎話 細哂 轄制 下碁 暇日

你整天家這麽嬉笑、不知愛惜光陰、一天一天的白過了、也不念書、也不習字、這還成甚麽規矩、生來一個人、或老或幼或大或小、都有點兒事做、比方念書的、雖然不能希聖希賢、可也得説得下去、你老這麽任甚麽不幹、將來可怎麽好、還有書房的那些書、你都給弄的希破的、看不怕看、也要細點兒心、別那麽隨便亂翻騰、

二 我沒亂抓撓、您的書呀、就是昨兒、偺們西街坊、來借西遊記、我在書架子上找着、交給他拿了去了、別的書一概沒動、

三 那部洗

元夆號製

下 2-121a

洗冤錄　希
西城劏賄
細察
下不来
希奇
細微　關係
戲園　聽戲

冤錄是怎麽破的、四那不是那天、我希二叔来了、和您在書房説話兒、談起西城劏肚子的那一案来、説是驗尸官受了賄了、驗的不實、我希二叔拿偺們這部洗冤錄細察了半天、因為他没小心翻篇兒的時候兒、給撕破了一篇兒他直臉上下不来您說這不是甚麽希奇少有的、一個舊書算甚麽的、這件事您怎麽會忘了呢、五不錯、是有這麽回事、我竟自忘了、本来我近来的記性很不好、事情又多、這些細微之事、要是没甚麽大關係的、那兒還能記在心上呢、可是我問你、你近来時常的出城、都是幹甚麽去了、六我出城、没幹甚麽、不過是有幾次同人到戲園子裡聽戲、七聽戲

下 2-121b

戲班　戲子
洗心　戲館
戲報
戲樓
出息兒
媳婦　混鬧
細說

原可以、但是常聽也就沒甚麼趣兒了、況且這二年不過就是這幾個戲班子、這幾個戲子、沒甚麼大聽頭兒、再者你現在正該洗心滌慮的用功、要是竟往戲館子去聽戲、可就怕把心弄散了、八 我也沒敢常去、不過是那天在街上、碰見我們同窗的、他站在那兒瞧戲報子、因此我纔同他去聽了幾回 九 那就是了、我說一句話、你必不愛聽、從今以後、甚麼戲樓咧、飯館子咧、總要少去、你瞧那個有出息兒想上進的人、常吃飯聽戲来着、再則我現在各處託親友、給你說媳婦兒、你要是常在外頭、這麼胡攪混鬧的、叫人打聽出来、誰還肯管你的事呢、別的話也不必細說了、十 總放心、

下 2-122a

瞎胡鬧
瞎話　細察　下賤
悉知　下賤人
下處
瞎鬧　細微
細哂
轄制
暇日　下碁

就是您不說我、我也不敢外頭瞎胡鬧去、您要是不信、以為我這
是瞎話、您只管打發人在各處去、細察一察、如果我有那些下賤
没出息兒的事、您就打我、再者我現在也不是很小了、咱們家裡
的光景、還有不悉知的麼、要是在前二年、有那些個下賤人勾引
甚麼鬧下處、跑堂名兒、都是免不了的、就從去年經了那回顛險、
我把那些瞎鬧的事、全明白了、不但明白、而且把那裡頭的細微
都細哂透了、是一點兒好處没有、這個檔兒別說我自己胡鬧去
就是有人打着我、或是轄制着我叫我去、我是斷不去的、現在不、
過於暇日、常愛我同窗的下碁去、除此以外、別的是一概没有、土

下 2-122b

你果真要是這麼着、那我可就放心了、

第三百五十六章

西南　下的　西北　下雨　下起　細雨　下到　下了　八

下覍鐘　下午　洗澡塘　洗一個澡　洗完了澡　錫慶堂

下半天　夏天　鄉下　下雹子　下半年　相好朋友　洗塵

希滑　不下雨　下一陣　下脚　下不下　相好　姓夏

喜鵲　相近　相交　相宜　不喜　戲場　相合　江西　細

窑　夏布　下得去　下不去　細軟　可惜　洗衣裳　洗下

去　洗乾凈他　洗不掉　洗破了　下手　下人　下世　洗

元隆虎製

西南
下的　西北
下雨
下起　細雨
下到　八下兒鐘
下了　下午
洗澡塘　洗一個澡
洗完了澡　錫慶堂
下半天
夏天

壞了　下次　夏至　下來　細粗　那麼細
今兒準還要下雨、您瞧西南上、天又陰上來了、二可不是麼、這兩
天雨所下的利害、昨兒晚上西北上天陰的彷彿墨、趕到夜裡、又
是打雷、又是下雨、鬧的我一夜也沒正經睡、好容易天亮纔住了、
趕我起來、漱口洗臉、這麼個工夫兒、又下起細雨來了、直下到八
下兒鐘、時天纔晴、我還說這一晴、再也不能下了、打算下午的時
候兒、到洗澡塘、洗一個澡去、洗完了澡之後、回家換上衣裳、到錫
慶堂請人吃飯、沒想到這時候兒又陰了、瞧這個光景、下半天的
天氣又不能好了、三這夏天本來是這麼着、片雲可以致雨、偺們

下 2-123b

鄉下
下雹子　下半年
相好朋友　洗塵
希滑
不下雨　下一陣
下脚
下不下　相好

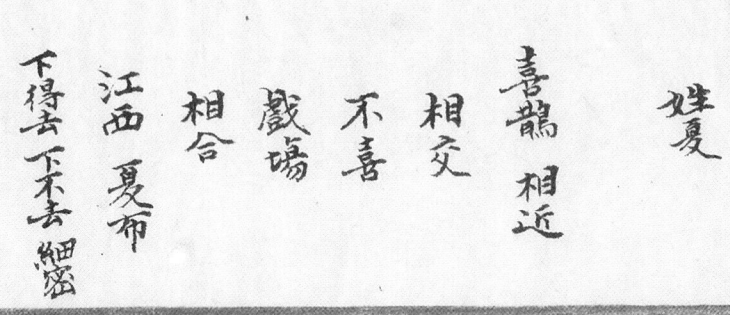

這城裡頭、還算好哪、那鄉下更了不得了、聽說京東一帶前兩天還有下雹子的地方兒哪、四外大半多澇了、聽着罷下半年粮米準要貴　四　那是一定的、　五　您纔說上錫慶堂吃飯是請誰呀、　六　是一位至相好朋友、新近打外頭回来我給他洗塵、　七　是了、但是您今兒出門、街上泥水大的很、道兒是希滑、極不好走、要是從這時候兒不下雨、地皮兒乾一乾、還可以將就挑着走、若是再下一陣那道路、可就斷没下脚的地方兒了、　八　這也是没法子、天公的事、下不下、現在也不敢預定、瞧罷、　九　您請的這位相好的他是從那兒回来　十　他從江蘇回来、　十一　他是在江蘇作官、還是游幕呢　十二　他

姓夏
喜鵲　相近
相交
不喜
戲場
相合
江西　夏布
下得去　下不去　細密

是作官、十三作甚麽官呢、十四松江府知府、十五怎麽稱呼、十六他姓夏、十七
因為甚又回京来呢、十八他是告病回来的、十九是了、此公他在那兒
住、二十他在喜鵲胡同住、廿一離您這兒很相近哪、廿二可不是、廿三您這
回頭是穿官衣兒、是便服呢、廿四我們倆相交最久、不同恒泛、要是
穿公服、倒顯着虛了、莫若穿便衣兒、却很相宜、况且這位他最不
喜官派、他常說官場如戲場、竟鬧些個虛文虛禮、擺那麽個樣子、
毫無實意、所以官衣兒這樣兒東西、與他甚不相合、廿五這麽說起
来、這位高雅極了、那麽您回頭就可以穿江西帶来的那件夏布
衫兒就很下得去了、廿六那件可斷下不去了、廿七怎麽那麽細密的

下 2-124b

細軟　可惜

洗衣裳　洗下去

洗乾淨他　洗不掉

洗破了　下手

下人

下世　洗壞了　下次

夏至

夏布衫兒還不行嗎、艽那件雖然細軟好看、可惜穿不得了、艽怎麼、艽因爲那回吃西瓜弄上一點兒西瓜水兒我就交給我們洗衣裳的老婆子、叫他給洗下去、並且還囑咐他你要小心慢慢兒的洗乾淨他、如若那點兒痕跡要是洗不掉、可就算了、千萬別給洗破了、誰知道一下手、就用死力這麼一路大搓、給搓了個大窟窿、簡直的穿不得了、叫我和他大鬧了一頓、我說了像你這樣兒作下人的、實在可惡之至、天生來的好不了、這世當使喚老婆子、下世還當老婆子、手那您是白和他說、這次洗壞了、下次還是改不了、那麼您就得穿紗衫兒罷、廿論現在的時候兒正在夏至以

元隆洗製

下来
細粗
那麼細
十一下兒鐘
瞎説

後穿紗的本是合式、但是這個天氣不妥、倘或一個雨下来了、那衣裳可就毀了、我還有一件廣東夏布的也很好、我想就穿這件、艹三這件比那件江西夏布的細粗怎麼樣、艹三顏色兒比那個白、不過是没有那麼細、然而也很好看、艹四那您就穿這件去、可是您吃了飯了没有、艹五没吃哪、艹六還不吃、天有十一下兒鐘了、您只顧聽我這麼瞎説八道的、把您的飯也就悮了、我是早吃了、依我說您就吃罷、您下半天還有事哪、我也别竟在這兒攪您了、艹七您坐着罷、我這也不是甚麼忙事、艹八不坐着了、明兒見罷、

第三百五十七章

下 2-125b

錫匠
瞎抓

錫匠 瞎抓 西姑娘 習熟 細究 希利尼 泰西 細問
細講 戲談 習而不察 明晰 細說 希碎 西國人
學習 相干 細追求 細看 戲耍 細故 互相 相處
瞎充 下氣 下問 想一想 下愚 想必 相同 下平
詳細 相接 相見 相談 下餘的 西 錫 禧 系 西
字 下來 暇時 下回 息日 息止 安息日 下 下禮拜
下禮拜 下月 閒暇 細事 夏月 洗頭
昨兒我聽王錫匠說、您教洋館了、是真的麼、二不錯、是真的、我是
瞎抓甚麼都幹 三在那兒、四在孝順胡同、五孝順胡同教誰、六教

下 2-126a

西姑娘
習熟　細究
希利尼　秦西
細問
細講

西姑娘、七怎麼着、教着還容易不容易、八不容易本来我於此道、素不習熟、又搭着這位西姑娘、念書很用心、雖一字一句、都要細究、我實在有點兒不了、就拿昨兒個説罷、那書上有這麼兩句、我就所不懂、九怎麼兩句、十那兩句是這麼説的、先是猶太人、後是希利尼人、這怎麼講、十一猶太和希利尼、都是秦西的國名、這有甚麼難的、十二還有一樣兒、偺們隨便兒説句話、他都要細問是怎麼個意思、遇見有意思的、還容易、有時候兒這句話、並沒有甚麼深文奥意、只可以意會、不可以言傳、他也要叫你細講、這就難極了、十三這您也別怪他這麼着、凡有一句話、就有一個講兒、就是隨便

元隆號製

下 2-126b

戲談
習而不察
明晰
希碎　細說
西國人學習相干
細追求
細看

兒說句玩兒話、或是一句戲談、那裡頭都有個意思、有個緣故、咱們是說慣了、聽慣了、以為是隨便兒的口頭話、因此就習而不察、久而久之、雖然嘴裡說這句話、心裡也明晰這句話、若要把這句話一個一個字打的希碎、用白話細說明白了、大半人多不能人家西國人、到咱們這兒来學習官話、為的是中外若有相干涉的事情彼此對面好說好辦、要是不細追求話裡的意思、就那麼隨便學了、就算會了、後来不但自己不能用這句話、而且人家說出這句話来、自己還不知道說的是甚麼哪、那他還請先生學話作甚麼呢、盍按這麼細看起来、這教洋館一道、是極難的了、可真不

戲耍
細故
互相
相處
瞎充　下氣
下問
想一想

是當戲耍的、十五難着的哪、尤其他們傳教的、請先生念書教話、比
別人更難、不但是外面的大事、他要知道、就連居家過日子、內裡
的瑣碎細故、他都要明白、並且他們念的那些新舊約各書、僭們
都沒見過、若是冒然去教、那一定不能勝任、十六那麼您瞧我、幹這
個行不行、十七行有甚麼不行的、不過就是得和久教洋館的互相
交往、常常兒的盤桓、慢慢兒的相處的久了、自然就得了訣竅了、
可是一節、有不知道的、別瞎充懂得、總要虛心下氣的討教、千萬
別恥下問、十八是的、十九還有一樣兒、這個四聲、您知道不知道、二十那
我知道、不是分平上去入麼、廿一不是、您想一想、要是分平上去入

下 2-127b

下愚　想必　相同　下平　詳細　相接　相見　相談　下餘的

四聲、那偺們念書的、誰還不知道、雖在下愚也必明白、我又何必問您、知道不知道呢、我既是問您、那想必另有一個四聲、不和偺們那個相同了、廿二那麽您説的這個四聲、是怎麽分的、廿三分的是上平下平上聲去聲、苗沒有入聲麽、芏沒有入聲、外國人念書、習練中國的字、必要詳細分音分聲、是甚麽緣故呢、他不過是學話為的是與中國人相接相見、彼此好可以相談、並不是要作詩賦所以不用入聲、還是這個字、有好些個不按正音念的、共這個四聲怎麽念呢、您説、一個字作比方、我就明白了、艾不用説別的、您現在教西姑娘、就用這三個字、我都把他説出四聲來、下餘的字、

下 2-128a

西錫禧系

西字

下来

呢央切音就是娘字上平

你養切音就是娘字上声

暇時

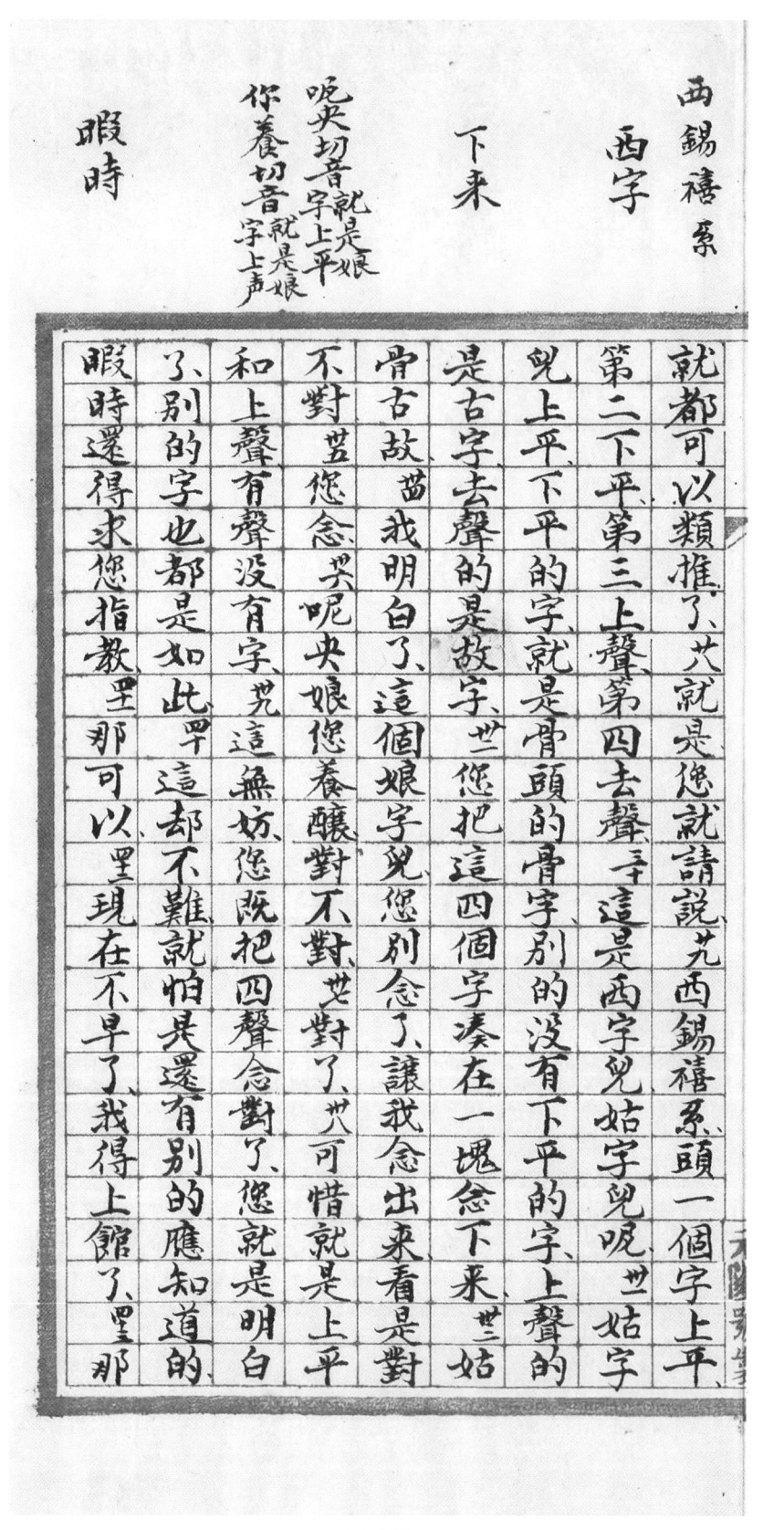

就都可以類推了、廿六就是您就請説、廿九西錫禧系、頭一個字上平、第二下平、第三上聲、第四去聲、卅這是西字兒姑字兒呢、卅一姑字兒上平、下平的字、就是骨頭的骨字、別的没有下平的字、上聲的是古字、去聲的是故字、卅二您把這四個字湊在一塊念下来卅三姑骨古故、卅四我明白了、這個娘字兒您別念了、讓我念出来看是對不對卅五您念、卅六呢央娘您養釀對不、對、卅七對了、卅八可惜就是上平和上聲有聲没有字、卅九這無妨、您既把四聲念對了、您就是明白了、別的字也都是如此、卌這却不難、就怕是還有別的應知道的、暇時還得求您指教、卌一那可以、卌二現在不早了、我得上館了、卌三那

下回
息日　息止
安息日
下下禮拜　下禮拜
下月
閒暇
細事
夏月

麼我也不留您坐着了、下回您要是再來可以挑一個禮拜的日子、為的是能多談一會子。罷 是的、可是我常聽見外國人說禮拜的日子、是息日、這是怎麼個意思。罷 他們每遇禮拜日、息止作事、無論甚官中民閒都是那麼着、所以又叫作安息日。罷 是了、我要走了、咱們下下禮拜見。罷 您下禮拜來、豈不好麼、為甚麼還等那麼多日子、那就到了下月了。罷 是這麼個緣故、我現既是天天兒得上館了、就一點兒閒暇沒有了、所有舍下的事情、得等到禮拜的這天辦、平常的日子、別說是大事、連一半件零碎細事、都不能辦、所以下禮拜的這天、應辦的事很多、而且這夏月的時候兒天

洗頭

氣太熱、打算洗一洗頭、這麽一来、這一天的工夫兒就算完了、那

兒還有工夫出来呢、罢您説的也是

第三百五十八章

祥　下房兒　西瓜　西瓜皮　洗手　廂房　嘻笑　惜字紙

下楼　錫器　細皮白肉　細腰　細高䠷　希矮　瞎子

下流　轄管　戲笑　息怒　底下　嚇的　狭窄　下役人

下次　下去罷　嚇唱　想我　想着　蝦鬚　瞎頼　下學

相好　瞎眼　瞎一眼　細微　蝦米　像是　相貌　鄉親

鄉試　下不来　想起来　想不起来　香瓜　相争　相打

下 2-129b

祥　下房兒　西瓜
西瓜皮
洗手　廂房
惜字紙　嘻笑
下樓　錫器
細皮白肉
細腰　細高䠷　希矮

下身　嚇死人　相勸　嚇跑了　嚇傻了　關係　嚇的　嚇
破膽子　嚇我一跳　嚇糊塗了　下邊
祥兒、你在下房兒幹甚麼哪、二我吃您給我的西瓜哪、三快把這
桌子上的西瓜皮、扔到外頭去、別弄的屋裡骯髒的、都弄完了、就
打點兒水洗洗手、然後把廂房裡掛的、敬惜字紙的簍子拿出去、掛
在書房裡、別吃完了全不管、躲在一邊兒嘻笑、四我多咱嘻笑來
着、五你說沒嘻笑、那麼我纔剛下樓去收昨兒買來的錫器的時
候兒、聽見你們幾個人說笑、又是甚麼細皮白肉兒的真好看咧、
又是甚麼細腰兒咧、又是甚麼細高䠷兒的身材、不那麼希矮的

瞎子
下流　轄管
戲笑
息怒　底下
嚇的
狹窄
下役人　下次

難看咧、這些話、不是你們纔在下邊兒說的麼、你們當我是瞎子聾子、聽不見看不見呢、放着好些事情不做、大家湊在一塊兒混說、你們真是下流極了、我說你、你還不認賬、要是這麼所轄管不住你們我全不要你們、看你們還能湊到一塊兒戲笑嗎、六老爺請息怒、奴才錯了、底下再不敢了、求老饒恕這次、七你這孩子真是又可恨、又可笑、你瞧嚇的這個樣兒我本應當不要你們、你如今既是知錯認錯、我若是一定不要你、倒彷彿我度量狹窄、待下役人刻薄了、今兒姑且從寬、也不必深究了、下次再這麼着、我一定不要你們了、八謝老爺的恩典、九得了、不用儘自在這兒站着

下 2-130b

下去罷 嚇唬 想着
想我
蝦鬚
瞎賴
下學
相好
瞎眼

了、下去罷 十是、土可是我纔說的話、可不是嚇唬你、要時常想着、別忘了、你要是不聽、再要想我饒你、那可就萬不能了、土是奴才記着、主我還問你一句話、那書房掛的蝦鬚簾子、是怎麼壞的、我昨兒瞧見了、問廾兒、他說他不知道、叫我問你、你只管告訴我、我絶不責你、可別彼此瞎賴、西那不是我弄壞了的、也不是他、主那麼是誰弄的呢、土是有一天後半天哥兒纔下學、師爺剛要出去、可巧這個檔兒師爺的相好的來了、他進書房的候兒沒瞧見掛着簾子哪、就一直的往裡走、故此就把簾子給撞壞了、土這個人真是瞎眼了、掛着的簾子會瞧不見、大您說他瞎眼、倒說對了、這

下 2-131a

瞎一眼　細微
蝦米
像是　相貌　鄉親
鄉試
下不来
想起来　想不起来
香灰

個人真是瞎一眼、況且那蝦米鬚的簾子又太細微、彷彿紗似的、他最不留神、故此就瞧不出来了、先師爺說甚麼来着、亍師爺很有氣直抱怨他、他也没坐住、不大的工夫兒就走了、廿你瞧這個人、像是甚麼地方兒的、廿瞧他相貌很難看、聽說是師爺的鄉親、這回進京、是鄉試来了、就因為這個人、把簾撞壞了、師爺臉上很下不来、心裡也很不安、那天還告訴我、叫我替回老爺一聲兒、是我忘了、今兒纔想起来、要不是老爺問我、我還想不起来哪、芏你怎麼這麼没記性兒、苗這倒是有個緣故、芏甚麼緣故、芸那天師爺走了之後、可巧門口兒有個人、和一個賣香灰兒的、也不知道

下 2-131b

相爭　相打
下身
嚇死人　相勸
嚇跑了　嚇傻了
關系
嚇的
嚇破膽子
嚇我一跳
嚇糊塗了

是爲甚麼、彼此相爭起来、後来鬧的彼此相打、那個人把那個賣香灰兒的、打了個頭破血出、把下身也打得所動不得了、真是嚇死人、先還有旁邊兒瞧鬧兒的人、上前相勸、後来見打的太凶了、把他們都給嚇跑了、故此也没人勸了、把我也嚇傻了、所以把師爺的話、也忘了回您了、老街上打架、與你有甚麼關系、你何至於嚇的那麼着、老這也有個緣故、奴才小時候兒同院兒住的街坊、常常兒的拿刀動杖的打架、把我都嚇破膽子了、從那麼一見打架的就害怕、所以那天剛一聽見門口兒有人打架、就嚇我一跳赶後来、瞧見打的那麼利害、就越發嚇糊塗了、老你這孩子、真是

下 2-132a

下邊

可笑得了、別說了、快到下邊兒幹點兒事去罷、別儘自躭悞工夫

了、辛是、

第三百五十九章

喜事　相契　相厚　席上客滿　下車　下轎　下馬　想不、

到　影戲　戲法　瞎姑兒　大戲　狹小　戲臺　坐腔兒戲

相好　唱大戲　戲班　四喜　戲箱　道了喜　下火　錫

鑞頂子　喜轎　夏日　習氣　下聘　下聘禮　相面的　嚇

呼　相信　廂藍旗　廂白旗　相對　相當　相宜　廂黃旗

廂紅旗　細講究　旗下　想法子　相連　下了架子　相

下 2-132b

喜事
相契
相厚　席上客滿
下車
下轎
想不到　下馬

隔　掏下　放下来　想頭太大　想着　想要　想頭　想炕
據我想
昨兒令親那兒喜事、您去了沒有、二去了、三人来的不少罷、四可
不是麼、他們那兒、本来親戚就不少、又皆因我們舍親好交往相
契相厚的也多、所以每遇見辦事情、回回兒總是席上客滿、沒有
一次人少的時候兒、近来交的更寬了、所以昨兒個、他們胡同兒
裡、車轎都滿了、我的車就沒能進胡同兒、在口兒外頭就下車了、
赶我到了門口兒一瞧、正遇見朱大人下轎、只好等一等兒再進
去、想不到這一等、可就工夫大了、下車的、下馬的、接連不斷、好容

下 2-133a

影戲　戲法

瞎姑兒　大戲

狹小　戲臺

坐腔兒戲　相好

唱大戲　罣　戲班

戲箱　道了喜

下火　錫鑞頂子

易纔得進去、又搭着他這次事情辦的更大了、每回辦事、雖然都叫玩藝兒然而也不過是影戲、或是變戲法兒的、還有叫幾個瞎姑兒唱曲兒的時候兒哪、至於大戲總沒唱過、一則是戲價太多、二則他們陳房子裡院子狹小也搭不開戲臺就有一回唱坐腔兒戲、那是他們相好的給他請的二簧票、不想他這次辦事、竟自唱大戲叫的是四喜戲班聽說還進的是戲箱、並不是軟包、我進去道了喜交了分子、趕緊就走了、五 怎麼這麼忙 六 昨兒的天氣那麼熱如同下火、那當鋪櫃杆上的錫鑞頂子、都晒化了、彀多麼熱呀、況且棚裡人是多的、更覺得熱的難受極了、所以我也沒坐

下 2-133b

喜轎
夏日
習氣
下聘　下聘禮
相面的
嚇呼　相信
廂藍旗　廂白旗

席、也沒等着發喜轎、就忙忙的跑了、七怎麼令親那兒辦事、不挑個春秋天兒、單要在夏日、是何所取意呢、八哎、他們這也是染了世俗的習氣了、說是甚麼六臘月、是行嫁月、故此纔在這個月辦事、這件事、從他們下聘的時候兒、聽見他們找命棚子、給擇下聘禮的日子、我就勸過他們、和他們說、凡這一切算命的、相面的、全是老謠、並且愛嚇呼人、斷不可相信、他們始終不聽、到了兒還是遵守算命的話、您說可有甚麼法子、九我說一句話、您可別惱、到了兒是短念書、十您這話、一點兒不錯、十一他們那旗的、十二他們是廂藍旗的、十三怎麼在廂白旗的地面住呢、十四他們祖上原是在本

下 2-134a

相對　相當
相宜
廂黄旗　廂紅旗
細講究
旗下
想法子

旗地面上住、因為戶大人多、房子不彀住的、而且同族的都不大
相對、貧富又不相當、自他們太翁這一輩、就各自分居了、他們就
買了現在住的這個房、雖然不是本旗的地面、然而近年來、城裡
頭房子極難找、只要有房子、住着相宜、地方兒是不能挑的、就拿
我說罷、我是廂黄旗人、住的就是廂紅旗的地面兒、現在的時候
兒、那兒能細講究呢、十五是的、好在一樣兒、令親和您都是在部院
當差使、不在旗下當差、要是在本旗當差、那可就離衙門遠多了、
十六可不是麼、十七令親現在大概快放了罷、十八他兩次一等記名、大
約今年總可以放、今年要是不放、就得想法子、十九怎麼、二十您還不

下 2-134b

相連　下了架子　相隔　掏下　拏下來　想頭太大　想着　想要　想頭　想炕　據我想

知道哪、他這幾年相連的辦事、他又好體面、局勢支持的很大、雖然手下拮据、又不好忽然下了架子、那件事情不得些個銀子、從去年八月到現在、相隔不過十個月、又是聘、又是娶、我給算計着、這兩件事、至少也得三千銀子、聽說他已經掏下虧空了、如果今年能放下來、那可就是湊合他了、在他的意思、未免想頭太大了、不但想着放、而且心心念念兒的想要上廣東去、您說他這想頭大不大、並人都是這麽着、貪心不足、俗語說的得了屋子就想炕、是萬不錯的、據我想、凡事不可太過、也不可求全責備、是了就是了、心若太高、恐怕一生沒有如心的時候兒了、您說對不對、並是

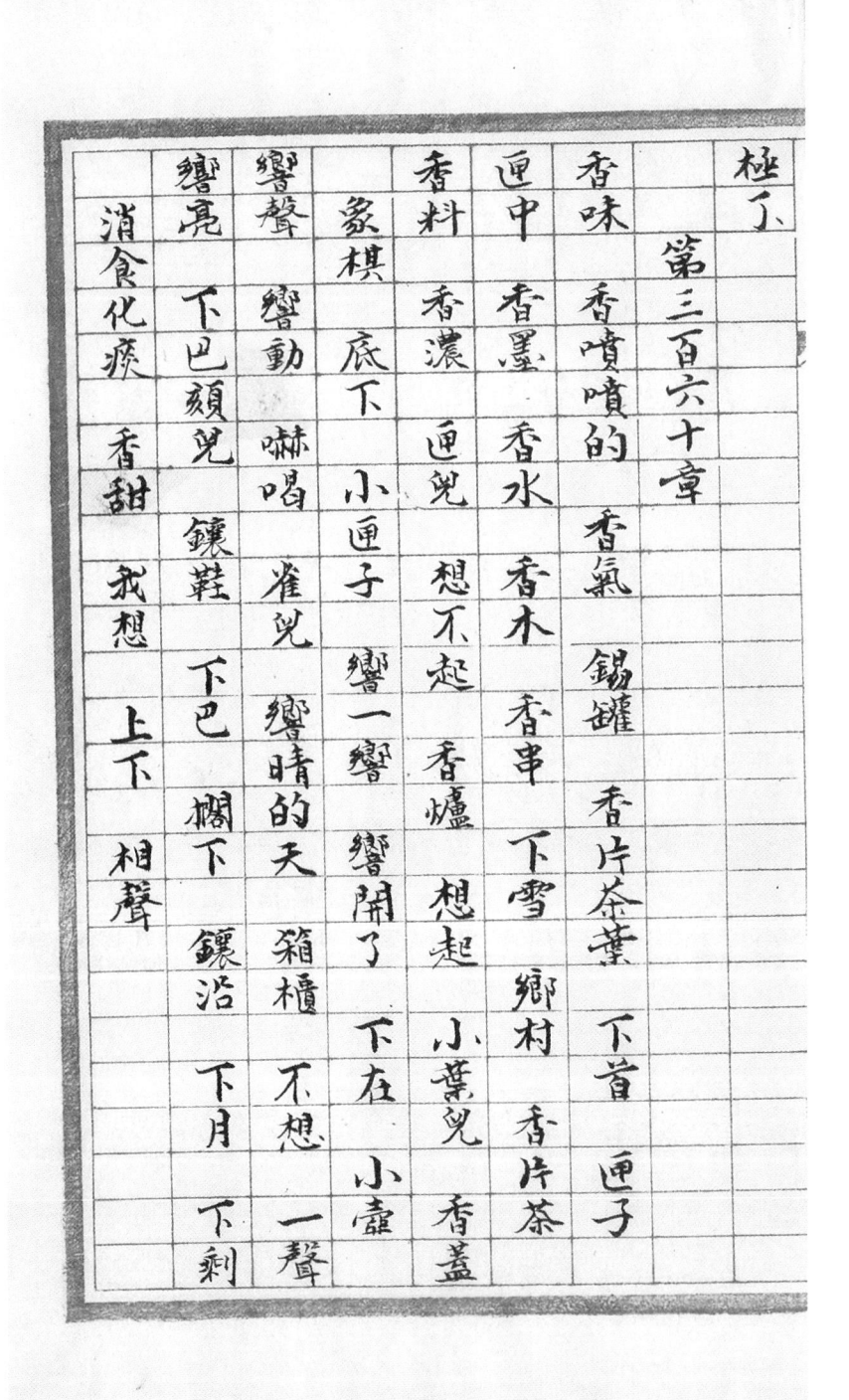

下 2-135a

極了

第三百六十章

香味　香噴噴的　香氣　錫罐　香片茶葉　下首　匣子

匣中　香墨　香水　香木　香串　下雪　鄉村　香片茶

香料　香濃　匣兒　想不起　香爐　想起　小葉兒　香盞

象棋　底下　小匣子　響一響　響開了　下在　小壺

響聲　響動　嚇唬　雀兒　響晴的天　箱櫃　不想　一聲

響亮　下巴頦兒　鑲鞋　下巴　擱下　鑲沿　下月　下剩

消食化痰　香甜　我想　上下　相聲

下 2-135b

香味

香噴噴的

香氣　錫罐

香片茶葉　下首

匣子　匣中

香墨　香水

香木　香串

這個茶怎麼一點兒香味兒沒有、你今兒弄的甚麼茶葉、二我瞧昨兒得的那茶葉很好、所以抓了點兒沏上了、三哎那個茶葉不是好的、聞着香噴噴的、彷彿是味道很好、赶到沏在壺裡就一點兒香氣沒有了、這實在不好喝、你還是把那個錫罐兒裡頭的香片茶葉、抓點兒沏上罷、四在那兒擱着呢、五那下首櫃板兒上不是有個木頭匣子、那匣中裝着倆錫罐兒、不是茶葉麼、六我怎麼找不着呢、七怎麼會找不着、八這櫃板兒上擱着的幾個匣子、我都瞧了、一個匣子是香墨、一個匣子是兩瓶香水兒、還有一個盒兒裡頭是檀香木的香串兒、沒有裝茶葉的匣子、九你這人真是

下 2-136a

下雪　鄉村
香片茶　香料
香濃　匣兒
想不起　香爐
想起
小葉兒
箱蓋　象棋

無用、等我給你找去、十您瞧這櫃板兒上那兒有、主喲、那個木匣
兒那兒去了、主我記得是您把那個香葉送了人了、主送了誰了、
而有一天下雪、来了一個鄉村兒的人交租子、您不是叶我給他
沏了一壺香片茶、他很愛喝、不是他還問說、裡頭擱了甚麼香料
了、香濃的茶葉、連匣兒都送給他了、您還記得不記得、主我怎麼
想不起這件事来呢、去這容易想、就是古玩舖送這個古銅香爐
的那一天、乇是了、我想起来了、不錯、是這麼件事、可是現在這個
茶不好喝、我記得偺們還有點兒小葉兒茶、沏點兒那個罷、你瞧
瞧、管保是在套間兒裡箱蓋兒上擱着哪、那兒有倆象棋子兒盒

元隆號製

下 2-136b

底下　小匣子
響一響　響開了
下在　小壺
響聲　響動
嚇唬雀兒
響晴的天
箱櫃
不想
一聲響亮

子、底下的那個小匣子就是、十八不錯有了、您瞧、是這個不是十九是
這個、你把那開水再響一響、二十水響開了、茶葉是下在這個小壺
兒裡了不是廿一是廿二那麼我就沏上来、廿三沏上罷廿四是廿五你聽院
子裡是甚麼響聲兒、廿六沒甚麼響動兒啊、廿七你是沒聽見、你出去
瞧一瞧廿八是他們在那兒、拿着棍兒嚇唬雀兒哪、廿九怎麼這麼大
的響聲兒呀、必還有別的事、三十是因為今兒響晴的天、他們把箱
櫃裡衣裳、都拿出来晾在院子裡了、纔剛有好些個家雀兒落在
上頭了、是李升怕給拉上屎、所以拿棍兒追打来着、不想只顧追
家雀兒沒留神摔了個撲虎兒、纔剛您聽見那一聲響亮就是他

下巴頦兒
鑲鞋
下巴
擱下
鑲沿
下月

摔觔斗的聲兒、世那就是了、摔着了沒有、世把下巴頦兒摔破了、
芸他這人真不留神、我今兒還要打發他上前門、取那雙鑲鞋去
啣、如今把下巴摔了、可怎麼去、凿摔的不重、大概不要緊、芸那麼
你把叶來我瞧瞧、芸是芟叶你啣、艼等我把這面子葯擱下、就去、
艼快去罷、罒你叶我有事麼、罒可不是麼我聽說你摔了個觔斗、
把那兒摔了、罒就把下巴摔了、不過磕破了一點油皮兒不要緊、
罡那上的是甚麼葯、罡是治跌打損傷的面子葯、罡現在還疼不
疼、罢不疼了、罢我要叶你上前門、取那天定做的那双鑲沿的鞋
去、你能去不能去、罢那雙鞋不是得下月纔得嗎、罢你說的是後

下 2-137b

下剩
消食化痰
香甜
我想　上下
相聲

定的那雙、先不是還定過一雙哪麼、我叫取的是先定的、孛不錯
先定過一雙、垂你今兒能去不能去、垂怎麼不能去呢、垂那麼就
給你錢、你就去、這是二十吊錢票子、除了取鞋、下剩的錢、可以到
藥買點兒消食化痰的藥、再把菓子給買幾個來、盍你要甚麼菓
子、垂像甚麼桃兒杏兒都可以、不拘甚麼、只要好、可不要那樣兒
好、吃到嘴裡不香甜的、垂那鞋是多兒錢、垂定的時候兒沒問他
價兒、我想大概就在十四吊上下、垂那麼我這就去罷、您不買甚
麼別的了、垂沒甚麼買的了、你就去罷、卒是、卒快回来、別又在街
上、聽相聲兒了、垒是、

下 2-138a

第三百六十一章

下帖　饗乾　下霧　相會　享福　小事　相見恨晚　想望

相請　下交　瞎喜歡　享用　相與朋友　下不去　蝦仁

小炒　相得　相形　像貌　像樣　下作　像似　像甚麼

鄉愚　像一個　鄉談　鄉親　同鄉　香色　相符　鑲邊

脚下　象牙　項　學問　鄉魁　鄉宦　鄉紳　鄉老兒

底下　我想他　再不想　想許

你們昨兒在前門外頭吃飯、通共有幾個人、二纔七個人、聽說主

人下帖的時候兒請了十幾個人哪、都沒去、三怎麽昨兒那麽好

下帖

下 2-138b

響乾
下霧　相會
享福　小事
相見恨晚
想望
相請　下交
瞎喜歡
享用

天、會都不去、街上的道兒是響乾的、天氣是不、冷不熱、早起雖然、下霧趕到晌午就晴了、正好大家相會談一談、他們居然都不去、寔在可惜、四 可說得是呢、他們這幾位不去的、寔在是不會享福、五 享福不享福、還是小事、他們寔在是辜負主人的美意、我聽說主人、他極佩服這幾位、常說與諸公相見恨晚、故此常常兒的想望着預備酒席、請一請諸公、以表羨慕之情、這算是好容易求人先容、得大家應允了、他這纔下帖相請、不料這幾位不肯忘貴下交、竟自負約不去、這叫作猫咬尿胞、瞎喜歡了、六 本來這些人、終日錦衣玉食的、都享用厭煩了、所以這個時候兒人雖然請他、他

下 2-139a

相與朋友

下不去

蝦仁　小炒

相得　相形

像貌　像樣

下作

像似　像甚麼

却不屑於去、七這又不對了、你要不願意去、當初就不可以荅應、
既是接了帖了、無論怎麼着都得去、那纔是相與朋友的道理哪、
如今就這麼乾擱兒不去、未免於理下不去、那麼昨兒你們七位
吃的還盡興不盡興、八却倒極盡興、主人本来預備是成桌的、恐
怕不彀、另外又要了些個蝦仁兒魚片兒、還有小炒兒甚麼的、吃
唱都很盡興、大家却也都極相得、這内中就有一個人、相形之下、
未免太難、九怎麼、十不必說別的、就是他那像貌就很不像樣兒、
至於舉止動作、尤其可笑、而且吃上飯、唱上酒、下作極了、直像似
八輩兒五没見過酒肉似的、十一看他那個様兒像甚麼樣兒的人、

下 2-139b

傢一個　鄉愚
鄉談　鄉親
同鄉
香色　相符
鑲邊　脚下
象牙　項

十二傢一個無知的鄉愚說着話兒抽冷子就鬧出一句他們家鄉談來了、十三大概同席上、或者是有他的鄉親、十四沒有、他是陝西人、我們在座的全是咱們京裡的人、怎麼能有他的同鄉呢我先說他這個打扮兒就可笑萬狀、十五怎麼個打扮兒、十六他穿着一件毛藍布的老羊皮襖上頭罩着一件香色洋縐棉坎肩兒這先不相符、頭上可又帶着黑絨鑲邊兒的毡帽、脚下穿着一雙紅青粗布的單臉兒鞋、使着一個象牙嘴兒的烟袋、長的項短脖粗、一臉的黑、肉、真是難看、十七怎麼會請這麼一位客呢、十八這也難怪您猜這位是誰、十九是誰、我猜不着、二十這是主人他們那兒的先生、別瞧他

學問　鄉魁
鄉宦　鄉紳
鄉老兒
底下
我想他　再不想　想許

人物不好、學問却很好、他還中過鄉魁哪、聽說他的令尊現在是
個鄉宦、在他們原籍、還是有名兒鄉紳哪、廿那就是了、我說呢、滿
座高朋、內中怎麼會有這麼個怯鄉老兒呢、大家夥兒管保都拿
他取笑兒　廿可不是麼、這一位這天是難受極了、底下再有這個
聚會、我想他再不想来了、廿想許是不来了、

第三百六十二章

相見　想念　香山　香界寺　香火　不像　香錢　小廟
香客　燒香　向来　鄉里　想情度理　鄉民　小小的　些
須　大小　開銷　像這　享受　小康　小戶　這些　削髮

下 2-140b

相見　想念
香山
香界寺
香火

為僧　想到　橡樹　橡碗子　相　一相　相待　相陪　相叙
相談　相國　相爺　這些個　消停　相迎　相繼　拈香
香案　相幫　像不像　庠生　相向　向後　逍遥　好像
向他　向他説　向前　笑容可掬　小弟　詳明　曉得
想出　相遇　相求　詳細

大哥、您好啊、二 好老弟好、三 好、四 這程子總沒相見、實在想念得很、竟在家裡作甚麽呢、五 前些日子、進了一盪香山後来打那麽又到了四平台、在香界寺住了幾天、六 是了、聽説香界寺是個大廟、那兒香火怎麽樣、七 這宗廟、雖然是有名的、却倒沒甚麽香火、

下 2-141a

不像　香錢
小廟　香客燒香
向來
鄉里　想情度理
小小的鄉民　些須
大小
開銷　像這

不像那些小廟兒竟仗着香火旺得香錢、八那麽那個廟裡也沒有香客去燒香麽、九燒香的也有、但是不多、十那麽不仗香錢那廟裡的和尚拿甚麽過日子呢、十一您是不知道向來西山那兒那些個廟、都沒甚麽香火、即或有去燒香的、也不過都是那兒附近鄉里的人、您想情度理、一個小小的鄉民燒香、能彀給得了多少香錢、那個廟裡、要指着這些須香錢過日子、豈不都餓死了麽、十二那麽仗甚麽吃飯呢、十三您聽我告訴您、西山那兒無論大小廟宇、都有山地、雖然多少不等、大概總可以彀廟裡的開銷、像這香界寺、還不筭是很大的廟哪、然而他那山上的出產、一年也差不多

下 2-141b

享受 小康
小戶 這些
削髮爲僧 想到
橡樹 橡椀子
相一相
相陪

有四五千金、所以那廟裡的方丈、所享受的、比平常小康的人家
兒勝强百倍、要是小戶人家兒、更比不上他了、西啊、敢則這些削
髮爲僧的、有這樣兒的造化哪、我眞沒想到、要是比這個廟大點
兒的廟、大概更濶了罷、主那是自然的、去他們那山上、都出產甚
麽呢、老那山上橡樹極多、所有咱們城裡顏料鋪賣的橡椀子、和
染坊用的橡椀子、都是從那兒来的、還出產栗子、柿子、山裡紅甚
麽的、六啊、我聽說西山上大廟裡的方丈、勢力極了、若是有人到
他廟裡逛去、一進他的山門、他廟裡用的老道、先把人上下相一
相、若是一個平常人、那方丈斷不肯出来相陪、不過叫一個值客

元峯號製

相叙　相待

相談　相國

相爺

這些個

消停　相迎

和尚出来相叙、至於相待的意思、也就是草草塞責而已、果真是
這麼着麼、尢這話倒是不假的、但是這説的還差一點兒、所有那
一帶廟裡的和尚、都極其勢力、打發值客和尚出来應酬的、那還
是逛廟的人、或有錢、或有勢、若是尋常人去逛、他簡直的不理你、
誰出来和你相談呀、要是王公侯伯、或是某相國某大人到他廟
裡去、車轎離廟還有十幾里哪、他廟裡早就知道是某王爺、某公
爺、某侯爺、某相爺、或是某大人来了、這赶緊的預備齋預備茶點
把這些個禿驢忙了個脚朝天、直等到車馬到了山門、他們這纔
得消停了、于是方丈出到山門外相迎、迎進来、讓到客堂裡客方

下 2-142b

相繼

拈香　香案　相幫

像不像

不像　庠生

相向

向後

逍遙

落座、隨着就進茶、茶罷就是點心、點心未畢、相繼不斷的、就擺素齋、看那方丈的光景、實在是逢迎諂媚、恭敬到一百二十分、若是客要拈香禮佛、他必親自陪着去、在香案前相幫、或點燈、或打磬、沒事也要找出點事兒做、就這麽個樣兒的無恥、亍老弟到他廟裏、大概那和尚們、必優待罷、芏您瞧我這個樣兒像不像、芏怎麽不像呢、芏論我不過是個庠生、並非大官大宦、又沒穿甚麽好衣裳、他如何肯以禮貌相向呢、苗那麽老弟是受了他們的簡慢了、苙那天我一進門、他們本是沒理我、後來我打算向後頭殿裡瞧瞧去、正走之間、迎頭來了一個老和尚、神色逍遙的了不得、我看

元奎號製

下 2-143a

好像　向他
向他說
向前
笑容可掬
小弟
詳明　曉得
想出

他這樣兒好像是個住持這麼着、我就向他拱一拱手兒說老方丈納福了、他見我向他說話、又看我不是個俗類、不得不理我、于是他就向前還一拱手兒說施主怎麼稱呼、我就把姓名告訴他了、他聽了、立刻就笑容可掬對我說貧僧失敬得很、您千萬別見罪、於是他就把我讓到客堂裡說話兒、芸老弟這話真叫我不明白了、那和尚先既不理老弟、後来一聽老弟姓名、怎麼居然就讓在客堂裡呢、這是甚麼緣故、艺提起来話長了、小弟得細細兒告訴您、要是不說詳明、您如何曉得這個緣故、艾那麼老弟就請說一說、芃可是有一層、這個緣故我得慢慢兒想出来纔能說工夫

下 2-143b

相遇　相求　詳細

可就大了、一時怕說不完、現在天太晚了、我剛纔來的時候兒在街上、偶爾與一位老世伯相遇、他請我今兒或早或晚、到他家裡、說是有點兒事相求、我不好推托、所以現在打算要去、這個緣故呢、我想莫若明兒我來、再詳細說給您聽、可以不可以、幸那有甚麼不可以的呢、就是這麼着罷、

第三百六十三章

想是　相別　訂下　下地獄　小點點的　笑話　關係　消愁解悶　笑斷肚腸　小題大作　消化　小鷄兒　下窩　小肚子　向東　向西　下夜　小廝　下人　小鞋兒車　荷包

想是

相別　訂下

下地獄

巻子　下門　香牛皮　小女　香荷包　巻口　誰想　些微
向年　小病痛　消化不動　小孩子　可笑　相反　香甜
相應　想死人　庠序　鄉黨　降伏　鄉中　武斷鄉曲
響馬　詳稟　鄉團　鄉勇　詳察　詳報　料想　相親相愛
相稱　相識　相敬相信　些須　削髮　小功名　夢想不
到　相逢　香油

一大哥您喝了茶了、二喝過了、您真来了、想是特意為説和尚的緣故、三不錯、我昨兒和您相別的時候兒、原訂下今兒来説給您聽、今兒要是失信不来、豈不怕後来下地獄嗎、四這是那兒的話呢、

下 2-144b

小點點的　笑話
消愁解悶　關係
笑斷肚腸
小題大作
消化　小鷄兒
小肚子　下窩
向東　向西　下夜
小廝　下人

為這麽個小點點的事情、會至於後來下地獄、可真是笑話兒了、
再者偺們不過是閒說話兒、為得是消愁解悶兒、又不關係甚麽
要緊的、叫老弟說的這麽利害、哈哈哈、真叫我笑斷肚腸子了、再
則老弟今兒來的這甚早、也未免太小題大作了、　五　這却不是為
上您這兒來起早、是因為昨兒晚上吃飯沒消化、夜裏小鷄兒叫
的時候兒、小肚子不大舒服、故此今兒一黑早、老鸛還沒下窩哪、
我就起來了、起來又沒甚麽事、於是我就開了街門、在門口兒站
着、向東向西、瞧了會子、那下夜的兵纔回去、這麽着我就進去、把
使喚小廝和外頭的底下人們叫起來、叫他們給我倒漱口水打

元隆號製

下 2-145a

小鞍兒車
荷包巷子　下門
香牛皮　小女
香荷包
巷口　誰想
些微
向年

洗臉水、趕到水都倒来了、我把口漱了、臉洗了、這天纔大亮、於是叫他們在碾房、叫了一輛小鞍兒車、我坐着就上前門了、趕出了城、到了荷包巷子、那些鋪子、都剛下門、這麽着我就在熟荷包鋪裡、坐了一會兒、買了他一個香牛皮的大太平的烟荷包、又給小女挑了一個香荷包、買完了、就坐車進城、在交民巷口兒太昇楼、吃了一碟燒麦、喝了一碗餛飩、然後這纔上您這兒來誰想還這麽早哪、六我說呢、敢情是這麽件事情、老弟現在肚子覺着怎麽樣、七倒不覺得怎麽樣、起来的時候兒、些微的有點兒疼、現在好了、八我記得老弟向年身體極强健、胃口肚腹都很壯、從来連個

下 2-145b

小病痛　消化不動
小孩子　笑話
可笑
相反
香甜
相應
想死人

小病痛都沒有、昨兒晚飯吃甚麽来着、會消化不動、九我告訴您、我近来所成了小孩子咯、不怕您笑話、我昨兒晚上是吃多了、吃完了就睡了、大概是停食、十老弟這話説的真可笑、這麽大人、焉有吃多了的事呢、不定吃了甚麽相反的東西了、不然就是不合口味、勉强吃了、十一沒吃甚麽相反的東西呀、並且昨兒吃的很香甜、十二既不是吃了相反的東西、又不是不合口味、那麽是甚麽緣故呢、十三咳、管他呢、無論是怎麽個緣故、全給他個相應不管、現在是好了、我先把那和尚先倨後恭的緣故、説給您聽、是要緊的、十四對了、俗語説的、許死人想死人、老弟倒是把那個緣故説了、免得

庠序　小功名
鄉黨
降伏　鄉中
武斷鄉曲
響馬
詳稟　鄉團
鄉勇

我納悶兒、直是這麼件事情、這個和尚、他原是武清縣的人、也是
身列庠序、家裡頗有幾畝地、又捐了個小功名、在籍也算是個紳
董、但是這個人、為富不仁、鄉黨中的軟弱的、每每受他欺壓、有他
父親在的時候兒、還可以降伏得住他、自他父親去世之後、本鄉
中所沒人敢惹他了、至於武斷鄉曲的事、真是更僕難數、有一年
土匪鬧的利害、又因為天津至通州這一路、每有響馬路劫、故此
他們那兒縣官、詳稟上憲、舉辦鄉團、他既是紳士、自然大家都舉
他為首事、所有製辦器械、招募鄉勇、都歸他辦、他就撒開了往手
裡一摟、團練也沒辦好、錢卻弄足了、後来被人告了、上憲派委員

下 2-146b

詳察　詳報

料想

相親相愛

相識

相敬相信

些須

去詳察、把他侵吞舞弊的事、全察實了、這委員就據實的詳報了、順天府尹、就把他的功名參革了、還算是好呢、要不先嚴替他從中託人布置、料想還得發一邊去、怎麼令尊大人認得他嗎、起先却不認得他、因為有一年、先嚴上武清縣取租子、在店裡遇見過他、他一見先嚴、彷彿是相親相愛的了不得、並且他見先嚴、一定以老伯相稱、先嚴彼時不好意思却他、從那麼纔和他相識的、他知道先嚴與順天府尹、係屬道義之交、素來相敬相信、所以後來他經這場官司的時候兒、極力求先嚴給他託託、先嚴礙難固却、故此在順天府、替他些須的託了託、居然把他的罪減輕了、他從

元鑒號製

剃髮
夢想不到
相逢
香油

那麽頗、知悔改、於是就剃髮出家了、不料他現在、竟會在大廟裡作了方丈、真是夢想不到、那天我一進廟、他們原不知道我是誰、所以不理我、後来彼此忽然在後殿前相逢、一通姓名、他這纔知道是我了、焉有不接待理呢、十八是了、我這可明白了、十九您既明白了、我也該去了、二十別走啊、吃了飯去罷、廿一現在我肚子沒大好、不敢吃甚麽了、廿二我也不請老弟好的、弄點兒香油素片兒湯、好不好、廿三那麽我就從命、

第三百六十四章

小腹　小便　消腫　曉不得　學院　下馬　向来　消貨

下 2-147b

小腹　小便

消腫　曉不得

歇一歇　學徒　這麽些　小生意　學買賣　學生意　些個

小買賣　學三年徒　學成了　學會了　學規　學禮　學

寫　學算　學官話　學好了　學手藝　學習　學字　學話

學應酬　容易學　小生理　得學　學書　學畫　學過

寫字　通曉　先生　學說　不消說　那些　雷雲　歇工

一些　小事情

您是怎麽了、臉上腫的這個樣兒　二我這一程子咯、老不舒服、小腹常疼、小便短澀、忽然起大前兒個、連頭帶臉都腫了、今兒還算是消腫兒了、也曉不得是甚麽緣故　三您也沒請人瞧瞧嗎、　四咳、

下 2-148a

學院
下馬 向来 消貨
歇一歇
學徒
這麼許
小生意
學買賣 學生意
些個
小買賣

我那兒有工夫去瞧呢、鋪子裡這兩天買賣正忙、又加上學院快
下馬了、我們這個扇畫鋪、向来就仗着赶這個場季兒可以多消
貨、所以我現在是整天的在鋪子裡照應、打算要歇一歇兒都不
能、五現在您鋪子裡、有多少位夥計、六連夥計帶學徒、共總有十
七個人、七有這麼些人、還不敷用的麼、為甚麼還必得您親身整
天家不離鋪子呢、八您有所不知、獨我們這行這個小生意兒與
別的買賣不同、連學買賣的都與別的鋪子學生意不同、我一會
兒不在鋪子、就丟些個買賣、九甚麼緣故呢、十我這麼一說您就
知道了、這個買賣一道、自大鋪子以及小買賣兒固然多得學三

下 2-148b

學三年徒 學成了
學會了 學規學禮
學寫 學算 學官話
學好了 學手藝
學習 學字 學話
學應酬 容易學
小生理
得學 學書 學畫

年徒、赶到三年期滿、也就學成了、要是姿質聰明的、還有不到三年、就學會了、怎麼這麼容易呢、是這麼着、大鋪子呢、是學規矩學禮行、學寫學算學官話、只要把這幾樣兒學好了、再能勤儉和氣、不懶惰、沒脾氣、那便是好的、至於五行八作、不過就是學手藝、只要把手藝學習精了、就算是成了、其餘學字學話學應酬、那都用不着、所以比大鋪子更容易學了、總而言之、無論大店鋪、無論小生理、就把本行那點兒事學了、就能作買賣、沒有甚麼格外的事情、獨我們這個扇畫店這一行、就不然了、不但買賣場中的事情得學、而且還得學書學畫、要是不學這兩樣兒、倘或遇見買主兒

元峯號製

學過
寫字先生　通曉
學說
不消說
那些
霄雲　歇工
一些
小事情

問起書畫的事情來你既沒學過、怎麼能荅對呢、雖然鋪子裡另請着寫字的先生、和畫匠師傅、你要是所不通曉、這裡頭的事、也難免受人家的寃、學了書畫更得學說話、櫃上買主兒是高低貴賤全有、見甚麼人、就得說甚麼話、一個應酬不周到、不消說這個買賣、就許丟了、我們鋪子裡、雖有那些徒弟夥計、全不中用、常時有人定的畫兒給人拋在九霄雲外、還是都常愛歇工因為這個、所以我雖要騰一些工夫兒找個大夫看一看我這病、都不能如願、您說糟不糟、據我說、您無論鋪子裡怎麼忙、都是小事情、總得匀出空兒來、趁早兒看一看去、不然等到成了大症候、那可就

下 2-149b

不容易治了、土不錯、您說得是

第三百六十五章

姓蕭　姓謝　小買賣　香行　鞋鋪　先前　鞋行　開銷

小鋪　現時　現在　開住　小器　傢俗們　開得起　這麼

想　向日　笑話人　游手好閒　想不出　向那方　只學過

効勞　相與　通曉　小人　曉事　小說的書　小街　向

南　向我　歇嘴　些小事情　不想　小心　沒想到　相當

小就　現下　目下　先前　小說　食餡　驍騎校　蕭條

効力　小影子　血氣方剛　驍勇　向前去　那些賊　小

二〇鑒虎製

姓蕭　姓謝
小買賣　香行
先前　鞋鋪
鞋行　開鋪　小鋪
現時　現在　閒住
小器　像偺們　開得起

賊　降的降　小隊　魂消　降伏　消滅　放下　存下眼
下　歇息　享福　向他說　您想　感謝　學疎才淺　相會
閣下　邪僻　霄壞　協和　血心　相違　消息
您貴姓、二　豈敢、賤姓蕭、未領教您怎麼稱呼、三　我賤姓謝、您納、四
您恭喜那兒發財、五　豈敢、您納、偺們小買賣兒是香行、您貴行是
甚麼鋪子、六　我先前是開鞋鋪、後来因為材料貴了、鞋行的買賣
所不好、每月簡直的不彀開銷、這麼着、我就把這個小鋪子兒收
了、七　那麼您現時有甚麼貴幹呢、八　我現在是閒住沒事、九　我說
句小器話、也不怕您惱、像偺們這做買賣的人、如何開得起呢、十

下 2-150b

這麽想 向日 笑話人
游手好閒 消閒
想不出 向那方
只學過
効勞 相與
通曉
小人
曉事
小說的書
小街 向南

可說得是呢、我也這麽想呢、向日我常笑話人游手好閒、如今我
也這麽消閒没事、所想不出個道路来、不知道向那方去有事、士
您當初是只學過鞋行啊、還是又學過别的買賣呢、士我還學過
洋貨行、和錢行、主您既學過洋貨行、這倒巧的很、我却可以替您
効効勞、我有一個相與的好友、他手下頗有幾個錢兒、新近托我、
給他請一位通曉洋貨的人、他要開一個洋貨店、論洋貨行中的
人、我雖則認得幾個、無奈全是些個奸詐小人、斷乎靠不住、要找
一個光明正大、明白曉事的人、實在難極了、昨兒個我上四牌樓
書鋪、買小說的書去、赶回来走到小街兒、我正向南走着、遇見他

[illegible]奎號製

下 2-151a

向我　歇嘴
些事情　不想
小心
沒想到　相當　小就
現下　目下
先前
小說　食餉
驍騎校　蕭條

了他還向我打聽来着哪、不歇嘴兒的直催我、他說、我求您這麼
一個些小事情、您怎麼老不肯給我辦呢、他可不想、這不是三錢
兒的餑餑、倆錢兒的餅子、立刻說立刻就能辦的事、一個不、小心
錯舉薦了人、豈不壞了事了嗎、我這兩天、正為這個事着急哪、沒
想到今兒聽您這話、倒很相當、您若肯小就、我就見他去給您舉
薦舉薦　西您這位令友、現下有甚麼貴幹、主他原是作官、目下是
告病在家　去令友先前榮任是甚麼官、在那一省、去說起來、比一
本小說兒還有趣兒、他原是旗人、世代當兵食餉、到了他算是好
了、在本旗當驍騎校、家道蕭條的了不、得可巧那年外頭匪亂事

下 2-151b

効力 小夥子
血氣方剛 驍勇
向前去 那些賊 小賊
降的降
小隊
魂消 降服
消滅
放下 存下
眼下 歇息 享福

起軍務吃緊、他就投營効力、那個時候兒他正是二十来歳的小夥子、血氣方剛、驍勇極了、每逢打仗、只有向前去、沒有退後的時候兒、也搭着那些賊不過是烏合之衆的小賊兒、於是他就連連打了十幾回大勝仗、把那些賊打的死的死、降的降、即或有逃竄了的、只要他帶着一小隊子兵一追、沒有一個追拿不着的、後来那賊一聽見他的名、真是嚇的魂消魄散、立刻就降服了、那賊自從作亂到消滅、不過纔半年多的日子、他打驍騎校、漸次就保到記名副都統了、後来放下荊州副都統来、作了幾年、頗存下幾個錢、於是去年就告病回来了、眼下是在家歇息享福、新近他因為

元隆號製

向他說　您想　感謝
學疎才淺　閣下
相會
邪僻　霄壤
協和
血心　相違

聽見人說、洋貨的消場很大、故此纔打算開洋貨店、您若是願意領他這個東、我今兒就向他說去、您想怎麼樣、十八那我實在感謝不盡了、但是我學疎才淺、與閣下又是初次相會、居然求您薦此重大之事、似覺冒昧、十九這是那兒的話呢、偺們一見如故、並且我纔聽您說話、深知您是正人君子、與那些邪僻小人、真有霄壤之別、敝友要是得您給他經理買賣、你們二位必能協和、您千萬別推辭、我也不管您願意不願意、我今兒是一定要去說的、二十您真是以血心待朋友、我也不敢過事相違、只好一如尊命、但是您今兒說去、是否可成、求您一半天賜我一信、廿一那是自然的、明兒個

下 2-152b

消息 効勞

我來一定有好消息、芸好極了、那麽就勞您的駕罷、芸該當効勞
的、
第三百六十六章
蝎子勾子 先請 蝎螫 笑破唇 蝎子螫了 笑頭兒 笑
頭 笑臉 笑面虎 蝎毒 笑哈哈 笑容 笑人 笑嘻嘻
先請坐 發笑 大笑 招笑 先得 可笑 先要 先頭
裡 蝎子螫的 蝎子毒 消散 小兒 孝順 小可 效驗
小寒 想唱 小米 小米子 小子 好些個 小聲兒
小膽 大驚小怪 先別 小的 小磁盆 想起 那些 相

元鑑號製

下 2-153a

蝎子勾子
先請
蝎螫　笑破唇
蝎子螫了　笑頭兒
笑臉、　笑面虎
蝎毒　笑哈哈

似　脚底下　小狗　底下人　不曉得　誰想　小指　地下

必笑　笑的

老弟在屋裡麼　二在屋裡哪、是那位、　三是我、　四哎喲、大哥麼、請屋裡坐、我是手叫蝎子勾子螫了、這兒正上葯哪、倒不過手来、不能開風門子、先請您恕我、您自己開開門、請進来坐、　五老弟怎麼大清早起會被蝎螫了、　六咳、說起来真叫您笑破唇了、　七一個被蝎子螫了、有甚麼可笑頭兒　八我要是告訴您、您就是滿面的愁容、也要改為笑臉兒、　九叫老弟說得我成了笑面虎兒了、老弟現在手受了蝎毒、我只有替老弟難受的、素来就是個永遠笑哈哈的

下 2-153b

笑容 笑人
笑嘻嘻
先請坐 發笑
大笑 招笑
先得 可笑
先要 先頭裡
蝎子螫的
蝎子毒 消散

人到此時也要把笑容收斂點兒、焉有笑人的理呢、要是瞧見人家受傷、還那麽笑嘻嘻的、那不成了幸災樂禍的人麽、十 您不信、您先請坐、喝碗茶、聽我慢慢兒的告訴您、您聽了、大概不止發笑、而且必要大笑的、土 那我倒要聽一聽、看是有甚麽招笑兒的地方兒、但是有一樣兒、我先得打聽打聽、然後再説那可笑的、主 就是您先要打聽甚麽、主 我先頭裏一進來的時候兒老弟説上藥哪、我是要打聽老弟上的是甚麽藥、蝎子螫的重不重、由 螫的雖重、還不要緊、大概上上這個藥、待一會兒也就好了、這個藥、是專治蝎子毒的、主 那就不錯、只要能把那個毒消散了、就算好藥、就

小兒　孝順
效驗　小可
小寒
想喝　小米　小米子
小子

是這個小碟兒裡裝着的麽、去是那個、走這葯叫甚麽名兒、是那兒買的大名兒却叫不上来、也不是買的、是小兒從孝順胡同舍親那兒尋来的、這個葯很有效驗、聽說配這一料葯、非同小可、費了四五十兩銀子哪、去是了、我請問老弟、到了兒是怎麽叫蝎子螫了、況且現在正是小寒節氣、天氣正冷、各樣兒虫蟻兒全都入蟄了、怎麽會還有蝎子呢、亍是這麽件事情、我今兒早起起来、忽然想喝小米兒粥、家裡有的是屯裡送来的小米子、這麽着、我可就使喚小子、上厨房拿一點兒小米兒来、這個小子去了半天、也沒拿了小米兒来、就聽見他嚷着說、了不得了、這米裡怎麽有好

下 2-154b

好些個　小聲兒　小胆　大驚小怪　先別　小的　小磁盆　想起　那些　相似

些個蝎子呢您快来瞧瞧罷、艹我聽見他這麼大嚷、我可就說你瞧、大清早起人都沒起来哪、你說話不會小聲兒嗎、怎麼黙兒的小胆兒一個蝎子罷咧何至怕的這麼大驚小怪的、他說請您先別生氣、先来瞧瞧、就知道了、這麼着我就到厨房一瞧、敢則米缸裏有好些蝎子、大的小的、有十幾個、我赶緊就拿蠟夹子、一個一個的都夹出来、擱在一個小磁盆兒裡了、彼時我忽然想起蝎子怕花椒来了、這麼着、我就叫他們拿了一把花椒来、都撒在磁盆兒裡、真奇怪、那些蝎子、立刻全都不動了、與死了相似、這麼着、我就拿着這一盆兒蝎子、往上屋裡来、我眼睛只顧瞧盆兒裡蝎子、

下 2-155a

脚底下　小狗
底下人
不曉得
誰想　小指
地下
必笑　笑的

沒留神脚底下、被我養活的那個小、狗兒絆了一個觔斗、把盆兒也扔了、撒了一地的蝎子、我趕緊要用手撿、我們底下人說您還是用蠟夾子夾、別用手撿、看螫了手、我就說真是不、曉得甚麽、你沒瞧見蝎子都叫花椒麻死了嗎、那兒還能螫人呢、這麽着、我就拿手一撿、誰想那個蝎子都活了、把我的手、連小指和大指、五個指頭都給螫了、這個蝎刺怎麽這麽利害呀、艾老弟您這可真是可笑、您不、知道、那蝎子雖然叫花椒麻的不、能動了、他一撂在地下、一受了土氣、立刻就活、一個活蝎子、您用手拿他、他豈有不、螫的呢、無怪老弟說我必笑、現在我就笑的前仰兒後合的了、

下 2-155b

第三百六十七章

歇過之来　小棧房　小腿　小麻子　曉得　小价　小晌午

不想　小雨　小雪　小建　小第　曉日　小風暴　先舒

服　小便不通　小蔡兒　歇住　小解　自思自想　小水

小叔子　小名　蝎虎子　小姨子　小呢　好些溢　小小的

小錯兒　小十天　小廣寒　女戲　携同　像僧們　學究

原先　那些個　邪道　鮮見　小車子　玩笑　小孩子

小媳婦　小男婦女　笑他　小娘子　小金蓮　那麼些錢

歇脚兒　銷錢　小處　小家　小錢　小看　鮮明　鮮衣華

下 2-156a

歇過之来

小棧房　小腿

小麻子

曉得

服　小氣　小押　些事　通曉　些小　事體　小東門　斜

橋　窄小

一　大哥、您好啊、二　好、老弟是幾兒到的、三　到了七八天了、四　歇過之来了罷、五　歇過来了、我本當早来、因為我在京裡、聽說您在上海住棧房、所以我把上海的各客棧連小棧房兒都找到了、把小腿肚子走得怪疼的、也沒找着您、還是昨兒在一個京貨鋪買東西、和一個一臉小麻子兒的個夥計閒說話兒、提起您来了、他說他曉得您的住處、我赶緊問他、纔知道您在這個棧房住、故此今兒纔来給您請安、六　實在叫老弟受累了、您幾兒由京動身、帶着幾

下 2-156b

小价
小晌午
不想 小雨
小雪
小建 小弟
曉日
小風暴
先舒服

個管家、七 我帶着兩個小价、是上月二十八打京裡一清早上火車、小晌午歪纔到天津、當天就住下了、第二天是二十九本打算搭二溢火車到塘沽、不想天忽然下起小雨兒來了、這麼着、我就没動身、真是僥倖、下到後半天兒、小雨兒就變了小雪兒了、上月不是小建麼、第三天就是初一了、因為那天是小弟的賤辰、立意在棧房喫麵、所以又沒動身、直等到初四纔又上火車、到了塘沽、在那兒住了一夜、初五上火輪船、初六開行、初九曉日初升的時候兒到的、八是了、一路還平安呀、九雖然到黑水洋、遇見小風暴不大會兒的工夫、就平靜了、十這就算好、打頭身子先舒服、土論

小便不通
小恭兒 歇住
小解 自思自想
小水
小叔子 小名
蝎虎子 小姨子
小呢

理是應該舒服、兄弟却不然、十一怎麽呢、十二我自上火輪船、就上火
了、小便不通、肚子脹得難受、所不出小恭兒、直到火輪船歇住了、
纔能小解、我想那個時候兒心裡自思自想着、說早知道這麽着、
一定多帶些個利小水的葯、就好了、十三誰有早知道呢、可是老弟
帶的這倆管家、是陳人、還是新僱的、十四這倆人、雖然是新僱的、也
和陳人差不多兒、一個是我們那兒張家的小叔子、小名兒叫順
兒、一個是蝎虎子胡同、我們親戚那兒底下人的、小姨子的男人、
姓朱叫成兒、十五都出過外麽、十六那個順兒還小呢、纔十七歲、竟在
城裡頭跟主兒、沒出過外、那個成兒已經三十多歲了、是個久當

下 2-157b

好些遛
小小的
小錯兒
小十天
小廣寒　女戲
攜同老弟　像咱們
學究

長隨的、出過好些遛外了、六那麼老弟這一路上、全靠這成兒伺候了、丸却倒不然、那個順兒、雖則小小的年紀、却很老成、幹事很穩當、連一點兒小錯兒都沒幹過、和那個成兒也差不多兒、我瞧他們倆人、這一道兒上都很勤謹、辛這好極了、老弟自到了這兒、差不多小十天了、也出去逛了幾遛沒有、廿逛過幾回、還在四馬路那兒、一個小廣寒書館兒裡、聽過一回女戲、廿馬車坐過沒有、廿沒坐過、坐過東洋車、茴東洋車、沒有馬車坐着舒服、等着那一天、天氣暖和、我攜同老弟、坐一天馬車、苴像咱們也可以坐馬車麼、共咱們怎麼就不可坐馬車呢、老弟這話、未免太學究氣了、艺

下 2-158a

原先
那些個　邪道
鮮見
小車子　玩笑
小孩子　小媳婦
小男婦女

我原先在京裡聽人說過、上海的馬車、除了外國人之外、中國的正經人坐馬車的很少、即或有坐的、都是那些個胡攪混鬧走邪道兒、不務正業的、共這是那兒的話呢、論那一類人、自然多愛坐馬車、然而仕宦坐的也不少、光是了、總提坐馬車、我現在想起一件可笑的事來、真是鮮見、并甚麼可笑的事、世偺們京裡、要是說人坐小車子、那不是玩笑罵人的話麼、並且也沒有坐小車子的、怎麼這上海人、都愛坐小車子、這幾天我在街上、常瞧見無論老的少的、醜的俊的、老頭子小孩子、並且還有大姑娘、小媳婦兒、以及正經人家兒的小男婦女、就這麼在街上坐着小車子、也不害

下 2-158b

笑他
小娘子　小金蓮
那麼些錢
歇脚兒　銷錢
小處
小家
小錢
小看

臊、也不怕人笑他、丗這却不可怪他、一則是上海的風俗、二則也
因為小車子賤、男人不必說了、若論到婦女、本就不能走道兒、再
是個年輕的小娘子、他那兩隻小金蓮兒站還站不穩哪、況是在
那馬路上、如何能邁步兒呢、要坐東洋車罷、又沒那麼些錢、只好
是僱個小車子坐、既可以歇脚兒、又不多銷錢、老弟是初次看見
故此以為奇怪、丗這又不然、據我說這項人、也是大處不算小處
算、看他們的衣服首飾、雖然是小家裝束、大概也還過得、斷不至
花不起幾十文小錢兒、怎麼會沒錢僱東洋車呢、丗老弟這話、還
是不知道上海的風土人情、我不是小看這個地方兒、這兒是無

鮮明
鮮衣華服
小氣
小押
些事　通曉
些小事體
小東門
斜橋

論男女老少、都好裝虛體面兒、別瞧他出來穿綢裹緞、衣履鮮明、家裡連整炕席都沒有、常有這麼項人、天天兒鮮衣華服、同着朋友、喝酒吃飯、跑堂子、坐馬車、逛張園愚園、看他那神色、濶極了、而且舉止大方、一點兒不小氣、那兒知道呢、他家裡窮透了、簡直的沒飯吃、沒有一天晚上不上小押兒去的、老弟要在這兒住久了、就知道了、蒙您今兒這麼一說、我纔明白了、還有些事、不大通曉、本打算請教、無奈今兒天不早了、我還有點兒些小事體得上小東門、偺們一半天再談罷、其忙甚麼呢、老弟貴寓在甚麼地方兒、請告訴我、明兒我好過去拜望、也不敢當、並且我暫時借寓在斜

下 2-159b

窄小
小弟

橋、我們敝同年那兒房屋窄小、萬難讓客、大哥千萬不必多禮、如
果大哥一定要賞臉、索性等小弟找妥了寓所、搬過去之後、再請
大哥辱臨、您想怎麼樣、若那麼我就遵命了、若別送別送、罷請了
請了、

第三百六十八章

曉邸 小舅子 夏朝 夏字 先年 學政 硝磺 報銷
削職 削去 効力贖罪 孝心 孝父母 孝廉 孝子 孝
親 孝悌 硝廠 小便宜 孝敬上司 笑了一笑 收下
卸事 孝為先 邪淫 孝行 原先 歇手 往下 那兒想

下 2-160a

剉　歇氣　歇止　卸任　夏公　寫信給　協台　寫一封信
寫的是　道謝　立夏　小滿　夏至　小暑　寫法　小妹
妹　小兒媳　小星　小婆　小女人　笑眯眯的　小妾　邪
心　小老婆　大笑
一昨兒有人說李曉邨被叅了、您聽說了沒有、二我沒聽見人說您
是聽見誰說了、三昨兒是我們小舅子那兒辦喜事、我去行人情、
可巧同席的一位、是曉邨的親戚、他說來着、四這位姓甚麼、現在
當甚麼差使、五此公姓夏朝的夏字、先年作過貴州學政現在告
病回京、六是了、曉邨是因甚麼被的叅、七因為他在硝磺局、辦理

曉邨
小舅子
夏朝夏字　先年
學政　硝磺

下 2-160b

報銷
削職　削去
効力贖罪
孝廉　孝父母
孝心
孝子　孝親
孝悌

不善、並且有報銷不實的地方兒、因此被撫台叅的、這回恐怕要削職了、八若只是把功名削去了、那還算便宜、就怕是所犯的罪重、再鬧一個發往軍台、効力贖罪、那可就糟了、九那個人也總得受點兒罪、他纔能改呢、可惜他還是孝廉出身哪、在家不孝父母、在外專意貪財、真是一點兒孝心、一點兒廉恥沒有、怎麽能得好報呢、十可說得是呢、早已我就說過、李曉帆雖然是作知府、斷不能長久、古語說的、求忠臣於孝子之門、能孝親者必能忠君、像他這個為人、素來不知孝悌為何物、無論官作到多大、也不能有忠君愛國的心、既不能忠君愛國、焉有不被叅革的理呢、土您還不

下 2-161a

硝廠
小便宜
孝敬上司 笑了一笑
卸事
孝為先 邪淫
孝行
原先

知道哪、聽說去年因為硝廠的事情、就幾乎被叅、幸賴他善於鑽營、又遇見他本管的道台、愛小便宜兒、他就弄了些個值錢的珍玩、這麼一孝敬上司、聽說這個道台看着珍玩的分上、笑了一笑、都收下了、就替他在撫台前遮飾過去了、今年二月、那個道台卸事了、新任的道台、辦事很認真、不受人情、大概是把他的弊病查出來稟了撫台了、所以撫台就把他叅了、土萬惡淫為首、百善孝為先、這兩句俗語、真是不錯、我見多了、凡那個邪淫的人、和沒有孝行的人、沒有一個得了好的、我真不明白、曉邨他這個書、直是白念了、就懂得要錢、一點兒聲名不顧、他原先作過幾任知縣、已

下 2-161b

歇手
往下 那兒想到
歇氣
歇止
卸任
夏公 寫信給
協台
寫一封信 寫的是
道謝 立夏

經弄了個家產業就像那個時候兒就該當歇手不要錢了、即或再往下作官、也須作作清官、正一正名氣、那兒想到他作到知府還是不歇氣兒的貪贓呢、要是再不被參、還不定他鬧到甚麼地步、纔歇止呢、他在外任上、攜眷了沒有、主攜眷了、客那麽他這一被參自然是已經卸任了、他的家眷可怎麼樣呢、主昨兒據這位夏公說、他已經寫信給京裡寄來了、說家眷現時在同城的協台衙門裡暫住呢、叫他們令弟趕緊派家人到外頭接家眷去、他們令弟、隨即寫一封信、交郵政局、寄給那個協台、內中不過寫的是道謝的話、一面派了一個家人趕緊接去、他們令弟是立夏那一

小滿
夏至
小暑
寫法
小妹妹
小兒媳
小星
笑瞇瞇的
小婆　小女人

天、接着曉邨的信、這個家人、是小滿的第二天、由京起的身、路程得走一個月、大約夏至前後可以到他們家眷、由外頭起身、總在小暑前、到京一定得在立秋以後了、十六是了、這位夏公、和曉邨是怎麼個親戚、連人的家信、和往外帶的信、怎麼個寫法、他都知道大概這個親戚必很近、十七他們是至親、曉邨不是有一個小妹妹麼、這位姑奶奶就是夏公的小兒媳、十八那就是了、我聽人說、曉邨在外頭、又納了一位小星、總聽夏公說過沒有、十九怎麼沒聽見說過呢、那夏公說的挖苦極了、我們大家正喝着酒、他忽然笑瞇瞇的說、曉邨、本是小婆生的、所以他專愛納小女人、我們同席的都

下 2-162b

小妾
邪心 小老婆
大笑

不明白他這話、赶緊就問他您此話從何而来、他説曉部出京的
時候兒已經有倆小妾了、現在由外省又買了一個妾、大約他是
所邪心了、我看他將来回京、怎麽安置這些小老婆、説到這句話、
我們大家聽了、不由的都大笑起来了、往後他也就不説了、我們
大家也就散席了、亍是了、

第三百六十九章

咸 項 鑲黄旗 小差使 步軍校 香爉舖 小字號 仙
香閣 從先 協尉 孝大老爺 些須 斜眼 小馬兒 投
効 協鎮 小舖子 想起 香行 斜對 小胡同 斜橋

咸　項

鑲黃旗

小差使　步軍校

香蠟鋪　小字號

仙香閣

歇業　些閑話　香攤兒　能寫　會算　曉暢　寫大字　寫
書　寫信　寫意　消遣　小生　小旦　小花臉　學甚麼
像甚麼　學得来　學不来　難學　學唱　學彈　消憂　學
着　現今　現在　小店　歇一歇　先失陪　先請
您貴姓、二我姓咸、您尊姓、三豈敢、您納我賤姓項、您在旗罷、四不
錯、我是旗人、五您貴旗、六我鑲黃旗滿洲、七泰喜那衙門當差、八
小差使、步軍校、您泰喜那兒發財、九我在香蠟鋪作買賣、十寶字
號、十一小字號仙香閣、十二寶鋪是在觀音寺麼、十三不是那個仙香閣、
是海岱門大街、後溝口兒、那個仙香閣、十四是了、十五您既在步營我

下 2-163b

從先
協尉 孝大老爺
些須 斜眼 小馬兒
投効 協鎮
小舖子
想起
香行 從先

和您打聽一個人、大概您許認識、十五您打聽那一位、十七從先有一
位、當協尉的孝大老爺、您認得不、認得、十六不錯、知道、這位是大身
量、臉是紫糖色兒、些須有點兒斜眼睛、他尋常出来、最好騎小馬
兒、是這位不、是、十九是這位、二十他現在不、在京了、廿一上那兒去了、廿二
他前年投効軍營、今年已經保了協鎮了、您打聽他有甚麼事情
麼、廿三事情倒沒甚麼事情、不過是他和小舖子交買賣有十幾年
了、後来忽然總不到舖子来了、買賣也不交了、也不知道是怎麼
得罪了他老人家了、這纔聽您在步營當差、因此想起這位来了、
廿四啊、是了、可是我問您納、貴香行中、有一位朋友、他姓柳、從先在

元峯號製

下 2-164a

斜對 小胡同 斜街
些閒話 歇業 香攤兒
能寫會算 曉暢
寫大字 寫書
寫信 寫意
消遣
小生 小旦 小花臉

我們斜對過小胡同兒裡住、他在櫻桃斜街、香蠟鋪作過買賣、後來因為鋪子裡鬧了些閒話、歇業了、就在東嶽廟裡頭擺香攤兒這二年所不見了、不知道您認識他不認識、廿五您說的不是柳掌櫃的嗎、廿六是啊、廿七他我不但認識而且我們倆還是一師之徒哪、這個人能寫會算、聰明絕頂不但買賣的事情、十分曉暢別的本事、還多着的呢、甚麼寫大字、寫書寫信、畫個甚麼寫意山水兒他都會、廿八這我都知道、廿九他還有一樣能耐管保您不知道、三十還有甚麼能耐、卅一他還會消遣兩句兒戲、卅二怎麼他還會唱戲哪、他唱甚麼角兒、卅三甚麼老生小生、老旦小旦、大花面、小花臉、是角兒就

下 2-164b

學甚麼 像甚麼
學得来 學不来
難學 學唱 學彈
消憂 學着 現今
現在
花漢冲 香舖的 字號
小店
歇一歇 先失陪

會、學甚麼、像甚麼 畄難為他一個買賣人、這些事他怎麼就能學得来、要是我、可真學不来、苎那是自然的、在他們那聰明的没有難學的事、況且這些學唱學彈的事、又可以消憂他們學着、不但不以為難、反倒覺着很容易、苵説了半天那麼他現今有甚麼事情呢、 艽人家如今走好運了、艽怎麼走好運了、艽現在他在前門外頭、花漢冲舖子裡了事哪、 罒您此時還常見他不常見、罒一個月、總可以見一兩次、 罡那麼您底下、要是見了他給我帶個好兒、罡可以的、底下您要是到海岱門有事、路過小店、請進去喝碗茶歇一歇兒、畄過一兩天、我到寶舖望看您去、罡不、不敢當我先失陪

元豐號製

先請

了您納、您還在這兒坐會子哪、罢是是我還坐一會兒哪、您先請

治公罷、罢那麼偺們改日見、罢就是改天見、

第三百七十章

小畜生　學好　學房　學得出　想想　先生　學問的人

附學　學成了　効用　上學　懈怠　邪心　逃學　學伴兒

像你　放學　歇過　孝衣　歇了　閒工夫　這些　閒話

先後　開了　先說　先是　寫不得字　三四天學　節學

學業　歇伏　閒着　小九九　不小了　閒空兒　寫寫字

謝絕　寫字　小考　閒等兒　小心兒　嫌棄　邪魔外道

下 2-165b

小畜生 學好 學房
學得出 想想
先生 學問的人
附學 學成了 効用
上學 懈怠
邪心 逃學
學伴兒 像你

肖子 改邪歸正

你這個小畜生眞是不學好、學房老不去、竟在外頭野跑、學得出甚麼正經事情來呀、你自己也不想想、你父親為你各處託人訪求好先生、好容易得了這位先生、是個有學問的人、這纔把你送了去附學、花錢受累、是容易麼、原指望你學成了、給國家効用、耀祖光宗、即或運氣不濟、沒命作官、既有了本事了、無論到了那兒、都可以謀生、不料你自一上學就懈怠、三日打魚兩日曬網、老沒有連着上過五天的學、這如今更好了、所邪心了、又添上逃學了你瞧瞧你們學伴兒們、誰像你這麼沒出息兒、二叔叔、您別生氣、

放學　歇過
孝衣　歇了
閒天　這些
閒話
先後　開了
先說

您聽我慢慢兒告訴你、我打前年念書、永遠是天天兒上學、後来是老師差使多、所以常放學、去年是偺們家辦喜事、我歇過二十来天、後来偺們一家兒那兒、我二大爺過去了、我去穿孝衣、又歇了十幾天、那不、都是您上我們老師那兒、給告的假麽、除此之外、多偺又不上學念書呢、三我没有那個閒工夫聽你這些閒話、我說你不正經念書、也不單說前年去年、今年已經到了九月了、這八個月裡頭、你念了幾天的書、先後開了多少日子、我且不必說你自己先說說、四我今年正月打一開印、就上學了、二月一個月、也没放學、也没告假、三月裡是因為我們老師、派上場差了、所以

下 2-166b

先是　寫不得字
三四天學
節學
學業　歇伏
閒着
小九九
不小了
閒空兒　寫寫字
謝絕　寫字

一個月没念書、四月裡、先是我摔了胳臂了、所寫不得字、因此有
十幾天没上學、後来上了三四天學、接着就是五月節、放了三天
節學之後我們老師又病了五六天除此之外、我一點兒也没敢
荒廢學業、五你六月裡没歇伏嗎、六歇来着、七却又來這又是四
十天你算算今年通共念了幾天書不是竟閒着来着麽你當我
心裡没個小九九兒呢你那天上學那天没念書我都記着哪、你
今年也不小了、真有要緊的事、自然不能念書像你們老師有差
使没有閒空兒上館你就該當在家裡温温書寫寫字、所有外頭
的亂襍事情、一概都應謝絕纔是道理你不但不温書寫字、而且

下 2-167a

小考

閒等兒　小心兒

嫌棄

邪魔外道

肖子

一天都不肯在家、實在没出息兒到地兒了、你父親還説呢、若是過年、小考場中了、連着就叫你鄉試、他那心裡、還指望你中會作官哪、據我看你這行止、下場一節、恐怕比登天還難了、將来也不過當個閒等兒、還有甚麼起色、我説這話、你那小心兒裡頭一定罵我、你可要知道、你父要不把你交給我、叫我管教、我何苦這麼説你、怡你嫌棄我呢、我説你、也是為你好、你要是肯聽我的話、從今以後、把那些邪魔外道的事、全扔開、各人潛心靜意的這麼一用功、一切閒事全不管、我管保後来必有出頭之日、要是始終不學好、那是你甘心願作不肖子、别人還有甚麼法子呢、八是叔叔

下 2-167b

改邪歸正

說的實在是金石良言姪兒此後一定改邪歸正安心靜意念書
了、

第三百七十一章

閒在　閒暇　瀉肚　閒工夫　泄瀉　瀉了　洩氣　血氣
先時　閒靜　現成的　嫌他　新鮮　現用現買　謝謝　值
得一謝　謝你　得閒　心内　心裡　不謝　現下　先不能
現置　遲些　限期　限滿　携眷　心下　小妾　心緒
小産　曉行夜宿　小兒　小女　放心　心腸　心機　顯而
易見　心中　携領　限内　過限　先張羅　先走　先別

下 2-168a

閒在

閒暇　瀉肚

閒工夫

泄瀉　瀉了

洩氣　血氣

先時

閒居　消消停停　妥協　險阻　心意　心腹話　心服口服

心神不定　另想　閒談　閒時　銷假　心投意合

大哥、久違久違、二彼此彼此老弟請坐、三喳、大哥請坐、四老弟今兒這麼閒在、想必這程子衙門裡的事情不甚忙、五論我們衙門、近來官事忙極了、連片刻閒暇都沒有、因為兄弟這兩天瀉肚告了五天病假、所以今兒有閒工夫出來、六那麼老弟今兒個好一點兒沒有、七泄瀉算是止住了、但是瀉了這兩天肚、覺得洩氣的了不得、渾身軟弱極了、八本來老弟也是四旬的年紀了、血氣不能像先時那麼健旺、如何經得瀉肚呢、九是的論兄弟本還該在

下 2-168b

閒靜
現成的 嫌他
新鮮 現用現買
謝謝 值得一謝
謝你

家閒靜三四天、但是昨兒聽見一個喜信兒、故此今兒特來和大哥打聽打聽 十 老弟大概是打聽我選缺的事情 十一 是我聽吏部人說大哥已經選上了、不知道是幾兒引見 十二 後兒引見 十三 一切應用的都齊備了麼 十四 這也沒甚麼一切應用的東西家裡倒都有現成的、不過就是荷包手巾、家裡的我嫌他太舊了、一點兒不新鮮、得現用現買、我打算回頭出前門、買他一分、十五 您不用買了、我家裡有兩分新的、都沒用過、明兒早起我打發人給您送了來、十六 那好極了、我就此謝謝老弟、十七 這算甚麼呢也值得一謝 十八 我所以謝你着、却不在東西、是因為省了我一溫出城、我這兩天事

得閒
心内
心裡　不謝
現下　先不能
現置　遲些
限期　限滿
携眷　心下
心緒　小妾
小產　血氣

情多極了、所不得閒、那兒能有空兒出城呢、我纔說回頭出前門買去、不過心内那麽打算、今兒一個不能買、明兒就不行了、所以一聽見老弟那兒有、心裡樂的了不得、焉得不謝、去您引見下來打算多喒起身呢、廿現下先不能預定、一則盤費尚須籌措、二則行李、一切均須現置、看這光景、大約得遲些日子、廿可是有一節、這是有限期的、千萬别弄的限滿了、還動不了身、那可糟了、您打算携眷去、是不、携眷去、廿這層我心下倒是很爲難、怎麽說呢、老弟不是外人、我不妨明白告訴我目下心緒糟極了、就因爲小妾自二月小產後血氣虧大發了、至今尚在卧病未痊、若是立刻隨

下 2-169b

曉行夜宿
小兒 小女 放心
心腸 顯而易見
心機
心中
携領

我起身、恐路上曉行夜宿、多有不便、若說不携眷去留小妾帶着小兒小女們在京裡、而舍間人少、沒有照應、我又不放心、還有一節即或運氣好、小妾的病、立刻大好了、也可以動身了、然而這項盤費、又得加倍了、從何措辦、總而言之、是反貼門神左右難、 苎我說一句話、您可別見怪、據我想您的心腸也太窄了、這個事、顯而易見的、沒甚麼難辦之處、 苗怎麼不難、 苴是這麼着、心機要活動不可太拘執、凡事不能求全責備、若心中預存成見、一定必得怎麼辦、恐一生也不能如願、就以您起身的事情而論、要是一定得携領寶眷起身、那只好得等令如夫人病好了、那麼一辦、還能在

限内　過限
先張羅　先走
先別
閒居
妥協
消消停停
險阻
心意　心腹話

限内起身麽起身一過限於功名就大不相宜了、依兄弟的愚見、是這麽着、先張羅點兒盤費大哥一個人兒帶個底下人先走、把寶眷暫且留在京裡先別動身、一來盤費少了、容易凑辦、二來令如夫人可以在家閒居養病等到明年春暖花開兒您外頭的事情、也都布置妥協了、令如夫人的病、也就大好了、您手下也從容了、那時候您派倆家人、消消停停兒的進京來接寶眷、豈不妥當、並且今年起身、即或令如夫人没病、您手底下也有盤費、然而冬寒時冷的、道路上也難免險阻、終不如明年再接寶眷的穩當、我這話、不知大哥的心意以爲何如、其老弟說的、實在是心腹話、真

下 2-170b

心服口服
心神不定
另想
閒談
閒時

叫我心服口服、我是這程子、叫事鬧的心神不定、所以遇事一點兒主意沒有、今兒聽老弟一席話、使我茅塞頓開、我就照老弟的主意辦、斷無更改了、艾大哥、您自己也得忖度忖度、别竟聽兄弟的話、萬一有不妥之處、再另想法子、芺沒甚麽忖度的了、老弟的話、寔在是千妥萬當、就這麽辦罷、艽哎呀、今兒閒話工夫太大了、我也該走了、明兒早起打發人給您送了荷包手巾了、您收下就是了、芓老弟再坐會子罷、廿不坐着了、就悞大哥治公、廿那兒的話呢、老弟閒時、不妨常來談談、廿是、等大哥引見下來、我來給大哥道喜、苗不敢當、苙大哥後兒引見、我本當來張羅張羅、無奈明

銷假

心投意合

兒我就銷假了、得上衙門、寔在不能來求大哥恕我、共咱們至契、相交在乎心投意合、不在形跡、老弟千萬別這麼說、艾大哥說得是、那麼就一半天見罷、您別送、共請請、

第三百七十二章

縣衙門　新開　鞋鋪　兩隻鞋　新近　穿鞋　鞋臉　鞋縍

鞋底　雙臉兒鞋　鞋後根　新的　從新　懈鬆　鞋坐條

斜歪　腳底下的鞋　夫子履鞋　斜膀兒　現時　銷的鞋

鞋葉拔　灑鞋　甚麼鞋　鞋樣兒　鞋一隻　先擱着罷

先下去　那隻鞋　閒書　小性兒　閒言　閒語　嫌疑　舊

下 2-171b

縣衙門
新開 鞋鋪 兩雙鞋
新近
穿鞋
鞋臉
鞋綁 鞋底

鞋 新地方 笑話 孝經 現錢不賒 現錢 先拿来 有
限 先看看 開遊 開逛 鞋刷子 心眼 鞋襪

王順、二喳 三你回頭吃完早飯兒到安定門大街、大興縣衙門北邊兒那個新開的鞋鋪裡、給定兩雙鞋去 四是那兒有鞋鋪麼、奴才上月還打那麼過來着、沒瞧見有鞋鋪、是多喒開的、五就是新近這個月初開開的、六請示老爺、是甚麼字號 七是步雲齋、這個鋪子很容易找、八據奴才想、老爺素來穿鞋、都是在萬祥家做、様兒又好、穿着又舒服、還是他那兒的好、並且鞋臉兒夾的、分外比別處不同、至於鞋綁兒鞋底子、更不必說了、要是您忽然在一個

下 2-172a

雙臉兒鞋　新的
鞋後根
從新
懈鬆　鞋坐條
斜歪
脚底下的鞋
夫子履鞋　斜膀兒
蝠讀作虎

生舖子裡做恐怕不能合式、九這你又不記得了、萬祥家的買賣、所做壞了、上月你去給我做的那雙臉兒鞋、實在壞極了、新的時候兒鞋後根兒太兜的利害、把我脚後根都給擠腫了、那不是我叫你給他送了去、又從新排了一回、纔穿得了嗎、那兒知道這一排、又排大發了、穿了沒半個月就懈鬆的不收脚了、而且鞋坐條、弄的裡出外進、底子打的也不磁實、一上脚兒就斜歪了、所以我不愿意在他家做了、昨兒張老爺来你瞧見他脚底下的鞋沒有、十瞧見了、張老爺穿的是夫子履鞋、後頭鑲的是斜膀兒燕扁蝠、樣兒很好、土張老爺說、這雙鞋就是步雲齋做的、我問他、您這

下 2-172b

現時
銷的鞋 膺嘴兒鞋
鞋葉扳 洒鞋 先前
鞋襪
甚麼鞋 鞋樣兒

麼想起、在這新開的鋪子裡做呢、張老爺說這個步雲齋、就是萬祥的掌櫃的開的、萬祥家現時換了領東的了、所以和他交買賣的、也沒有甚麼正經人了、大半是赶車的轎夫、或是虛子土色一類的人、所銷的鞋不過是甚麼膺嘴兒鞋、帶鞋葉扳的洒鞋、而且那鋪子裡、做手工的、也都不是先前的人了、我聽了這話、故此更要換地方兒做了、主 老爺這麼一說、奴才纔明白了、主 你想我要是不準知道、能叫你上鋪子去做麼、獨這鞋襪子、雖是脚上穿的東西、却比做衣裳難、絲毫不能將就的、古 老爺說的是、您打算做甚麼鞋、主 做兩雙雙臉兒鞋、去 不用拿鞋樣兒嗎、丈 就把我的舊

鞋一隻
先擱着罷
先不去　那隻鞋
閒書
心眼　小性兒
閒言　閒語
嫌疑

鞋一隻、拿去作樣子就得了、六還有一件事、奴才忽然想起来上
回在儀品帽鋪做帽子拿了去作樣子的、一頂緯帽、他沒給送回
来、奴才今兒順便到那兒取了来罷、先不用了、此刻也戴不着、在
他那兒先擱着罷、等戴的時候兒再取也不遲、可是那麽奴才先
下去、吃飯去、等吃完了、赶緊上来、我好交給你那隻鞋、還有一件
事、那天我借了俞老爺一部閒書、彼時告訴他一半天給他送回
去、現在已經七八天了、他那個人心眼子多、好犯小性兒、要是儘
自不、給他送回去、日後見了、又不定鬧多少閒言閒語、與其日後
犯嫌疑、莫若早早兒給他送回去、回頭你上鞋鋪、打他們胡同口

下 2-173b

舊鞋
鞋刷子
新地方　笑話
孝經
現錢不賒
先拿来

兒過、你回来就把書帶着、順便給他送了去、就完了、你就快吃飯
去罷　廿二　喳、回老爺、奴才吃完飯了、您把書和鞋都交給奴才罷、廿三
給你、這是一套閒書、這是那隻舊鞋、廿四　是、廿五　可是這隻舊鞋上頭
落的塵土太多了、你回来拿鞋刷子把他刷一刷、再給鞋鋪送了
去、初次交買賣的新地方兒、別惹人家笑話、廿六　是、您不是要給少
爺買一部孝經麽、今兒奴才打隆福寺過、就手兒在三槐堂買一
部来、好不好、廿七　也好、不拘那個書鋪都有、作甚麽必得三槐堂呢、
廿八　是因為別的書鋪、全沒交過、都是現錢不賒、並且書不定好不
好、若要先拿来、給老爺看看、生鋪子又拿不出来、奴才想老爺素

有限
先看看
閒遊
閒逛

来和三槐堂交買賣、到那兒就拿了来了、不但不用給現錢、而且
書不必自己挑選、他一定給拿好紙板的、省多了事了、先有限的
事情給現錢卻不要緊、倒是不能先看看、實在不妥當、那你就在
三槐堂、拿一部来也可以、三爺没別的事、奴才這就去罷、三爺没
別的事、你去罷、可快回来、別借着這個事情、上別處閒遊玩去、三爺
奴才把這幾件事、辦了就回来、斷不敢閒逛去、三爺那就很好、快去
罷、喳

第三百七十三章

之先　先兆　鮮菓子　蟹肉　鹹魚　顯亮　心裡　心跳

下 2-174b

之先
先兆

心想　先進　先祖　先父　先師　八仙　先在　心中亂跳
褻慢　笑說　賢契　小過失　心懷　仙風道骨　心性
洩漏　天機　掀簾子　携手同行　心急　心驚膽戰　先知
相干　先見　先把　顯然　顯露　先考　先妣　可信
心頭　心意　心志　心願　小錯兒　信服　先不用　信我
的話
老兄您大喜了、聽說您這次京察保了一等了、赶明兒引見一定
是記名的、二記名恐怕不能罷、三何以見得、四因為沒京察之先
有個先兆兒所以知道、五有個甚麼先兆呢、六八月節那天晚上、

鮮菓子　蟹肉
鹹魚
顯亮
心裡　心跳
心想　先進
先祖　先父　先師
八仙

舍下過節弄了些乾菓子、鮮菓子、拌了點兒蟹肉、炸了點兒鹹魚盪了一壺燒酒、一壺黃酒、在院子裡、擱了一張桌子把這些菓子和酒菜都擺好了、我們家裡衆親丁、大家隨便兒這麼一喝酒賞月、可巧那天晚上的月色極其光明顯亮天上連一點兒雲彩都沒有、我心裡樂極了、未免的就多喝了幾盅酒覺着有點兒心跳我心想大概是醉了、這麼着、我可就說我先進屋裡躺一躺兒、一會兒再來你們大家只管慢慢兒喝着、於是我就進屋裡、躺在炕上了、剛一閉眼、似睡不睡的、就瞧見先祖先父還有先師、都在堂屋裡、八仙桌子那兒喝酒我那個時候兒也忘了都是已故的人

下 2-175b

先在
心中亂跳
褻慢 笑說 賢契
小過失
心懷
仙風道骨
心性 洩漏天機
掀簾子 攜手同行
心急

了、可就和我們先師說、門生不、知道老師在這兒、所以先在院子
裡喝醉了、現在覺着心中亂跳扎掙不住、故此躺在炕上忍着、實
在褻慢的很求老師別見罪、我們先師就對着我笑說賢契、你本
是我的一個一等一的門生、你雖偶然有這點兒小過失我是斷
不記你的、你只管把心懷放寬了、正說到這兒忽然打外頭來了
一個道士仙風道骨、一進門兒就對先師說走罷別說了、你這位
貴門生、心性明敏再要多說他一悟過來可就洩漏天機了、於是
約着先師、並先祖先父、一齊站起來、掀簾子、大家攜手同行的去
了、我彼時要站起來相留、無奈站不起來心急的了不得正在爲

元峰號製

下 2-176a

心驚膽戰
先知　相干
先見　先把　顯然
顯露
先考　先妣

雖忽然聽見院子裡一大聲響嚇的我心驚膽戰、把眼睜開一瞧
還是在炕上躺着哪、這纔知道是一個夢、就因為這個夢我所以
預先知道不能記名、七 這個夢與記名不記名甚麼相干、居然叶
您有此先見之明、請您先把這個夢解說解說 八 這個夢極顯然
別的不必論、所顯露的就是我們先師說的那幾句話 九 那幾句
話、我纔剛不是告訴你了嗎、我們先師對我笑說你是我一個一
等一的門生、雖有點兒小過失我是斷不記你的、這幾句話、分明
是告訴我、可以得一等斷不能記名的、十 那麼夢中、還有令先祖、
和令先考先妣在一個桌子上喝酒、那又主甚麼呢、十一 這却不主

下 2-176b

可信　心頭　心意　心志　心願　小錯兒

甚麼大凡夢中的事情、不能樣樣兒都應驗、十二 卻又來既是這麼說、那可以得一等不能記名的話、也未可信、十三 怎麼不可信、我現在既是保了一等了、那就是應了夢中一等的話了、一等的話既是靈了、那不記名的話、也必然不虛的、十四 據我說夢是心頭想因為這程子、您心意中常盼望着一等記名、所以纔有這個夢、十五 是又不然、要是因為我心志中、常存這一等記名的心願、纔作這個夢、那就應該夢見甚麼大官、保我一等、並且引見了、沒記名、這纔是因為心頭所想的、生出來的夢呢、我這個夢、並不是這麼着、夢的是他說我是他一等的學生、他不記我的小錯兒、這也不過是

元峯號製

下 2-177a

信服
先不用
信我的話

借别的事、露出一等和不記的字兒来、叶我自己想去、並沒沾着當差使、和京察的事情、怎麽是心頭想呢、去您說的雖然有理、但是我素来不信服夢、那一等的話、雖是應驗了、我想那是適逢其會、那不記名的話、一定不應驗的、此時咱們先不用辯論、您等引見之後、您就信我的話了、

第三百七十四章

元宵　元宵節　歇工　小工　學徒　閒散　閒步　閒不住
新正　卸任　新疆　咸豐　知縣　縣官　縣令　鮮少
賢良　縣城　陷溺　縣尊　陷害　縣署　上憲　邪法　邪

下 2-177b

元宵
元宵節 歇工 小工
學徒 閒散 閒步
閒不住

術 心驚肉跳 邪教 撫憲 大憲 失陷 現下 先暫
器械 妖術邪法 邪不侵正 小醜 小民 險要 水洩不
通 協力 不消半日 心膽皆碎 小書兒 血流成渠 心
花開 道衙 卸事

您這是從那兒來、二我纔到四牌樓逛燈來着、三您手裡拿的這
一包、是甚麼、四纔買的元宵、五四牌樓熱鬧罷、六熱鬧的很、七本
來這個元宵節、各行都歇工、連那些小工子以及學徒也都是閒
散沒事、不差甚麼都要到街上逛逛、就拿偺們說罷有時上街閒
步、也是因為沒事、又在家裡閒不住、故此纔出去、八是的、您府上

元豐號製

新正
卸任　新疆
咸豐
知縣　縣官
縣令　鮮少
賢良
縣城　陷溺　縣尊
陷害　縣署　上憲

今年這個新正月、比往年熱鬧多了、九可不是麽、自從前年、家兄卸任回来、家裡人是多了、自然是較往年熱鬧了、十令兄在新疆作官、有多少年、十一在新疆一年、在甘肅五年、十二不止罷、我記得令兄從咸豐年間、就出外了、怎麽通共纔六年呢、十三家兄咸豐年間出外、是陝西知縣、到省没有一個月、縣官一天没作、就保了知府了、十四怎麽麽快呀、由縣令得知府、不到一個月、真是鮮少、若非真正賢良、焉能如此之快、十五這也有個緣故、家兄補這個缺的時候兒這個縣城、正陷溺在賊手裡、前任縣尊、已經被賊陷害了、賊首就住在縣署、上憲雖屢次派兵前来勦賊、無奈賊勢浩大、又兼賊

下 2-178b

邪術　邪教
邪法　心驚肉跳
大憲　撫憲　失陷
現下　先暫
器械
妖術邪法
邪不侵正

營裡、有個妖僧、廣有邪術、手下的衆賊、大半都是入了邪教的、與官兵一交仗他就作起邪法来官兵見了賊、就心驚肉跳、簡不敢向前、於是賊的聲勢更大了、家兄補了這個缺到省後稟見各大憲、撫憲就説目下這個縣城、正失陷於賊、我現下不便飭你到任、你只好先暫在省裡、聽候、消息、如果縣城克復、我再令你到任、家兄就回稟説、大人諭示卑職本當恪遵何敢妄事多言、但有一節、卑職在路上、就聽見人説、這股賊雖多、都是烏合之衆、器械不全又沒紀律、所仗的不過是妖術邪法、因此官兵畏之如虎、據卑職愚見、自古邪不侵正、果有一枝精練勁旅、再令一智勇兼全的將

小醜

小民　險要

水洩不通

協力

不消半日

官、領之前往該縣、與彼一戰、諒此小醜、不難刻日蕩除、若竟因循不勦縣城何日克復、小民何日得安、況且再要失了別的險要地方、可就更壞了、撫台聽了就說、你說的這麽容易、想必你有這個本領、家兄回說、卑職一介庸愚、毫無寸長、然大人若委卑職前往勦賊、卑職也不敢推諉、這麽着、撫台就令家兄從省裡帶了三千練勇前去勦賊、家兄率領這三千勇、立刻就起身了、赶到了那兒、就把縣城、圍了個水洩不通、圍了五六天、賊的粮草盡了、城裡就內亂起來、家兄聽見有內亂的聲音、立刻下令、催衆勇協力攻城、幸賴朝廷洪福、衆勇奮力、不消半日、就把城破了、衆賊紛紛出城

下 2-179b

心膽皆碎 小書兒
血流成渠
心花開 道銜
卸事

逃命、家兒催動兵勇、槍礮齊發、衆賊、嚇的心膽皆碎、真彷彿小書
兒上說的、殺的尸橫遍野、血流成渠、這一場大戰、衆賊死的死逃
的逃、城裡頭是一個賊也沒有、這算是把縣城克復了、隨後就稟
報撫台、撫台喜歡的都心花開了、立刻出奏、保家兒道銜、即補知
府、那年蒙新疆巡撫奏調赴新疆辦理軍務、後来奉旨補了蘭州
道、在任五年、就卸事了、現在是從蘭州道任上回来的、夫是了、

第三百七十五章

新聞紙 新奇 心不平 新聞 械鬬 新會縣 縣裡 姓
陳 姓何 姓名 心地 縣考 縣案 學台 顯貴 新貴

下 2-180a

心滿意足　羨慕　心高　心胸　仙女　心思精巧　賢婿
稱心　賢慧　偕老　挾仇　諧和　小姐　挾嫌　先人
顯着　狭小　先三年　形景　嫌貧愛富　心恨　先世　行
止　行不得　歇心　心腹　朋友　險詐小人　險惡　脇骨
險些死了　血淋淋的　先帶着　知縣　險詐　縣太爺
縣丞　新到任　行止不好　心活耳軟　天理良心　九霄雲
外　心坎　行為　陷坑　閒事　直心人　心焦　性躁　辛
苦
我告訴您一件可氣的事情、二甚麽可氣的事、三我今兒早起看

下 2-180b

新聞紙　新奇
心不平　新聞
械鬪　新會縣
縣裡　姓陳　姓何
顯宦　姓名
心地　縣考
縣案　學臺　新貴
心滿意足　顯貴羨慕

新聞紙、那上頭載着一個案子、新奇極了、實在叫人心不平、四那新聞紙上、載的是甚麽新聞、五是一件械鬪的案子、六必是問官審斷不公、七不錯是的、八這是那兒的案子、九是廣東新會縣的案子、十是因爲甚麽械鬪縣裡怎麽審斷的、您細細兒説給我聽聽、十一是這麽件事情、那新會縣裡有兩家紳士、一家姓陳一家姓何、都是顯宦之後、提起這兩家姓名来、真是無人不知、陳家有一位少爺、長的很好、而且心地聰明、他十二歲上考童時、初次縣考、就取了個縣案、後来院考、又蒙學台取中他第五名、青年新貴、自是心滿意足、彼時顯貴之家、都羨慕他才貌兼全、故此有女者全

元鑑號製

心高
心胸
小姐　仙女
心思精巧
賢壻　稱心　賢慧
偕老
挾仇

要和他結親、但是這位陳少爺、雖然年幼、却是極其心高、有人給
他説親、他的心胸、不但要女家門第相當、而且這女子必得三從
四德全備、他纔肯説、可巧那何家有一位小姐、生的面貌真似仙
女兒、論他的聰明、真是心思精巧、女工針黹、是扎拉桃扣、無一不
佳、至於婦德、更是一點兒缺欠沒有、他的父母愛如珍寶、定要擇
一賢壻、方纔稱心、主　那是自然的、這樣兒的賢慧姑娘、若不配一
個佳壻、如何使得呢、後來怎麼樣　主　後来經媒人説合、就許配這
個陳家的少爺了、亩　這好極了、寔在是門當戶對、偕老良緣、圭　論
理本是應當這麼説、誰料這兩家、就因為這婚姻之事、竟自挾仇

下 2-181b

諧和
挾諧
先人　顯着
狹小　先三年
形景　嫌貧愛富
心恨
先世　行止

打起械鬬來了、十六成了親了沒有、十七要是成了親那兩家就諧和了、那兒還能挾嫌打械鬬呢、就是因沒成親、所以兩下裡纔打起來了、十八是男家不要是女家不給、十九是女家要罷親、二十這樣兒的良配為甚麼要把親、這女家真是可惡、廿一是因為陳家這二年家運不濟、遭了幾場官事、把先人留下的產業、耗去大半、未免的顯着拮据、局勢也漸漸的狹小、不像先三年那麼富饒、這女家見男家這個形景、就起了嫌貧愛富的心了、把媒人找了來、叫他去告訴男家、叫他退婚、陳家一聽這話、心恨的了不得、就對媒人說、我們兩家、全是詩禮人家、自先世以至現在、並沒有不合道理行止、

元鑑號製

行不得　歇心

心腹朋友

險詐小人

險惡

脇骨　險些死了

血淋淋的

先帶着

何家叶我退婚一節、是斷乎行不得、你告訴女家叶他歇心罷了、是媒人就把這話告訴女家了、誰知這何家一定要罷親、因此陳家就請了幾家公正鄰里、和幾位心腹朋友、一齊到了何家、這麽一評理、不想何家是險詐小人、他當時雖然無話可答、第二天他約了幾個土豪惡霸、帶了幾十個險惡匪徒、到了陳家、把陳家父子拉出来、這麽一陣亂打、把陳公脇骨打傷了、險些死了、把陳少爺打的遍體鱗傷、竟成了一個血淋淋的人了、打了之後、他反倒到縣裡把陳家告下来了、他說他的女孩兒並沒許配陳家、是陳家倚强壓弱、先帶着好些人到他家裡、要硬娶他的女孩兒、暗中

下 2-182b

知縣 險詐
縣太爺
縣任 新到任
行止不好
心活耳軟
天理良心
九霄雲外
心坎

又賄賂知縣、吽知縣治陳家的罪、您說這個東西、險詐到甚麼分兒上了、䒑知縣怎麼訊斷的呢、䒑那新聞紙上說、這個縣太爺、是捐班出身、原是一個縣丞、後來加捐知縣、今年補的新會縣新到任不多的日子、很是行止不好、而且心活耳軟、最愛要錢、如今遇見這個案子、既受了賄賂、他就把天理良心、拋在九霄雲外去了、胡亂問了幾堂、居然循了何家人情、把陳家治了罪了、您說可恨不可恨、我從早起看了新聞紙、到這時候兒、氣的心坎兒裡還疼呢、茁您這未免太好生氣了、我勸您千萬不可這麼樣、天下像這樣兒無情無理的事、寔在多極了、要這麼生氣、豈不要氣死麼、況

下 2-183a

行爲陷坑
閙事 直心人
心焦 性躁
辛苦

且像何家這樣兒行爲、目下官司雖然贏了、陷坑的陳家父子幾
乎喪命、終久必定遭報、偺們何必、聽古兒詞掉眼淚替古人躭憂
呢、並我也知道我是狗拿耗子、多管閙事、無奈我是個直心人、一
瞧見這樣兒不平的事、不由的心焦、性躁就要生氣以後一定得
聽您的話、把這脾氣改了、共果然您能改這脾氣、自然心裡免卻
許多的辛苦、並您説的是
第三百七十六章
等項　斜紋布　血癆　血虧　血脉　血水　心口疼　心痛
心經　心神　心血　瀉吐　泄痢　新到的　螃蟹　起行

下 2-183b

等項　斜紋布

長新旬兒　險事　險處　嫌路太遠　星星　星斗　歇宿
卸車　行李　卸行李　卸貨　心亂　行裝　行人　心力
行走　心思　時興　新巧　行內地　行過　府縣　先到
銷售　行路　全行　開行　開心　情形　賢愚　閑襍
行得出來　游手好閑　心術　行動　尋訪　尋不着　尋覓
先下食　顯手段　心歹　行不成　休息　尋死　謝客
不敢行
您這次到上海、又販了些個甚麼貨物來咪、二販了點子洋廣雜
貨、和鐘表洋布等項、三您這洋布裡頭有斜紋布沒有、四有可是

元峯號製

下 2-184a

血瘀　血虧　血脈
血水
心口疼
心痛　心經　心神
心血　瀉吐
泄痢
新到的　螃蟹

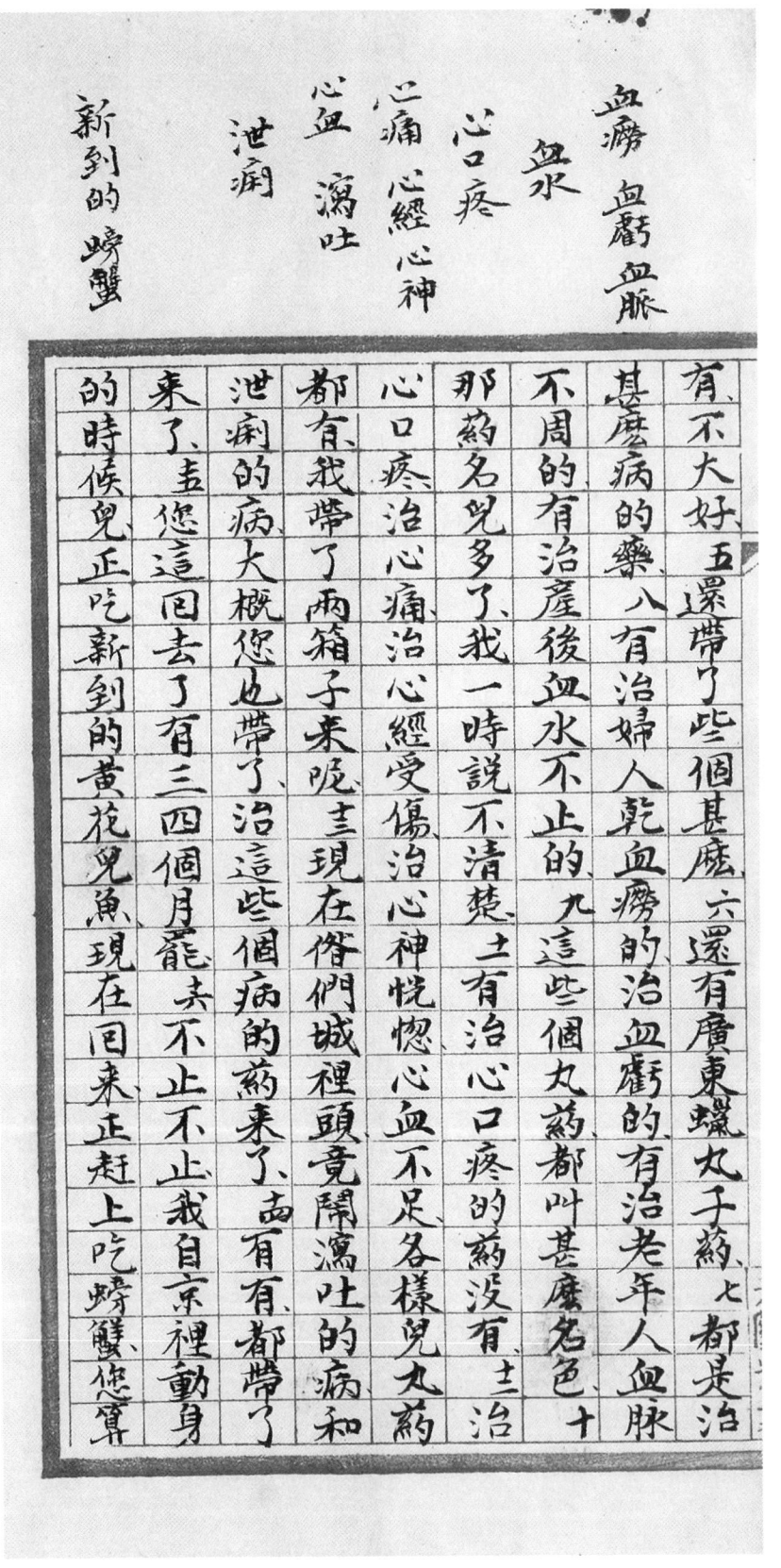

有、不大好、五還帶了些個甚麽、六還有廣東蠟丸子葯、七都是治甚麽病的藥、八有治婦人乾血瘀的治血虧的有治老年人血脈不周的有治産後血水不止的、九這些個丸葯都叫甚麽名色、十那葯名兒多了、我一時說不清楚、十一有治心口疼的葯沒有、十二治心口疼、治心痛、治心經受傷治心神恍惚心血不足各樣兒丸葯都有、我帶了兩箱子来呢、十三現在偺們城裡頭竟鬧瀉吐的病和泄痢的病、大概您也帶了、治這些個病的葯来了、十四有有、都帶了来了、十五您這回去了有三四個月罷、十六不止不止、我自京裡動身的時候兒、正吃新到的黄花兒魚、現在回来正赶上吃螃蟹、您算

下 2-184b

起行　長新甸兒
險事
險處
嫌路太遠　星星
星斗　歇宿　卸車
行李　卸行李　卸貨
心亂　行裝　心力
行走

算、我去了有半年多沒有、走有半年多了、怎麼去這麼多日子呢、
十八我一去的時候兒、道兒上躭延的日子多了、十九甚麼緣故、二十我
從京裡一起行、就奔長新甸兒、由那麼走旱路、從內地去的、沒走
海路、廿一怎麼您是怕有險事、纔不走海麼、廿二走海是坐大輪船、那
妥當極了、有甚麼險處呢、廿三那麼為甚麼一定走旱路、您也不嫌
路太遠麼、況且每天早起、帶着星星起身、晚上見了星斗歇宿、裝
車卸車、上行李、卸行李、上貨卸貨、匆匆忙忙、鬧的意忙心亂、那兒
有航海好呢、無論帶多少貨物、多少行裝、既不用自己費心力、又
不致損壞遺失、而且行走得快、不躭悞工夫、為甚麼不航海呢、我

元釜號製

下 2-185a

心思
時新　新巧
行內地　行過府縣
先到　銷售
行路　全行
開行

想您必別有個心思、苴倒没甚麼別的緣故、不過是我從京裡帶
了許多的京貨、和時新的靴帽、新巧的玩藝兒、打算沿路上出脱、
故此纔行內地、為的是行過州城府縣、好作買賣、並且我這盪出
外貿易、也不至到上海、由內地先到廣東、把貨銷售了多一半、然
後纔由廣東到上海、就這麼一來、連行路帶賣貨、就把日子躭延
多了、赶到了上海、也不過七八天的工夫兒、把所有的貨、就全行
賣盡了、至於在上海辦貨、也就是半個月光景、就辦齊了、苴您辦
齊了貨、是就起身了、是還住了些日子呢、苴我没多住、貨辦齊了
之後、第二天就上輪船、第三天就開行了、苴您為甚麼不在上海

下 2-185b

開心
情形
賢愚 閙雜
行得出来
游手好閑 心術
行動 尋訪 行人
尋不着 尋覓
先下食 顯手段
心歹 行不成
休息

多住幾天、聽幾回戲、吃幾頓飯館子、開一開心、也不為過、其您這話、足見是沒出過外、您不知道外頭的情形、與僭們京裡迥乎不同、尤其上海那個地方兒是五方雜處、賢愚不等、而且閙襍人多、甚麽樣兒事、都行得出来、有一種游手好閑的人、心術不端、行動詭詐、整天家出来、尋訪有錢的行人、過客、和那富商大賈、尋不着便罷、若被尋覓着了、他便想法子、和你交往、趕到交往上了、他便先下食、顯手段兒、誆騙你的銀錢、你要不受寃他、又沒法訛詐、本地叫作拆稍、總而言之、這項人心歹極了、一計行不成、又是一計、他得不着便宜、斷不肯休息、他要是知道你愛聽戲吃飯、他就由

元隆號製

下 2-186a

尋死
謝客
不敢行

這上頭勾引你、趕他把你的銀錢騙盡了、他就躲了、你也就流落在上海了、甚至於因這個尋死的都有、所以我到上海、除了買賣貨的時候兒見人、此外就是在棧房裡、閉門謝客、多一步兒也不敢行、要是稍沒主意、還能回得了北京麼、今兒聽您這一席話、我這纔明白了、

第三百七十七章

新異　信口說　邪事　仙家　仙人　信是　血肉　休說

仙法　邪神　信拳匪　閒民　賢有司　挾仇　啣怨　先事

仙人拳　憲禁　閒事　掀鬧　心心念念　先商量　閒坐

下 2-186b

新異

邪事　信口説

仙家　信是仙人

血肉

閒玩　閒茶閒酒　信局子　一封信　憲書　薪水　新陳

閒溜達　信封　鮮魚　鹹肉　鹹菜　鹹核桃　鹹栗子　鹹

花生　鹹的　鹹津津的　杏乾　現吃現做　現成

您這兩天聽見甚麽新異的事情沒有、二我聽説外頭又有鬧拳匪的地方兒、三不錯、我也聽人這麽説、我想這些人也不知是為甚麽偏愛作這宗邪事、在那拳匪、自己還信口説是仙家法術、槍礮不怕、招的那些愚民大家也都信是仙人降世、於是乎就鬧起事來了、他們也不想一想那兒有這樣兒事呢、庚子那年、北方拳匪鬧的有多麽利害、及至用礮一打他血肉横飛他也是死有幾

下 2-187a

休説　仙法　邪神　信拳匪　閑民　賢有司　挟仇　御怨　先事　仙人拳　憲禁

個能逃活命的呢、這如今外頭又有這項人、真是自己寃自己休
説是礮、就是用槍打他他也是避不了、他有甚麽仙法呀、還有人
説呢、他們是邪神附體、並不是憑空造謠言、據我想説這話的、必
是信拳匪的、四 總這話寔在説的是、但這現在外頭雖然又有拳
匪蠢動、也不過是些個無事業的閑民、藉着這個搶掠、如果賢有
司實力勦辦、也鬧不起大事來、五 雖然現在没鬧出大事來、可是
目下各處教堂林立、他們大半是與教民挟仇御怨、倘若不先事
預防、早爲勦辦、一鬧出教案來、可就難辦了、六 他們這些人也真
可恨、凡這些燒香拜會、學習仙人拳的事、刻下憲禁很嚴、到處都

下 2-187b

閒事　撒開
心心忘忘　先商量
閒坐閒玩
閒茶悶酒
信局子　一封書
憲書　薪水
新陳

有告示、他們竟敢不遵、真是糊塗萬分了、七這也是氣運使然、實在無法的事情、偺們今兒把這些閒事、暫且撒開、不必這麼心心忘忘的、你今兒既來了、先商量偺們的事情要緊、今兒偺們就在這兒閒坐閒玩哪、還是找個地方兒去閒茶悶酒呢、八我想偺們出城、好不好、九好、我就手兒到信局子、送一封信、還到書鋪買一本憲書、您今兒不順便把薪水取來嗎、十我們那個薪水今兒是不能放的、去也是白去、十一怎麼、十二上月就沒放、這個月多半也是不放、算起來、新陳共欠發五個月的了、十三為甚麼不放呢、十四外頭的銀子、所沒解到、要是解到了、自然就都發了、十五是了、那麼偺們

信封　鮮魚
鹹肉
鹹菜　鹹核桃
鹹栗子　鹹花生
鹹津津的　鹹的
杏乾　現吃現做
現成

今兒出城您不過是閒溜達、沒有甚麼買的、去我也有點兒要買的、打算到松竹齋買一匣小信封兒、再到鮮魚口兒買點兒海參、去那好極了、我想咱們回來買完了東西就在肉市碎葫蘆兒飲一飲也不必要甚麼大油膩菜、隨便兒弄點兒鹹肉、和甚麼燻、小雞子、再買點兒醬鹹菜、還有他們那兒賣的鹹核桃、鹹栗子、鹹花生、這些個東西、吃着鹹津津兒的却是很好的下酒菜兒要是不、愛吃鹹的、甜的他那兒有玫瑰棗兒糖核桃蜜餞杏乾兒甚麼的、隨便甚麼都有可是要吃飯館子的菜可得現吃現做沒有做出來現成兒的您想怎麼樣、太好啊、飲酒是我最喜歡的事、咱們就

下 2-188b

這麼辦罷

第三百七十八章

絨線　賢弟　顯廷　刑部　小的很　嫌少　新搬　新居

新房　新蓋　新鮮　從先　先本是　協辦　現任　副憲

從新　現時　現下　閑着　尋找　空閑　閑下来　尋不見

都嫌他　嫌氣　底下人　泄露　信息　閑人　姓甚麼

姓甚名誰　且先　性情　行事　心地　信實　心軟　行善

心靈手敏　嫻熟　維新　新金山　新年　新加坡　新春

欣羨　知縣　新捐　知府銜　姓施　杏村　信音

元鑑號製

絨線
賢弟
顯廷　刑部
小的很　嫌少
新搬　新居
新房
新蓋　新鮮　從先
先本是　協辦

我昨兒造府來兩次、總沒得見尊管說您上絨線兒胡同去了、誰
在絨線兒胡同住、二失迎失迎實在是該賢弟的駡、有罪有罪、我
昨兒是到舍親劉顯廷那兒拜壽、三令親劉公不是在刑部後身
兒住麼、怎麼又搬在絨線兒胡同住、四他因為刑部後身兒的房、
太糟朽了、而且那房子小的很、他又嫌少、不彀住的、所以他纔又
買了絨線兒胡同的房、新搬過去、不過纔倆來月、五那麼新居這
邊兒房子必大必多罷、六新房子比舊房子多着十幾間、而且極
大、又是新蓋了不過二年、還很新鮮哪、七從先是誰的房子、八這
房子先本是作過協辦大學士、汪中堂的、後來倒了幾個主兒、前

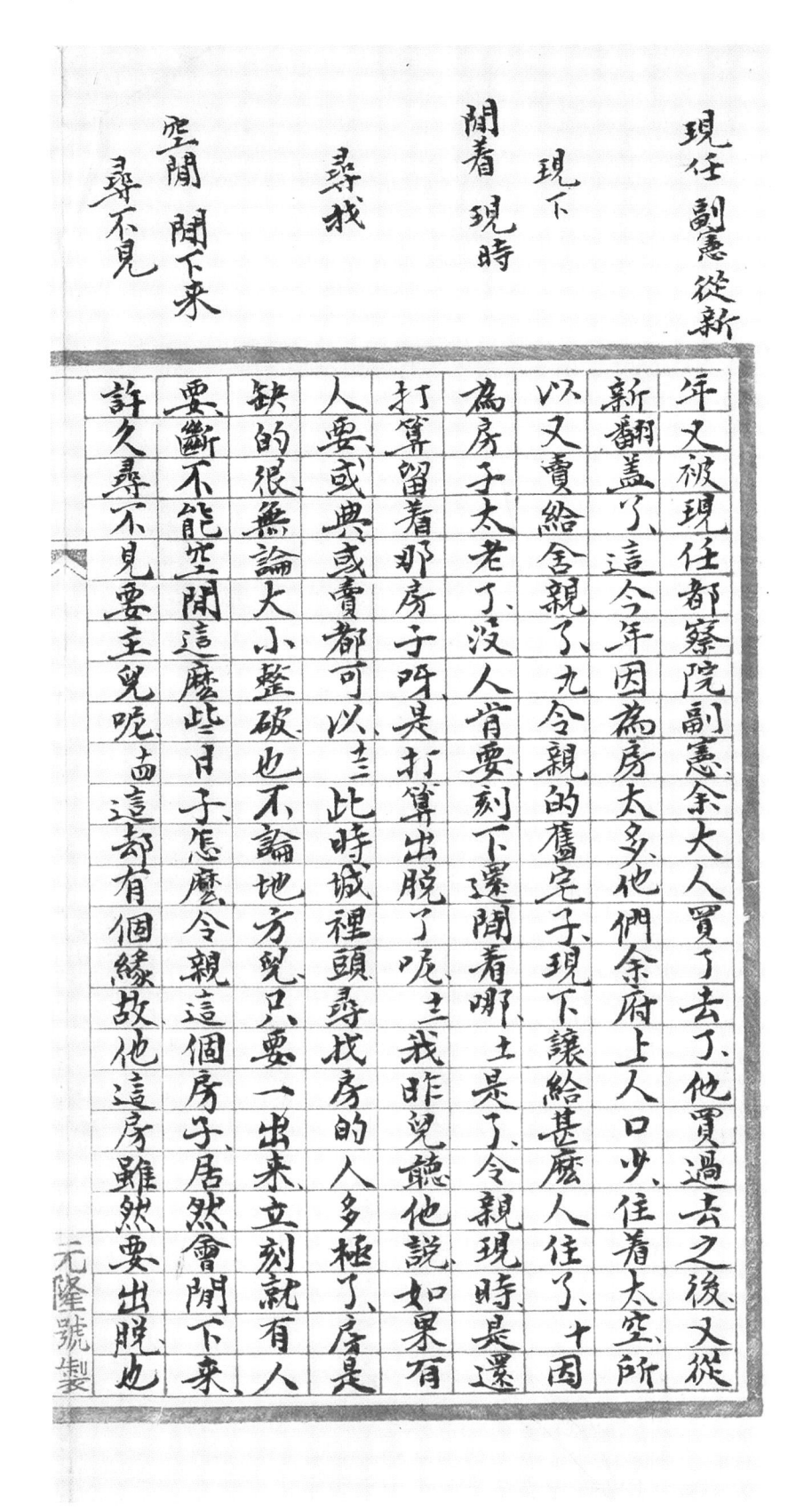

下 2-189b

現任　副憲　從新

現下

閒着　現時

尋找

空閒　閒下来

尋不見

年又被現任都察院副憲余大人買了去了、他買過去之後、又從新翻盖了、這今年因為房太多、他們余府上人口少、住着太空、所以又賣給舍親了、九令親的舊宅子、現下讓給甚麼人住了、十因為房子太老了、沒人肯要、刻下還閒着哪、十一是了、令親現時是還打算留着那房子呀、是打算出脱了呢、十二我昨兒聽他說、如果有人要、或典或賣都可以、十三此時城裡頭尋找房的人多極了、房是缺的很、無論大小整破也不論地方兒、只要一出来、立刻就有人要、斷不能空閒這麼些日子、怎麼令親這個房子居然會閒下来、許久尋不見要主兒呢、十四這却有個緣故、他這房雖然要出脱也

元隆號製

都嫌他
嫌氣　底下人
泄露
信息
閙人
姓甚麼
姓甚名誰　且先

不過是幾家至親至友知道、這幾家雖有要找房搬家的、但是都嫌他這房子太破、故此沒人要、至於外頭的人、是都不知道、甚麼緣故呢、顯廷本是個最怕惹嫌氣的人、凡他的親友、以至於底下人們、他都諄諄的囑咐過、千萬別泄露他這房子要出脫、他是恐怕拉房縴的、一知道這個信息、必嚷嚷的各處全知道了、勢必天天兒有來瞧房的、他又不是閙人、那兒能天天兒應候這些個事呢、所以鬧的這房子沒有人問、主既是這麼着、令親如果肯出脫這房、我却有個主兒要、夫那好極了、是誰打算要、支提起這個人來大概您許知道、大這位姓甚麼、九姓甚名誰我且先不必說我

下 2-190b

性情 行事
心地 信實 心軟
行善 心靈手敏
嫻熟
維新
新金山
新年 新加坡 新春
欣羨

就把他的性情、和他的為人行事一說、您就知道了、〒那麽您就說說我猜、並這個人心地信實、又心軟、最好行善、而且極有學問、若論他的文藝、真是心靈手敏、千言立就、這還不奇、所最奇者、他雖然、是個讀書人、却又深能武事、素通韜畧弓馬嫻熟、近幾年國家維新、令下、他又於時務上很用功、一切泰西的學問、以及各國的語言文字、頗下得去、外國的新金山舊新山、他都到過、去年剛過了新年、他又到新加坡去了、今年新春以後回来的、我們原是遠親、他手裡很有幾個錢、久矣於您令親那個房、欣羨得很、只因人家自己住的好好兒的、他怎麽能買呢、如今既是令親肯賣、這

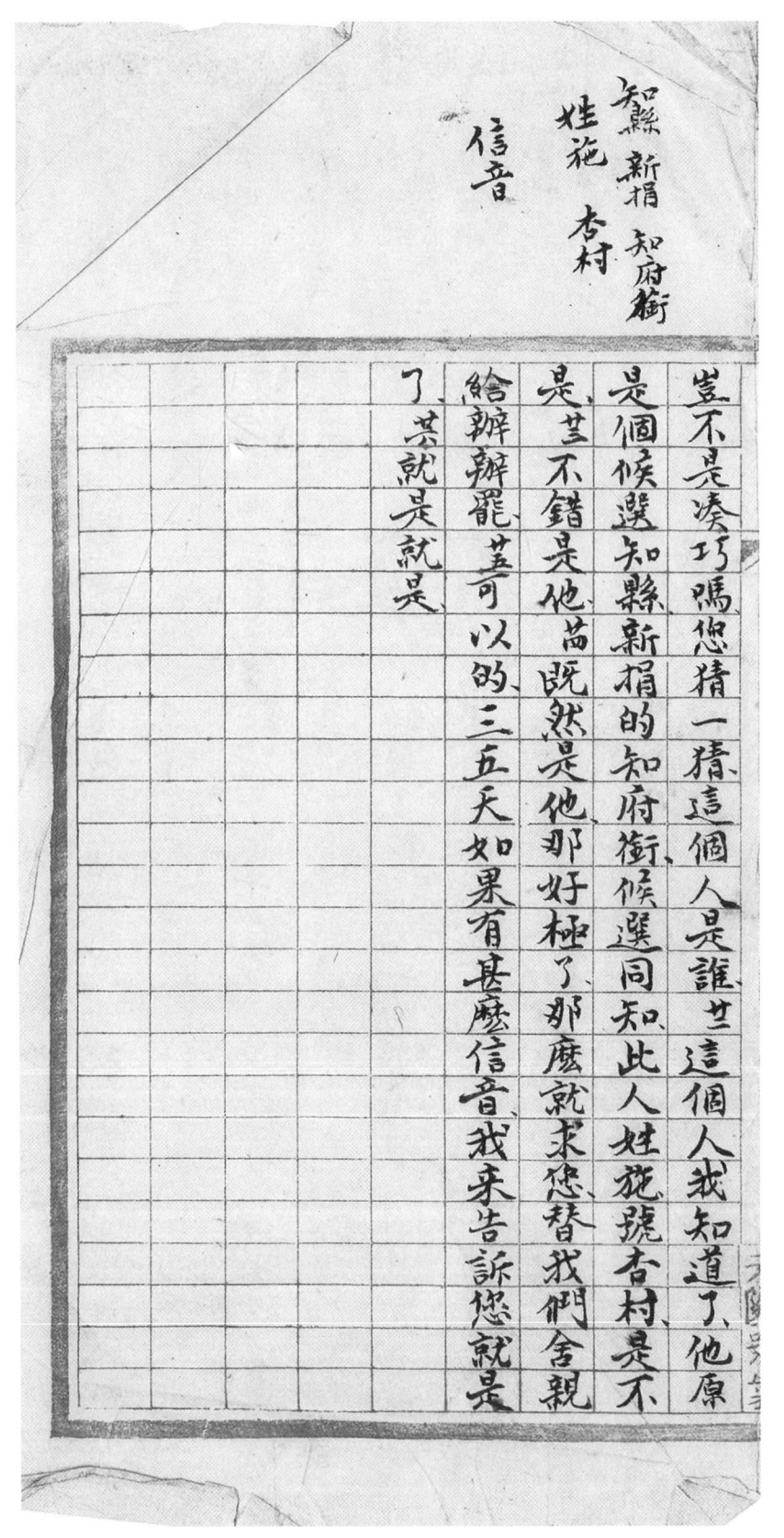

下 2-191a

知縣 新捐 知府銜
姓施 杏村
信音

豈不是湊巧嗎、您猜一猜、這個人是誰、艹這個人我知道了、他原是個候選知縣、新捐的知府銜、候選同知、此人姓施號杏村、是不是、艹不錯是他、苗既然是他、那好極了、那麼就求您、替我們舍親給辦辦罷、艹可以的、三五天如果有甚麼信音、我來告訴您就是了、艹就是就是、

下 2-191b

編者略歴

内田　慶市（うちだ　けいいち）

1951年福井県生まれ。関西大学外国語学部、大学院東アジア文化研究科教授。博士（文学）・博士（文化交渉学）専攻は中国語学、文化交渉学。

主著に『近代における東西言語文化接触の研究』(関西大学出版部、2001)、『遐邇貫珍の研究』（沈国威、松浦章氏との共著、関西大学出版部、2004)、『19世紀中国語の諸相―周縁資料（欧米・日本・琉球・朝鮮）からのアプローチ』（沈国威氏との共編、雄松堂出版、2007)、『文化交渉学と言語接触―中国言語学における周縁からのアプローチ』（関西大学出版部、2010)、『漢訳イソップ集』（ユニウス、2014)、『語言自邇集の研究』（好文出版、2015)、『関西大学長澤文庫蔵琉球官話課本集』（関西大学出版部、2015)、『官話指南の書誌的研究』（好文出版、2016）などがある他、テキスト類も多数。

関西大学東西学術研究所資料集刊 40-2
（文化交渉と言語接触研究・資料叢刊 9）

北京官話全編の研究　―付影印・語彙索引
中巻

2017（平成29）年5月31日　発行

編　者　内田慶市

発行者　関西大学東西学術研究所
〒564-8680　大阪府吹田市山手町 3-3-35

発行所　関西大学出版部
〒564-8680　大阪府吹田市山手町 3-3-35

印刷所　株式会社　遊　文　舎
〒532-0012　大阪府大阪市淀川区木川東 4-17-31

ISBN978-4-87354-658-2 C3087